すぐ よく わかる

絵解き広報

リモート時代の広報の基本と
ニュースリリース作成、
メディア・危機対応まで

山見 博康 著
Yamami Hiroyasu

同友館

はじめに

本書は、この9月中半、奇しくも新首相と共に誕生します！

本日8月28日、安倍晋三首相は健康問題で突如辞任を表明、国内外に衝撃が走った！　そのご無念は測り知れずお察しするに余りあり！　歴代最長7年8か月もの間首相の重責を担われ、国民の一人として深く敬意を表し、個人としても心より御慰労申し上げたく存じます。なぜなら、首相が1979年から3年間神戸製鋼に勤務された頃、私は丁度カタールから帰国、広報係長から課長時代！　爾来、知己だからです。

安倍首相は、去る2月4日世界保健機関（WHO）による「毒された情報が広がる**インフォデミック（＝情報パンデミック）**は大きな障害になる」との警鐘を受け4月7日新型コロナウイルス感染拡大対応の為、「緊急事態宣言」を発出し、国民・企業へ活動自粛を要請。企業は、直ちに生産調整・業態転換日リモートワークの導入等々の対応を行っているが、5月24日全面解除宣言後も感性拡大が止まらない中、7月22日「GOTO TRAVEL」キャンペーンの開始など経済活動の再開に向けて政府・自治体・産業界一致協力し新常態（ニューノーマル）への対応を迫られています。

今日は、ネットの拡散力により、真偽に関わらず、小さな情報でも瞬時に世界中に伝播し、人々の不安や恐怖を無暗に増幅させ、根拠のない臆測によって社会を混乱させます。

流言飛語による社会混乱は古代からあるものの、今日のインフォデミックの規模や速度は計り知れません。意図性を帯びたフェイクニュース（虚偽報道、偽ニュース）によってデマや非難中傷、時には賞賛の拡散となって、世界中が悪意・善意の「**情報パンデミック**」に翻弄される中で**錯綜する情報を適切**

に司る広報の重要性が益々高まっています。

そこで、企業ではパンデミックな溢れる情報から、

①自社に関係しそうな情報を集める

②真に役立つ情報を分析し、その真偽を確かめ、選択する

③経営に反映して、直ちに実践し、社内外へ発信する

必要があります。この現況下に生れる本書は、熟慮の暇《いとま》なきあなたのための、**今直ぐ、良く解り、容易《たやす》く活用できる広報実践指南書**です。

長年、大小企業で実践し培った経験・ノウハウを最新の内容も含めて豊富に開陳しています。自分なりに気品と格調を重んじ、簡潔・明晰な文章を心がけ、簡素・明快な絵図で一目瞭然！　学ぶべき基本的なテーマを広範囲に、しかも深層に至るまで早く体系的に学べるよう努めました。あなたは、時を費やさず、労をかけずに理解を促され、広報の基本を自然と身に溶け込ませることができるでしょう。

その特徴は、

(1)　最新情報を踏まえ、やるべき仕事をわかりやすく網羅・総まとめした実践指南書。経験者でも何らかの示唆が得られ、既保有の知恵・経験と融合してより高度な形で応用できよう

(2)　通常の広報活動をテーマごとに図解し、簡素なプロセス図で表現、一見して判るであろう

(3)　シンプルな文章・図解でも実戦の堆積・知恵の凝縮により、その意味するコンテンツは豊かなので、多彩多様なヒントを見出せ、実践的な活用法を案出できよう

(4)　「リリースはＡＲＴ！」の真髄を吐露。「Ｑ＆Ａ」を独自に解明し、詳しく解説したので、真の理解が得られ、作成に喜びと誇りが湧いてこよう

(5)　ここしかない豊穣な巻末付録がすぐ活用できる。**主要メディア幹部や各分野の主要企業・団体・自**

インフォデミック Infodemic

情報の急速な伝染（Information Epi-demic）で正しい情報と不確かな情報が混じり合い、人々の不安や恐怖をあおる形で増幅・拡散され、信頼すべき情報が見つけにくくなる混乱状態

治体・大学・ＰＲ会社幹部１１２人の〝新任広報担当者へのアドバイス〟とメディアリスト！

本書は次のような皆様に幅広くお役に立てるでしょう。

① **新人・新任の広報・ＰＲ・危機管理・対応担当者やこれらの職務を希望する意欲ある有志**

② **ビジネスの原点を学びたい一般の人や、マスコミ志望の学生諸君**

③ **知名度向上を目指す経営者や起業家、各種団体・学校・自治体幹部**

④ **「ＰＲプランナー」資格取得に、果敢に挑戦する志ある勤勉者**

「広報は経営」を基に、広報の**達人の〝卵〟**達の為に、日々の仕事の原点に迫ります。読み進むにつれて、読者諸賢は、本書の唱《とな》える考え方・実践の仕方の中に、ビジネス人がもつべき**教養**や**素養**そして**将来への指針**を見出し、さらなる**人間的高揚を図る必要性にも思いを馳《は》せる**ことでしょう。

広報活動とは、社内間・社外間双方のコミュニケーションの促進を図る仕事です。

コミュニケーションとは、人の精神を作り育てる水であり、空気です。

水を澄ませ、その空気を清めるものは即ち、その**良き社風**であり**企業風土**でありましょう。全社員が、生き甲斐を抱いて、楽しく豊かな気持でそれぞれの仕事に精を出す・出せる人間《じんかん》を創るのです。

リモート時代においては特に、各自が、**自分でなければならないESSENTIAL《かけがえのない》な仕事、自分しか出来ないCREATIVE《創造的》な仕事**に、凛然と奮い立ち、確固たる勇気を持って立ち向かわなくてはなりません。

本書が、立ち上がろうとする企業に注ぐ**清水**となり、萎えかかる気力と気風を蘇らせる**尖光**となり、緩む心に鞭打つ**痛棒**となって、善良にして強靭、勤勉にして潤達な頼もしき人達の**心の糧**となるよう期待致します。そこに**共感・共鳴される多くの幅広い層の読者に喜んでいただける**ものと信じています。

２０２０年８月28日

山見　博康

もくじ

序章　広報の仕事は「会社の身だしなみ」の演出

第1章　記事の基になるネタ（素材）を見つけよう

第2章 メディアを協力者&評価者に！

第3章　記事の出方・出し方と発信のコツ

第4章　リモート時代でもメディアに喜ばれるニュースリリース（NR）とQ&A作成の極意

第5章 お手本NR添削「Yes ＆ But3ポイント」

第6章 リモート時代に起こる〝もしも〟のための適切な危機対応とは

終章　真人間を目指す広報の「真《まこと》のお仕事15」の心得

巻末資料

真の教養と人間としての面目

すべての者が限りなく求めて止まないもの、それは生きる悦びである。何かの生きがいを、悦びを求めて人生をさまよう、これがありのままの人の姿である。金も力も地位も名誉もすべて、生きがいを、悦びを得るための備えに過ぎない。どのような思想も、信仰も、はたまた芸術も、科学も、政治もこの線を外れてあるということはない。またあってはならないのだ。

だが理論と実際は常に一致しがたく、こと志にそわぬ矛盾の中でわれわれは苦しむ。知識も才能も富も地位もみな、われわれの生活を悦びにつなぐ導火線でなくてはならない。しかるにわれわれは地位や才能をもって不幸を招き、知識や財産でもって苦痛に引きかえる。何かそこに錯誤がある。その錯誤矛盾を解決するもの、それは真の教養である。教養とは単なる物知りでもなければ程度の高い教育と言うことでもない。

真の教養とは、いかなる条件の中にあっても、自己の尊厳を崩さず、相手の立場を理解してこれに善処し得る能力である。この能力あってはじめて、一切のものを生かし、相互に生活を豊かにし、生きる悦びを享受し得るのである。

その生き方こそ、人間としての面目ではあるまいか。

（池田敏子・池田書店創業者）

（山見博康『だから嫌われる』（巻頭）ダイヤモンド社）

人を相手にせず、天を相手にせよ。天を相手にして、己れを盡《つく》して人を咎《とが》めず。我が誠の足らざるを尋《たず》ぬべし。（『西郷南洲《さいごうなんしゅう》遺訓《いくん》』）

序章

広報の仕事は「会社の身だしなみ」の演出

自分には自分に与えられた道がある。天与の尊い道がある。どんな道かは知らないが、他の人には歩めない。自分だけしか歩めない、二度と歩めぬかけがえのないこの道。広い時もある。せまい時もある。のぼりもあればくだりもある。坦々《たんたん》とした時もあれば、かきわけかきわけ汗する時もある。この道が果してよいのか悪いのか、思案《しあん》に余《あま》る時もあろう。慰《なぐさ》めを求めたくなる時もあろう。しかし、所詮《しょせん》この道しかないのではないか。（中略）他人の道に心を奪われ、思案にくれて立ちすくんでいても、道は少しもひらけない。道をひらくためには、まず歩まねばならぬ。心を定め、懸命《けんめい》に歩まねばならぬ。それがたとえ遠い道のように思えても、休まず歩む姿からは必ず新たな道がひらけてくる。深い喜びも生まれてくる。

（松下幸之助『道をひらく』ＰＨＰ研究所）

1 人も会社もハダカで歩かない・歩けない

人はハダカで生まれる。貧富・地位に拘《かかわ》らず分け隔《へだ》てはありません。太古から不変《ふへん》普遍《ふへん》、未来も・・・。動物は、次第に産毛《うぶげ》が太く長く、肌が厚く固い皮となって外敵から身を護る。人も産毛が生え、皮も厚くはなるが退化。脳の発達により「**羞恥心**《しゅうちしん》」が芽生え衣服を身につけ、環境や外敵から身を守る。そして、属する国、地域、組織の規範・慣例に従って生活している。

動物と異なり、人には羞恥心や自尊心があり、成長につれてTime時、Place場所、Occasion機会に応じて、見栄《みば》えに気遣《づか》い、身嗜《みだしな》みを整えるのです。他人に言えない**秘密**もできる。従って「人はハダカで歩かない」し、法令・慣習によって「裸で歩けない」のです。

会社もハダカで生まれる・・・起業し、**法人**と呼ばれる。成長につれて社内ルールを決め、護るべき規範を作る。企業存続には〝**社外秘**〟が出来る。特許のようなコア技術や戦略の核心部分や社員にも言えない恥部も出来る。どんなに情報公開といっても自ずと限界がある。会社もハダカでは歩けないのです。

人が気候や環境・外敵に対して服装を変えるように、会社も内部環境や外部環境に応じて、外見を処して経営する必要があります。TPOに基づいて適切な行動規範を身に付けなければなりません。

「**情報公開**」「**透明性**」とは、ハダカになることではなく、人の有り方と同じように**適切な身嗜み**なのです。会社を、実態より美しく見せることは、パーティに際して、念入りに化粧し普段より華麗に服装を整え、華美に着飾るのとなんら変わることはありません。むしろ、顧客のために本来の自分の姿をより素晴らしく見ていただく趣旨であれば望ましく、会社もそうあるべきです。それが、**相手への敬意**の顕《あらわ》れでもあり、**おもてなし精神の発露**とも言えましょう。

ハダカで生まれるが・・・・

赤ちゃんはハダカで生まれる

↓

おしめをし、服を着て環境と外敵から身を護る。羞恥心が芽生える

↓

○社会人として守る
・法令・慣習
・社会規範

○人として守る
・倫理観・常識・羞恥心・急所・恥部
○人の病気、留意すること
・健康・適切な食生活・適度の運動
・鬱病などメンタルヘルス・精神病

↓

人はTPOに応じて身嗜みを整える
＝自分をどう見てもらいたいか

↓

人は、ハダカで歩かない・歩けない

会社はハダカで生まれる

↓

社内ルールを決める
・就業規則・規定類・社内規範

↓

●会社として守る
・創業のビジョン·経営計画
・法令遵守（コンプライアンス）
・コア技術·機密ノウハウ·戦略の核心
●社員として守る
・行動規範·社内ルール·倫理観·道徳
●会社の病気、留意すること
・情報漏洩・内部告発・意思疎通
・社員の意欲・向上心

↓

会社は、TPOに応じて身嗜みを整える
＝会社をどう見てもらいたいか

↓

会社は、ハダカで歩かない・歩けない

人間は気高くあれ！　情けぶかくやさしくあれ！　そのことだけが、
我らの知っている 一切のものと 人間とを区別する。　　（『ゲーテ詩集』）

2 広報は「身嗜《だしな》み演出家」だ！・・・・いかに巧く化粧するか？

私達は、社会と会社のしきたりに沿いTPOに応じて、よりよく見せようと化粧し身嗜みを整えます。それを社会規範やルール・慣習に則って守ることができれば、常識的な人や会社といえましょう。背広や礼服の正装は、会社の正しい決算発表や商品発表会であり、それが「**身嗜みゾーン**」です。

ところが、華美に化粧し、余計なアクセサリーを身に付け過度によく見せようと厚化粧し、カツラを被り、整形手術までしてごまかすようになる・・・それは会社で言えば、書類の改竄《かいざん》や虚偽申告という「**危険ゾーン**」に足を踏み入れ、さらには粉飾決算や脱税という「**死のゾーン**」に落ちていく愚行です。

ドイツの哲学者ショウペンハウエルも「**自分に備わっている以上の精神を示そうとして見えすいた努力をしないことである**」（『読書について』）と過度の化粧をきつく戒めています。

人は暑くなれば薄化粧し、半袖やミニスカートの軽装になって、露出を厭わなくなり大切な肌も露わになっていきます。会社で言えば、**情報漏洩**と同じ。時にその漏洩は命取り！　今やネットで一瞬に拡散するリスクが高く、**過度の薄着**は、内部告発や内部情報のリークと同じで会社を重大な危機に陥らせる。人も会社も外部への機密や恥部もある。情報公開といってもハダカを見せる訳にはいきません。

こうして、適切な化粧や服装と適度の薄着と過度な化粧や厚着の間のグレイゾーンに、会社のあり様がつぶさに露呈するものです。つまり、人として、企業としてのミッションや倫理観や思想に左右されます。これらを、**適宜適切に司っていく**必要があるのです。

広報は、会社の活動をいかにTPOに応じて適切に美しく見てもらうかという仕事を率先して遂行する自律心が強く倫理観の高い「**ファッションコーディネーター**」であり「**身嗜み演出家**」なのです。

会社に相応しい適切な身だしなみを

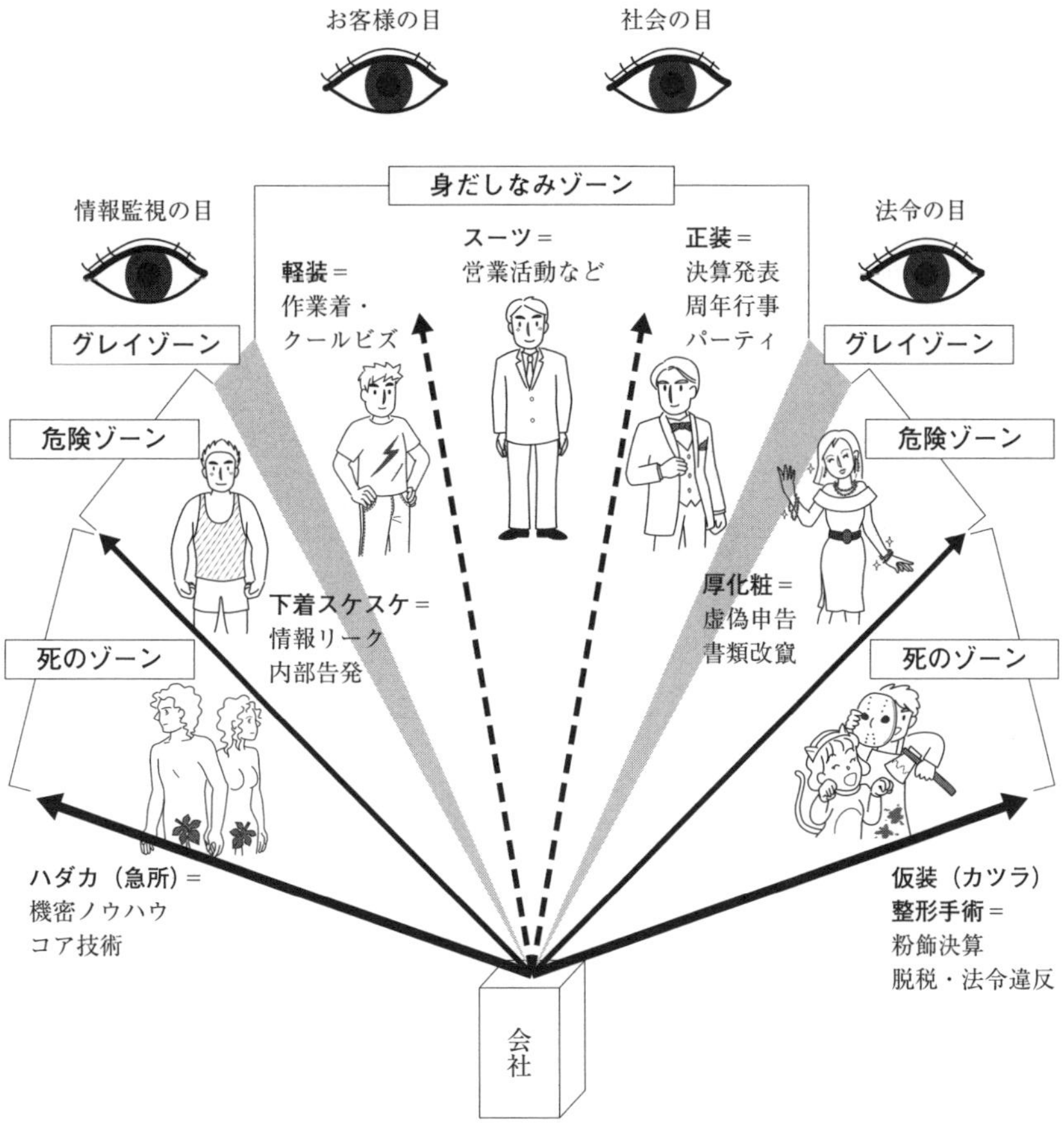

時として外見《がいけん》は実体《じったい》とおよそかけ離れているもの。
世間《せけん》はいつでも上面《うわべ》の飾《かざ》りに欺《あざむ》かれる。　（シェークスピア『ヴェニスの商人』）

3 なぜ、有名になり、イメージを上げなければならないか？

〝藤井聡太棋聖最年少2冠・八段に！〟 2020年8月20日、各28・62年振りの偉業達成の報に、国中が湧き上がった。特に郷里の愛知県瀬戸市ではくす玉が割られ狂喜乱舞し、口々に「**郷土の誇り**」という声が！……。そのHero藤井2冠が社員だったら？　あるいは、世界に知られる「**イチロー**」や「**オノ・ヨーコ**」のような**Hero**や**Heroine**が自社に居たら？　その**偉業の大きさに比例して世界に拡がり、喜び・誇らしさは内側に向かう程深く**なります。社員は喜び、誇らしい。どこに行っても話題になり自信も出来る。そこで「**社員たる者は**」としての自律心が芽生え、良い商品を造ろうとし、喜ばれるサービスを提供したくなる。顧客や取引先・社会の人々も喜び、誇りを抱くでしょう。誰もがHero・Heroineに夢・憧れを抱くのと同じです。そのことは、世界に冠たる企業の社員とその周りの人達の誇り高き心情や、憧れのブランド品を身につけたときの、密かな嬉しさや誇らしさを思い描けば良くわかることでしょう。そのHero・Heroineが、人でなくても、会社でも、商品でも同じ現象が生じるのです。

しかし、**有名になるのは数々の報道の結果築かれる**ものであることを看過すべきではありません。どんな偉業も人伝えか報道で初めて知る！　良い記事、喜ばれる報道は、顧客や社会に役立つ商品・サービスであり、誇るべき業績あってのこと、それは経営者を初めとした社員一人一人の全社一丸となった**優れた経営活動による弛《たゆ》まぬ継続的躍動から産み出される**ものなのです。小手先では長続きする道理はありません！　言葉で飾り、化粧が過ぎるといつか必ず暴かれます。今やネットで一瞬に！

「**誰も仮面を長いことかぶっていることはできない。偽装はやがて自己の本性に立ち帰る**」（セネカ）からです。先ず、この**Hero・Heroine**の**本質**をしかと胸に刻み付けましょう。

Hero・Heroineが広報されたら・・・・偉業の大きさに比例して！

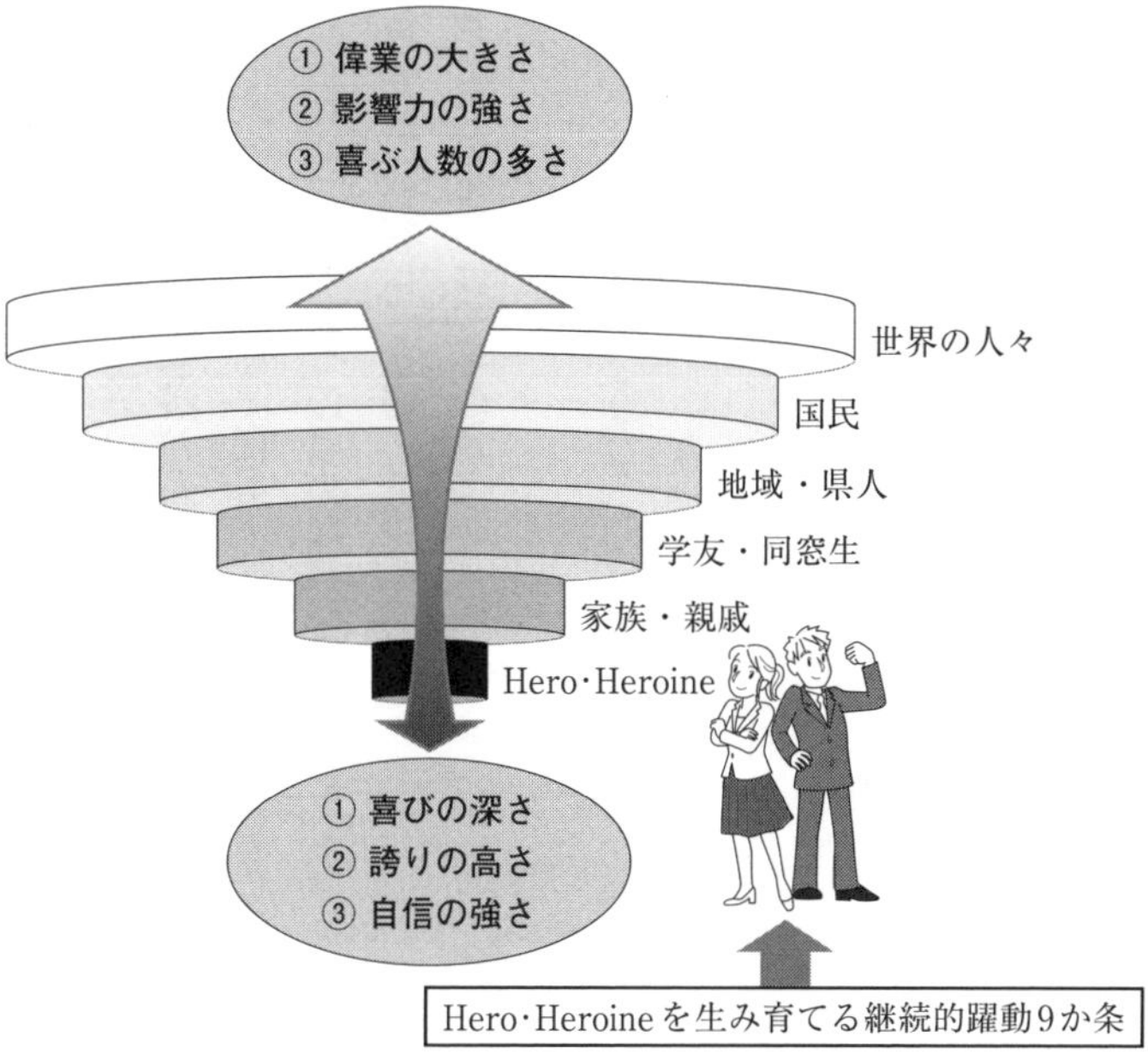

万物の徳を報ぜざる者は、日夜万物の徳を失ひ、
万物の徳を報ずる者は、日夜万物の徳を得る。　（二宮尊徳）

広報活動は、この本質を根幹に据えてそれを高め、深め、そして広めていく社員一丸となった永続的な営みであることを各自肝に銘じておかなければなりません。従って、広報の重視は、経営者のみならず、一人一人の〝義務であり使命！〟なのです。そこで、

「〝そこそこ広報〟でいい」と広報の努力を怠る社長や軽視する幹部や社員は、**次の３つのチャンスを逸しています。**

① 説明責任を果すチャンス

② 業績向上（顧客増、売上増）のチャンス

③ 人に喜び・誇り・自信・社会的責任の自覚から芽生える自律心を与えるチャンス

それは、次の**２つの重大な背任行為**であることを恥じなければなりません。即ち、

●広報の軽視は、怠慢・傲慢！

●広報の無視は、不作為の罪！

「或ることを為したために不正である場合のみならず、或ることを為さないために不正である場合も少なくない」（アウレーリウス『自省録』）のです。

ここで直ちに自省しましょう！　「自分は、社員として広報の義務・使命を十分に果たしているのか？」「自ら、気高い会社の社員たる資格があるのか？」と…。

そうでなければ、その椅子に座するに値しない、と自戒すべし！　改めるのに躊躇《ちゅうちょ》の暇《いとま》はありません。

広報は崇高にして典雅なる経営の仕事！　重要な任務に誇りと使命感を持って経営者と共に率先して日々の業務を遂行しなければなりません。

善い広報人vs悪い広報人

No.	善い広報人	悪い広報人
1	率先垂範（言われなくてもヤル）	指示待ち（言われたらヤル）
2	（超）一流の“仕事”をする	一人前の“作業”に精を出す
3	サケよりネタ	ネタよりサケ
4	直視して逃げない。受けて立つ！	目を逸らして屈《かが》む・避ける・逃げる
5	小さなメディアにも配慮	大きなメディアのみ配慮
6	テキパキクイック（すぐヤル）	ぐずぐずスロー（あとでヤル）
7	柔軟（臨機応変）にして堅固	融通利かずして頑固
8	すべて私の責任です（自分のせいにする）	すべて誰かの責任です（人のせいにする）
9	手間を引き受ける	手間をかけさせる
10	誤解が当然、理解は偶然	誤解は偶然、理解が当然
11	あてにされる（情報が集り、頼りになる）	あてにされない（情報がなく、頼りにならない）
12	ウソがない（言い訳しない）	ウソが方便（言い訳ばかり）
13	誇りは高く、気位は低く、自負心は強い	驕《おご》りは高く、気位も高く、虚栄心が強い
14	トップとツーツー	まわりとナーナー
15	業界のことにも詳しい	自社のことすらよく知らない
16	アイデアが次々に出る（アイデアの泉）	アイデアを頼んでばかり（枯渇した井戸）
17	訥弁だが確か	能弁過ぎてくどい
18	記事は疑って読む（鵜呑みにしない）	記事を信じて読む（鵜呑みにする）
19	記者には非公平	記者に不公平
20	貸しが多い	借りが多い
21	賢い盲導犬（見えないものを見、香も感ず）	東照宮の猿（見ざる、言わざる、聴かざる）
22	真《しん》の雄弁家（言うべきことを全て言い、言うべきことしか言わない）	偽《にせ》の能弁家（言うべきことを言いそびれ、言うべきでないことを“つい”言う）
23	ネタは探すもの、創るもの	ネタは来るもの、貰うもの
24	ベタ記事でも感謝する	ベタ記事だとバカにする
25	酒の肴になる（記者仲間の評判になる）	つまみにもならない（話題にならない）
26	目立たせたがり（演出家・プロデューサー）	目立ちたがり（役者しかやれない）
27	記者それぞれに「オンリーユー」で	記者をみんな一緒にする
28	記者が待っている	記者を待っている
29	プロアクティブ（先取能動的）	リアクティブ（受動反応的）
30	記者に誤報させない （確認、確認。書面で渡す、メール・FAX等文章で残す）	記者に誤報させる （確認を怠る。口頭で済ませる）
31	ポケットにいつも忍ばすニュースネタ	ポケットはいつも萎《しぼ》んでニュース待ち
32	“いつまでに？”といつも訊く （〆切を気にかける）	いつまでか？を訊こうとしない （〆切を気にしない）
33	記者は報せる協力者	記者は敵視する対立者
34	直言も“時には”辞さぬ （上に強く下に優しい）	直言は“いつも”控える （いつもペコペコ平目人《ひらめびと》）
35	王道を“凛々と”歩く誇りと勇気	側道を“こそこそ”歩く卑屈と怖気《おじけ》

君子《くんし》は、その言の、その行ないに過ぐるを恥ず。　（『論語』）

4 「広報活動循環プロセス」をスパイラル的に拡大しよう

〝広報で直ちに売上アップを〟との考えは、短絡的！「**広報活動の真の成果は循環する**」と永続的に捉えましょう。私が案出した「広報循環図」を脳裏に刻み付けて欲しい。

良い記事により知名度が上がれば関係者は喜び、帰属意識やモチベーションが高まります。重なれば社員は自信と誇りを抱き、責任感も向上、社会的責任の自覚を持って、**〝○○の社員たる者はかくあるべし〟の自律心が芽生えて**、悪事の気が失《う》せ、ビジョンや行動規範に則って言動します。家族や子供・親戚まで**周りの皆が喜び**、**誇らしい**気持ちになる。〝善い報道〟は、社内外に大きな効能があることが判るでしょう。特に、社内への好影響は大きく、社員は顧客や社会に役立つ仕事を**自発的に率先！**そこで顧客が増え、売上増により、業績があがり、その結果、顧客や社会に役立つ仕事を自発的にするようになってさらに顧客が増え、売上が上がり、会社は成長発展する…つまり、経営の根幹としての真の広報活動とはそのようなプロセスをスパイラル的にきちんと循環高揚させることです。社長・社員・製品が愛され尊敬される著名な人・物で、常により良い話題として報道されている…このような現象が続いて好影響が大きく広がっていくのが容易に想像できるでしょう。逆に、会社にとって**不都合な〝悪い報道〟**は、**反省・改心の機会を与えてくれる**ものです。積極的経営活動による躍動が、次のニュースネタを創り出して次の記事を産む…**この循環があってこそ望ましい広報の有り方**です。

1人1人が眼前の人に良いイメージ・信頼感・安心感を与えようと日々実行する風土・仕組みを築き上げる…どんな企業も然り！それを循環させることが、経営における広報活動の神髄なのです。

「広報活動循環プロセス」のスパイラル発展の仕組みを築こう

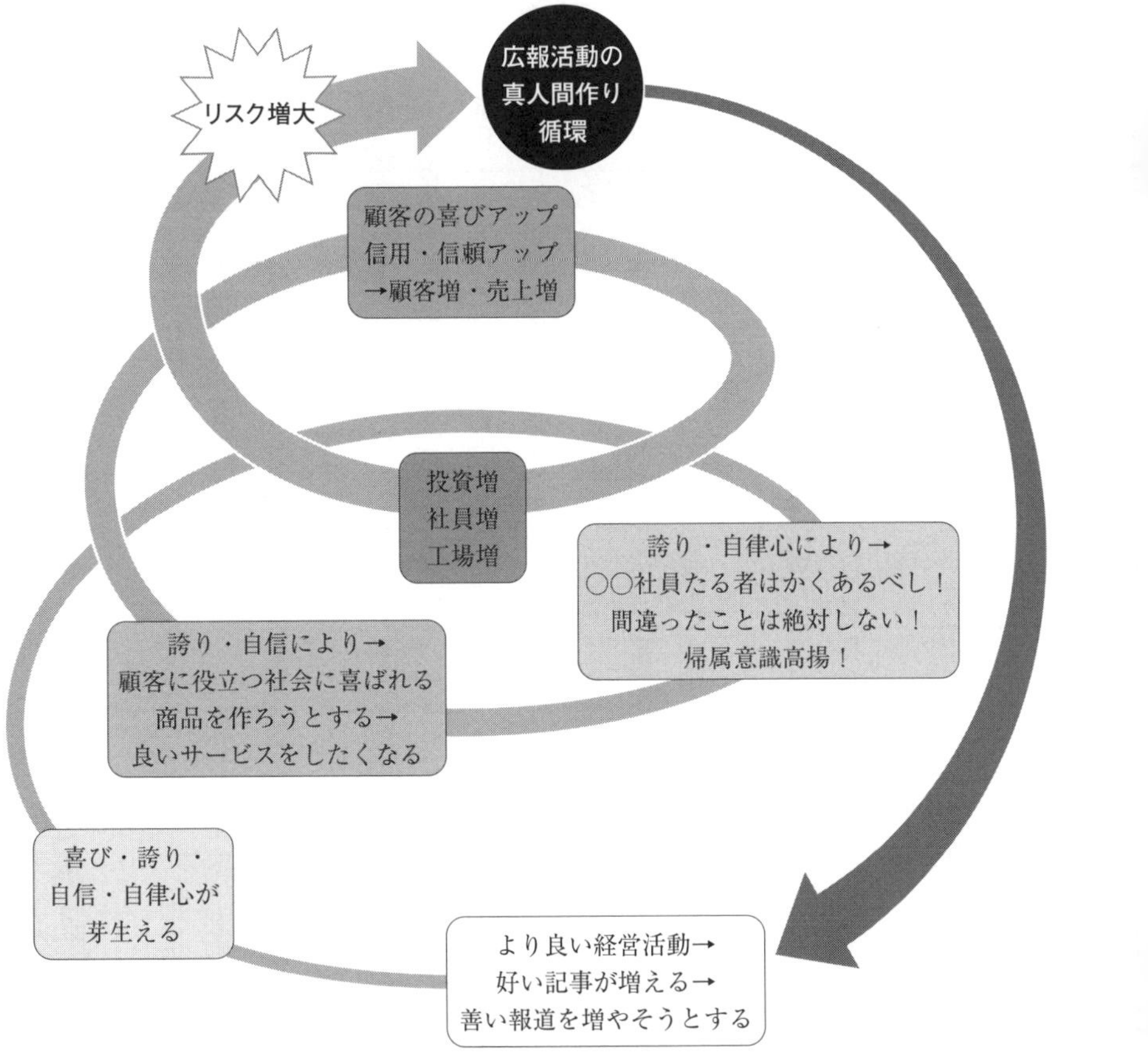

言論を通して我々の手で得られる説得には三つの種類がある。一つは論者の人柄にかかっている説得であり、いま一つは聴き手の心が或る状態に置かれることによるもの、もう一つは、言論そのものにかかっているもので、言論が証明を与えている、もしくは与えているように見えることから生ずる説得である。　（アリストテレス『弁論術』）

5 〝有名〟になる程倍々で高まるリスクを「三つの品《ひん》」で鎮めよう

あるラーメン屋がテレビに出た途端、行列が出来て売上急上昇！　が束の間のケースが多々……真の実力なくして長続きしないのは、道理です。つまり、大金を使い自画自賛で有名になっても、品質が劣り、顧客の期待に外れ、電話一つでも社員の対応に配慮を欠けば、**分不相応に上昇した評判**は失墜し、今や、ネットによる「情報パンデミック」状態になって炎上し忽《たちま》ち滑落する。即ち、知名度上昇の何倍ものリスク増大を常に恐れ、それに備えるべく、社員&商品両方の品質向上促進の仕組みと、その下落監視・阻止・改善体制を構築すべきです。正統には、**社員の品性・商品の品質・会社の品格の「3つの品《ひん》」**が常に進化・高度化するのに比例して知名度が向上していくプロセス……**「3つの品」の三位一体の高度化が先導して、知名度が後を追っていく姿**が理想！　それに伴って、〝徐々に〟信頼性が向上して、顧客や周りから評価され、認められ、いい評判を得て将来への期待感が高まっていくのです。こうなると、一定の**名声**が築かれて、**ブランド**となって**長期的成長の基盤**ができるようになりましょう。

こうして、城の石垣のようにひとつひとつ着実に隙間なく積重ねられた信用・信頼は、危機に対しての備えにもなるのです。

いつの時代でも有名になればなる程、更に優れた社員となり、その社員が顧客や社会により役立つ商品を作ろうとし、売上が上がり、より善い会社に成長し、より善い社員が……という「広報活動循環プロセス」のスパイラル的発展の軌道に乗るのです。しかし、同時にリスクもスパイラル的に高くなるので、常に砂上の楼閣《ろうかく》の如く忽《たちま》ち崩落する危機感と緊張感を持ち、会社のビジョン・行動規範に則り言行を正し、自律心と自尊心を養って、あらゆる面で**社員と会社双方の高揚**を図らなければなりません。

「3つの品《ひん》」・「知名度」・「リスク」相関図

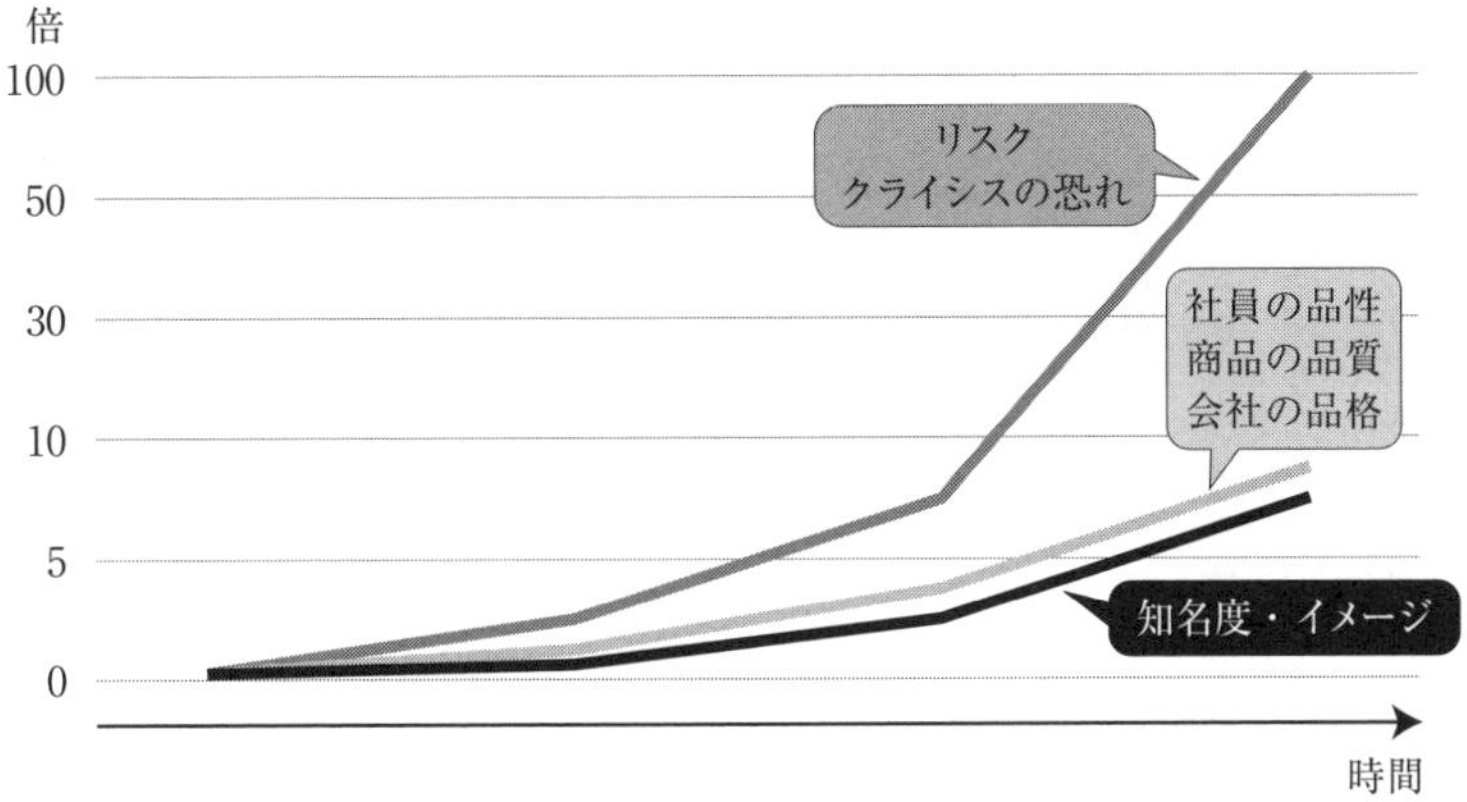

三品一体の拡大・高度化を目指そう

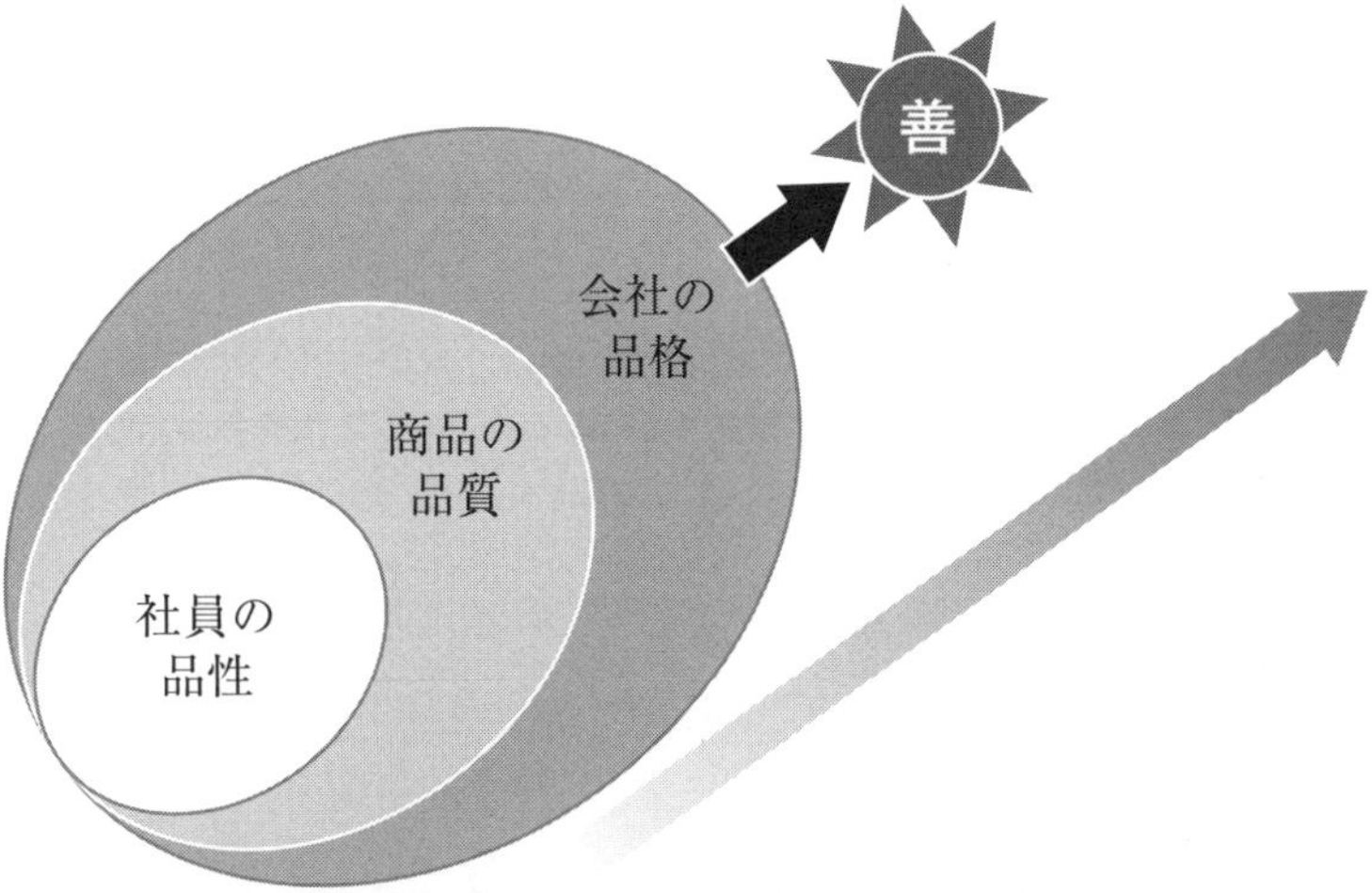

気品とは、その人から発する内面的な香りとも言うべきもので、ここぞと形でとれることのできない人柄を示す。気品は、人間の値打ちのすべてを言い表す。見た目の美しさも大切だが、真の床しさとは色や形よりも香りである。人間の人格的価値は見えるものを超えて香る気品の床しさにこそ、その根本はある。　（森信三《もりのぶぞう》『修身教授録《しゅうしんきょうじゅろく》』）

6 「血小板&白血球社員」を育て、優遇しよう

指を切ると**血小板**が直ちに集合し止血する。悪い菌が侵入すれば、間髪入れずに**白血球**が出動して即刻退治する。しかし彼らがさぼり、見て見ぬ振りをするとどうなるか？　血液（情報）は漏れ続け、悪い菌はのさばり、知らず蔓延《はびこ》る。癌細胞のように！

一方、会社においては、社員がぞんざいな応対をしたのを見逃したり、見過ごしたりせず、即座に指摘し、直させなければ、その社員も周りも皆「これでいいんだ」と甘くなって、同じ誤ちを繰り返すでしょう。放置すれば、いつの間にか蔓延り、応対の悪い不親切な社風にまで舞い落ちてしまいます。そこで会社でも常に指先つまり先端社員の動向に気を配り、ちょっとした過ち・少しのミスでも見逃さず、即座に正す人物を育てる・・・そんな組織風土構築に日々啓発努力するのが、正に経営の使命です。

この原理から「バイトテロによる不適切動画配信事件」の本質は、〝動画配信〟ではありません！　撮影現場で**〝誰も咎《とが》めなかった〟つまり白血球がさぼった！　見て見ぬ振りをした！**　ことです。野生の生き物達が、外敵から身を守る間断なき注意・防御姿勢を見習いましょう。不適切な電話やあるまじき態度を即座に咎《とが》める敏感なしかも**厳格な「直言できる社員」を育て優遇**する仕組みを作らなければなりません。直言には勇気と誇りが要る！　そこで①**直言を容認する雰囲気**、②**直言を歓迎する上司**、③**直言を優遇する制度**の「**３つの直言**」が揃えば、社風となり文化となって永続する・・・そんな規律徹底・風土醸成が経営の責任であることを自覚すべし！　どんな企業も、人と同じく、油断すればすぐ〝メタボ〟になりやすいものです。リモート時代となるこの機にそれぞれの立場で、我が身・我が部・我が社を振り返ってみましょう。**善い細胞が善い人間を作り、善い人間が善い会社を創る**のです。

指を切って血が流れると‥‥

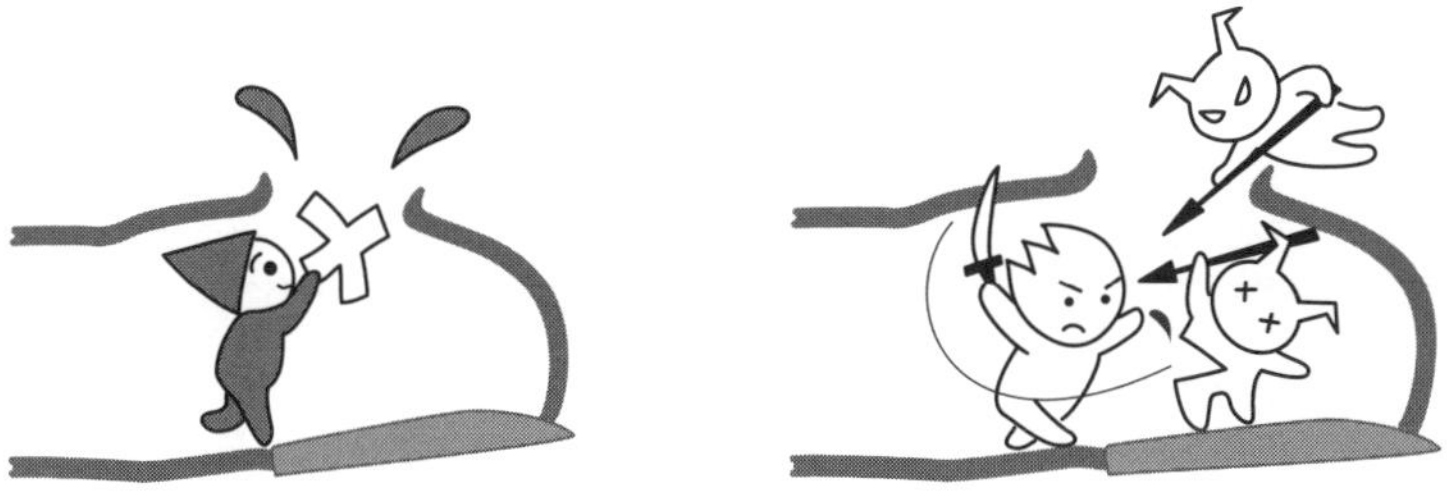

血小板　　　　白血球

【悪い店長】
・見て見ぬ振り
・一緒に喜ぶ
【善い店長】
「何だそれは!
直ちに止めろ!!」
と怒鳴りつける

きみがもし、それをしなければならぬという確固たる信念をもってあることをなすとき、たとえ多数者（大衆）がそれについて違って考えようとも、公然とそれをするのに憚《はばか》ることはない。きみがもし正しく行動しないのなら、その行動をこそ憚るべきで、もし正しく行動するのなら、きみを不当に非難する人々に対して何の憚ることがあろうか。

（カール・ヒルティ『幸福論』）

7 行商がビジネスの原点…「広報は経営」の意味とは

行商の焼芋屋さんは、まず芋を**仕入れ**、焼いて**価値を高めて商品**にします。一軒一軒訪問販売し、街頭では「イシヤキイモ〜！」と大声で**叫び**、販売を拡大する。この「叫ぶ」は多くの人に「**知らせる**」行為。お釈迦様でも「**知らないものは買えない**」「**知らせなければ買っていただけない**」のです。

したがって**売る前に必ず**「**報せる**《しら》」**が不可欠**。「価値作り」から「売る」には、「報せる」なくして決して直接には結びつかない。広く「報せる」ことはまさにビジネスの基本であり、「経営」なのです。

適切に報せる能力が顧客を増やす原動力となり、その**優劣がライバルとの競争に勝利**する要因となります。この真理はどんな時代になろうとも不変です。**お客様が知らない企業は存立し得ない**。**広報の能力＝成長の能力**。**買っていただけないのは報せる努力が足りない**、と我が身・我が社を省みましょう。

企業は、行商と同じく、**カネ**で原材料である**モノ**を仕入れ、**ヒト**が付加価値をつけて、企業や人々に役に立つ商品・サービスに転換し、狙いの市場（マーケット）に適切に**情報**を知らせ、消費者に購入してもらう。利益で再投資し給与を上げる…これが基本的なビジネスサイクルです。

嗜好の多彩化、品質の多様化、価格の多角化により、**量より質**、**価格より価値**が優先。規模の大小に拘《かかわ》らず**QPDDS＝Quality：品質、Price：価格、Design：デザイン、Delivery：納期、Service：サービス**の創造的価値を重視し、いかに適宜・適切にお客様に知らせるか？　が広報活動なのです。

知らせるには、①1人1人に報せる…電話応対や面談から始まることを肝に銘ずべきです。次に、②大声（メガホンやスピーカー）で広く知らせる。そしてもっと遠くの多くの人達には巨大なスピーカー＝知らせる武器を持つ③**マスメディアやネットメディアの協力を得る**のです。

「広報は経営」が一目瞭然！

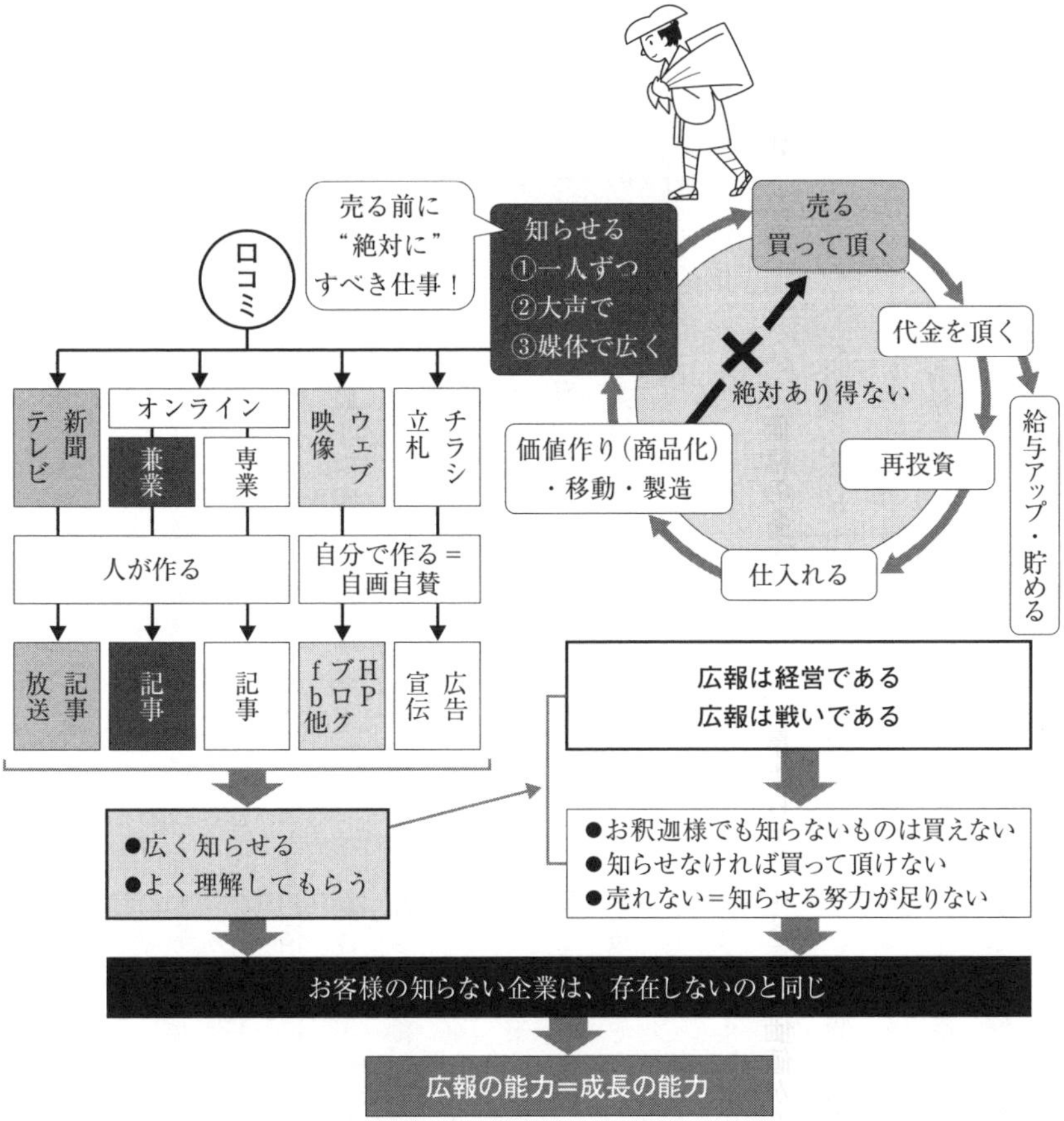

愛他主義の根幹は他人の気持ちを読み取る能力、すなわち共感能力にある。
他人の欲求や苦境が理解できなければ、他人に対する思いやりは生まれようがない。
今の時代が何より必要としている倫理は、まさにこの自制と共感だ。
（ゴールマン『EQこころの指数』）

8 広報の本質とは・・・・自分と会社を一致させ、真人間に司《つかさど》ろう

人の活動は全て脳の支配下にあり、神経や血液により司られています。脳の指令に基き、指先は善行《ぜんこう》もすれば悪行《あくぎょう》もやる。正しい指令なくして善行なし！　神経による指令や血液が滞れば、指先は「**壊《え》死《し》**」し、末端情報が詰まれば「**脳死**」に近づく・・・・人は脳と指先との情報交通で生きているのです。

会社は法人。**トップは脳、社員は指先。**トップの考えが正しければ社員は正しく動き、さもなければ社員の行く方向は危《あや》うくなる。トップが緩めば社員はもっと緩む。誤ればさらに誤るのです。各関節に陣取る管理職にも脳死・壊死が起こるので、いつも自らを点検して決して根を腐らせてはなりません。トップ⇕管理職⇕社員間の情報交通が円滑かつ適宜・迅速ではじめて日々正しく経営できるのです。

「広報とは、ビジョン実現を目指して、社内外への適切な情報交通で〝善〟に向かって会社を〝司《つかさど》り、真人間《まにんげん》（真《まこと》の会社）に導く永続的経営活動である」というのが本質なのです。

脳に密着し脳幹を構成し、見えない情報をも見、聞こえない情報をも聴き、微かな臭いでも嗅ぐ。五感で情報を得て、脳の指令で外部へ言うべきことを口で発し、内部へは組織ルートで指先まで伝達する。

先ず、**「To be good」（いかに善くあるべきか！）**を考え、次に**「To do good」（いかに善く行うべきか！）**を実行。この順序を間違えない！「**司**」には日本人には分かる**倫理観や道徳観**が含まれます。知名度を上げ、良いイメージの社員・会社としての好印象を得るのは、顧客初め社員を含めた周りの人みんなの為だという確信を抱く！　そこに率先して広報を実行する経営の義務・責任があるのです。

「善なるビジョン・哲学の心を持つトップアスリートの様に柔軟で鋭敏・敏捷な身体を備えた組織体」が理想！　この健康を向上発展させようとする日々の実行が文字通り**健康経営**でありましょう。

骨格＝組織、神経＝情報（感度）センサー、血流＝情報流！

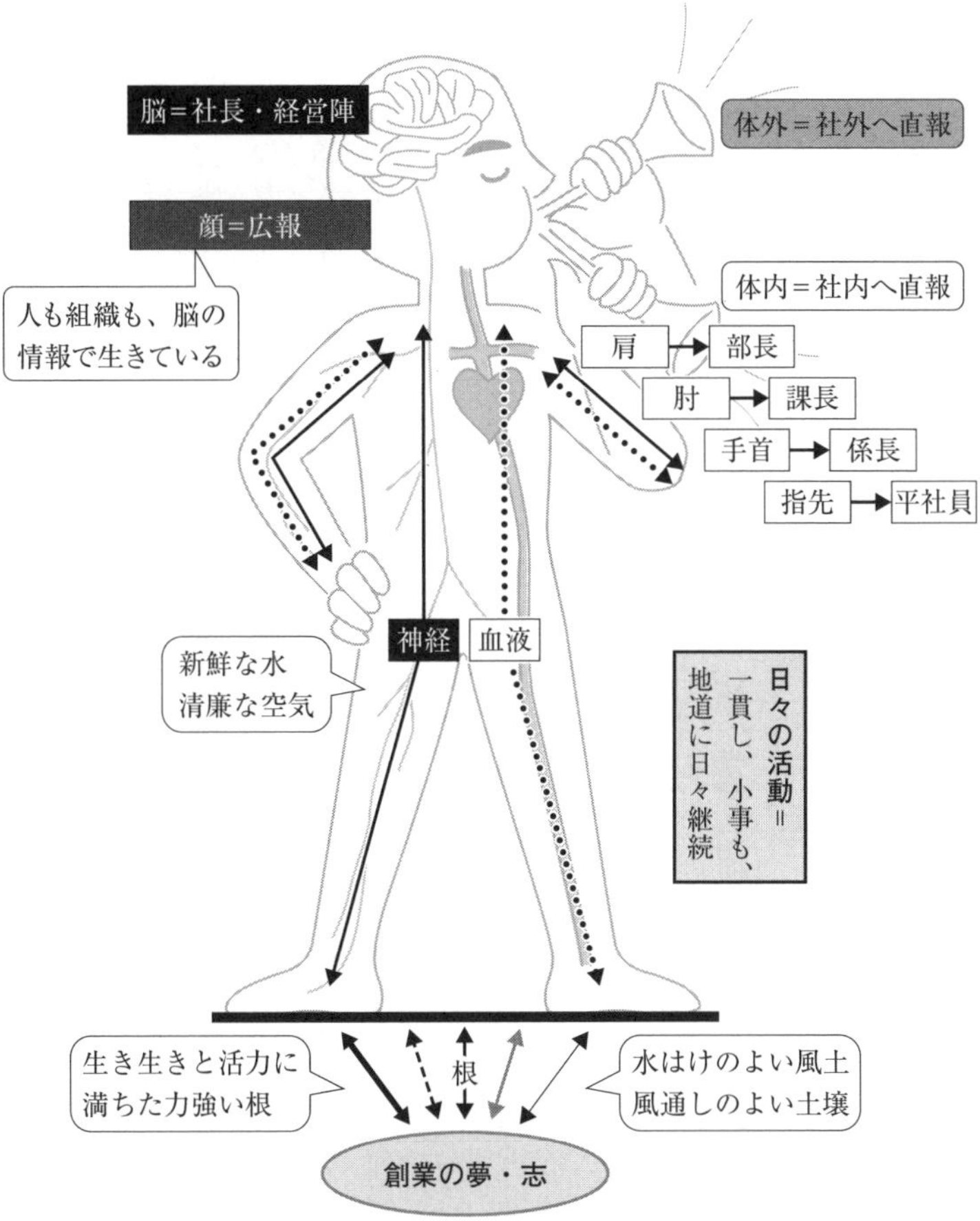

高い人間とは、自分の上に高いものを持っている人間に他ならぬ。
自分より高いものを自分の上に持たぬという意味で絶対的なのは、
唯、低い人間だけである。（ジンメル『日々の断層』）

9 広報は社内外への情報基地だ！・・・望ましい社内組織とは

脳と顔の密着により人が機能するように、**トップと広報の緊密な情報交通**で組織が機能します。広報の躍動はトップとの距離が近いことが条件！　この距離とは、机の位置という**物理的距離**と時空を超えて自由に進言できる**心理的距離**の２つです。**特にリモートワークになったらなおさらです。**

トップへのフリーアクセスを持ち、必要な時はいつでも自由に社長室に出入りでき、スマホからでも直接コンタクトできて初めて、脳に密着した広報体制と胸を張れましょう。つまり**組織上の広報の位置を見れば、情報に対する企業の姿勢が判る**のです。トップとその**情報参謀**で、全社の**情報基地**でもある広報との情報交通の円滑さを社内外に示すことにより、**透明性と情報開示力**を顕示できます。トップと役員や広報のコミュニケーションが円滑化すれば、社員間のコミュニケーションも活発になり、ビジネス情報も上下左右に円滑に交通するようになって、経営にも好影響を及ぼすことになります。

首相は、総理官邸で国の行方を主導し、官房長官がいつも傍を離れず、公式に記者会見し、個別インタビューや立ち話（「**ぶらさがり**」と言う）で質問に答える。社長と広報部長の間も同じです。

危機に遭遇しても、この関係が緊密であれば、**悪い情報も即座に上下し、適切に善処**できるのです。

近年、広報の重要性がさらに高まり、社長直轄の広報（本）部やコーポレート・コミュニケーション本部を設ける企業が多いのは自然の流れです。

広報重視の企業は、広報部門に第一級の人材を投入します。役員を**CCO＝Chief Communication Officer（最高広報責任者）**に登用し、経営の情報戦略機能を強化充実させるのは、**情報戦略が企業の盛衰に関わる**ことを認識しているからに他なりません。リモート時代にその真価が発揮されるでしょう。

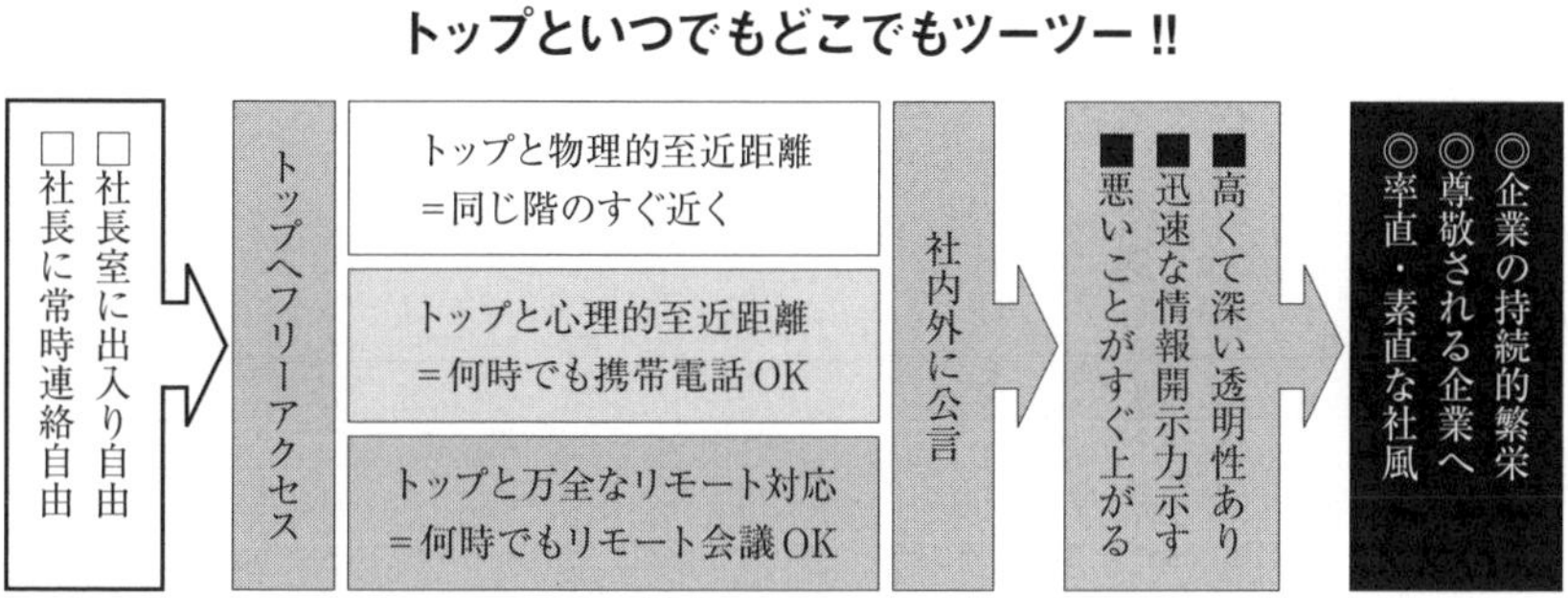

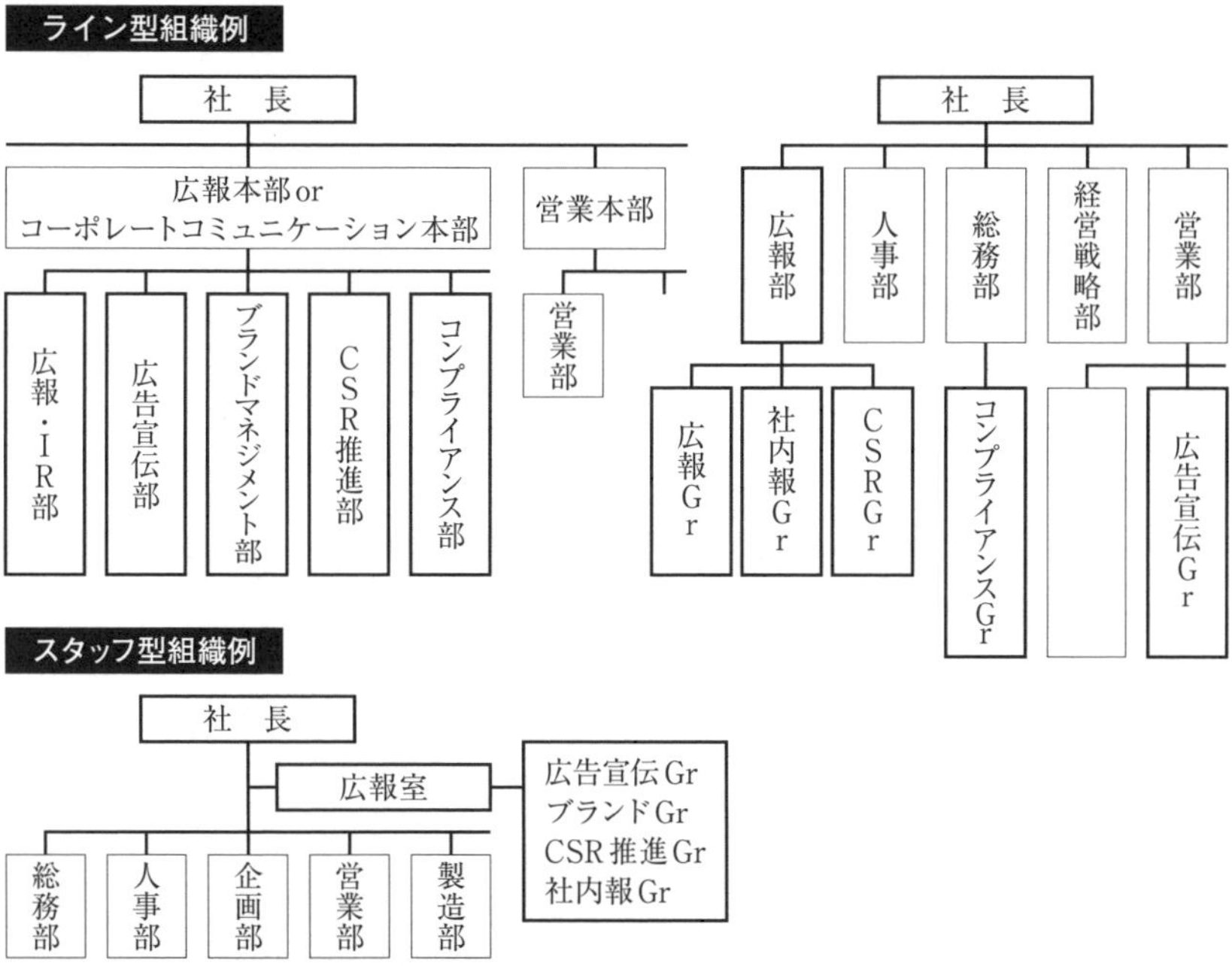

マネジメントの階層が増える毎に、組織は硬直性を増す。階層の一つひとつが意思決定を遅らせる。情報量は、情報の中継点が一つ増すごとに半減し、雑音は倍となる。

（ドラッカー『経営の哲学』）

10 取締役の法的義務と責任とは

トップと物理的にも心理的にも至近距離にある広報は、取締役や執行役員等経営陣とも密接な関係にあり、良きにつけ悪しきにつけ、常に緊密なコミュニケーションをとっていく必要があります。

企業統治＝コーポレートガバナンスは「マネジメント＝会社経営が健全に行われているかどうか」の監視・監査チェック機能ですが、そのマネジメントを行う取締役と会社は、委任関係にあります。

取締役は①「**善管注意義務**」、②「**忠実義務**」、③「**監視義務**」、加えて経営の透明性が求められ、迅速かつ正確な情報開示を行う、④「**説明責任＝アカウンタビリティ Accountability**」も負っているのです。

一方、「経営判断のルール」の範囲内では、損害賠償などの法的責任は問われません。しかし、その判断が合理的な調査に基づかない場合や正当な社内手続きがとられないなど、意思決定過程が不合理と認められた場合等には、**善管注意義務違反として損害賠償責任**を課せられます。もし会社が取締役に対して、その責任追及を行わない場合には、株主に「**株主代表訴訟**」を起こされるリスクが生じます。

社内不正防止の「監視義務」の不履行にも損害賠償の責任があり、「**私は知らなかった**」は通用しない！　**取締役の地位は、3つの義務を遂行する〝決意と覚悟を持って就くべきポスト〟**なのです。

これからの企業は「企業改革法」が示した健全な経営を行う仕組みとしての「**企業統治**」、その仕組みが機能するプロセスの中核となる「**会計基準**」、それを通じて算出される財務諸表の品質保証のための「**監査基準**」が三位一体となって「**説明責任**」を果たす義務があるのです。

広報は、経営陣による経営活動および従業員の行動に対し、**常に社会に軸足を置き監視の目でチェックする役割**を担っています。企業を取り囲む多様なリスクが本当の危機（クライシス）の源なのです。

取締役に課せられた3つの義務＋1つの責任

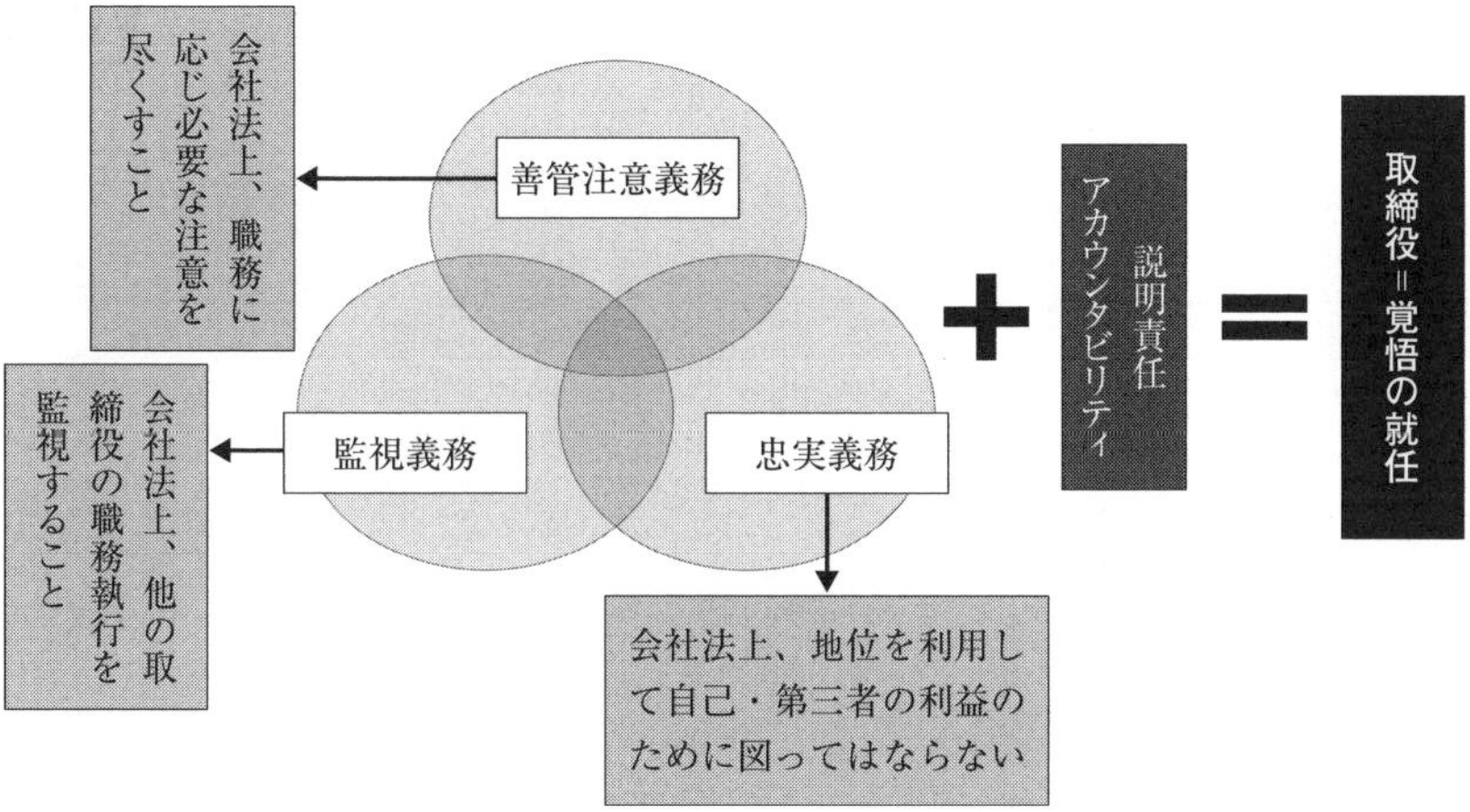

あるべき企業経営の姿

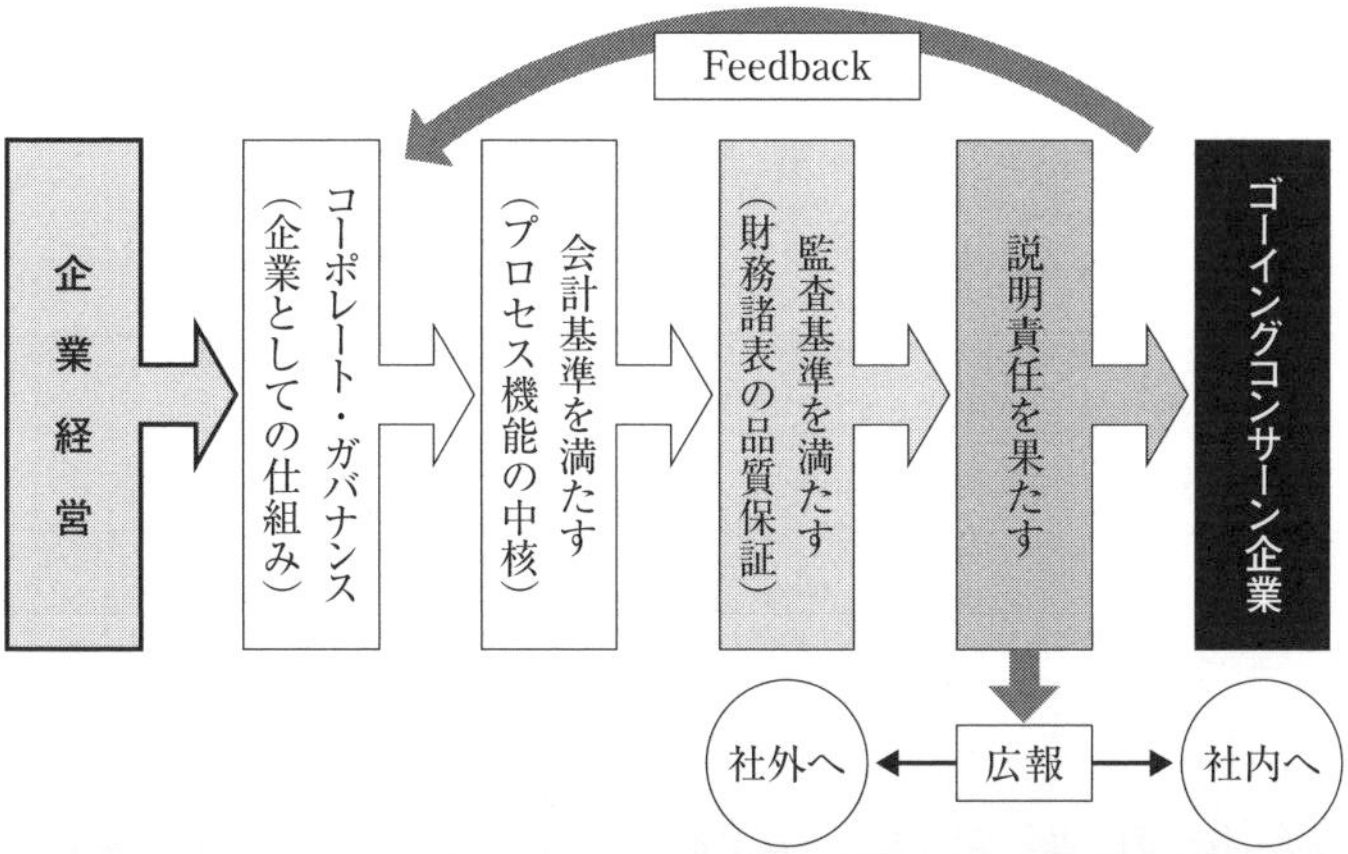

生のどの部分をとっても、公私いつでも義務から逃れることはできない。
それを守ることによって生のあらゆる高貴《こうき》さがあり、
無視することによって醜《みにく》さが顕《あらわ》れる。　（キケロー『義務について』）

11 広報の重要な役割は3つに集約される

広報とは、多様なテーマに対し社内外で錯綜する情報を司り、To be goodを決めてTo do goodの順序で**何を言うのか？　誰に言うのか？　何時言うのか？　どう言うのか？**　を適切に実行することです。社内外を結ぶ伝導線として、広報の役割は次の3つに集約されます。

(1)「**聴く**」：発信・受信は車の両輪。発信ばかりに注力せず、社内の声なき声にも耳を傾け、メディアを通じて社外の情報を広聴し、分析評価する重要な役目をも担っています。記事の背景を深く読み、調べ、幅広く聴き、社内外を結ぶパイプ役として、**社外：社内7：3で考え、6：4で言動**しましょう。

(2)「**報**《しら》**せる**」：社内活動から日々産み出される情報の中から、社外へ伝えるべき決定された情報をわかりやすく報せる。そこで、社内にはイントラネットを、社外には、最大の伝播力を誇るマス&ネットメディアの協力を仰ぐのです。報せるべきは、ステークホルダーや一般の人と数多《あまた》！

(3)「**対応する**」：企業情報がマスメディアやネットで公《おおやけ》になれば、社内外の多方面から問合せが入る。望ましい問合せもあれば事件など危機に関する問合せも・・・それ等に迅速かつ適切に対応する重要な役割です。Q&Aを元に他部署への問合せ対応も指導、常に親切かつ毅然とした態度で臨むこと！

これら3つの仕事を遂行するには、メディアとの良好な関係作りを心掛けましょう。、社内の広報への理解を深めて協力体制「社内記者」のように自ら足を運んで、ネタを掘り起こし、記事化への相談にも乗る・・・社内広報コンサルタントのような役割です。

ラグビーの合言葉「One for All, All for One」のように、社内外情報を組織目標達成にむけて①**広くて遠くの**、②**多くの人に**、③**適切に**、④**迅速に**、⑤**タイムリーに伝達**することが、広報の特別任務です。

広報の重要な３つの仕事と情報の流れ

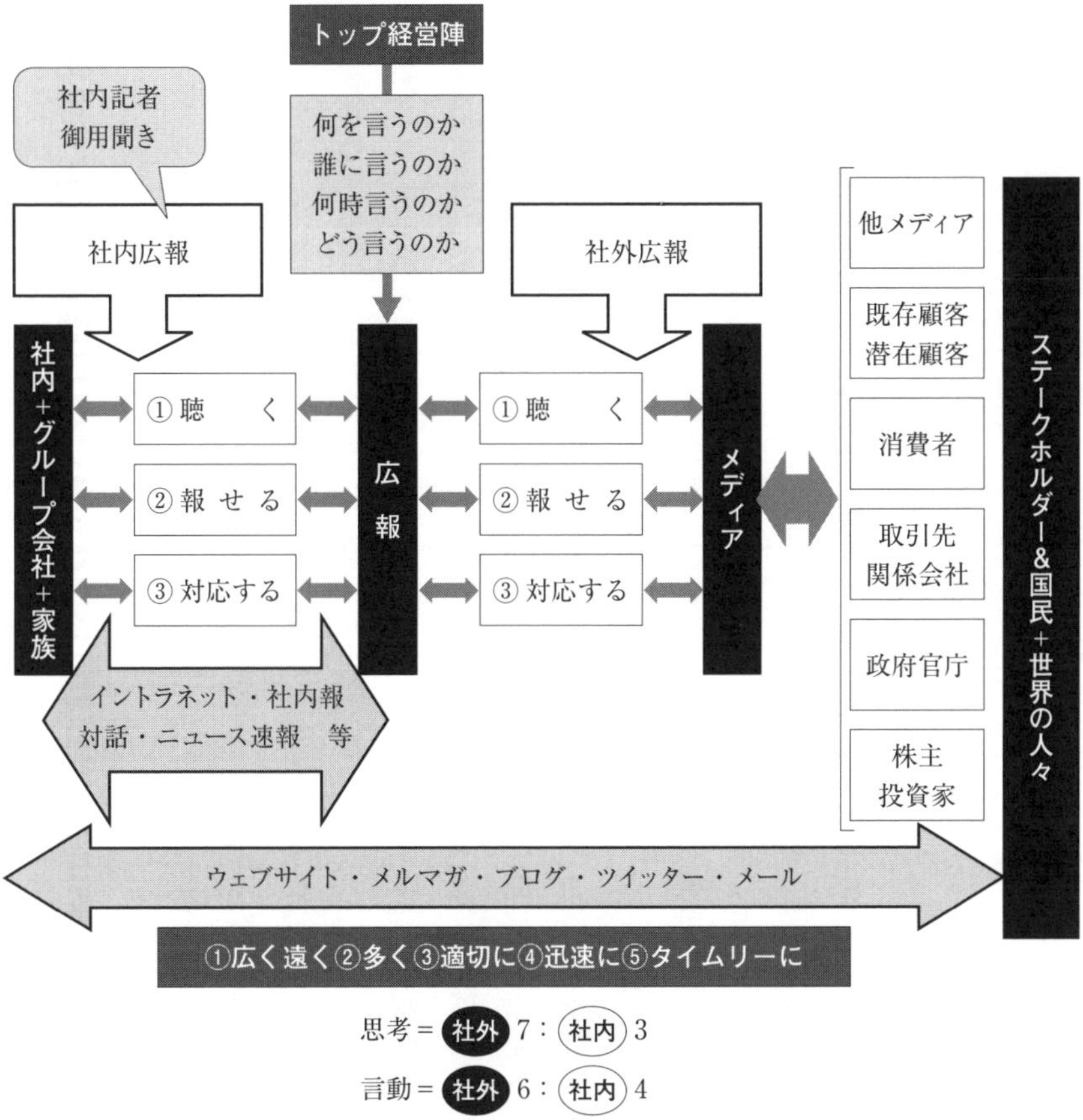

人間の偉さというものは、一つは豊富にして偉大な情熱であり、次には、それを徹頭徹尾浄化せずんば已まぬという根本的な意志力である。情熱のない人間はでくの坊である。真に大きく成長してやまない魂というものは、たとえ幾つになろうと、どこかに一脈純情な素朴さを失わないものです。　（森信三『終身教授録』）

12 記事と広告とはここが違う・・・情熱費（Passion《パッション》 Fee《フィー》）を出そう！

記事と広告との混同が多いので、その違いについて正しく理解しておきましょう。

◆《**広告とは**》：企業がスペース・時間を**買う**。メディアは、**企業の指示通り**に広告・CMとして報道することです。**予算に応じて計画的**にできますが、効果を出すには**膨大なコスト**がかかり、**自画自賛**のため**客観性・信頼性は劣り**ます。

◆《**記事とは**》：企業がメディアに**情報提供**し、**メディアは自らの判断や都合**により、記事・ニュースとして報道する。記者は、**顧客価値か社会的価値またはその両方があれば喜んで**記事にするので、〝**記事費**〟の発生はないが、①報道の可否、②内容、③大きさや時間、等一切が**メディアの判断**による。

従って、報道された場合の**信頼性は圧倒的**に高く、その伝播力による**客観的価値は計り知れません**。

〝**記事費**〟**は不要**ですが、当然広報担当の人件費は必要ですし、取材時間を割く経営陣の時間・労力コストに加えて熱い想いが不可欠・・・それが〝**情熱費**（**Passion Fee：著者の造語**）〟なのです。

◆《**記事広告とは**》：取材記事風の広告です。

記事と広告の最大の違いは、広告は**お金＝Money**で買えるが、記事は買えない！　記事は、記者の判断による**価値＝Value**によるものだからです。そこで、**情熱費**が要る！　これからは**Money《カネ》から**
Value《カチ》への転換が不可欠。**広告費**（**Advertising Fee**）は限度があり**枯渇**し、誰でもは出来ませんが、**情熱費は①汲めども尽きぬ**、**②汲めば汲む程湧いてくる**、**③次第に濃く**、**豊潤**になっていく性質があり、実に〝**片想い**〟に似ています。モテない男が片思いの女性《ひと》に、何は無くとも、人一倍の**Passion Fee**だけで猪突猛進するようなもの！　そこには〝**ひた向きな愛**〟が不可欠です。**情熱費**は誰でも出せます。

違いが判れば、戦略を変えよう

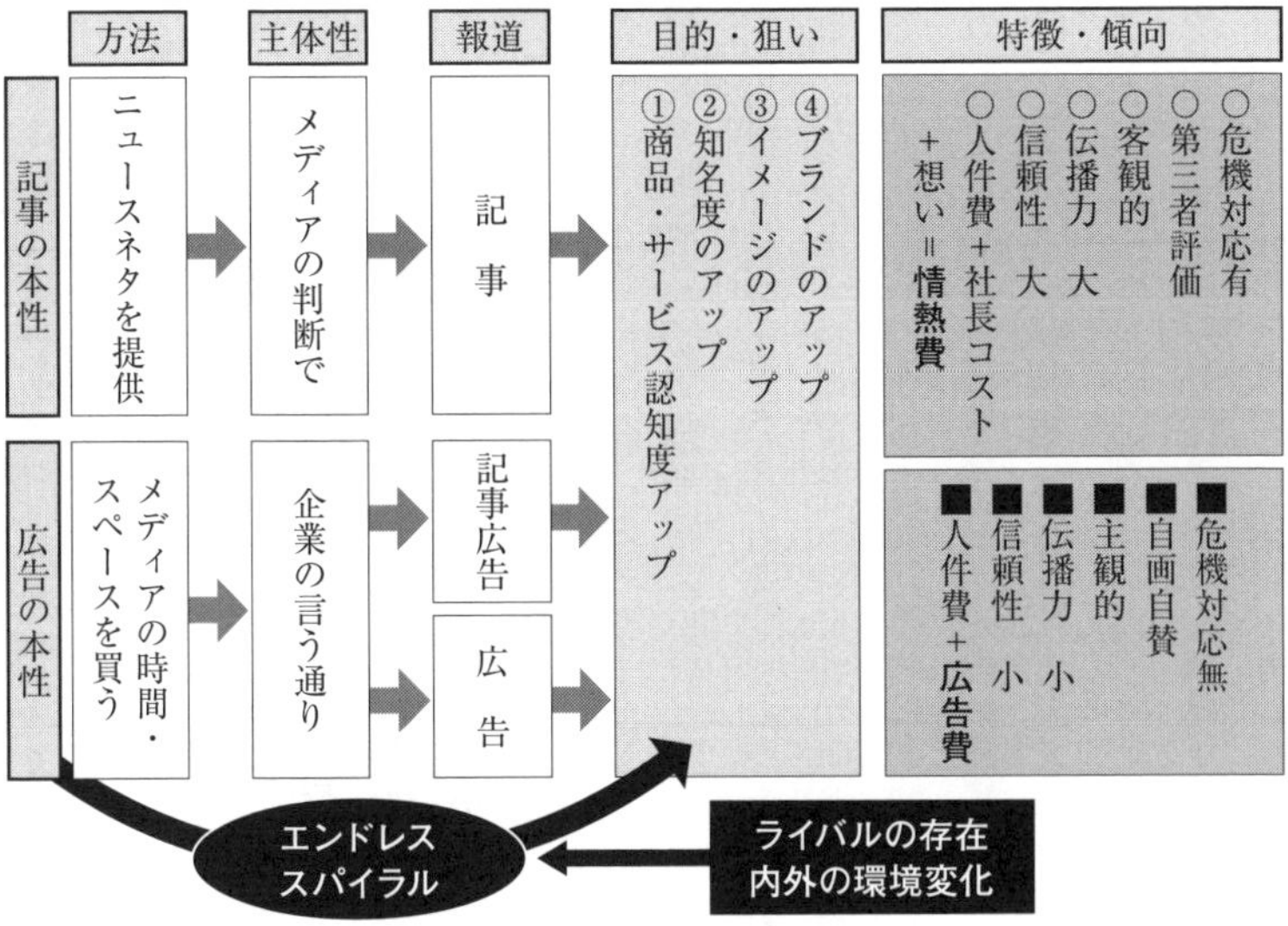

情熱は人を承服させる唯一の雄弁家である。それは自然の技巧とも言うべく、その方式はしくじることがない。それで情熱のある最も朴訥《ぼくとつ》な人が、情熱のない最も雄弁な人よりもよく相手を承服させるのである。（『ラ・ロシュフコー箴言《しんげん》集』）

13 計り知れない報道の影響を司る広報の仕事とは

【外部への影響】一つの報道は、〝良くも悪くも〟、多くのメディアの耳目にも達します。「**記者の重要の情報源は他の記事**（**報道**）」ですので、〝善い〟記事は小さくとも価値が大きいのです。記事を見た記者の「**次のテーマ・切り口のヒント**」**や**「**取材候補企業**」となり、取材申込みが増え、記事も更に増えていく…。つまり**記事が記事を増幅**するのです。記事が増えると、**顧客の拡大**につながります。知名度やブランドイメージが上がれば**記事＝勲章＝信用**も上がります。有名ブランドは万人に好まれ、リクルートに果す効果は計り知れません。ただし、報道はライバル他社にインパクトを与えますが、一方では「**戦略を教えている**」ことを、広報のプロたる者は肝に銘じ、より戦略的表現を心掛けましょう。

【内部への影響】報道の効果は、社内への好影響にもあります。**良い記事は社会に認められた証**！それに関連する社員が**喜んで**くれます。しかも、**誇りと自信を抱き**、**志も昂揚**、**帰属意識**が高まりモチベーションも向上、社会的責任への自覚が醸成され、悪いことを起こす気持ちが薄れる…。**自律心が芽生える**からです。取引先や協力会社それに家族まで喜び、誇りを抱いて社内が活性化するのです。

これだけの効果は、**地道な広報活動の継続**によってしか得られません。

人は誰も少しでも有名な、尊敬される人と付き合いたいが、会社も同じ！「主な取引先」として著名企業順に〝誇らしげに〟羅列するのは、その心理からです。**少しでも有名になり末続く敬愛される企業になろうとする強い意志は**、**経営の義務・使命**です。

広報に携わる機会を幸運と喜び、その厳粛なる役割に心身を引き締め、「**広報は崇高にして典雅なる経営の仕事である**」ことを心深く刻み込んでください。広報は、**Win-Win-Win**の仕事なのです。

広報がもたらす社内外への影響

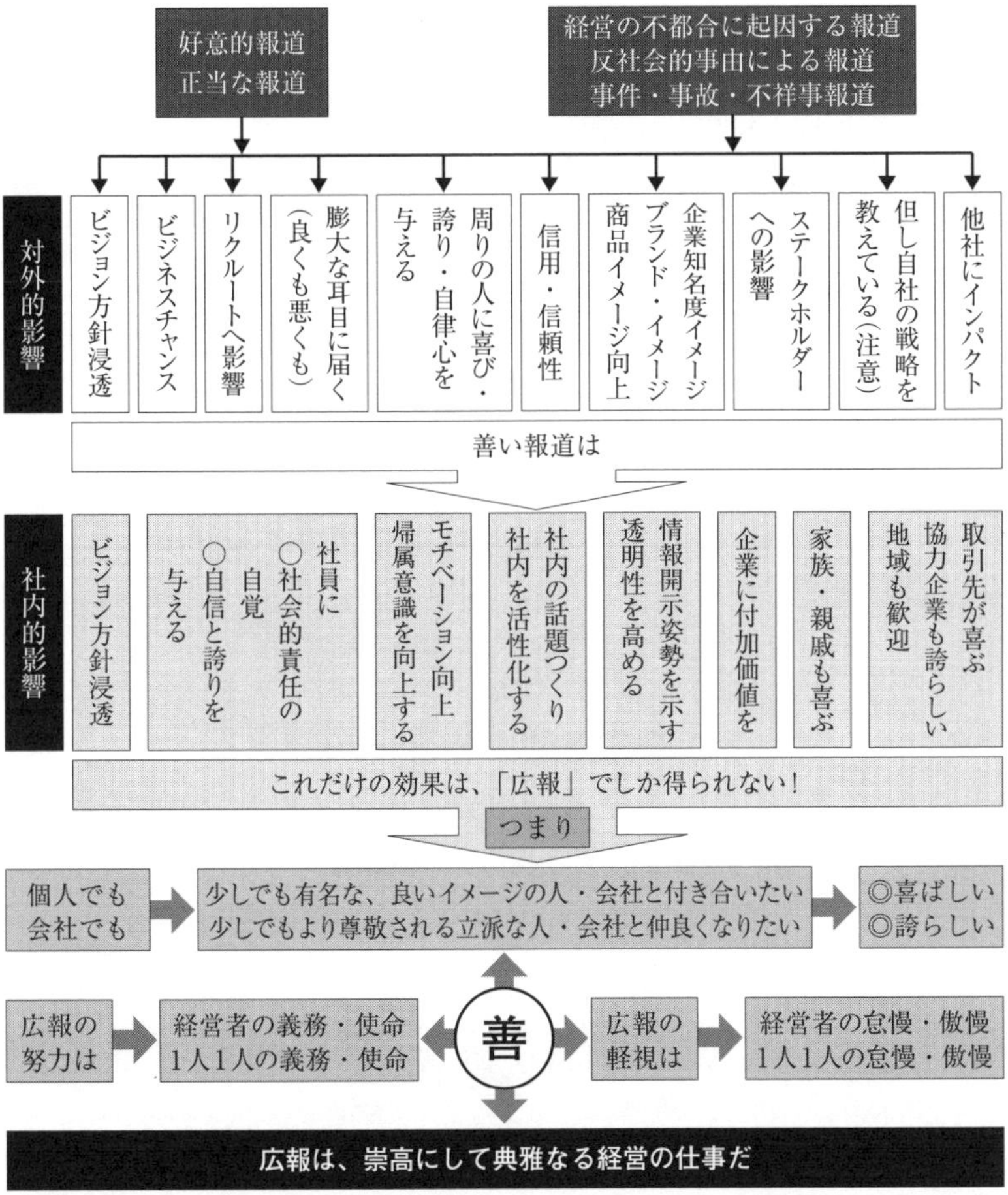

そうだ、この自覚におれは全身全霊をささげる。それは人智の究極の帰結で、こうだ。およそ生活と自由は、日々これを獲得してやまぬ者だけがはじめてこれを享受する権利をもつのだ。

（ゲーテ『ファウスト』）

広報で学べ身に付く15か条

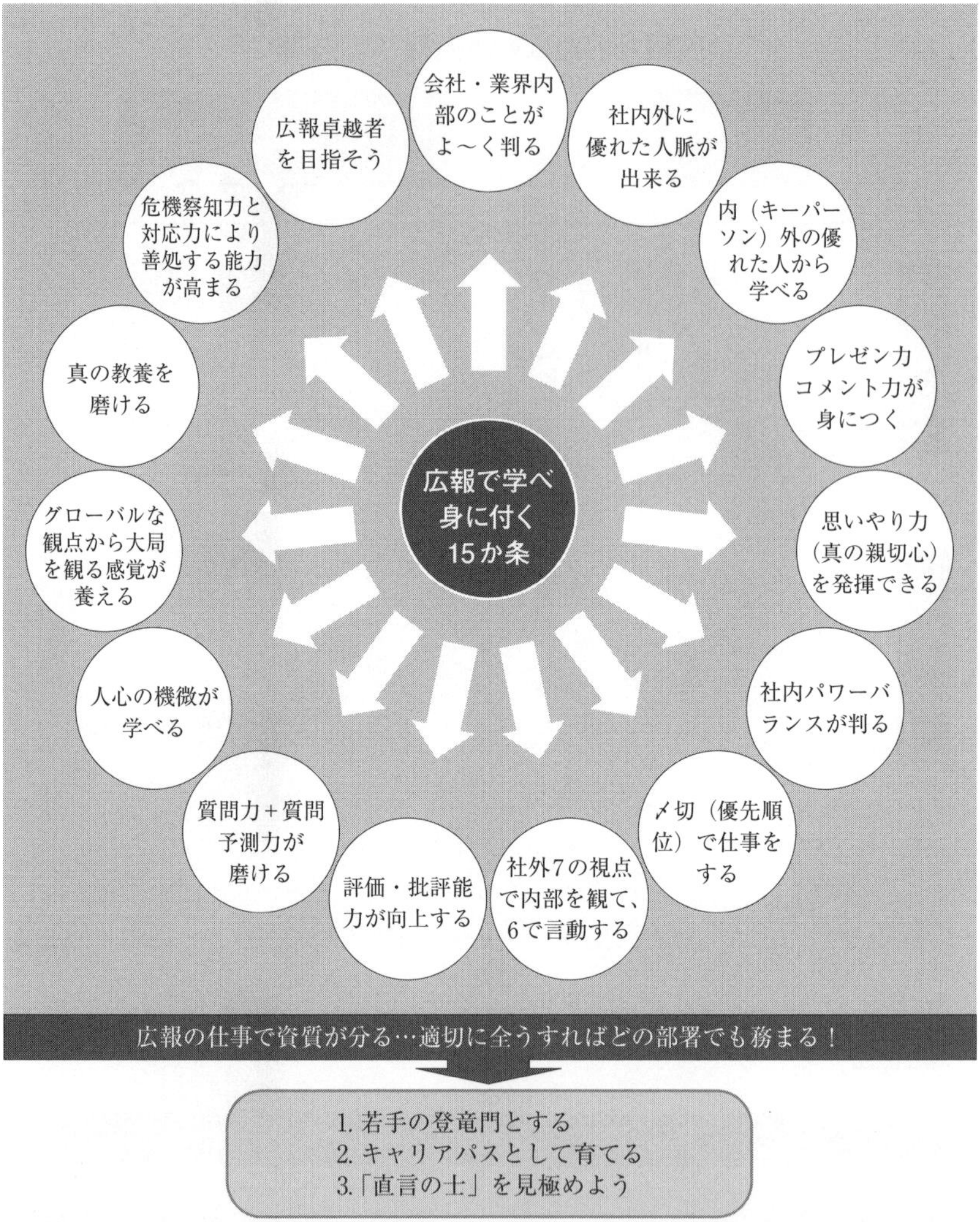
会社・業界内部のことがよ～く判る
社内外に優れた人脈が出来る
内（キーパーソン）外の優れた人から学べる
プレゼン力コメント力が身につく
思いやり力（真の親切心）を発揮できる
社内パワーバランスが判る
〆切（優先順位）で仕事をする
社外7の視点で内部を観て、6で言動する
評価・批評能力が向上する
質問力＋質問予測力が磨ける
人心の機微が学べる
グローバルな観点から大局を観る感覚が養える
真の教養を磨ける
危機察知力と対応力により善処する能力が高まる
広報卓越者を目指そう
広報で学べ身に付く15か条
広報の仕事で資質が分る…適切に全うすればどの部署でも務まる！

1. 若手の登竜門とする
2. キャリアパスとして育てる
3.「直言の士」を見極めよう

この時（江戸無血開城直談判時）、おれがことに関心したのは、西郷がおれに対して、幕府の重臣たるだけの敬礼を失はず、談判の時にも、始終座を正して手を膝の上に載せ、少しも戦勝の威光でもって、敗軍の将を軽蔑するといふような風が見えなかった事だ。

（勝海舟『氷川清話』）

第1章

記事の基になるネタ（素材）を見つけよう

誠実、謹厳、忍苦、享楽的でないこと、運命に対して呟かぬこと、寡欲、親切、自由、単純、真面目、高邁な精神。今すでに君がどれだけ沢山の徳を発揮しうるかを自覚しないのか。こういう特に関しては生まれつきそういう能力を持っていないとか、適していないとか言い逃れするわけにはいかないのだ。それなのになお自ら甘んじて低いところに留まっているのか。

単純な、善良な、純粋な、品位のある、飾り気のない人間。正義の友であり、神を敬い、好意にみち、愛情に富み、自己の義務を雄々しく行う人間。そういう人間に自己を保て。哲学が君をつくりあげようとしたその通りの人間であり続けるように努力せよ。神々を畏れ、人を助けよ。人生は短い。地上生活の唯一の収穫は、敬虔な態度と社会を益する行動である。

（ローマ皇帝・哲人マルクス・アウレーリウス『自省録』岩波書店）

1 ネタはキーワードで探せ！

新聞は〝新しく聞く〟であり、Newsは、New〝新〟の複数。奇しくも、NEWSは北東西南の頭文字ですので、**世界の面白い新しい知らせ**という意味でしょう。

「USP」（特徴）と**「UDP」**（差別点。私の造語）は、ネタの大本《おおもと》となるものです。「新しい」「最も」「初めて」や「No.1」がつくと立派なネタになります。「独自」、「独特」、「独創」という三つの独（三独：私の造語）は興味を惹き、**「驚」**や**「珍」**、**「まさか？」**には、みんなが目を見張ります。

突飛な趣味を持つ面白い社長や誰もやれない痛快なことを成し遂げた社員など**「人」**がらみも魅力あり。身を挺《てい》しての人助けや誰もが讃《たた》える社会貢献などの**「美談」や「心温まる話」**は拍手喝采！

「時流」に乗っている流行《はや》りや旬のもの、**「世相」**を反映する**トレンド**には、誰もが目を惹かれる。**「旬」**にも色々あるし、**「指標」**になる数字も喜ばれます。表彰やランキング、ネット活用で色んな**「調査」**との組合せで話題作りも魅力的。色んな分野との**「コラボ」**で興味あるネタを案出しましょう。

重要な経営戦略やトップ人事は常時注目を集め、大プロジェクト受注やM&Aは当然。工場祭りや、展示発表会、開店セール、試飲・試食・試着・試技などの**「イベント」**は常に話題になります。

CSRの中でも世界が経営の根幹に推進する**「SDGs」**は、経団連も提唱するキーワードです。

一つのテーマでも、色んな切り口を思いつくようになるとしめたもの。社歴や創立の経緯、発祥の地や社名の由来、商品・サービスに関するエピソード等、社内の色んな情報から発想が広がるはずです。**「ネタはもう一つの経営資源」**を肝に銘じ、フレッシュな感覚で幅広い観点から、細分化したキーワードで独創的なテーマを案出。**三独のネタ造り**に精を出して下さい。（49頁「32のキーワード」）

〝キーワード〟で多様多彩なネタを案出しよう

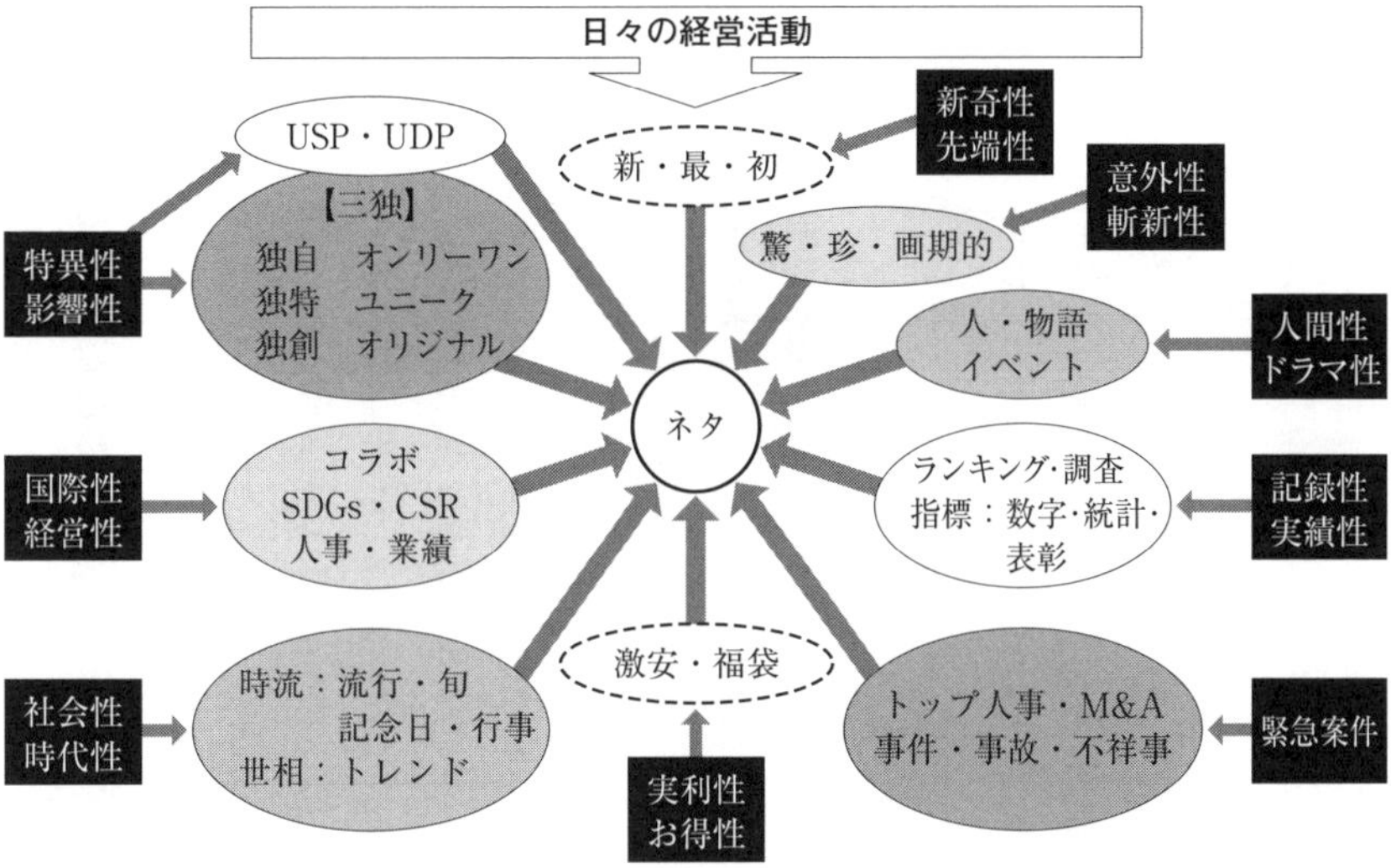

USP　Unique Selling Proposition（ユニーク・セリング・プロポジション）＝特長・独自の売り
UDP　Unique Different Proposition（ユニーク・ディファレント・プロポジション）＝差異別点
SDGs　2015年9月国連サミットで採択された2016年から2030年までによりよい世界を目指して達成するために掲げた「持続可能な17の開発目標」

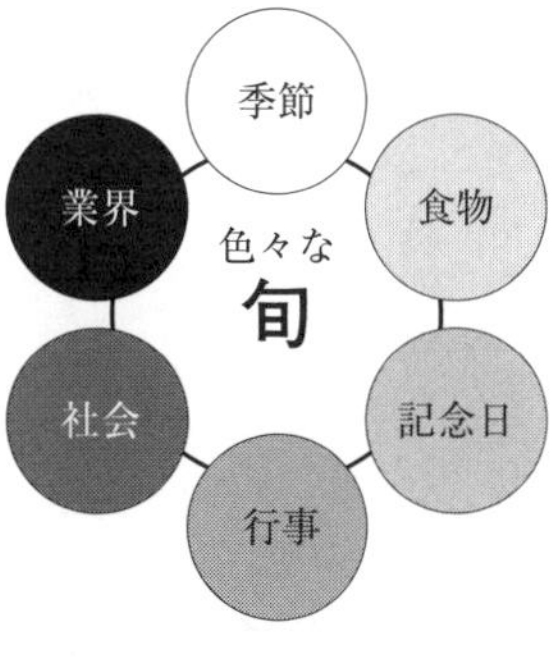

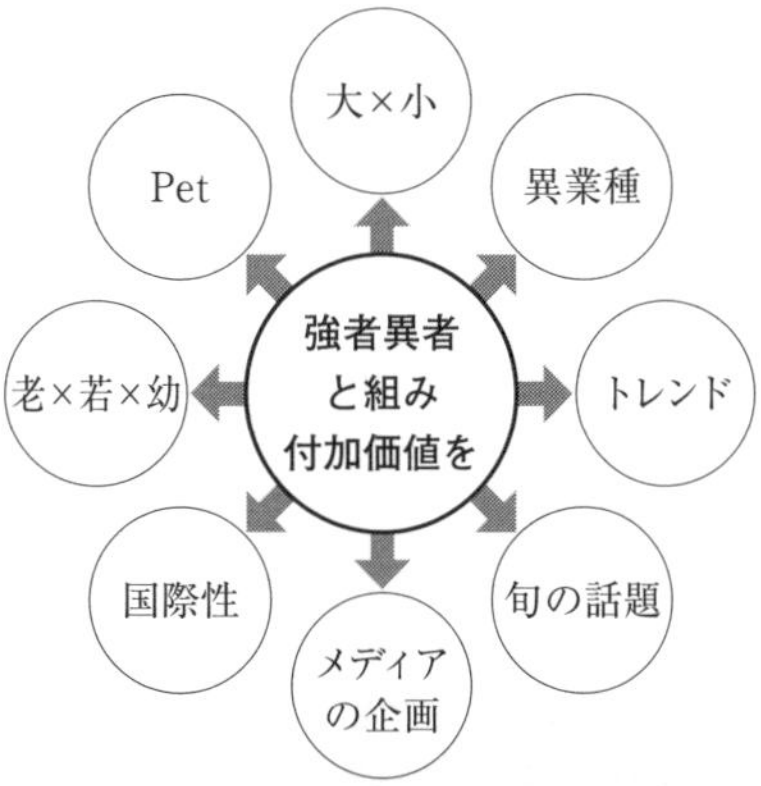

おべっかとは戦略的な、目的を持った賛辞である。おべっかの真髄は自分の利益を増やしながら同時にそれを秘匿することにある。　（ステンゲル『おべっか・お世辞の人間学』）

2 USP&UDPを直ちに箇条書《かじょうがき》しよう・・・できなければ記事にならない！

ネタのキーワードの核になるのは、USP（米国マーケティング用語）とUDP（私の造語）です。

▽**USP（Unique Selling Proposition）＝独自の売り、特長、長所**
▽**UDP（Unique Different Proposition）＝際立った差別点、特異点、独特の違い**

これが明確でなければ、記者は興味なく、記事にならず！　ネタを見つけたら直ちに各3つ位ずつ箇条書してみましょう。**〝箇条書でものを言う〟**習慣は、あなたの広報力を一段と磨いてくれます。

箇条書には次の3つが必要です。

① **ポイントを明確に押さえる**
② **分かり易い表現を考える**
③ **言葉を選び簡潔に記述する**

これによって、必然的に本質を見抜く洞察力が研磨され、適切な言葉の湧出が促進され、余計な言葉を読ませない心掛けが一層助長され、1字でも削る決意が実行を伴うようになるでしょう。

USP・UDPの多くは重複しても、USPは絶対価値ですが、UDPは相対価値なので比較しないと表現できません。常に**①比較する、②立ち位置を観る、③数字でものを言う、**を習慣にして下さい。

〝すごく〟、〝かなり〟、〝とても〟、〝多数の〟、と言った副詞・形容詞を多用して話す人は、特に具体的な数値を意識してください。数字活用に慣れると、より正確な話が出来、厳密に聞けるようになります。

美人コンテスト（ニュースリリース）で、私は美しい！　と**USP**を強調しても、ライバルも皆美しいので審査員の（記者）の心は動かず、比較優位点を数字で表現する**UDP**が強い説得力で訴えます。

USP	UDP
1. 際立った特徴	1. 他社と異なる購入場所の多様性
2. 最高or最低価格	2. 他社が提供できない異なったサービス
3. 最も幅広い選択肢・豊富な品揃え	3. 他社が真似できない引き届いた配慮
4. 特に秀でた利便性	4. 前の商品と明確な差異
5. 最速サービス・配達　等々	5. 他社にない場所の優位性　等々

「企業価値認定申請書」によるUSP・UDPの表現の違い：㈱VIDA Corporationの例

（一社）企業価値協会（57頁）は、年2回特徴的価値ある中小企業を唯一認定する認定団体。審査はメディア審査委員が加わり、正に申請用紙のUSPとUDP欄が重視されます。つまり、記事になりやすい会社が認定されやすい！　そこで、認定企業VIDA社のUSP・UDPを例に、その多彩な表現方法を学び、自社や商品にこのような表現が当てはまるか？じっくり考えてみる‥‥明確に表現出来れば、記事になる会社・商品＝認定に値する会社といえましょう。

	USP＝特徴・独自の売り	UDP＝差別点・他との違い
1.	創業者杉本大《だい》は、オートバックス等全くの異業種で営業経験を積み29歳で創業。極貧での苦難な体験を味わいつつ全く建築・不動産経験ゼロながら、独自の企業形態で10年で年商30億円と**急成長**	ベンチャー企業から急成長させた経営者は数多いが、建設とは無関係業種での営業経験のみで、逆に知見の無さをプラスに、独創的な会社を急成長させる「空間創り」リーダーは、**同業界においては先ず類を見ない**
2.	単なる店舗設計・不動産ではなく「空間価値」創造を徹底、「物件を探す」→「店舗を造る」→「運営する」という**不動産に関わる全てをワンストップで**引き受ける	不動産・建築業界は、設計・土木・建築等業態ごとに会社が異なるが、それら三つの機能を備える会社をグループ内に持つ**独創的形態の会社は極めて珍しい**
3.	**8000社の詳細顧客データ**に基づく提案力が**最大の強み**！　創業以来、デザイン・設計から運営迄手掛け、店舗の成功や多店舗データを有効に活用している	デザイン・設計→施工→メンテを一気通貫で実施して得たデータを一手に活用できる**NO.1会社**！　海外店舗データも充実しつつあり、この業界では**他の追随を許さない**
4.	店舗開発－運営－発展迄「トレーサビリティ」（追跡可能性）が明確。顧客満足度向上により、リピート顧客が増える仕組みを構築しているのが**大きな特徴**	グループ内で全てが完結する仕組みである為、各店舗のトレーサビリティが確立している会社は同業者になく**他には見当たらない**
5.	農水省補助事業である「日本食料理人の海外展開支援事業」を**3年連続**で交付決定を受ける。全国約**500人**の参加者のうち**20名程度を海外に派遣**し、日本食料理人の海外展開支援を行う。	同制度の交付決定は当社のみで、正に**オンリーワン**である。その他、同省事業である海外における日本料理の調理技能認定制度認定団体、日本食材サポーター店の認定団体として**他にはない相乗効果**を図る。

小善を見つけて大徳をなす。　（貝原益軒『慎思録』）

3 いかに付加価値を付けるか？‥‥記事は〝共創〟の作品！

記者の興味の視点は、読者・視聴者＝消費者にとって価値があるかの「**顧客価値**」か、社会の公器の視点から社会的な意義や社会的広がりのある「**社会的価値**」です。端的に言えば、顧客に価値のない情報は、役に立たない商品・サービスと同じなのです。

そこで、広報の役割は、商品や会社の価値に付加価値をつけて、お客様に役立ち、社会のためになる価値に表現してニュースリリースを作成し、メディアへ提供することによって、発表記事やスクープ（特ダネ）で報道され、喜ばれる‥‥「**記事は共創の作品**」なのです。

❖売上増に繫げる3つのテクニック‥‥お客様の実利・お得を

既存商品・サービスに、**付加価値**をつけるために‥‥。

① **数・量・時間を増やす**
② **組合せを多様にする**
③ **製品・サービスを多彩にする**

など選択肢を増やし、**顧客の実利**を創り出すと、顧客の購入決意促進に繫がるでしょう。

古今東西、老若男女、貧富地位を問わず、福袋、割引セール、割増金、高額ポイント、プレゼントのような、〝**お得**〟な話は大好きで、誰もが飛びつくものです。

広報はメディアと記事を“共創”する

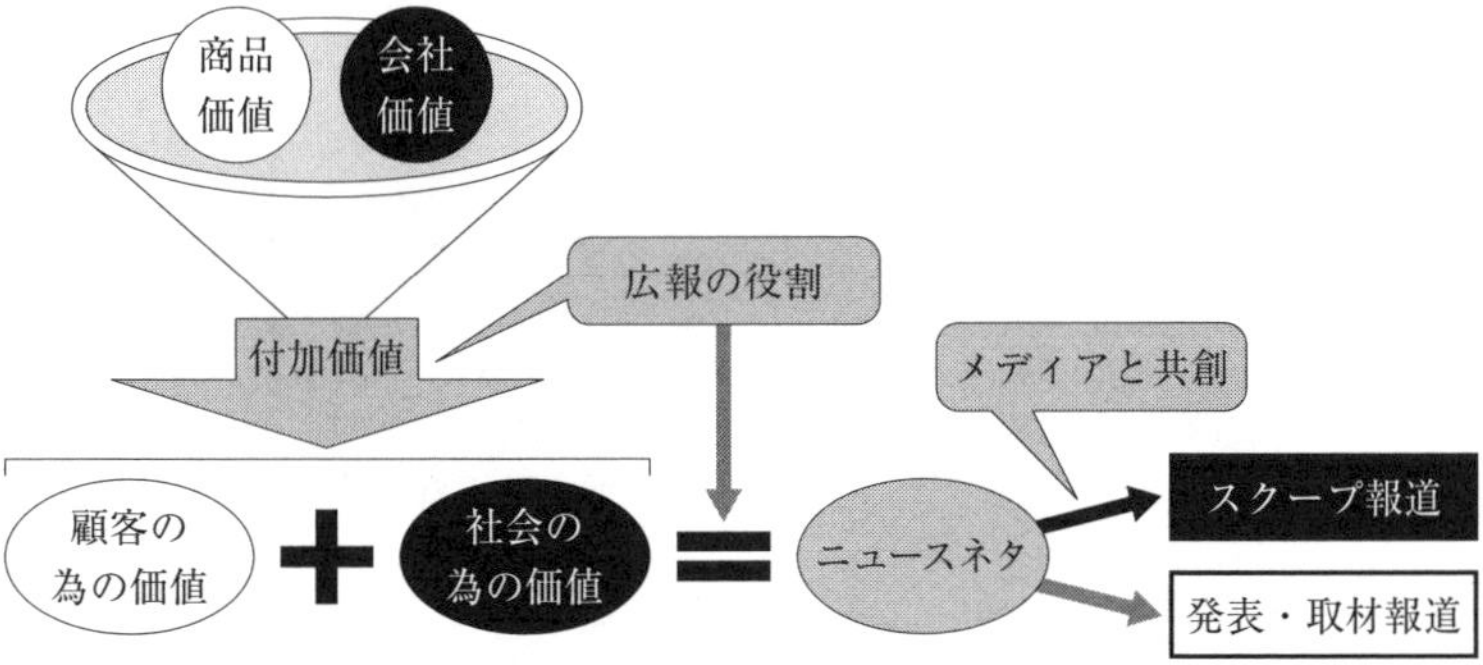

お客様に実利をもたらし売上増につなげるための3つのテクニックとは

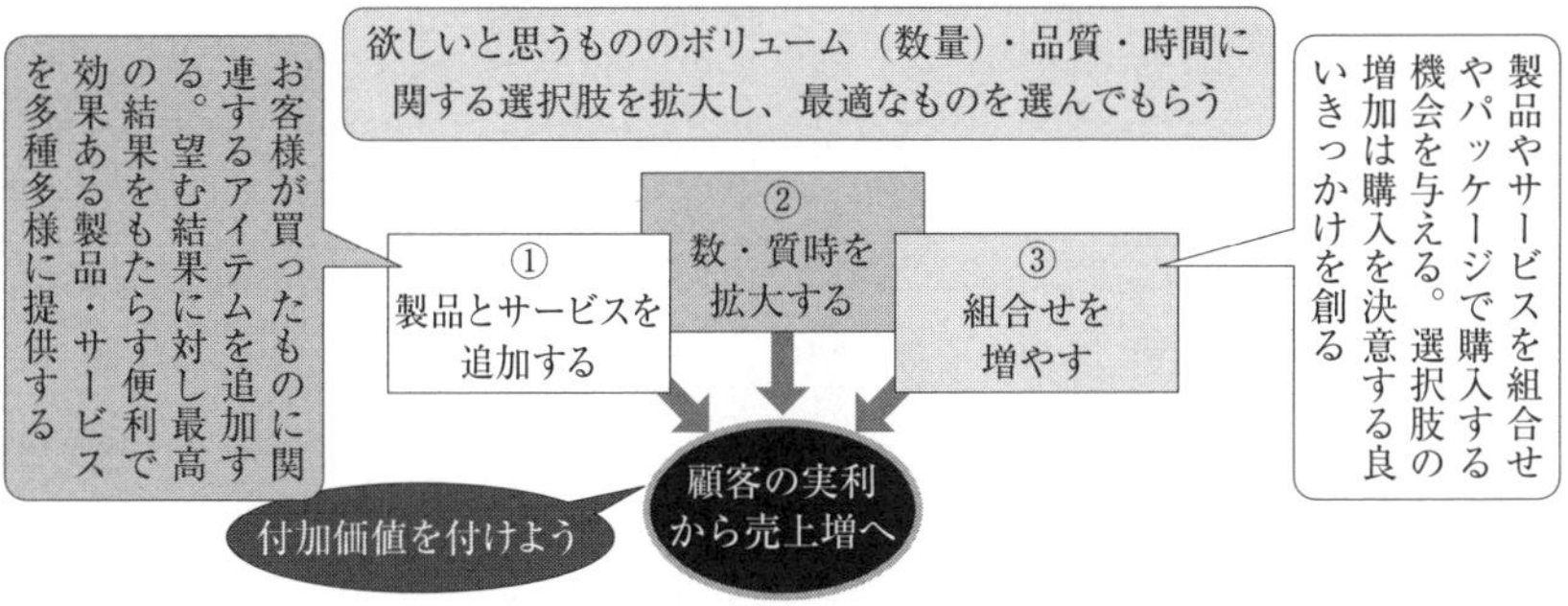

3つの「化」で妙案を

我が楽しむ所のものは他人もまたこれを楽しむが故に、
他人の楽しみを奪ひて我が楽しみを増す可からず。　（福沢諭吉『学問のすゝめ』）

❖小と狭、業種・分野に地域とをうまく合わせて日々ネタ創り！

価値あるネタをいくつ造れるか、が広報合戦に勝利する鍵となります。しかし、何でもが〝日本一〟や〝業界初〟とは限らず、どれもが魅力的にならないのが実情….ですが諦めずに、**〝条件付き32キーワード〟**で考えてみましょう。

もっと「**狭い**」範囲で、「東京で一番」、「九州で初めて」いや、「秋田市最大」でも十分、「その地域で一番のシェア」でもＯＫ….とすると、どんどん魅力あるネタが湧き出てきます。

さらに、「**小さい**」を「**業種・業界**」「**分野**」と組み合わせる。「ある業種でNo．1」、「ある分野でユニーク」等々を活かすと、一層着想が促され、発想が発想を呼び、アイデアがアイデアを増幅させます。

まず、小と狭、分野・業種・地域のキーワードにしたがって「**細分化**」して考え、それを「**統合化**」するうちに、アイデアとして「**具体化**」する。このプロセスを通じて、小さくとも優れたネタに変わる楽しみを見出すでしょう。このように異なった視点から、顧客価値あるネタを考える工夫は、広報としての素養を一段と磨くことになります。この「**3つの化**」はビジネス人としてあらゆる業務に通じる要諦でもあるのです。

日々、躍動する経営活動を源に、自分の頭脳からアイデア取り出す過程を楽しみ、そこから産み出される顧客価値・社会価値のあるネタをどしどしメディアに提供して記事化を促しましょう。

【広報三段論法】

1．顧客価値を産み出せない会社は、記者に喜ばれない

2．記者に喜ばれない会社は、記事にならない

3．記事にならない会社は、衰退し、生き残れない

ニュースネタ探しのキーワード32か条

Ⅰ	新奇性 斬新性	1	**新しい** 新商品、新技術、新店舗、新規事業、新給与制度、この分野で全く新しい理論	2	**最も** 最大、最小、最高、最低、最も美しい、最も醜い、最も強い、最もシェアが大きい	3	**初めて** 日本初上陸、地域初出展、この夏初モノ、本邦初公開、20代初、世界初、AI初導入	4	**一番** 何でも一番 何かで一番 どこかで一番 ベスト3でも
Ⅱ	意外性 希少性	5	**驚くべき・画期的** アイデア新商品 お化け野菜 誰も行ったことない	6	**珍しい**：かってない珍しさ、他にはない、珍味、とても希な、めったにない一つ	7	**独自ネーミング** 新ジャンル、 新商品、新役職 珍しいプロジェクト	8	**募集**：商品名、イベント名、キャッチフレーズ、川柳、ロゴ、写真、絵画、詩歌
Ⅲ	特異性 唯一性	9	**三独** 独自　オンリーワン 独特　ユニーク 独創　オリジナル	10	**革命的・革新的** 将来伸びそう、成長著しい、広がりそう、百年振り、想定を遥かに越える、AI越え	11	**究極ターゲット** 年収2千万富裕層へ、社会人1年生対象、30代シングルマザー	12	**USP&UDP** **特長・差別点** 他社との差異 他商品との差異 自社前商品との差異
Ⅳ	人間性 ドラマ性	13	**人**：80歳で大学卒、珍しい趣味を持つ、カリスマ社員、ヒット商品開発社員、仕事以外で意外な趣味を、業界の牽引役となる、で話題に	14	**物語ストーリー** 情熱、逆境、奮闘、挫折から復活、チームワークの賜、涙の出会い、苦難のエピソード、人生の浮沈を味わう成功	15	**イベント** 記念キャンペーン、展示会、見学会、スポーツ活動、プレスツアー、セミナー、周年記念行事	16	**感動モノ**：感動する、心温まる、爽やかな、心が豊かになる、びっくりするような、涙を誘う、同情する、心が動く、気持ちが和む
Ⅴ	社会性 時代性	17	**世相・トレンド** これからどうなる?何が流行りそう?これから何が話題になりそう?、何がトレンドに?	18	**時流・流行り** 時流に乗っている、流行りの、今話題の、ブームになっている、時流に反して、時代に逆行する	19	**旬**：今旬の、今話題の人、季節限定の、季節を感じさせる、地方の行事、業界の旬、社会の旬、食物の旬、業界の旬	20	**記念日・行事** 設立記念日、創業記念日、業界初の○○記念日、初めて～した日、何か画期的な日
Ⅵ	記録性 実績性	21	**指標になる** 無事故○○日達成 標準の3倍伸び率 生産性業界平均 業界標準数字	22	**実績・記録・表彰** ギネスに載るような記録、最高の売上高伸び率、新手法での資金調達、過去最高利益率、○○年連続1位、各種受賞	23	**番付・ランキング** 自社業界・商品に関連したテーマでの番付・ランキング発表（売上高・CSR・就職人気度等）	24	**調査・アンケート** 面白い調査結果、役に立つアンケート結果、実態を表す独自の調査結果、旬の話題に結び付く独自のアンケート結果
Ⅶ	実利性 お得性	25	**顧客の実利** 顧客の実利 得する、当る、役立つ、○○記念セール、特別割引、特別サービス販売、大バーゲン	26	**プレゼント** 自社イベントやキャンペーンでのプレゼント、他社イベントへの協賛、新聞・雑誌のプレゼントコーナーへ	27	**度肝抜く金額数量** 50円バーガー 百万円ディナー 5億円王冠、1千万円宇宙旅行、1円入札、何でも100円	28	**リスクリバーサル** 購入商品が満足、しなければ全額返金、セミナーに不満足なら全額返還、30日間無償保証、代金後払い
Ⅷ	経営性 国際性	29	**コラボ** 上記キーワードとの組合せの他、国際的、大企業との結び付き、ペット、自然、エコ、環境等	30	**社会貢献・表彰** CSR、SDGs、老人ホーム慰問、社員のボランティア活動、地域住民との交流、地域命名権への参加、各種受賞	31	**人事** 珍しい人事（老舗企業で20代役員・90歳超の新人）、面白い給与制度、ユニークな福利厚生制度、リモート対応制度変更	32	**経営** 新中長期計画、画期的経営手法、M&A、業界に先駆けたマーケティング法、珍しい新規事業、特許、事件・事故・不祥事

見る人の心々《こころごころ》にまかせおきて高根《たかね》にすめる秋の夜《よ》の月　（新渡戸稲造『修養』）

4 ネタは、色んなところから掘り出し、3つに分けて準備しよう

❖ネタを掘り起こそう

役員会、経営会議などの議事録・資料は、ネタの宝庫！ **定例的に入手するルールやルート**が必要です。そのためには、主要部署でキーパーソンを見出し、ネタ探し集積所の役割を頼みたいもの。この社内人脈が広報力を総合的に高める上で大切な役割を果たすことになります。

望ましいのは、主要事業部の企画部や工場の総務課などに**「広報担当者」を設けること**。兼任で十分。ネタがあれば、進んで本社広報に連絡する仕組みを構築しましょう。それによって、必然的に記事が増えて喜ばれます。さらには、広報の社内PRもできることになり、広報ファン＝分身が増えて長期的にみて体制づくりを促進することが出来るでしょう。

すると**良い話**ばかりでなく、**悪い話**も入るようになります。社内の**小さいが悪い噂話**も、社外からの**小さそうだが大きな問題**も、そのルートでいち早く捕まえて、先手を打って対応すれば、**未然に問題の芽を摘む**ことが出来ます。

時には、トップや担当役員から口頭で極秘指示が来るので、最優先に対応します。

◆攻めの場合：「緊急に発信せよ」→直ちに関係部署と具体的に打合せ実施する。

◆守りの場合：「当面極秘。要注意！」→関係部署へ緘口令《かんこうれい》を出す。社外関係者にも手を打つ。

社員がいつもネタの発掘を心がける会社は、広報に目覚めた会社。ネタが溢れる会社ほど社員は躍動し、独創的アイデアで商品開発を行い、ユニークなサービスを創り出す力のある企業に成長します。逆にネタが枯渇する会社は、既に衰退へ向かっている証！ と捉え、早急に**経営を省みる**ことです。

広報はメディアと記事を共創する

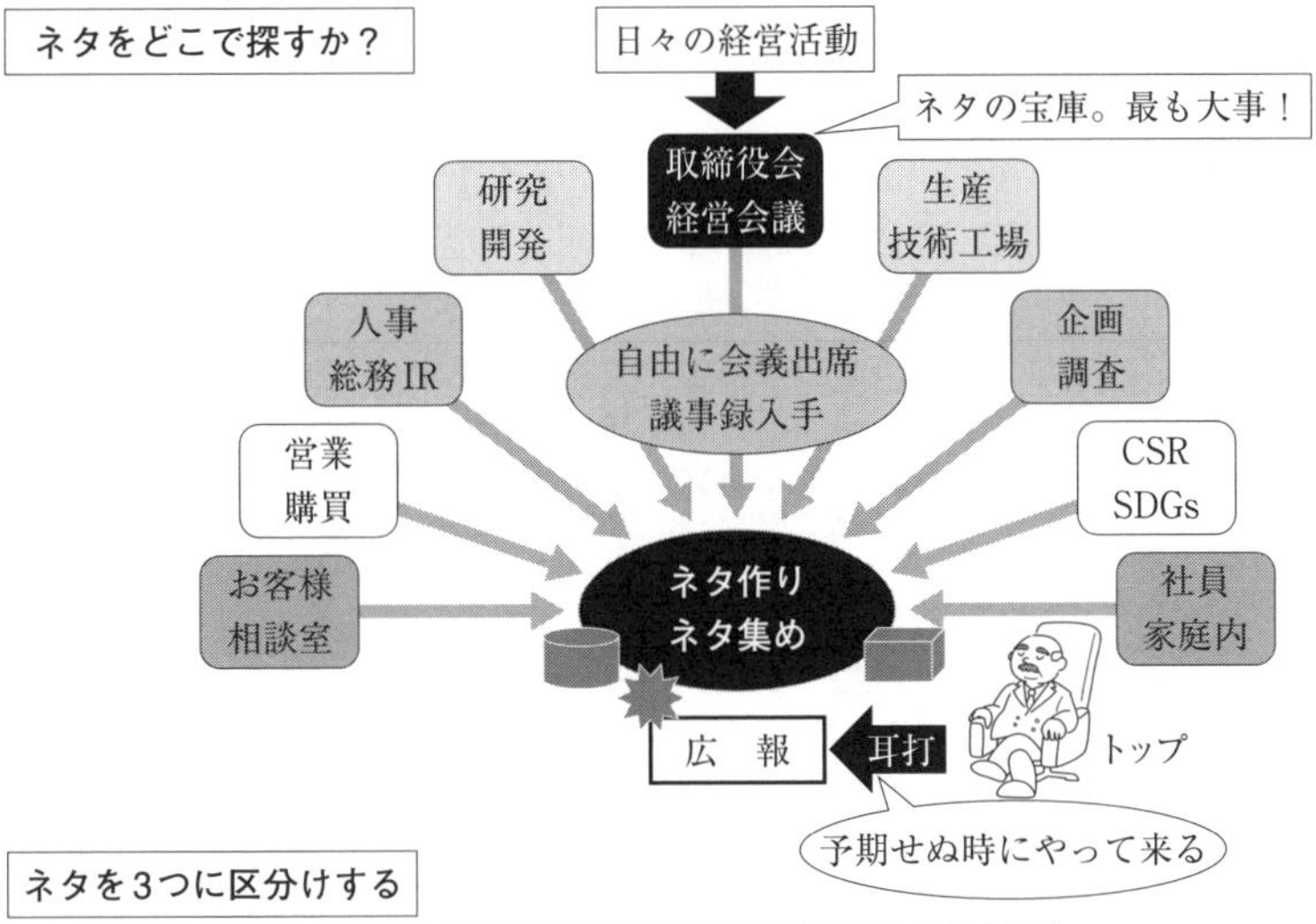

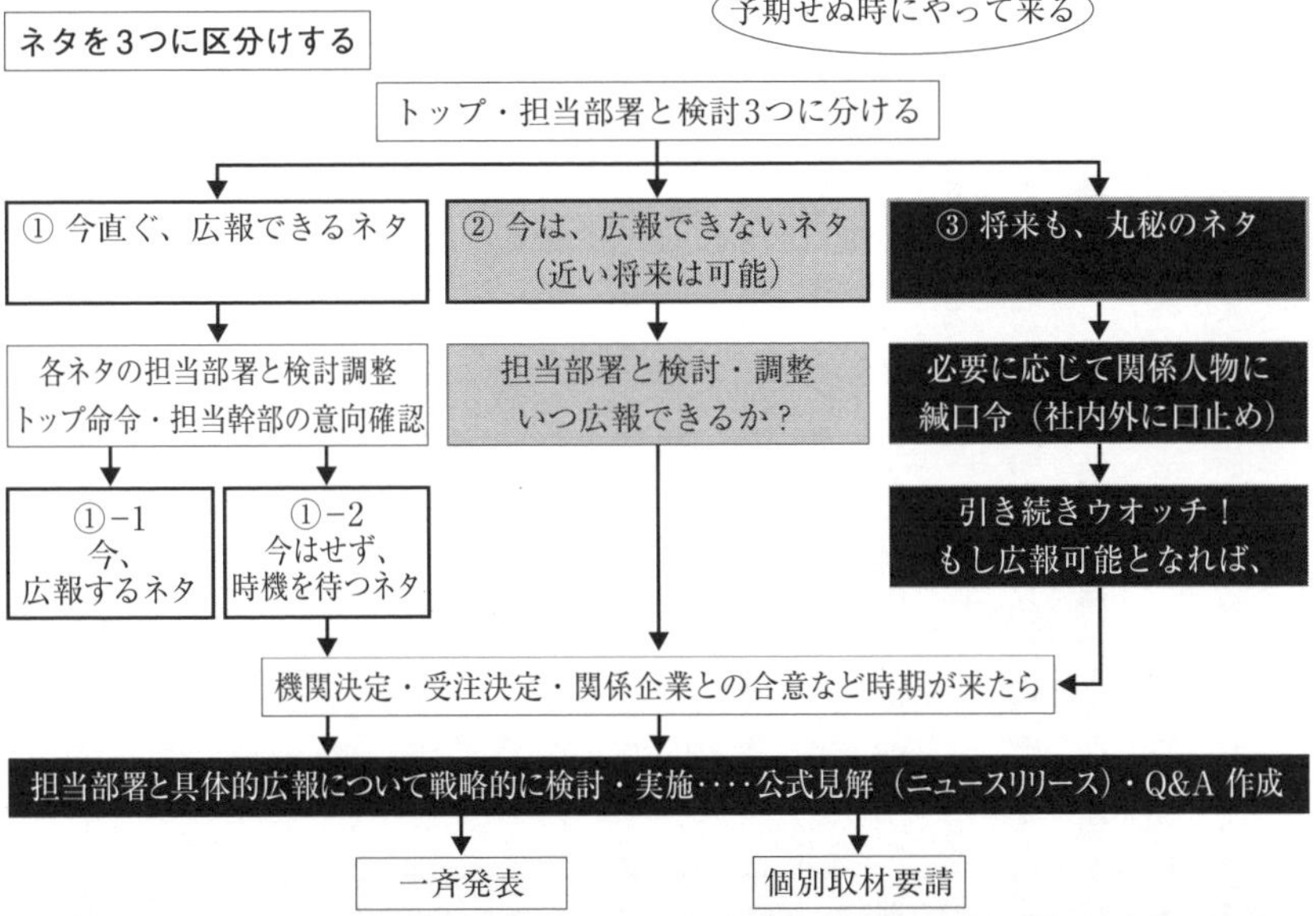

人生を幸福にするためには、日常の瑣事《さじ》を愛さなければならぬ。
人生を幸福にするためには、日常の瑣事に苦しまなければならぬ。
（芥川竜之介『珠儒の言葉』）

ネタを3つに分けて準備しよう

集まったネタは、担当部署と相談し、トップ・経営幹部の承認を得て、3つに分けることが肝心です。

① 今直ぐにでも、広報可能
② 今は未だ出来ない・しないが、時期が来たら可能
③ 将来も広報出来ない・しない

各項目について直ちに担当部署と実務的にいかに広報するかの検討に入り、関係各部との調整に入ります。案件の軽重に応じて、トップや当該部署の幹部の意向を確認しつつ、根回しを兼ねて慎重に進めるよう配慮しなければなりません。そこで、2つに分かれます。

その1：直ちに広報する案件。 担当部署とミーティングし、ネタの狙い（ターゲット）にそって、効果的な広報の仕方を戦略的に検討。公式見解（NR）とQ＆Aを作成し「**一斉に発表する**」のか？ それとも「**個別メディアに取材を御願いするのか？**」を決めて、即実行に移す。

その2：時機を見る案件。 内容によって、先行きの経済情勢や市況・ライバルとの兼合い等々を考慮して、最も影響力が強くインパクトある公表の**タイミングを測る**戦略です。

② 担当部署にいつ頃広報可能になるのかの見通しをヒアリングし、必要に応じて事前準備を進めておく。時機が来たら①と同様の対応がしやすくなります。

③ 当面出す目途のない**マル秘**案件。例えば、極めて重要な経営戦略や革新的技術開発案件、更には、企業買収・合併・提携、大口受注、国際プラント等々。これらの情報漏洩は重大な影響を及ぼすので、役員・関係部署の重要人物には〝**緘口令**《かんこうれい》〟を引きます。テーマによっては社外関係にも手を打つ！ とはいえ、〝**突如公表せよ！**〟となる案件もあるので引き続きウォッチしておいて下さい。

記事・報道二次利用（引用・転載）許可申請方法一覧（2020年8月現在）

1. 当該メディアのWebサイト上の記事利用申請要領に基づいて1件毎に許諾を得る必要がある。有料にて掲載可。無断利用は、「著作権法違反」となる。
2. ①著作物利用申込書②記事コピー③営利用方法が判る物の3点をFAXかメールか郵送で
3. 金額は、著作物、利用したい大きさ、配布部数等により著作物によって異なる。
4. 利用の場合①出所明示②記事・写真の改変不可③ウェブサイト掲載期間は最長1年
5. 記事利用以外に写真・図版貸出・利用や社内クリッピング配布に関しても許諾が必要。

	著作物名	担当部署名	TEL/FAX/mail
全国紙系	読売新聞、YOMIURI ONLINE、週刊読売　他	読売新聞社 メディア事業局知的財産担当	03-6739-6961/03-3216-8980 t-chizai06@yomiuri.com
	朝日新聞、週刊朝日、AERA、朝日新聞デジタル他	朝日新聞社 法人営業部 知財事業チーム	03-5541-8939/03-5541-8140 kiji@asahi.com
	毎日新聞、エコノミスト・サンデー毎日、毎日ニュースサイト　他	毎日新聞社 知的財産ビジネス室（毎日フォトバンク）	03-3212-0291/03-5223-8334 photobank@mainichi.co.jp
	日本経済新聞、日経産業、MJ、ヴェリタス、電子版他	日本経済新聞社　法務室記事利用・リプリントサービス	03-5696-8531/03-5696-8534 reprint@nikkei.co.jp
	産経新聞、ビジネスアイ、サンケイスポーツ	産経新聞東京本社 知的財産管理センター	03-3243-8480/03-3270-9071 t-kijishiyo@sankei.co.jp
	産経ニュース、オンラインサイト	産経デジタル 総務部	03-3275-8632/03-3275-8862 digital.info@sankei.co.jp
	日刊工業新聞	編集局調査管理部	03-5644-7104/03-5644-7029
ブロック紙	北海道新聞	デジタルメディア部 著作権担当	011-210-5804/011-210-5665 Db55@hokkaido-np.co.jp
	中日新聞	知的財産課	052-201-8811㈹/052-221-0896
	東京新聞	知的財産課	03-6910-2080/03-3595-6901 t-copy@chunichi.co.jp
	西日本新聞	データベース資料室 著作権担当	092-711-5166/092-711-5277 chosakuken@nishinippon-np.jp
ビジネス誌	日経BP社発行誌（日経ビジネス・日経トップリーダー他）	ライツセンター 著作権窓口	03-6811-8348/050-3153-7345 cr8348@nikkeibp.co.jp
	週刊ダイヤモンド	編集部	03-5778-7214/03-5778-6614
	週刊東洋経済オンライン	編集局	03-3246-5481/03-3270-0159
	プレジデント	編集部	03-3237-3737/03-3237-3747
	財界	編集部	03-3581-6773/03-3581-6777
	経済界	編集部	03-6441-3742/03-5561-8667
オンライン	ダイヤモンドオンライン	編集部（その都度判断）	03-5778-7230 info.del@diamond.co.jp
	BuzzFeed	広報チーム	japan-pr@buzzfeed.com

人間は一茎《いっけい》の葦《あし》にすぎない。自然のうちでもっとも弱いものである。だがそれは考える葦である。われわれのあらゆる尊厳は、思考の内にある。　（パスカル『冥想録』）

5 キーパーソンの適役14か条とは？〝肩書〟とは別もの！ 魂を見抜け！

広報に慣れてくると社内がだんだん見えてきます。「あの部長は協力的だが、課長はどうも理解がない」とか、「あの部長は気難しいが、課長は会社の問題点をよく把握し、広報の大切さを理解して親身になって話に乗ってくれる」などと周りの人達の性格や仕事の進め方等が判ってくるのです。

❖「キーパーソン」に相応しい人とは？

先ず、**〝会社のビジョン実現に情熱がある人〟**ですが、一方では、**〝いつも現状を憂《うれ》えている人！**この一言に尽きます。そんな人は、会社の将来に、真に、大いなる**〝夢と希望を抱いている人〟**です。

その**〝憂い〟**とは、現状の弱点、改善点、他社から劣った点、先行き悲観点…が見えるから産まれるのです。これらに気付く鋭い**感性**、率直に指摘できる**理論構築力**、しかも論理的に説得できる**表現力**、最後に、この人の言うことなら！と思わせる**人望力**を兼ね備えていなければなりません。**〝憂い〟**は、自己成長→業務改善・改革→社業繁栄への並々ならぬ意欲・情熱の別な現われでもあるのです。

肩書に拘《こだわ》らず、広報の真の理解者、積極的協力者であれば…。その人物こそ、広報の大切さを深く認識し、会社の将来を自分のことと捉え、**共に語り、会社を繁栄に導く同志**なのです。今は肩書なくてもいずれ出世し、しかるべき部署の課長→部長と順調にキャリアアップするに違いありません。**人心の機微を感じ、適切な配慮、適度の忖度にも長じている**ので、上司を立てることにも抜かりなく日々のコミュニケーションにも優れ、周りが働きやすい雰囲気作りにも陰ながら尽力していることでしょう。

もし判ってくれない上司や幹部がいたら？…心配御無用！　広報の真の大切さ、「広報は経営」が解らないような人物は…いずれ、主要ラインから**消える自らの運命の不思議さに気がつく**でしょう。

キーパーソンを見い出すヒント14か条

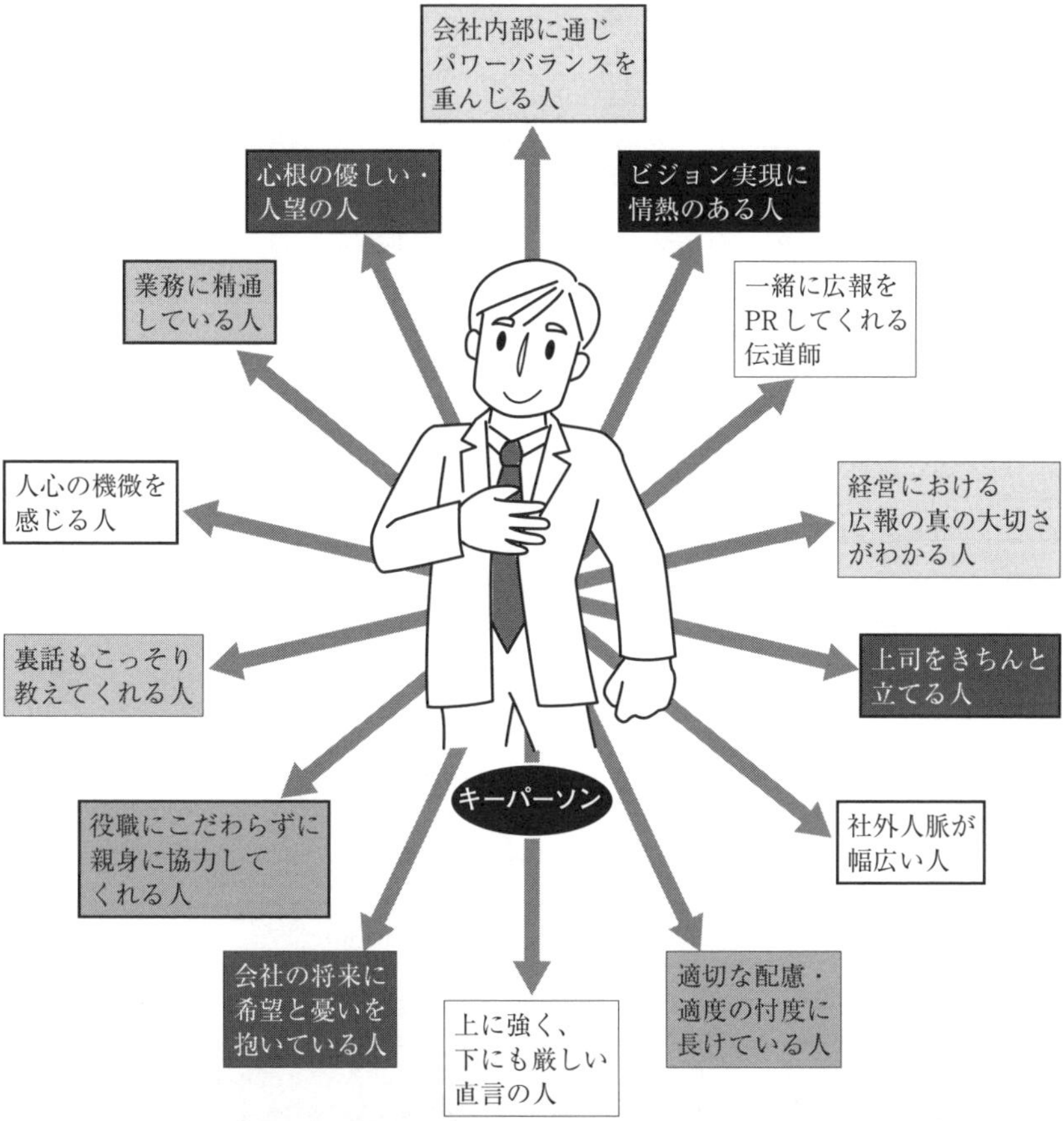

肉体を包むだけの衣服の色柄などには私は目を向けない。人間の評価には肉眼を信じない。私がもっているのは、もっと立派な、もっと確実な眼光であって、それによって私は真と偽を区別することができる。魂の善は魂に見付けさせるがよい。
誰も仮面を長いことかぶっていることはできない。
偽装はやがて自己の本性に立ち帰る。　（セネカ『人生の短さについて』）

6 ニュース価値を見る・視る・観る3つの目

集まったネタが記事になる際、どんな視点から価値判断がなされるのでしょうか？

それは、次の3つの視点からです。

企業の目 企業・商品・経営戦略として主観的に価値を判断。ライバル他社との兼ね合いも客観的に観る。

記者の目 読者にとって価値があるか？ 社会の公器の視点から社会的な意義があるか？ メディア（記者）として記事にする価値があるか？ との観点で俯瞰し、そして凝視する。

読者の目 読者にとって価値のない記事は役に立たない商品・サービスのようなもの。読者の視点から考え、消費者・顧客でもある一般国民の目がいつも光っていることを忘れてはなりません。

生れた記事は、ひとつのオピニオンとして、社会の公器としての立場から、国の経済あるいは国政へ影響力をもちます。さらに、実際の企業経営や国民生活に役に立つことによって、社会に貢献するのです。

ニュース価値は多面評価される！

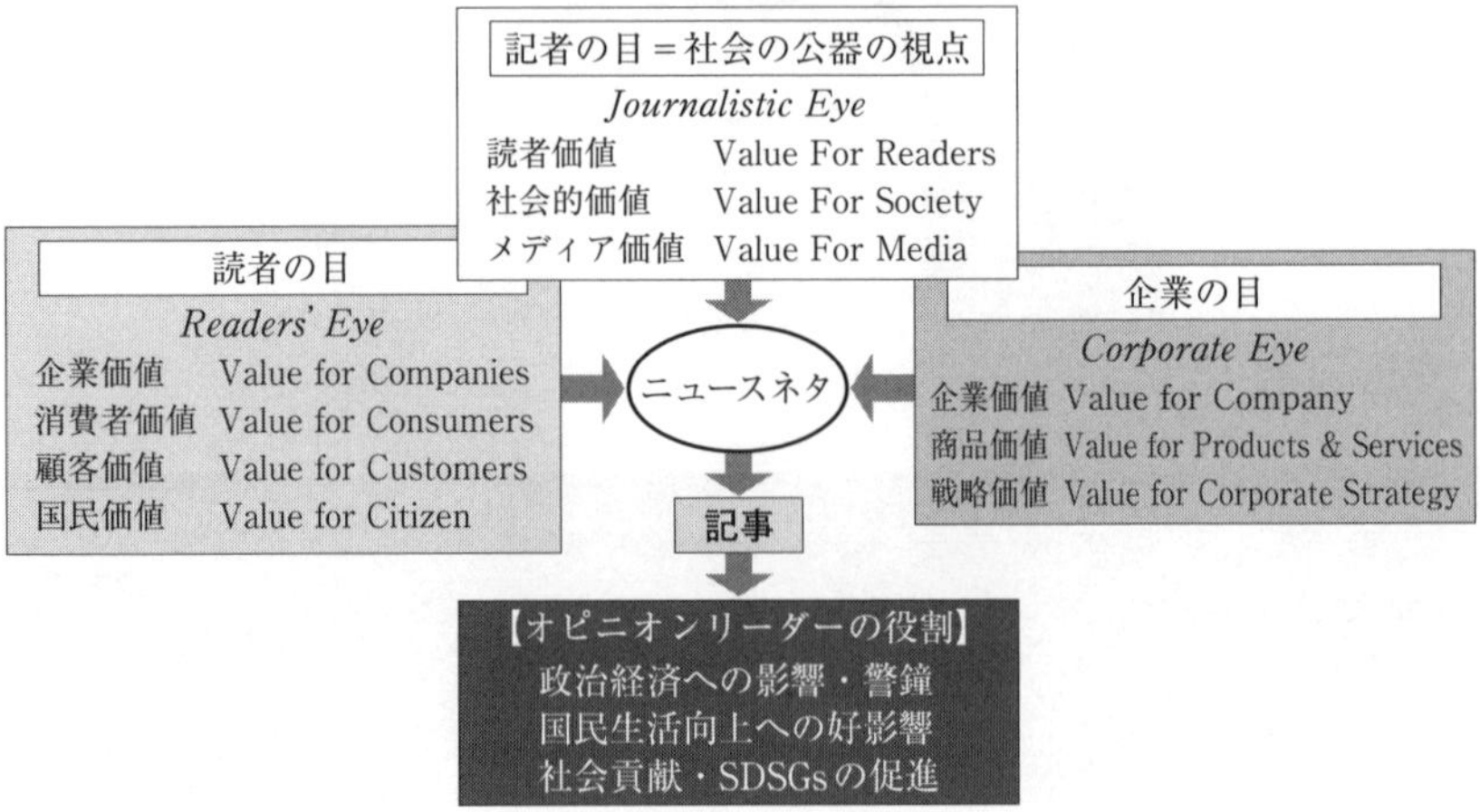

特徴的価値を創り出す中小企業は、「企業価値協会認定」を取得しよう

2012年設立の（一社）企業価値協会（武井則夫代表理事）は、特徴的価値を有する中小企業に光を当て、14年より年2回（2＆7月）認定式を、中小企業庁・中小機構の後援を受けて開催する唯一の機関です。

審査委員に約20人のメディア審査委員が加わり、厳正・公平な審査を経て、既に全国約150社を認定、数年で500社を目指しています。

1. 自らが持つ素晴らしい価値に気付き、
2. その価値を魅力的に表現して世の中に広め、
3. 更に価値を高めて、3年後に更新し100年企業を育てる

企業価値認定マーク

その為に、「広報PR実践会」（会長山見博康理事）では、ベテランジャーナリストから成るメディアアドバイザーの長年培った優れた知見を活用し、メディア懇談会や広報PRワークショップを通じて、企業永続への価値の発見・創造やNR作成・発信支援、更には危機対応アドバイス等も行っています。書籍化も支援し『お金だけでは計れない価値をつくりだす企業』（武井則夫監修、ダイヤモンド社）をシリーズ化。既に2冊発刊し27社紹介。

企業は、認定取得によって、「企業価値認定マーク」も使用可能で、認定を受けることにより：

① 認定マークが使用できるので、会社の信用・信頼性が向上する。
② 社員を初め、会社を取り巻く人に誇り・自信が芽生える。
③ メディアとの接点が増え、メディア露出による知名度が向上し販売や採用にも効果あり。

中小企業育成を使命とする武井代表は「中堅中小企業は、差別化できる強みを持っていても、お客様や社会に正しく伝わっていないために、知名度が上がらない・売上が伸びない状況に悔しい想いです。

この認定が、素晴らしい価値を持つ中堅中小企業の皆様のブランド力を高め、差別化につながり、売上を伸ばし、付加価値を増やす一助になるよう期待しています。そのことが景気変動やグローバル競争に打ち勝つパワーになるのです」と熱く語っています。

企業価値認定証授与式

認定企業一同

授与式後のメディア交流会

全世界がひとつの舞台、そして人間はみな役者にほかならぬ。
（シェイクスピア『お気に召すまま』）

7 年間広報計画を作ろう…先取りしないと戦略広報はできない！

年間広報業務は、年度初めに「**年中行事**」を押さえ、その後の諸活動を追加していきます。

株主総会、取締役会や経営会議など**重要会議用準備資料や議事録に加え**、各部ヒアリングによって、定例会議の動向や主な年間行事、重要な活動を把握し、月々に落とし込む。そこに各行事に伴う広報の準備内容を付加していけば、より詳細な予定表が完成します。特に抑えておくべき部署としては、

◆**企画**：全社経営活動の中枢で最重要部署。全社予算を統括するので、経営に関する予定は全て把握

◆**人事**（労政）：定期人事・組織変更、新規採用人数、教育研修関係、福利厚生関係など

◆**営業**：営業戦略、主力商品の販売見通し、大型商談、営業拠点新設・統廃合、販促イベントなど

◆**技術・技術開発**：新技術新商品の開発状況、特許・実用新案などの申請状況など丸秘案件の宝庫

◆**工場**：生産状況・生産量・工場稼動予定（大修理による休止）、工場イベント等行事予定など

◆**秘書**：取締役会他重要会議日程、社長・会長の（海外）出張日程、社外ＶＩＰ等重要な外部会合など

◆**ＩＲ**：アナリストやファンドマネジャーを集めての発表会や企業説明会、決算発表や決算説明会など

◆**出版物**：アニュアルリポート（年次報告書）、ファクトブック、事業報告書、統合報告書など

◆**広告宣伝、マーケティング**：各種広告・ＣＭ出稿、出版物、販促媒体、各種販促イベントなど

あなたは、現場・現業部門に対して先手先手で準備を促すことです。待ちの姿勢では後手に回り、単なる「お知らせ広報」になりがちで、生きた記事になりません。

各部を〝**御用聞き**〟し、公表したい案件をリストアップして年間日程に追加しておくと、いつもアップデイトされた日程表により、社内の先行きの動きを想定できるので、戦略的な広報活動が出来ます。

年間広報活動例（上場会社3月期決算の場合）

月	メディア関連		IR関係	定例会合等
1	社長年頭の辞			賀詞交換会記者クラブ新年会
2			第3四半期決算発表年間日程策定とIRツール検討	研究開発会議出席
3	新年度経営方針発表 4月1日組織改正人事異動発表 入社式資料配布	新製品発表	IRツール制作業者と企画検討	
4	入社式社長挨拶文配布 入社式取材対応 経営計画発表 決算発表ニュースリリース準備開始		決算発表準備開始（資料作成） 決算発表説明会準備 各種IRツール作成作業開始	販売会議出席
5	決算発表株主総会準備 役員人事発表	新規営業体制発表	決算発表説明会	記者懇親会
6	株主総会		有価証券報告書・IRツール作成	生産会議出席
7	新任役員個別面談アレンジ		第一四半期決算発表	記者クラブ工場見学
8		夏季イベント開催	アニュアルレポート発行	記者懇談会
9	創立記念日			
10	新製品展示発表会 中間決算ニュースリリース等作成準備開始		中間決算発表説明会準備	商品企画会議出席
11	中間決算発表		中間決算発表 中間決算発表説明会開催	記者懇親会
12	社長年頭所感作成・配布 1月1日組織改正人事異動発表		各種IRツール完成 半期報告書提出（セミアニュアルリポート等）	記者クラブ納会

自分で投げ捨てさえしなければ、誰も私達の自尊心を奪うことはできない。

（マハトマ・ガンディー）

自尊心がなければ、真の幸福はまず不可能である。自分の仕事を恥じているような人間は、自尊心を持つことは到底できない。（『ラッセル幸福論』）

IR（投資家向け広報）＝「広報」の一角を成す

IRは、経営としての広報活動の中にあり、離れてはあり得ない！

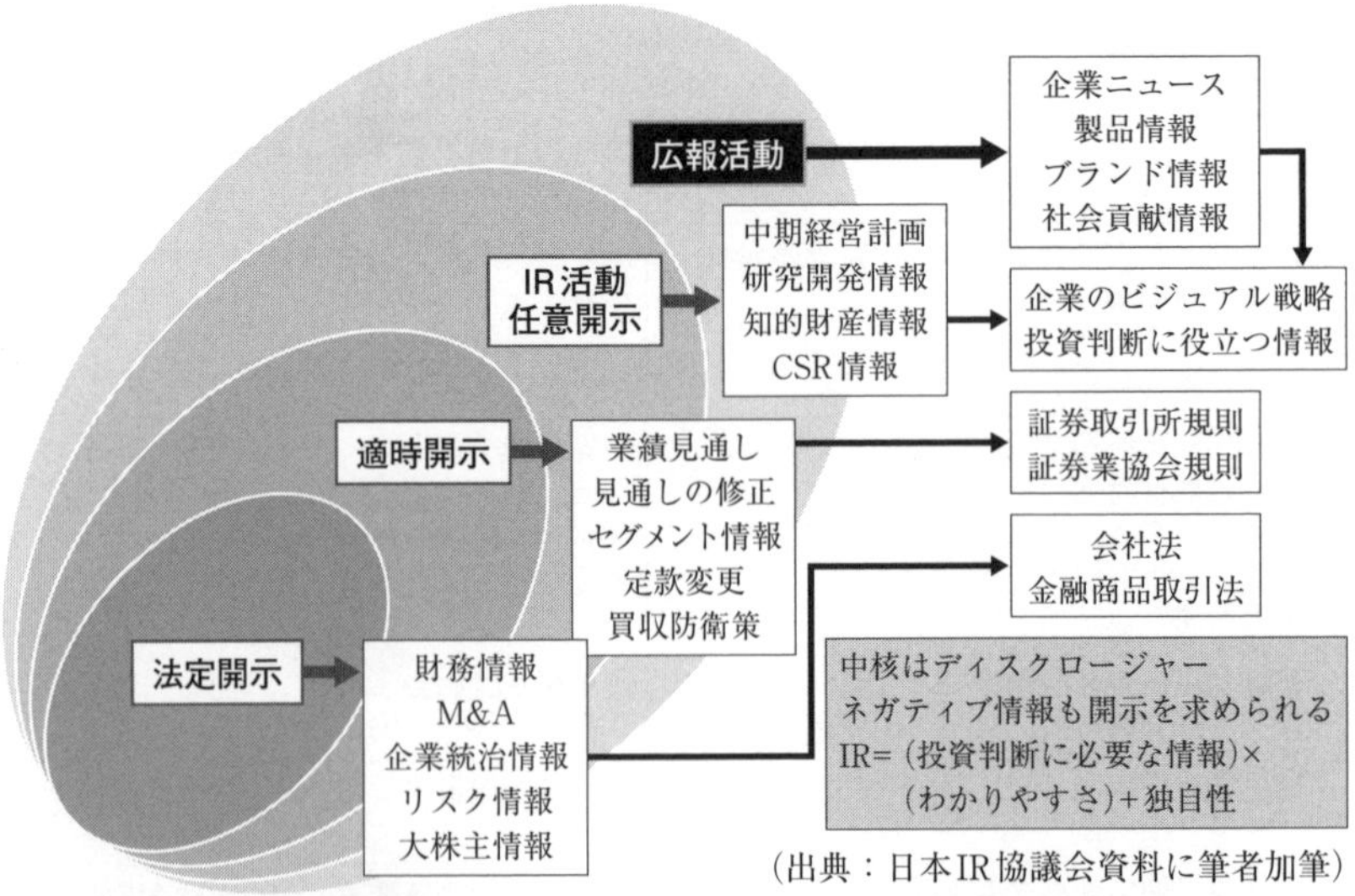

（出典：日本IR協議会資料に筆者加筆）

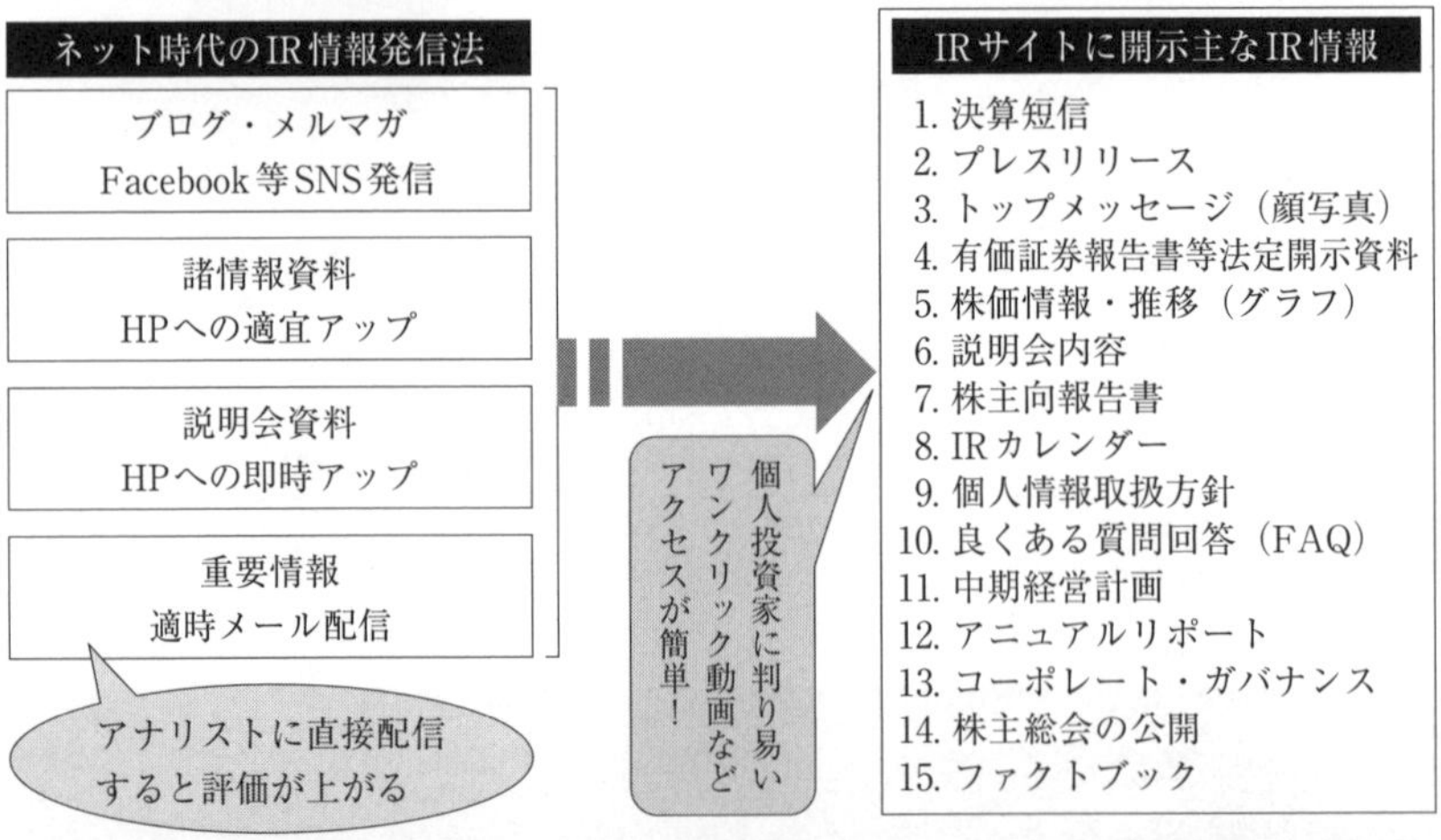

新しい風のように爽《さは》やかな星雲のように透明《とうめい》に愉快《ゆくわい》な明日は来る。　（『宮沢賢治詩集』）

第2章

メディアを協力者&評価者に！

友情は数限りない大きな美点を持っているが、疑いもなく最大の美点は、良き希望で未来を照らし、魂が力を失い挫けることがないようにする、ということだ。それは、真の友人を見つめる者は、いわば自分の似姿を見つめることになるからだ。そこで、友情の第一の掟《おきて》をこんな風に制定しよう。「友人には立派なことを求むべし、友人のためには立派なことをなすべし。頼まれるまで待つべからず、常に率先し、逡巡《しゅんじゅん》あるべからず。敢然と忠告を与えて怯《ひる》むことなかれ。善き説得をなす友人の感化を友情における最高の価値とすべし。勧告にあたりてはその感化を率直に、かつ必要に応じて峻厳に用い、感化の及びたる時は従うべし」と。ある人にとっては、優しそうな友人より辛辣な敵の方が役に立つ。敵はしばしば真実を語るが、友人は決して語らぬから。

（古代ローマの哲人・政治家キケロー『友情について』岩波書店）

1 全てがメディアだ・・・全方位広報で多角度多面的に発進しよう!

Mediaとは、medium《ミディアム》(中庸)の複数で「媒体」や「手段」「記憶媒体」の意味があります。つまり、仲人、商社、不動産屋等と同じ! ステーキ好きなら、「ミディアム・レア」が頭に浮かぶでしょう。

先ず、**自分自身が**「**パーソナルメディア**」の自覚を持つ! すると自分と会社を表すモノは何でもメディア=媒体になります。つまり、「**名刺**」が最初で最小の広報ツールになるし、「会社パンフレット」「プレゼン資料」も、挨拶も電話応対も、一人一人の態度や表情、話し方とその内容等も実は媒体なのです。営業員、代理店も、各自が会社を代表するメディアとして顧客に接していることになります。そして、膨大な不特定多数に一挙に報せたい場合に、マス&ネットメディアの協力を得る。その場合のツールとして、後に述べるニュースリリースを広く配布したり、個別に記者への情報提供により記事やニュースにて報道されるのです。お金を払って知らせてもらう場合は広告やCMになりますので、仲介者は電通や博報堂といった「**広告代理店**」になります。それが記事やニュースの場合には、「**情報代理店**(私の造語)」であり、ネットメディアは「**新情報代理店**」と名付けています。

最近急成長のオンラインメディアの拡散力も強力です。自社ホームページは、最も信頼できる情報源ですので、その発信力を高めましょう。書籍やDVDも媒体です!

このように〝**全てを報せる武器**〟として戦略に応じて有効活用を司ることが広報活動なのです。

企業―メディア―顧客・社会一連の協力関係が肝になります。メディアは企業情報が不可欠。企業も、**メディアの協力なしに説明責任(Accountability)が果せない**のですから!

全方位広報の全貌
―企業と顧客＆社会間を司る―

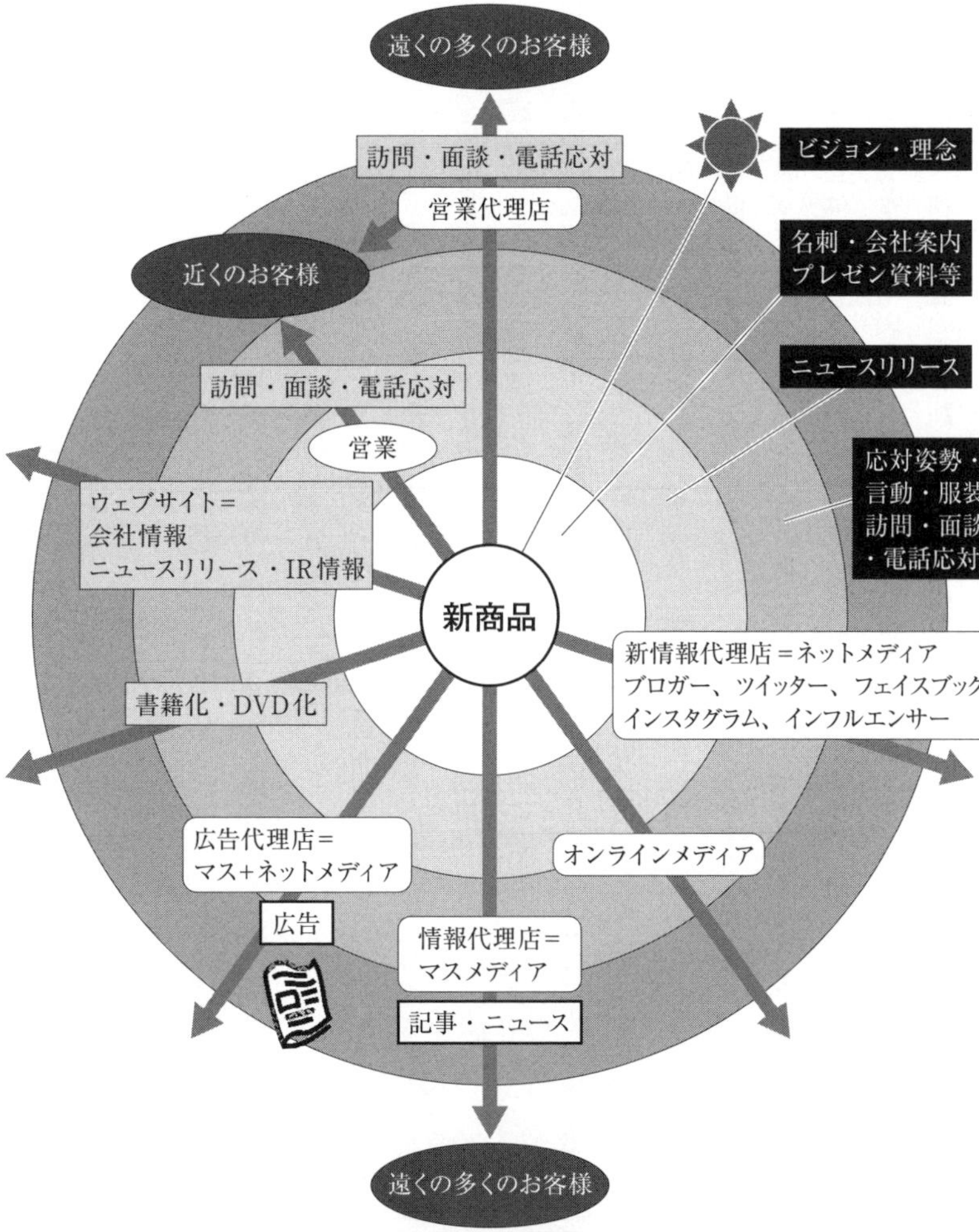

智《ち》を使い、勇《ゆう》を使い、貪《どん》を使い、愚《ぐ》を使う。　（『三略』）

2 マスメディアの種類・役割・機能を正確に把握しておこう

❖メディアの種類

マス・メディアは、4大メディアである新聞、雑誌、テレビ、ラジオ他多岐に渡ります。

(1) **新聞**：世界有数の新聞大国の我が国全体の発行部数は、一日約4千万部。

●全国紙：読売など5紙で全体の約55%を占める。

●ブロック紙：4大地域でのシェアは高く、地域情報が多いので、むしろ全国紙より影響力は大きい。

●地方紙：県単位で約80紙。地元密着記事が多い。地方企業や大都市企業の地方支店や工場にとっても重要。全国的世界的なニュースは、通信社からの配信を利用。

●全国産業経済紙：これら5紙は、各分野別の詳細な情報入手にとても役に立つ。

●業界紙・専門紙（誌）：各分野に複数の新聞があり、広範囲にわたり詳細にカバー。業界発展や業績向上に意欲的なので、小さなネタでも記事になりやすい。最も大切にすべきメディア！

●ミニコミ紙：特定地域の話題やお店の紹介など細かな情報を満載。

(2) **通信社**：共同・時事の2社があり全国紙同様の取材体制を有する。地方紙など200社以上に配信、地方での波及効果が大きい。世界ではAP（米）、ロイター（英）などで日本メディアとも提携。

(3) **テレビ**：NHKは受信料を財源とする公共放送。広告収入を主たる財源とする民間放送は日本テレビ他5社。キー局として全国ネットを形成、主要番組を配信する。独立U局と呼ばれる県域のUHF局が全国に12局。地域密着の番組制作を行う。山間部などの難視聴対策としてCATV（ケーブルテレビ）が発達、キー局との提携に加え、地域の話題を自主制作する地域密着型メディアである。

主要メディア発行部数一覧表（2020年8月現在）

種類	メディア名	発行部数（万部／日）
全国一般紙	読売（772）、朝日（522）、毎日（233）、日経（224）、産経（136）	1892（55%）
ブロック紙	北海道（93）、東京（43）、中日（222）、西日本（52）	410（12%）
地方紙 県　紙	釧路（6）、室蘭民放（7）、デーリー東北（10）、東奥日報（21）、陸奥新報（5）、北羽新報（4）、岩手日報（19）、岩手日日（6）、河北新報（宮城42）、秋田魁新報（22）、山形（20）、荘内日報（2）、米澤新聞（2）、福島民報（25）、福島民友（18）、茨城（13）、下野（栃木29）、上毛（群馬29）、神奈川（17）、新潟日報（41）、北日本（23）、北国（富山35）、福井（19）、日刊県民福井（4）、山梨日日（20）、長野日報（6）、信濃毎日（47）、岐阜（16）、静岡（62）、千葉日報（17）、埼玉（12）、中部経済（10）、東愛知（5）、京都（43）、奈良（12）、大阪日日（1）、神戸（49）、紀伊民報（-）、伊勢（10）、日本海（鳥取17）、山陰中央新報（島根19）、山陽（36）、中国（広島59）、山口（9）、徳島（21）、四国（香川19）、愛媛（23）、高知（17）、佐賀（13）、長崎（18）、熊本日日（27）、大分合同（20）、宮崎日日（21）、南海日日（3）、南日本（鹿児島27）、沖縄タイムス（16）、琉球新報（16）他	1185（33%）
学　生	朝日小学生（8）、朝日中高生（5）、読売KODOMO（19）、読売中高生（5）	
夕刊紙	夕刊フジ、日刊ゲンダイ（146）、十勝毎日（8）、苫小牧民報（5）、紀伊民報（和歌山4）、紀南（和歌山2）、日高新報（2）、宇部日報（5）	
産業経済紙	日経産業（52）、日経MJ（25）、日経ヴェリタス（16）、日刊工業（43）、フジサンケイビジネスアイ（16）	
	合計	約3487（100%）
業界紙 専門紙	鉄鋼（9）、日刊産業（16）、機械（8）、化学工業日報（13）、日刊建設通信新聞（23）、繊研（20）、日刊自動車（13）、日本流通産業（9）、日刊建設工業（34）、花卉園芸（3）、日本食糧（10）日本農業（33）、住宅新報（9）、物流ニッポン（16）、電波（29）、環境（8）、日本証券（7）、週刊観光経済（6）、日刊水産経済（6）、科学（4）、薬事日報（6）、週間トラベルジャーナル（1）、交通（8）	
英字紙	The Japan Times、Asahi weekly、The NY Times、The Washington Post、The Japan News、Mainichi Weekly、The Wall Street Journal	
スポーツ紙	東京中日スポーツ（153）、スポーツ報知（読売系133）、スポーツニッポン（毎日系173）、日刊スポーツ（朝日系166）、サンケイスポーツ（128）、中京スポーツ（19）、デイリースポーツ（神戸新聞系64）、西日本スポーツ（10）、九州スポーツ（東スポ系29）、道新スポーツ（4）	
通信社等	共同通信、時事通信、AP（米）、ロイター（英）、AFP（仏）、DPA（独）、新華社（中国）、タス（ロシア）、UPI（米）、CNN（米）	
テレビキー局	NHK（46）、日本テレビ（30）、TBS（28）、フジテレビ（28）、テレビ朝日（26）、テレビ東京（6）	（　）内は地方局数
ビジネス誌他	日経ビジネス（18）、PRESIDENT（27）、週刊ダイヤモンド（11）、ダイヤモンドハーバードレビュー（2）、ダイヤモンドZAi（18）、エコノミスト（7）、週刊東洋経済（9）、会社四季報（45）、日経トップリーダー（5）、日経トレンディ（10）、日経マネー（4）、日経WOMAN（10）、財界（5）、経済界（5）、ZAITEN（5）、THE21（5）、ニューズウィーク日本版（6）、Forbes（8）、Wedge（13）、NEW LEADER、President WOMAN（11）	男性誌 （140）1871 女性誌 （146）1645 男女誌 （224）1472
月刊誌 週刊誌	文芸春秋（38）、婦人公論（15）、STORY（21）、週刊文春（58）、週刊新潮（39）、週刊ポスト（35）、週刊現代（35）、週刊SPA!（11）、週刊朝日（12）、サンデー毎日（7）、週刊大衆（16）、AERA（8）、致知（12）、FRIDAY（20）、FLASH（16）、女性セブン（34）、女性自身（34）、週刊女性（20）、ViVi（12）、CanCam（10）、non-no（16）、JJ（11）、an·an（16）、MEN'S NON-NO（9）、サライ（12）、BRUTUS（8）、Tarzan（14）、Seventeen（17）、nicola（20）、MORE（20）、スポーツグラフィックナンバー（13）、MonoMax（10）、Mini（12）、LEE（24）、レタスクラブ（24）、オレンジページ（32）、週刊プレイボーイ（17）、Hanako（9）、Dime（7）、dancyu（12）、プレジデントFamily（8）	合計 （509）4988 万部 （　）：雑誌数

（出典：新聞協会発行資料＋日本雑誌協会「MAGAZINE DATA 2020」及び筆者独自調査による）

いろいろの形はあれどむつかしき　我の心に似る雲はなし　（『啄木歌集』）

ＢＳ（放送衛星）に加えて、ＣＳ（通信衛星）放送が本格化。ネット企業との提携・融合も急激に発展。世界的には、ＮＢＣ（米国）・ＢＢＣ（英国）、ＣＮＮ（米国）等が世界に発信している。

メディアの役割6か条

マスコミとは、**マス・コミュニケーション（Mass Communication）**の略で、**マス・メディア（Mass Media）＝大衆媒体**を利用して広く情報を伝える仕組み。その役割は次の6つの機能に分けられます。

(1) **報道**：政治・経済・国際ニュースあるいは事件・事故などを報道する機能。
(2) **言論・啓蒙**：オピニオンリーダーとして啓発する機能。社会の公器として世論を導く使命がある。
(3) **生活・教育**：衣食住全般に関する国民生活を豊かにする情報。教育全般。
(4) **娯楽・スポーツ**：スポーツ観戦、音楽、芸能等イベントなどの情報を提供する機能
(5) **広告**：企業・団体などの広告はメディアの収入の主要部分を占める。新聞紙面の3－4割は広告。
(6) **評価・批判・批評・監視**：社会の公器として、この役割が重要！　さもなくば、独裁国家に陥る。

企業広報は、報道機能との関係が密接です。近年ＣＳＲ意識の高まりで**ＳＤＧｓ**を経営の根幹に置く企業が一般的になり、ＳＤＧｓに関連付けて広報活動を進めています。

メディアの機能七か条

メディアは、①**伝播力**、②**浸透力**、③**拡散力**、④**拡大力**、⑤**媒体力**、⑥**増幅力**、⑦**インパクト力**という7つの機能を持つ。それはネット等とも有機的に結合し、相乗的に拡販増幅します。

「ビジネスは市場における他社との競争」（Ｐ・Ｆ・ドラッカー）ですから、広報の役目はこのメディアの多角的なパワーをいかに有効活用し、味方にするか？　メディアという武器をライバル他社よりもいかに有利に駆使するか？　の勝負！　つまり〝**戦い**〟なのです。この感覚を持つことがライバルよりも情報の戦いに優位に立ち、成長を促進します。これら多様な能力を駆使する能力を磨きましょう。

多彩なメディアの役割を理解しよう

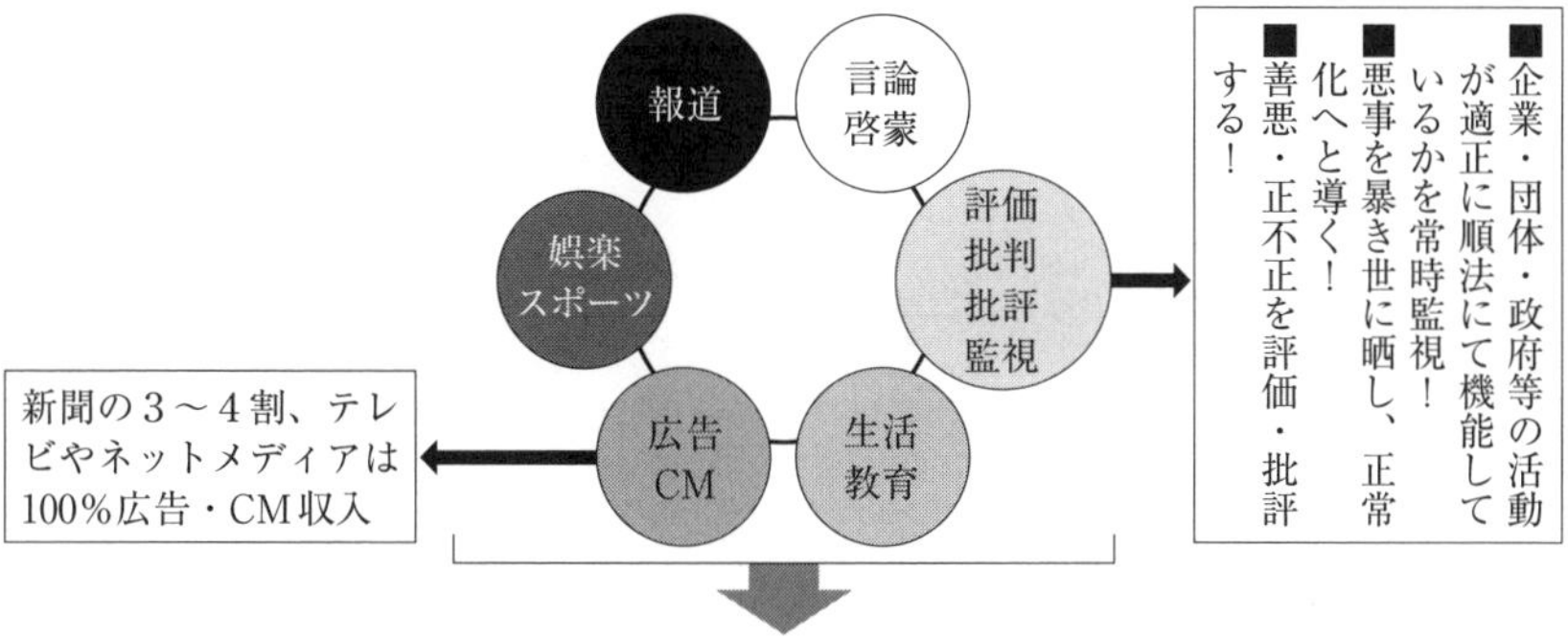

メディア７つの機能と３つの性質を活用しよう

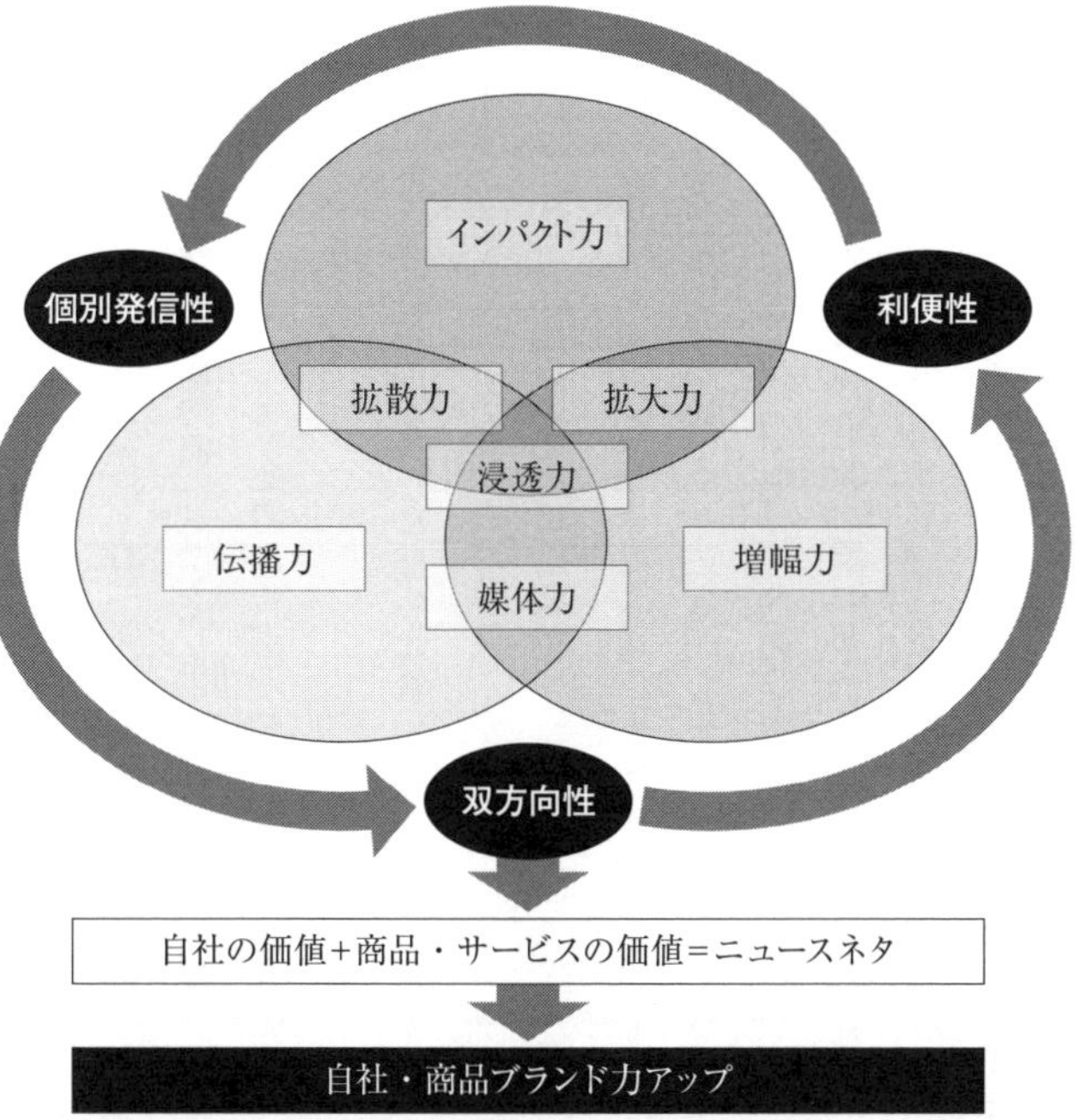

何すれぞ、我が思想の我が狭小《きょうしょう》なる脳裏《のうり》より閃光一射《せんこういっしゃ》して、羅針盤《らしんばん》の記《しる》さざる方向に馳《は》せ、地理書の語らざる世界に飛び去るかな。　（新渡戸稲造『随想録』）

3 企業とメディアには深い関係がある・・・協力と対立＝共創と妥協

企業は、情報提供によりメディアの報道で業績拡大を望む。メディアは情報を入手して報道したい会社で報せるのが仕事！　記者は〝仕事で〟記事を書くありがたい人です。メディアの顧客である「読者・視聴者」は、企業の既存か潜在顧客なので、「**お客様が共通**」ですから、「**協力かつ対等**」なのです。そこで、企業情報に〝**顧客価値**〟や〝**社会価値**〟があれば、記者は〝喜んで〟記事にして広めてくれる・・・・記事は「**共創の作品**」なのです。

広報の仕事は、報せる協力者である「**記者に良い仕事をしていただく仕事**」と理解して下さい。

ところが、メディアと企業はよく対立します。それは立場と使命が異なるからです。メディアは社会の知る権利を背景にすべてを報せる使命感を抱いて、秘密でも何でも暴こうと迫ります。「**社会の公器**」として、**批判・批評・評価・監視**の役割を持つ立場で、何でも暴露せよ！　と徹底的に追求します。

しかし、私達にも個人的な秘密があるように、企業機密は数多く、しかもその時々で出せる情報と出せない情報があります。そこで、企業ビジョンや倫理観・法令順守・企業防衛といった観点から、出せる情報を限定し、意図する内容になるように対応するので、両者「**綱引き**」となります。記者は〆切とライバル記者との競争にも追われていますので、社長の言質《げんち》など裏が取れない場合でも記事にせざるを得ず、どこかで妥協しぎりぎりで見切り発車して書かざるを得ない！　それで誤解を生み、誤報となり、企業にとって不都合な内容の報道となるのです。従って記事は「**妥協の作品**」とも言えます。

この関係をしっかり頭に入れて、対立があろうとも、いかにメディアの協力を得るかに全力を尽くしましょう。メディア無くしては、同じ情報を一挙に多くの遠くの人達に届けられないのです。

自社とメディアの関係を明確に！・・・・協力と対立

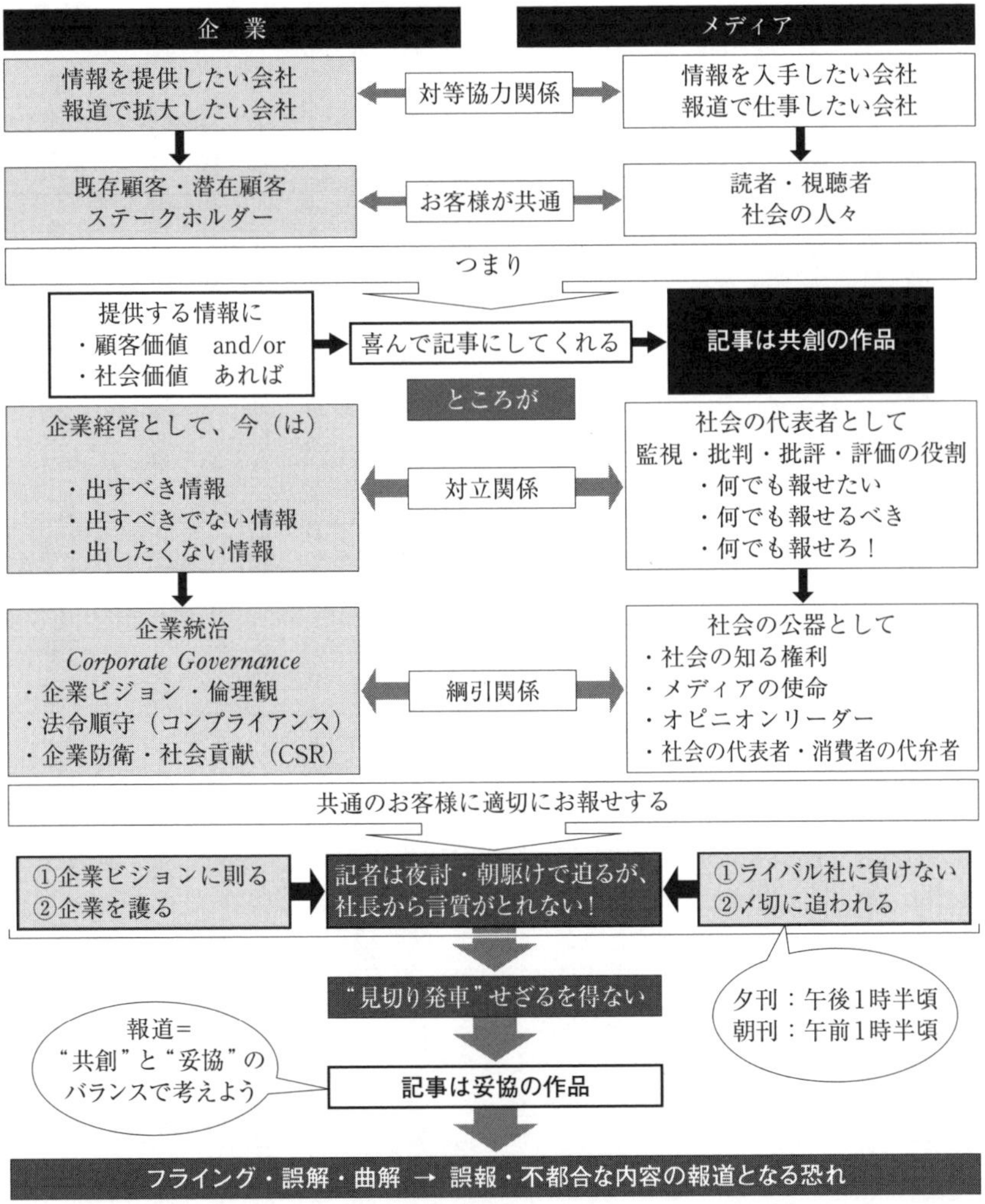

運命は、何か偉大なことを為そうとする時、運命の与える好機に気づきそれを活用する気概に溢れ才能にも恵まれた人物を選ぶものである。　（塩野七生《しおのななみ》『マキアヴェッリ語録』）

4 マスメディアの「組織」について理解しよう

全国一般紙と**通信社**では、編集局傘下に企業モノを担当する「**経済部**」初め、「**社会部**」「**文化部**」や地方支局を統括する「地方部」等があり、その中で、原稿を書く部は「**出稿部門**」と呼ばれます。並列して、時代考証やミスチェックを行う「**校閲部**」とレイアウトや見出しを担当する「**整理部**」や「**編集部（センター）**」があり、原稿を審査したり、中立の立場で限られた紙面を公平に割り付けします。

記者は、担当**記者クラブ**に常駐するか、企画ものを担当する**遊軍**や**取材班**として本社や取材センターで取材・調査・原稿を書く。**編集委員**はベテラン記者で署名入り囲み記事など主に企画ものを担当。

原稿は、朝刊・夕刊をローテーションで対応する「**デスク**」（机の意味だが、今では一般にも通じる。取材で走り回り、座る暇《いとま》もない記者から、管理職になると逆に机に座ったままという意味で、自らを揶《や》揄《ゆ》した言葉）と呼ばれる数人の次長（編集局には課長職はない。）に上げられます。「デスク」は、その日取り上げる候補原稿を選び、チェックしたり、追加取材を命じたりして最終原稿にします。

最終の「**編集会議**」で取り上げる原稿が決まれば、校閲部と編集（整理）部に回り、最終紙面が確定して印刷―配送となるのです。

産経新聞は、経済本部記者の原稿から本紙以外に、子会社の日本工業新聞社発行の総合ビジネス金融紙「**フジサンケイビジネスアイ**」（連絡先は巻末294頁参照）を発行しています。

日本経済新聞では、「経済部」は銀行などのマクロ経済を担当、企業は「**企業報道部**」を中心に大きな陣容でカバー。**日経産業・日経MJ・日経ヴェリタス**の経済3紙にはそれぞれに編集長が居て、各部からの原稿を元に本紙とのバランスを取りつつ紙面作りを行います。**日経電子版**は各部原稿から編集長

新聞社（一般紙）・通信社の組織例

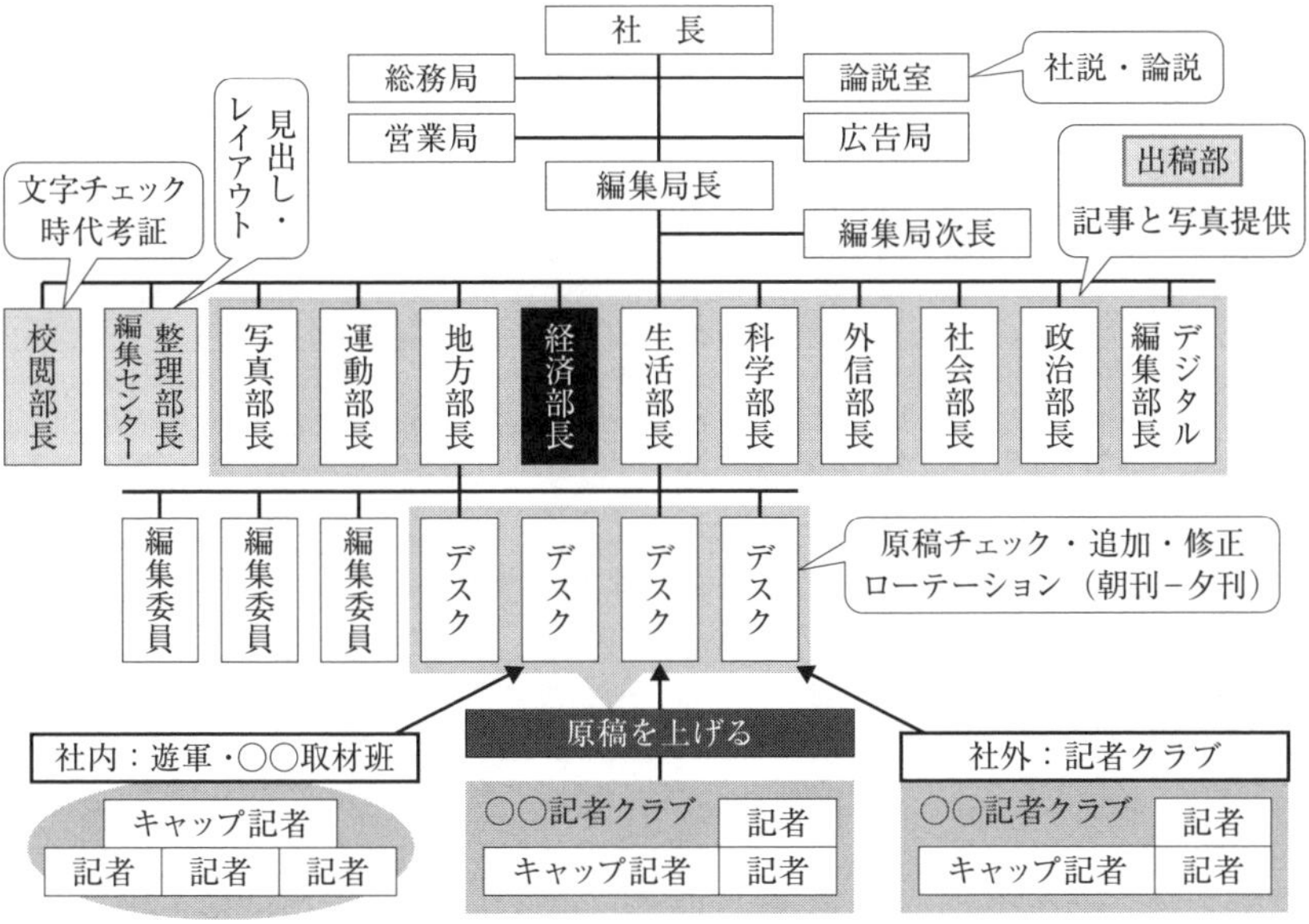

日本経済新聞社の組織（一部）

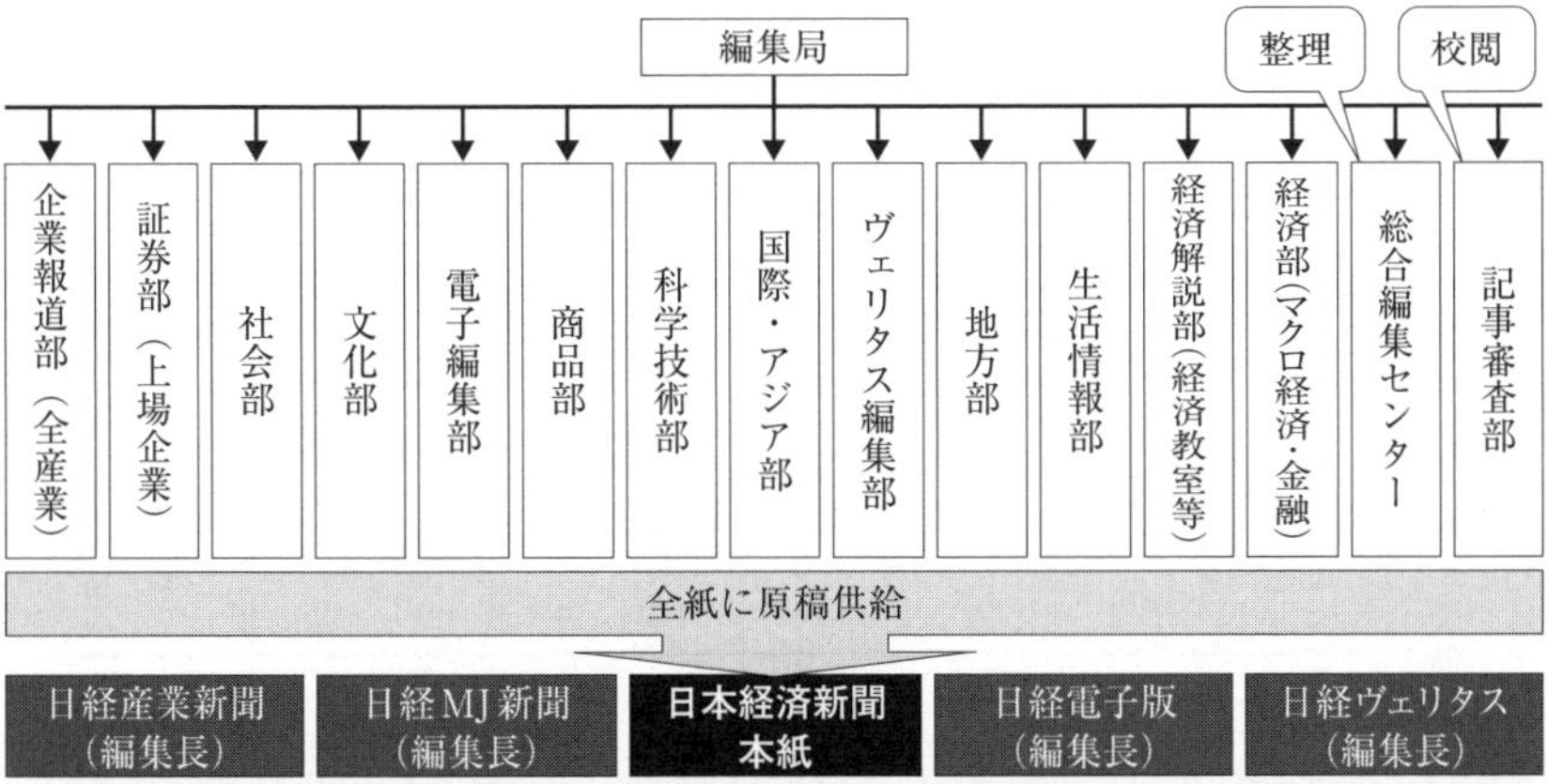

真勇《しんゆう》は怯《きょ》の如《ごと》く、真知《しんち》は愚《ぐ》の如く、真才《しんさい》は鈍《どん》の如く、真巧《しんこう》は拙《せつ》の如し。

（佐藤一斎『言志四録』）

判断でいつでも配信可能です。校閲は「記事審査部」が。整理部業務は、「総合編集センター」が担当します。「日経MJ」の「新製品」欄掲載を狙う場合は、最下段の小さな「送付先」をお見逃しなく！

ブロック紙、**地方紙**は全国紙とほぼ同じ形態ですが、カバー地域のスペースが多く、地元の話題を詳しく紹介。国際分野や全国的ニュースは、共同・時事の2大通信社からの配信を受けています。

独立系老舗の**日刊工業新聞**は、経済部はマクロ経済を探る。「**第一産業部**」が機械・自動車・情報通信・エレクトロニクス等を、「**第二産業部**」が、素材・建設・ヘルスケア等の分野を担当しています。近年特に、**中小企業に力点を置き**、**紙面を大幅拡充**していますので、中堅中小・ベンチャー企業は、「中小企業部」宛、地方は「各支局」宛（巻末297頁参照）にどしどし情報提供を試みて下さい。

各紙とも紙とネットの融合を図り、読売は「メディア局編集部」、朝日は「デジタル編集部」などオンラインの担当部署を設けて積極的に拡大中です。

テレビでは、新聞の編集局にあたる報道局に経済部・政治部などがあり、テレビ特有の映像関係以外は新聞社と同じです。　取材クルーは通常、記者・カメラマン・音声担当の3人体制ですが、カメラの小型化・軽量化に伴い2人や1人での取材も多くなっています。

記者が現場取材した原稿を基に、映像部では、撮影したビデオから適切な映像を選び出し、放映時間までに編集、ナレーション、テロップを使いニュースが作られます。

OA（オンエア）は、緊急性や話題性での判断ですが、限られた時間帯に放映できる件数は少ないし、突発ニュースで差し替えも多々です。

緊急ニュースはテロップで流されるので、速報性は通信社やラジオと同じですが、テレビの絶対の強みである映像によって、**視覚に直接訴えるインパクトは圧倒的で**、**計り知れない伝播力や波及力**があります。各局とも経済ニュースや特集の充実を図っているので、**テレビ向け広報にも注力**しましょう。

日刊工業新聞社の組織（一部）

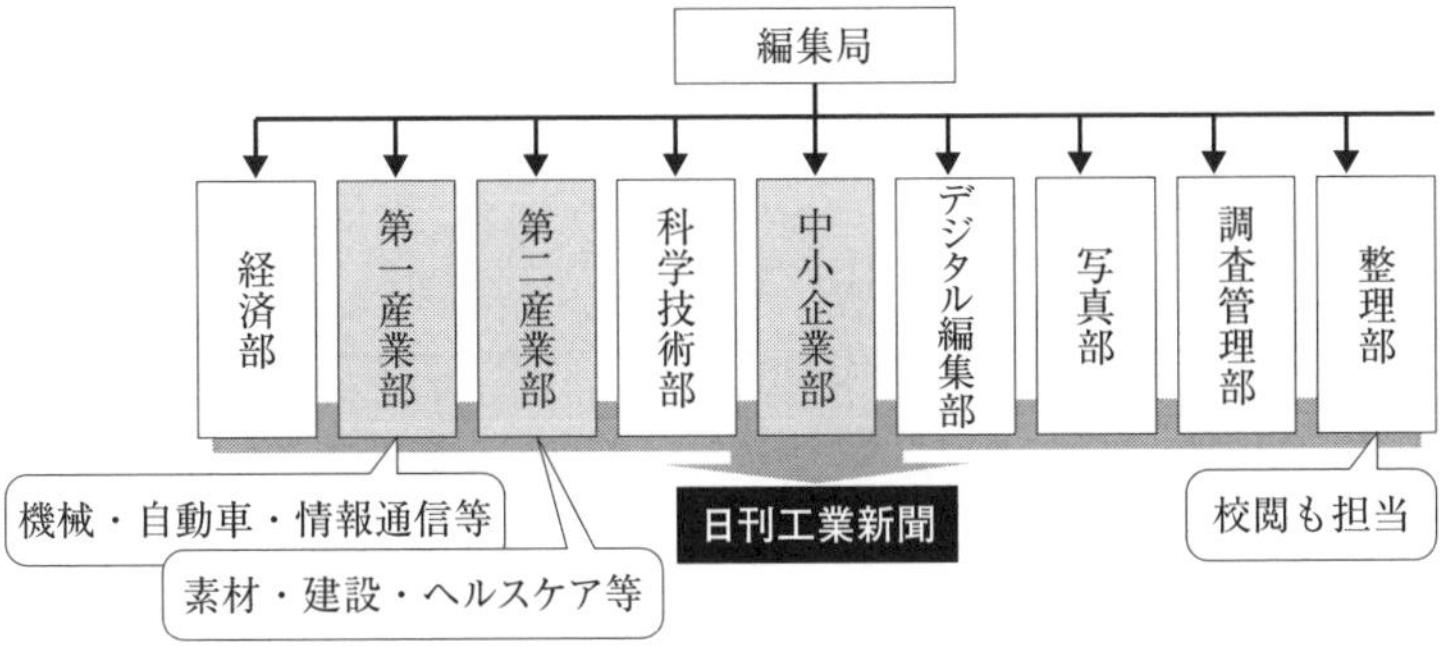

テレビ会社組織例（参考：日本テレビ）

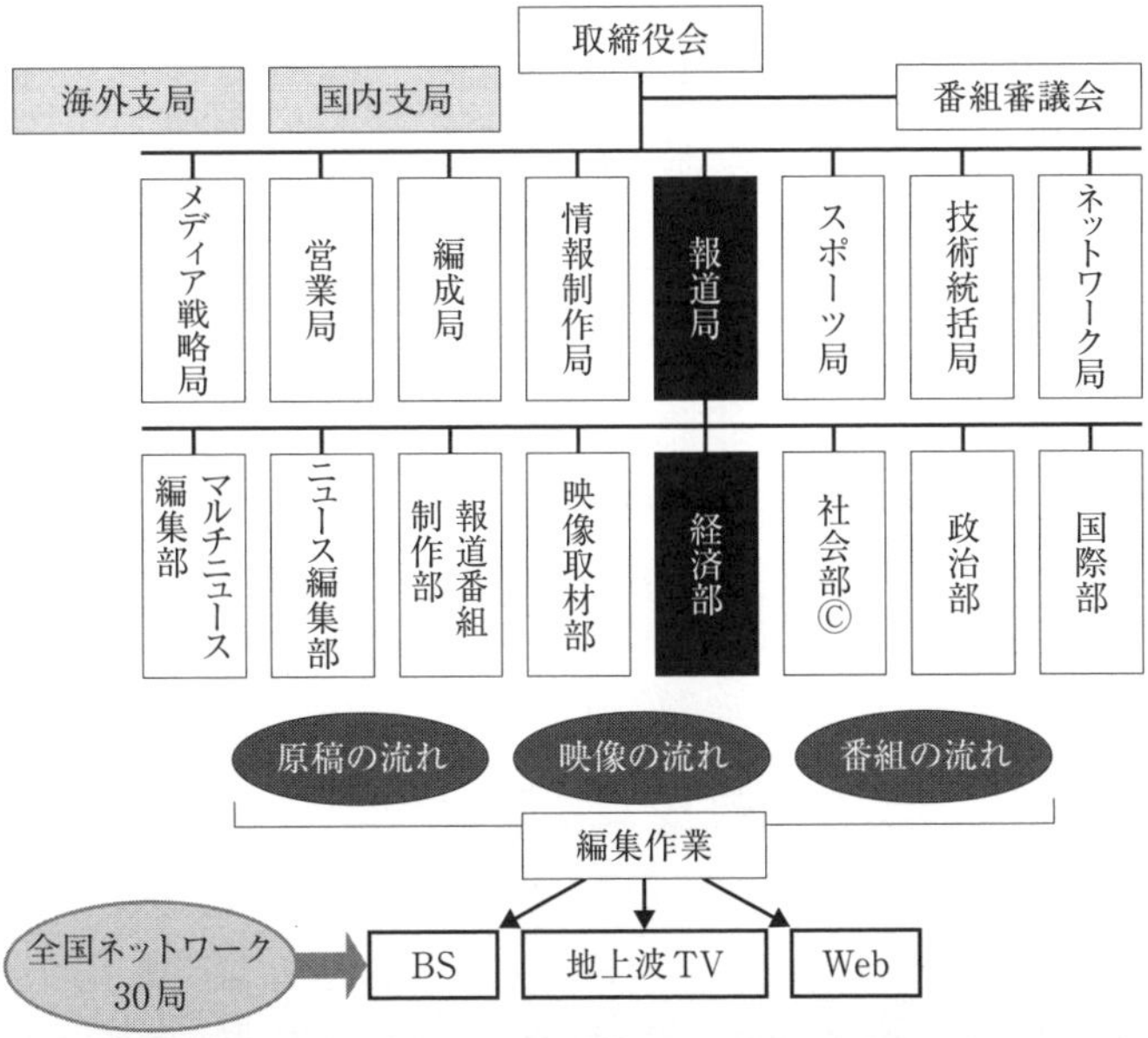

諸君は、ある事柄、またある特定の人々に対する愛と義務感情から働きなさい。何らかの人類社会の大問題に参加するがよい。早くから自分自身を超えて、自分だけのために生活しないということが、青年を向上させ、強健にして、事に屈せぬ力を与える唯一の道である。

（カール・ヒルティ『幸福論』）

5 「〆切り」を知り、記者の動向を理解しよう

日々の最終入稿時間は、メディア各社の「**降版協定**《こうはん》」によって**夕刊13時半頃、朝刊1時半頃**と決められています。個々の記者は、「**デスクへの納期**」を念頭に、原稿を書く時間を考慮に入れて取材します。

❖新聞（全国一般紙の場合）

朝刊 21時半頃に、地方向けの11版（早版）の〆切となり、22時に12版、24時に13版、午前1時半頃に最終14版が締め切られ、東京近郊に配送されます。記者は、夜回りなどでギリギリまで取材し、最終14版に最新ニュースを盛り込みスクープ（特ダネ）を狙う。ここが各記者が鎬《しのぎ》を削《けず》る所以です。

〆切が通常16－19時頃と早い産業紙や業界紙専門紙などは、出来れば前日や午前中に提供する。

夕刊 早版が10時頃で、最終版が午後1時半頃。情報提供は遅くとも前日まで！

❖テレビ

情報提供は、昼のニュースは11時頃まで、夕方ニュースには、17時頃、夜のニュースには、各局ニュース番組の1時間前頃までなら対応可能。緊急ニュースはテロップが使えるので〆切はない。映像取材クルーは、伝送車手配など準備に30分はかかり移動時間も要るので、早めに連絡下さい。

❖通信社

ネット配信の速報性が強みで〆切はありません。

◆**朝駆け**：朝1時半朝刊〆切後に「**紙面交換**」します。デスクが他紙をチェックし、〝**抜かれた記事**〟があれば、担当記者に「**朝駆け**」を指示。記者は、狙いの人物の**出勤前に**〝朝駆け〟取材！

◆**夜討ち**（**夜回り**）：夕刊13時半〆切後に「紙面交換」し、デスクが他紙をチェック。〝抜かれた記事〟があれば、担当記者に「**夜回り**」を指示。記者は、狙いの人物の**帰宅を狙って張り込む**こともある。通常でもトップ人事やM&A等狙いのテーマの情報入手のため「**夜回り**」するケースも多い。

全国一般紙の〆切時間と記者の動向…夜討ち・朝駆けの理由を理解しよう

時　刻	会　議	内　容	記者の動向
03：00頃～	朝刊最終14版 「配達所」に到着	＊「紙交換」：14版を各紙が交換配達所からの連絡 ＊夕刊デスクor夜勤記者全朝刊チェック	“抜かれた”記事があれば担当記者に連絡、取材指示
7：00頃～ 10：00頃			・（必要に応じて）要人宅への「朝駆け」取材 ・夕刊用原稿をデスクへ
10：00頃	夕刊第１回編集会議	＊その後必要に応じて開催	・デスクとのやりとり（原稿追加・修正） ・追加原稿 ・ゲラチェック
11：30頃 12：00頃	夕刊３版〆切 印刷開始	＊最新ニュースに一部差替え ＊３版〆切	
13：30頃 14：00頃	夕刊最終４版〆切 印刷開始	＊最新ニュースに一部差替え ＊首都圏近辺	
15：00頃～		＊原稿メニュー出揃う ＊大まかなレイアウト検討	・朝刊デスクが夕刊チェック“抜かれた記事”あれば担当記者に取材指示 ・追加取材、原稿執筆
17：00頃	朝刊第１回編集会議	＊朝刊の基本方針決定 ＊その後は必要に応じて開催	・デスクとのやりとり（原稿追加・修正） ・必要に応じて、「夜討ち（夜廻り）取材」 ・追加原稿‥‥ゲラチェック （自由時間‥‥情報交換等）
22：00頃 22：30頃	朝刊12版原稿〆切 印刷開始	＊最新ニュースに一部差替え ＊東北・甲信越	
23：30頃 24：20頃	朝刊13版原稿〆切 印刷開始	＊最新ニュースに一部差替え ＊千葉、埼玉、茨城、神奈川の一部等関東近郊へ配送	
1：30頃 2：00頃	朝刊14版原稿〆切 印刷開始	＊最新ニュースに一部差替え ＊特ダネ原稿を１面トップに ＊首都圏＋神奈川の一部へ配送	

テレビ取材—OAプロセス

①ネタ収集 → ②ロケ取材 → ③編集作業 → ④最終チェック → ⑤OA（オンエアー）

遠きを謀《はか》る者は富み、近きを謀る者は貧す。

遠きを謀る者は百年の為に松杉の苗を植う。故に富有《ふゆう》なり。　（二宮尊徳『二宮翁夜話』）

6 新聞製作プロセスはメーカーと同じ！・・・記事は歴戦の勇士！

❖新聞製作プロセス＝メーカー製造ライン

①記者は、提供されるネタに**興味があれば**取材する。②**面白ければ**原稿にまとめ、キャップ（係長）のチェックを経てデスクに上げる。③デスクは、原稿に加筆・修正し、時に追加取材を命じる。担当紙面に取り上げる原稿を選定、整理部or編集部へ・・・その間、何度か編集会議が開催される。④整理部or編集部では、**独自の判断**でレイアウトや見出しを付け紙面作りを行う。⑤校閲部では文字チェックや時代考証を行う。⑥「**降版協定**」の〆切時間を念頭に、最終編集会議で紙面が決定。⑦印刷・配送。

各原稿は、各プロセスで他の原稿に相対的に劣れば〝**没**〟に、突発の大ニュースや紙面の都合でも〝**後回し**〟や〝**没**〟になる。〝**後回し**〟は復活の可能性あり！　〝没〟を顧みて好転させよ！（80頁参照）

取材は仕入れと同く、**品質**が悪ければ〝没〟。良いネタなら原稿を書く一次加工！　デスクや整理部はそれぞれ二次加工や検査工程と同じ。記者は独自に優れたネタを探すのは、メーカーが競争に勝つため、より安くて良い原材料を求めるのと同じ。記者は、**優れた購買担当であり**、**高級加工職人**なのです。

❖記事は歴戦の勇士・名誉の勲章

各メディアは**販売部数・視聴率競争**に勝つため、**読者・視聴者がより興味を惹く**ものを報道します。ネタは、記者の興味を惹き取材されるか？　取材されても書くかどうかの競争に晒され、原稿になっても、他の原稿と争います。記事になるにはトーナメントで勝ち上がるのです。

記事は、激戦を勝ち抜いた「**歴戦の勇士**」であり、客観的に誉められた「**名誉の勲章**」！　小さくても価値は高く、複数出れば二乗倍でバリューアップ！　多くの記事掲載を目指しましょう。

記事はトーナメントの戦いだ！

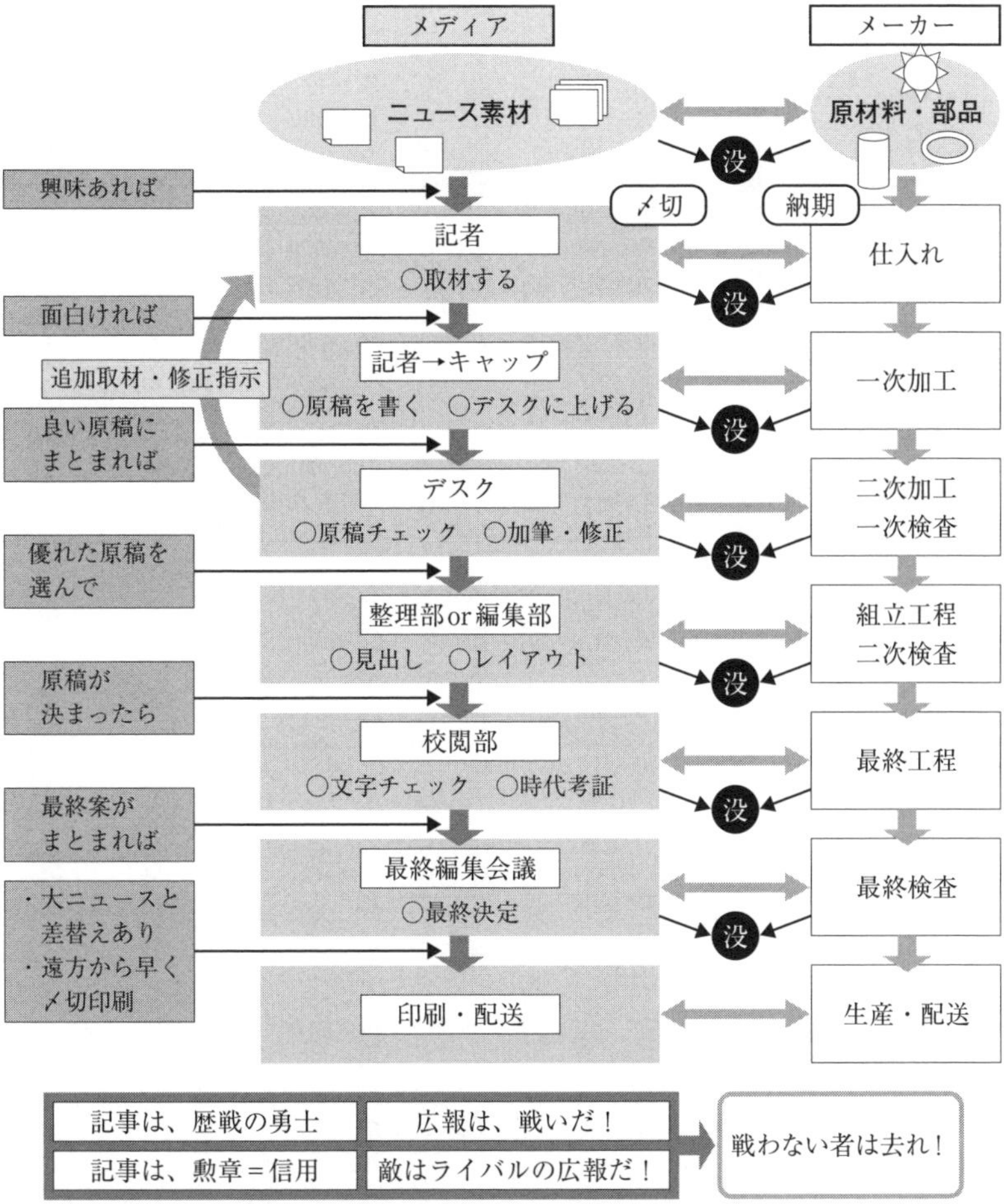

非凡のことは平凡の修養に成る。非常のときに身を処するのは、まったく日々の平凡の心がけによる。平素の修養があればこそ、非常のときに覚悟が定まる。（新渡戸稲造『修養』）

7 「記者」はどんな人か？・・・・記者気質《きしゃかたぎ》9か条

マイクを突きつける姿はなんだか恐そうですが、実は同じ会社員として普通の付合い方でいいのです。とはいえ、**〝ジャーナリスト〟は社会の公器**！　おおよその人物像を掴《つか》んでおきましょう。

勉強熱心で**博識**ですが、特に一般紙記者は異動が多く**薄識**になりがち！　そこで、**〝素人〟**として、丁寧に分り易い説明を心掛け、情報への感性が豊かなので、言葉や表現に十分留意して下さい。

一方、少しでも大きな獲物を日夜追い求める**狩猟民族**のように、**抜いた・抜かれた**の狭間《はざま》で厳しい世界を生きています。「**抜く**」とは、特ダネ・スクープ記事をモノにすること。このジャーナリストの本分を尽す為に記者の道を選んだのです。ライバルを出し抜いた快感は無上でしょうが、「**抜かれた**」無情感は非情！　従って、**〝皆にI love you!〟の横並び情報**である**〝NRが大嫌い〟**になるのも当然です。

獲物を追う強い好奇心・迸《ほとばし》るエネルギーや情熱は敬服に値します。しかし時に、人の都合を省みず夜討ち朝駆けする**傍若無人**な記者もいて、企業秘密でも「何でも明かせ！」と迫ってきます。そこで甘《あま》辛《から》・清濁《せいだく》をも併せ飲む度量を持ち、記者の振る舞いは、**〝ジャーナリストの本分〟**と**〝社会の公器&顧客・社会の知る権利の代表者〟**ゆえの言動！　とその立場と役割を理解してあげると頼られます。

批判精神が旺盛ですので、時に斜めに見過ぎる記者もいるでしょう。若くして偉い人と話す機会に恵まれるので、志の高い記者はますます成長します。そのジャーナリストとしての役割を自覚し「**報《ほう》の道《みち》**」を極めようとの使命感を抱くのです。反面、**偉《えら》くなった・・・と勘違いし傲慢《ごうまん》**になる記者もいるでしょう。そこで、どんな記者に対しても、**〝時には直言も辞さぬ〟**の気構えを持つことです。

記者気質の深い意味を胸に秘め、互いの立場を理解して善処するところに相互成長が待っています。

記者気質９か条・・・・記者はこんな人！だから・・・・

	一言でいえば	こんな人	だから
1	記者は、 普通の人	■同じビジネス人だが、感性豊か! ■情報価値仕入れ人	□恐くないが、言葉や表現を大事にしよう □ビジネスパートナーとして丁寧に付合う
2	記者は、 狩人《かりうど》	■狩猟民族。大きい獲物を狙う ■“抜きつ・抜かれつ”の間を生きる ■好奇心・探究心旺盛 ■仕事熱心だが、時に傍若無人	□狩人の立場を察しよう □優れた獲物をいつも用意しよう □多くの狩人と仲良くしよう
3	記者は、 素人《しろうと》	■一般紙記者は1～2年での異動のため「博識but薄識」もある ■お客様はもっと素人を忘れない	□“ていねいに”説明しよう □豊富・詳細な資料を提供しよう □“理解は偶然・誤解が当然”でいけば間違わない
4	記者は、 多忙の人	■いつも〆切に追われ抜かれる恐怖 ■だから、いつもせっかち! ■無駄な時間が嫌い! ■回りくどい話より分かりやすい話	□“いつまでに”と訊く癖つけよ □それを守る（途中経過でも連絡） □とにかくQuickAction! □簡潔明快な説明を!
5	記者は、 NRが 大嫌いな人	■「特ダネ」が好物! ■「横並び情報」は嫌い ■それがジャーナリストの本分!	□常に個別取材を増やそう □積極的に個別に情報提供しよう □それが、記事が膨らみ、増える道
6	記者は、 評価の人	■メディアは第三者評価機関 ■客観的に評価・批判してくれる人	□自社情報を評価してもらう気持ち □勲章（記事）＝信用には価値がある
7	記者は、 義理人情の人	■実は人情味篤い人が多い ■持ちつ持たれつもある	□“貸し”“借り”の仲になる □困ったら相談・じっくり付き合おう
8	記者は、 正義の人	■「社会の番人」故の厳格な言動 ■公権力・悪と闘い不法を暴く ■優れたジャーナリストは不可欠	□記者に負けない強い正義心を持とう □「記者は顧客の代表者」を肝に銘じる □社会からの質問には真摯に対応しよう
9	記者は、 使命感の人	■報《ほう》（ジャーナリズム）の道《みち》を極める求道者 ■社会の公器・代弁者として使命感旺盛 ■強い批判精神。悪と闘う正義の人 ■無類の勉強家。常にジャーナリストの自信と誇りを抱き向上を図る人。	□広報の道を極める努力を怠らない □会社のビジョン実現への高い使命感を持って言動しよう □社会人としての強い倫理観を持とう □直言の気概を持ち言うべきことは、言うべき人に、言うべき時に、断固言う

交友を択《えら》ぶには、損友《そんゆう》と益友《えきゆう》あり。益友の見立て方は、その人剛生毅直《ごうせいきちょく》なるか、温良篤実《おんりょうとくじつ》なるか、豪壮英果《ごうそうえいか》なるか、逡邁明亮《しゅんまいめいりょう》なるか、闊達大度《かったつたいど》なるかの五つに出でず。

（橋本佐内『啓発録』）

8 記者は「第三者評価機関」兼「商品開発アドバイザー」だ！

記者には、**批判・批評・評価・監視の役割**があり、マクロ経済や担当業界における客観的評価能力が高いので、「**第三者評価機関**」と見做し、有難い〝**自社情報・商品の評価者**〟として接すれば自分が謙虚になれます。すると、多面的の視点から実情に即したアドバイスをしてくれるでしょう。

例えば、ある新商品情報を提供し、記事にならないか？　と相談したとします。記者は、先ず**USP／UDP**をチェックし、**顧客価値and/or社会価値の有無**を考えます（44頁参照）。その結果、

◇**Yes!**＝原稿にする価値あり→勲章（記事）が頂ける。→相対的に他との差別点あり。USP／UDPが明確で、説明も明快。資料・バックデータも充実。顧客・社会価値ありとの評価となって、読者に喜ばれる＝売れる機会大！　記事（勲章）が増えると信用が高まる。売上が伸びれば、更に価値ある商品開発をしようとし、完成したら、また、記者に相談する循環プロセスに入る（20頁参照）。

◆**No!**＝記事にならない→それも貴重な情報で、二通りのケースがあります。

①　**顧客価値が相対的にない。**UDPがない＝売れない→商品を見直す要あり→現業へもっと付加価値を付けるか異なった機能などを追加するかすべきと示唆する→新商品を記者に提示‥‥。

②　（本当は価値がありそうなのに）**説明が的を得てない。資料やバックデータ不十分**→USP／UDPを的確に把握し明確に表現する→再度記者に相談‥‥。

以上から、記事になってもならなくとも記者の視点での見解は、**客観評価として貴重**なのです。記者も喜んでアドバイスしてくれるでしょう。なぜなら、色んなケースでお互いに諸々相談し合える期待があるからです。〝**情報とは情けに報いる**〟のが王道です。**信義、誠実、率直、素直の4S**を大切に！

記者を「第三者評価機関」として企業価値向上の協力者に！

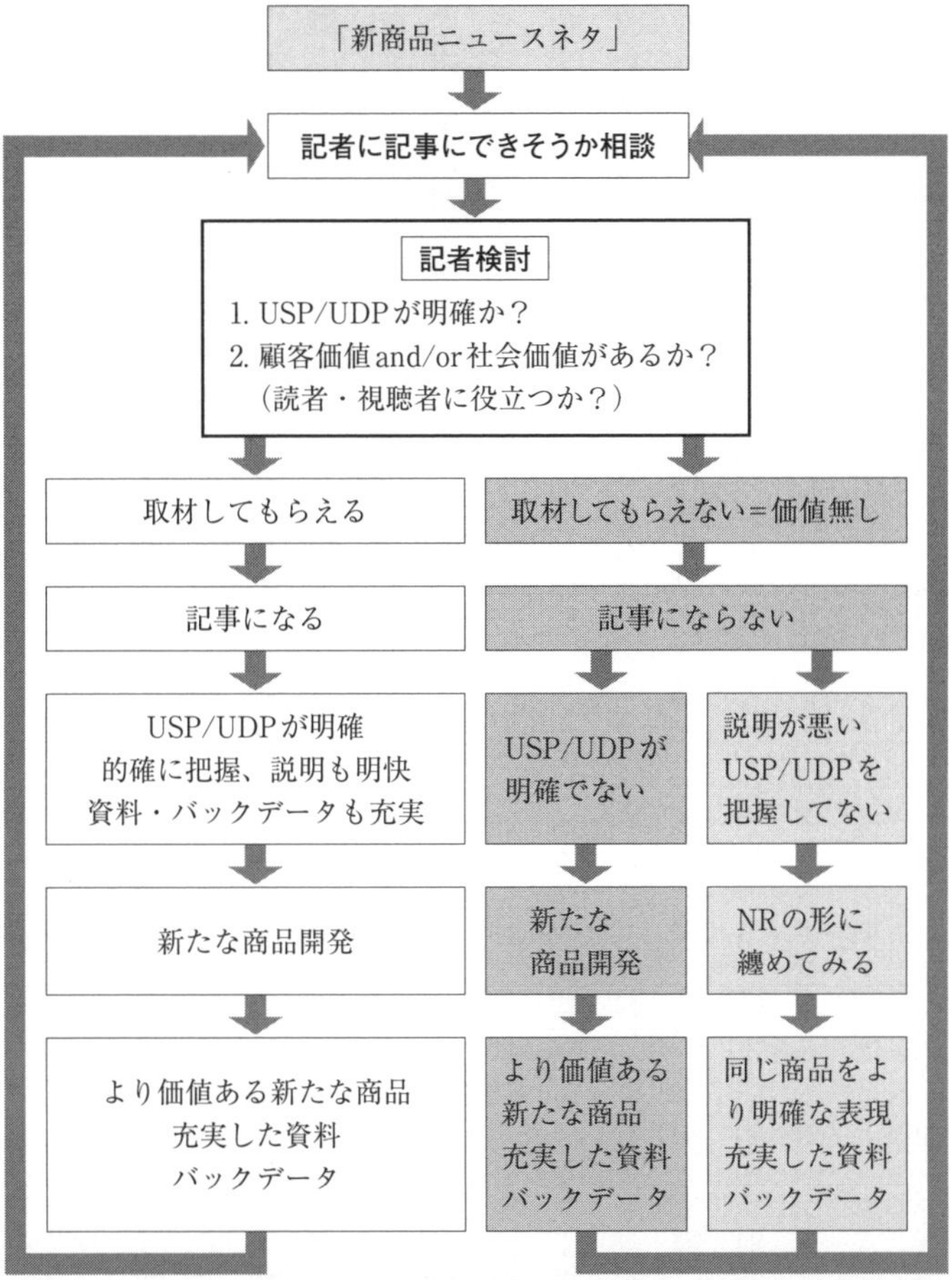

寒さの厳しい時などに人々が押し合いへし合って体を暖めるが、社交はこれに似て、人間が互いに触れ合って精神的に温めあう働きだと見ることができる。けれども自ら大いに精神的な温かみをもつ人は、このような集団を作る必要がない。人の社交性は、その人の知性的な価値にほぼ反比例している。だから、「非常に非社交的だ」とは、まずそれだけで「優れた特性をもつ人だ」ということになる。　（シューペンハウアー『幸福について』）

9 記者の「取材」方法3つのパターン

記者は日々いろいろなルートからニュースとなり得る情報を捜し求めています。マクロ情報として最も正確な情報は、**政府のHPや発表資料**です。**企業のHPやNR**も公式情報として重宝されます。政治家や官僚からの情報、企業からは**広報を窓口**にした情報や有力筋から紹介された第三者からの情報も集めます。近年特に**ネット情報**も数多《あまた》あり有力ですが、その**信憑性は疑わしい場合も多く、裏どりが困難！** 従って、**テーマのヒントや発想のきっかけ**にはなっても、そのまま取り入れることはできません。記者には、**確かな情報確認ルートが不可欠**です。記者取材には、次の3つの方法があります。

(1) **発表ものに対する取材**：毎日、政府・自治体など各種団体・企業から夥《おびただ》しい数の発表が行われ、NRや資料が配布されます。記者はそれをもとに単独の取材を行って独自の記事にするのが日常です。

(2) **企業広報などの窓口を通じた取材**：個別のインタビューなので独占記事になります。経営陣との面談や広報とのやり取りの中で興味ある企画テーマを思い付き、独自に情報収集を進め、独創的記事をものにする。出せる中から出す情報をコントロールでき、意図する記事・報道内容に近くなる。

(3) **正式な窓口を通さない隠密取材**：ある有力案件の**においかしっぽ**でも掴《つか》むや夜討ち・朝駆け・電話取材等を駆使して独自に情報集めに奔走。〝**狩人**〟**の本能**によって、想定外のテーマを極秘に取材したり、自分だけの重要な人脈や情報入手ルートからの機密情報を密かに得て、繋ぎ合わせ組み合わせて推理し独創的にストーリー作り！ 周辺情報を固め、裏を取り、独創的取材を行い、あっと驚くスクープ記事をものにする…この狩りの行動が本来の記者の姿！ ジャーナリストの本分です。こうして、記者は色んな方法で独自の記事をものにするために、日夜駆け回っているのです。

記者の「情報収集」→「取材」→「記事化」へ3つのプロセス

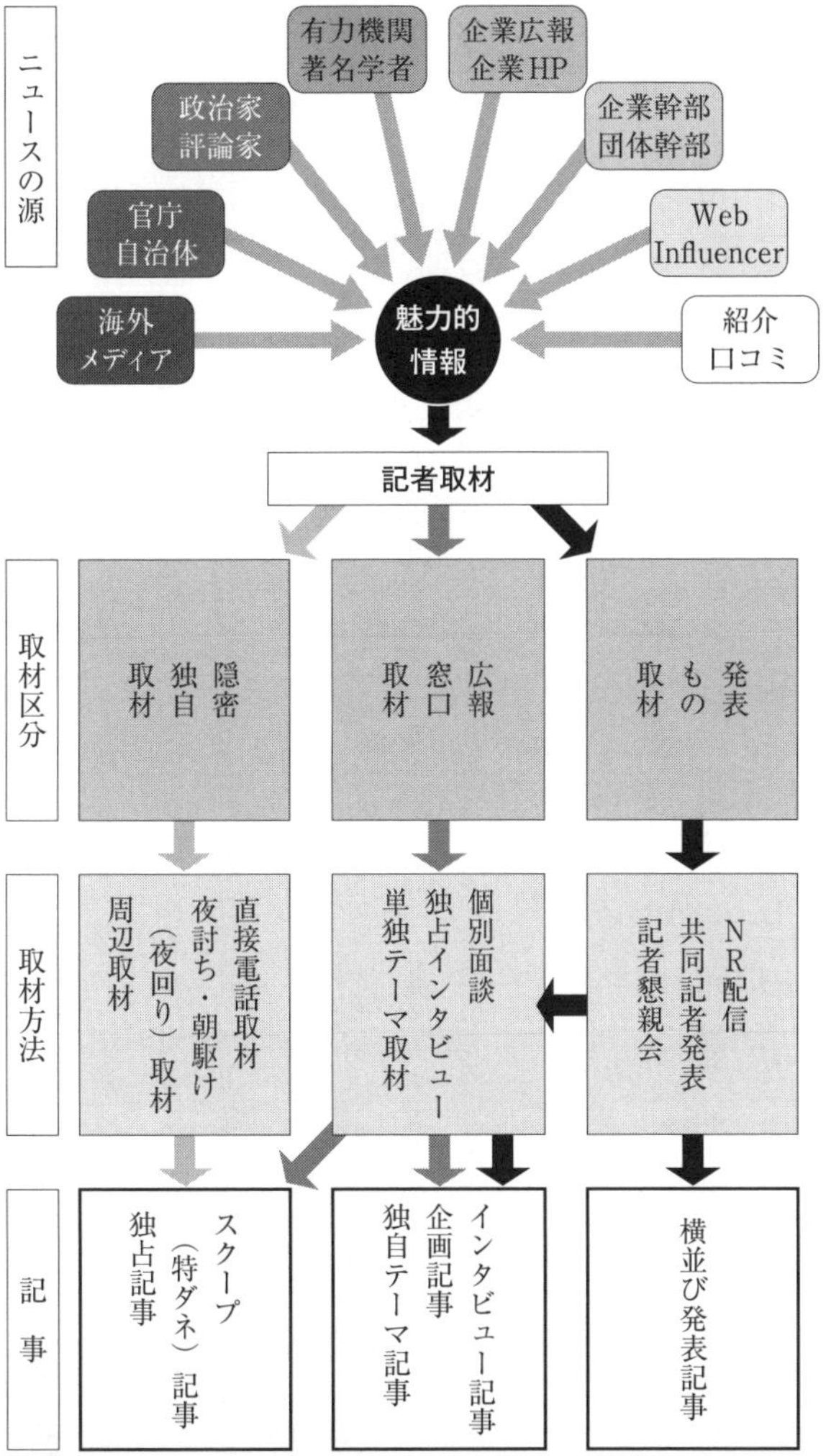

人生は何事も為《な》さぬには余りに長いが、何事かを為すには余りにも短いなどと口先ばかりの警句を弄《ろう》しながら、事実は、才能の不足を暴露《ばくろ》するかも知れないとの卑怯《ひきょう》な危惧《きぐ》と、刻《こっ》苦《く》を厭《いと》う怠惰《たいだ》とが己《おのれ》の凡《すべ》てだったのだ。　（中島敦『山月記』）

10 リモート時代だからこそブランド化しよう

ブランドとは、元々は古代に牛飼いが押した**焼印**！　一目で、**製造者、製造場所、内容、品質**が判るもので、戦国時代の錦の御旗や家紋・企業ロゴもそうです。ブランディングとは、競合に対して、自社および自社商品に優位性を与えるように、一貫した長期的な商品イメージの創造・向上活動です。

ブランド化には、①**商品の知名度アップ**、②**社名の知名度アップ**、③**企業イメージアップ**、④**ブランドアップ**という4つのアップが必要。内外の環境変化に対応し、ライバル企業を凌駕するため、時代を先取りして革新しつつ、次世代にバトンリレーすることが経営の使命です。1人1人の言動によって培われる社会の信頼や信用は、日々の電話応対など小事の地道な積み重ねからしか得られません。

見えるものは、ロゴや紋章やデザインなどですが、ブランドは見えない要素を大切にします。その根幹を成すのは、**企業ビジョン**実現を目指す**トップの経営姿勢**であり、**企業文化・伝統や社風**です。それによって蓄積する信用や信頼は、日々の経営者や社員の言動による地道な活動から醸成され、着実に善い評判が高まっていき、長期的に名声が得られるのです。

ブランドを創る要件は、①**高邁な**「**ビジョン**」を掲げ、②「**知名度**」を高め、③「**自分との関連性**」を増すことによって④「**愛着や親しみ**」を深め、それに接しかつ保有する⑤「**夢・憧れ**」を抱かせる。それには、強烈かつ明確な「**差別化**」が不可欠で、⑥「**独自・独創・独特**」の3つの独が要るのです。

ブランド化すると、社名を聞けば、経営者や社風・社員の行動を思い浮かべ、商品名を聞けば質の高さを思い、ロゴを見れば**企業文化**の連想を促し、**重大な価値と責任という力を保証**する。**顧客の期待に応えれば、高価格でも顧客の心を掴み、人々の生活の中に入り込み、あらゆる市場に参入できる**のです。

ブランド化への４つのプロセスとキーワード

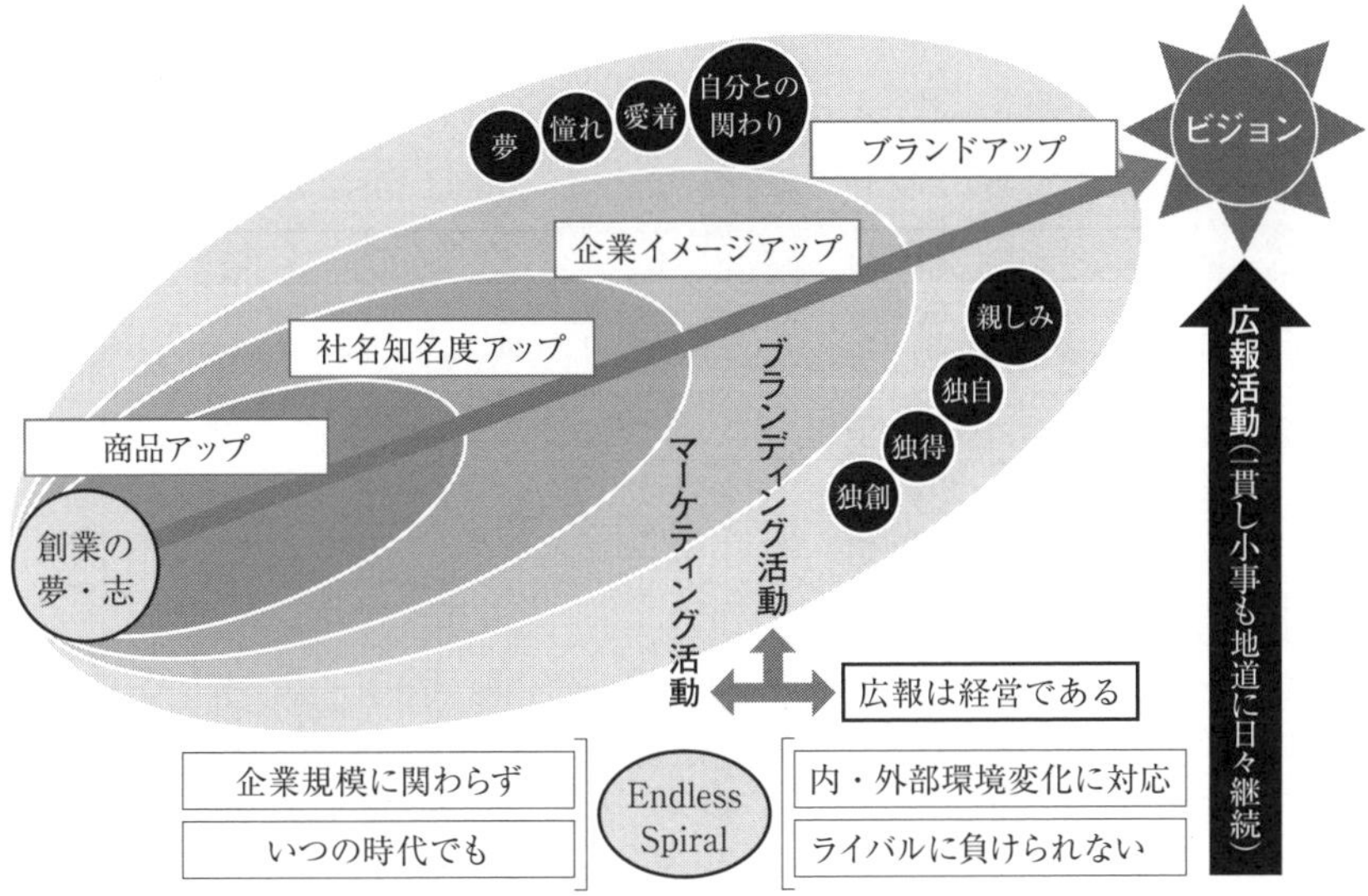

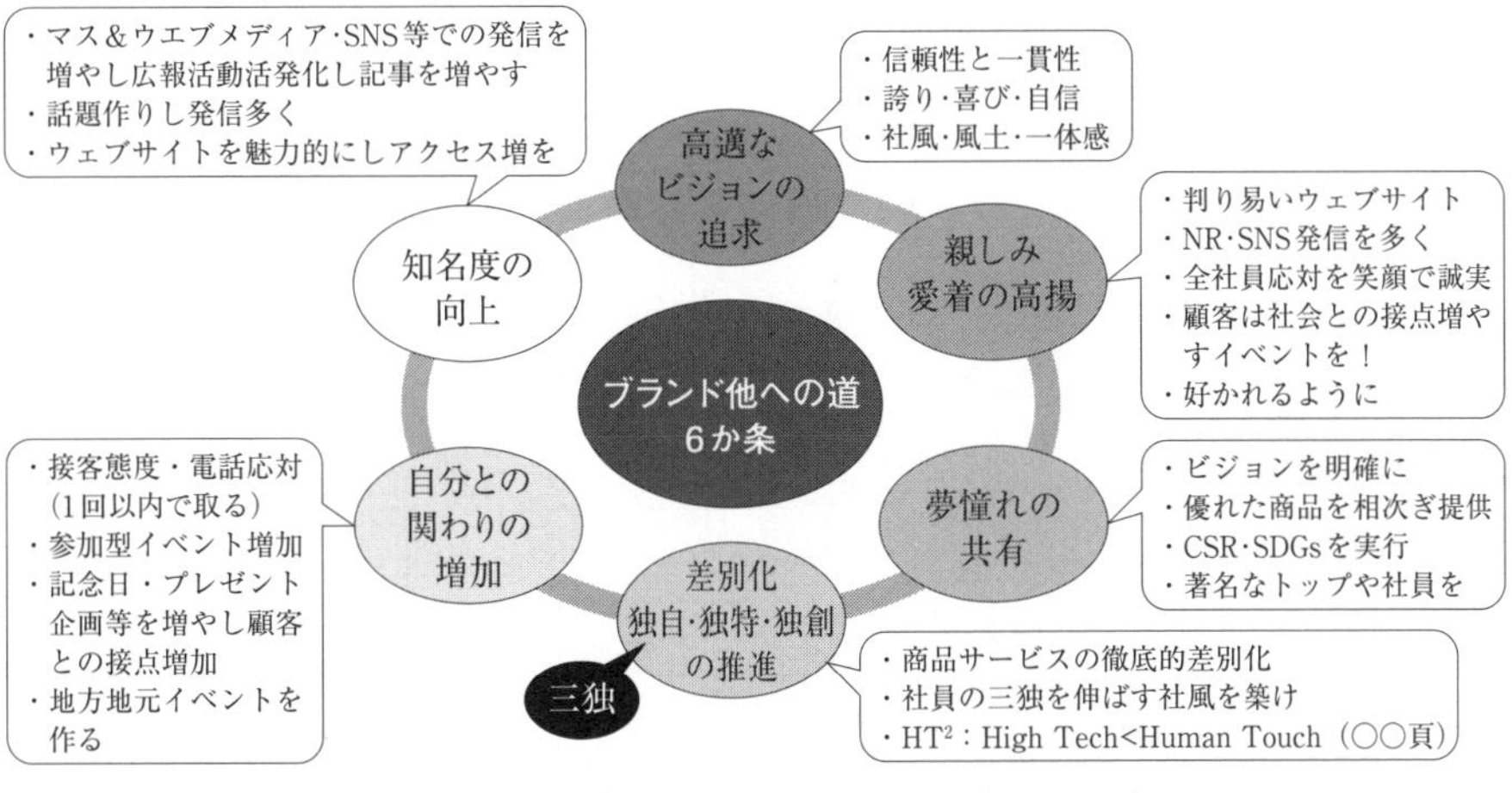

天下の広居に居り、天下の正位に立ち、天下の大道を行う。　（吉田松陰『講孟箚記《こうもうさっき》』）

11 〝首都圏〟の前に地方でのブランド化を第一にしよう

地方の会社は、まず地元でのメディア露出を増やし、知名度向上により、地方でのブランド化を図ると全国ネタへの可能性が膨らみます。地方テレビに何度か取り上げられると、道都圏にないネタを探すキー局の目に止まる！　**〝地方でのブランド化とミニブレーク〟**が、全国へのキーワードなのです。

そのためには、地方特有のネタを案出することが大切です。例えば、

▼自社の成り立ちと地元の市町村の生い立ちや歴史上の意義などに光を当て物語化する

▼自社のＵＳＰ／ＵＤＰと地方のイベントや行事や旬の話題等と組み合わせる

▼地元の人の登場を増やすイベントを考える．．．等々によってネタが出来れば、

(1) 地元紙の経済担当部署に電話して「取材要請」する。

(2) 一般紙の地方版を狙い、各支局に電話して、「取材要請」する→全国版に飛ぶ可能性あり！

(3) 日刊工業新聞社の地方支局に電話して、取材要請する→全国へ！

(4) 通信社に「取材要請」する。取り上げられたら、一挙に津々浦々の地方紙に拡散できる楽しみあり。

(5) イベントなど〝映像〟になれば、テレビ地方局にも積極的に取材要請する。

(6) 記者クラブにて発表する。経済記者クラブか県（市）政記者クラブにて、社長や幹部によるレクチャー付きでの発表（説明）会開催を勧めます。記者が集りやすいので露出の機会が増えます。

(7) ビジネス誌の拠点は、地方にはないので、直接本社にＮＲを送り、電話でコンタクトしましょう。取材時には、「**情熱費**」を忘れず、記者に想いの丈《たけ》を話すのです。地元記者との**人脈は貴重な**「**資産**」！その維持発展が、長期的に見てブランド化に効果的です。後任への**贈物**として喜ばれるでしょう。

地方の方が広報し易い！

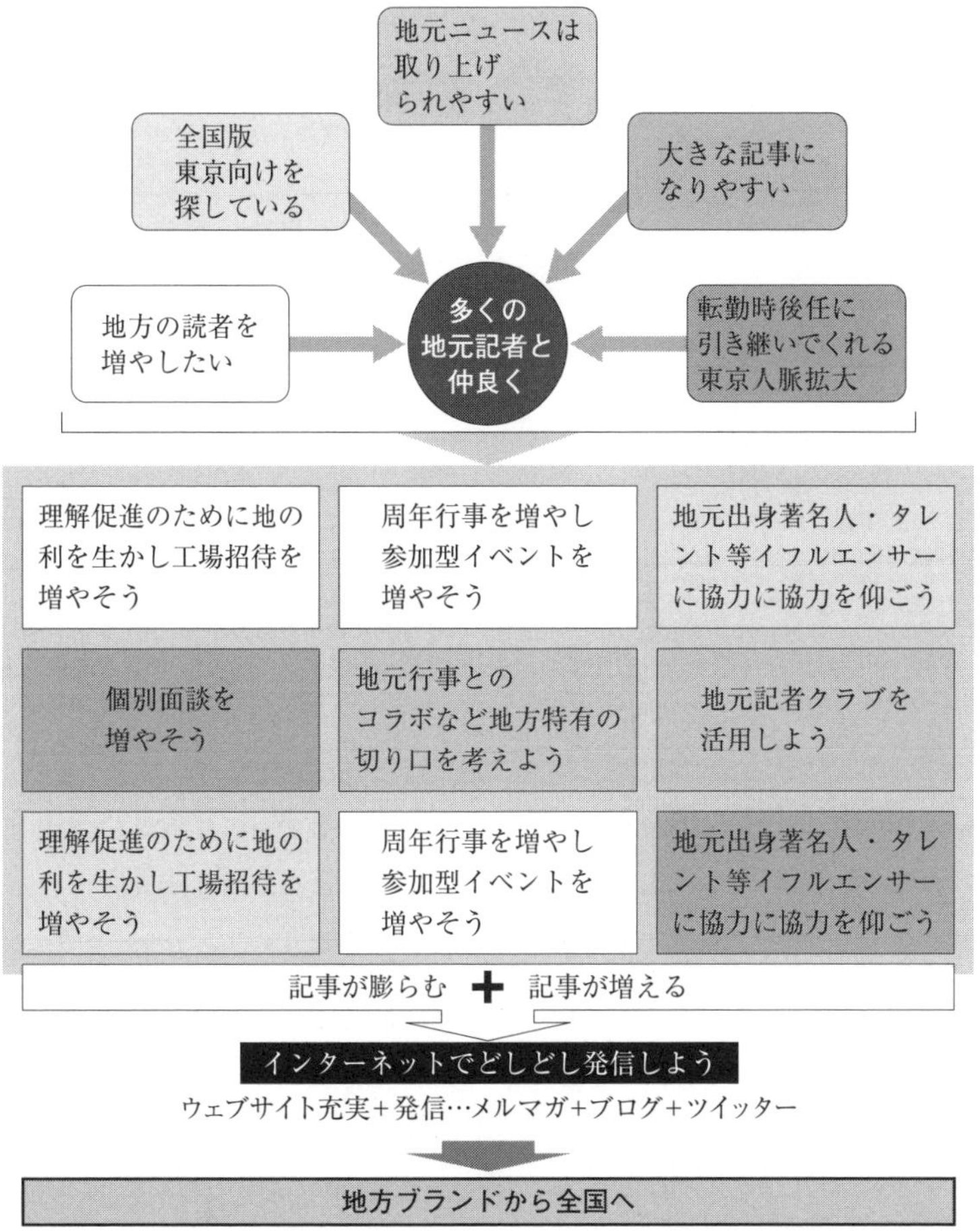
地元ニュースは
取り上げ
られやすい
全国版
東京向けを
探している
大きな記事に
なりやすい
地方の読者を
増やしたい
多くの
地元記者と
仲良く
転勤時後任に
引き継いでくれる
東京人脈拡大
理解促進のために地の
利を生かし工場招待を
増やそう
周年行事を増やし
参加型イベントを
増やそう
地元出身著名人・タレ
ント等イフルエンサー
に協力に協力を仰ごう
個別面談を
増やそう
地元行事との
コラボなど地方特有の
切り口を考えよう
地元記者クラブを
活用しよう
理解促進のために地の
利を生かし工場招待を
増やそう
周年行事を増やし
参加型イベントを
増やそう
地元出身著名人・タレ
ント等イフルエンサー
に協力に協力を仰ごう
記事が膨らむ ＋ 記事が増える
インターネットでどしどし発信しよう
ウェブサイト充実＋発信…メルマガ＋ブログ＋ツイッター
地方ブランドから全国へ

（巻末資料に連絡先あり）

山のあなたの空遠く、『幸《さいはひ》』住むと人のいふ。噫《ああ》、われひとゝ尋《と》めゆきて、涙さしぐみ、かへりきぬ。山のあなたになほ遠く、『幸《さいはひ》』住むと人のいふ。（カアル・ブッセ『海潮音』）

アンケート・コメントを求められたら?‥‥こう対応しよう

アンケートやコメントを求められる機会があれば基本的に受けることを勧めます。それは、①業界の上位が普通ですが、②常日頃の発言が的を得ている、③強いリーダーシップあり、④発言が客観的で識見あり、⑤旬の話題性がある、⑥何かに際立っている‥‥等で回答社(者)に値するとの評価の証!

アンケート

記者から電話・メール・郵送

↓

どんなアンケートかチェック

1. 業界代表1社又は数社か?
2. ランダム抽出?
3. 業界横並び（景気動向・給与等)?

↓

出来る限り回答する理由

●ライバルに勝つ　●一回でも多く
●少なくとも同業並
　→1社落ちはマイナス

↓

社名の出方3つのケース

①一社ずつ出る
②回答者一覧で出る　③出ない

↓

広報が回答案作成→関連部署と調整する

①他社の回答可否状況は?
②現業部門（企画・人事）の意向をよく聞く
③自社都合で回答。回答したくない項目は空欄に
④数字回答には注意（数字が一人歩きする）
⑤概数か範囲での回答も可

↓

最終チェック　・社長名は秘書へ　・回答者名の役員

↓

メディア提出（メール・FAX・郵送）

↓

報道されたら（クリッピング・ビデオ）

辞退も可

↑

①確たる回答ができるか
②回答で名声が上がるか
③出さないと下がるか
④評判を維持できるか

コメント

記者から電話・メールが多い

↓

チェックポイント

・メディア名+記者名
・コメントの趣旨
・筆記かインタビューか
・回答希望者（社長か役員か）
・締切りはいつか
・他社（同業や著名企業）の回答可否状況

↓

インタビュー形式

・取材希望タイミング
・回答者社長か役員か
・電話か面談か

筆記形式

・締切り確認
・コメント者名は?
・広報案作成、秘書・企画等関係部署でチェック

↓

回答者決定→回答（Q&A）案作成

▼広報・企画

↓

電話取材

▼取材日時
▼連絡方法チェック

面談実施

▼日時・場所設定
▼面談者

↓

最終チェック　・社長名は秘書へ　・回答者名の役員

↓

メディア提出（電話・メール・FAX）

↓

報道されたら（クリッピング・ビデオ）

冷眼《れいがん》にて人《ひと》を観《み》冷耳《れいじ》にて語《ご》を聴《き》き、
冷情《れいじょう》にて感《かん》に当《あ》たり、冷心《れいしん》にて理《り》を思《おも》う。
（洪自誠《こうじせい》『菜根譚《さいこんたん》』）

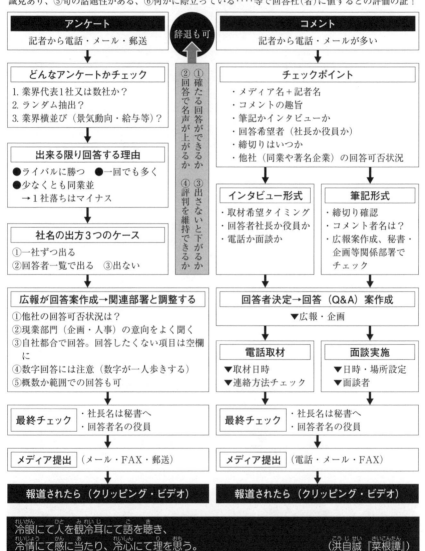

第3章

記事の出方・出し方と発信のコツ

諸仏不動智《しょぶつふどうち》という言葉があります。不動とは動かないということ。智は智恵の智です。動かないといっても、石や木のように、全く動かぬというのではありません。心は四方八方、右左と自由に動きながら、一つの物、一つの事には決してとらわれないのが不動智なのです。千手観音《せんずかんのん》だとて、手が千本おありになりますが、一つの所に心を止めないからこそ、千本の手が皆、役に立つのです。いかに観音とはいえ、どうして一つの身体に千本もの手をもっておられるのかといえば、不動智を身に付けることができれば、たとえ身体に千本の手があったとしても立派に使いこなせることを示すために作られた姿なのです。

（沢庵和尚『不動智神妙録《ふどうちしんみょうろく》』徳間書店）

1 記事の出方・出し方は7つもある....広報戦略の腕の見せどころ

企業からは、「一斉発表」と「取材要請」によって、記者からは「取材申込み」によって記事は出ます。取材要請と申込みは個別取材です。この3つを起点に、記事の出し方は合計7つあります。

(A) 「**一斉発表**」：①公式に、②同じ情報を、③同じ時に、④複数（全ての関係）メディアに情報提供すること。**記者会見（説明者付き）＋NR配布**の発表もあるし、**NR配信**だけもある。

(B) 「**取材要請**」：**企業から特定メディア**への取材要請で、**メディアの選択権は企業にある**強みを活かし**戦略的な広報**が行える。記者にテーマ・切り口のヒントを提供し、記事化を促す方法です。

(C) 「**取材申込み**」：**記者からの特定テーマ**に関する申込み。**重要事項が漏洩**しての申込みには要注意！　(B)と(C)は**個別取材**なので報道される**確率は高く**、**相対的に大きな記事**になる利点あり！

(D) (A)発表後に、個別に(B)「取材要請」する。

(E) (A)発表後に、メディアから(C)「取材申込み」がある。

(F) (B)や(C)の記事から「後追い記事」も期待でき、2度3度異なった味が味わえる。

(G) (B)や(C)後に、時機を見て(A)一斉発表を行う方法もある。

常に、この7つの方法を念頭に戦略的広報を心がけて下さい。

発表は、**合コンと同じ！**　**皆に「I love you!」**とばら撒く同じラブレター（NR）の行く末は、①手に取ってもらえない、②読まれない、③〝一目でポイとゴミ箱へ！〟∴情熱あふれるラブレターを送ろう。

企業からの取材要請やメディアからの申込みは、**1人に「I love you!」とデートに誘う**こと。**合コンでは友達もできず、デートでのみ友達となり恋人も出来る。**記者とは「**Only you**」での付き合いを多く！

千手観音様をお“手”本にしよう！

ニュース素材 → (A)・(B)
個別取材 → (B)・(C)

	(A)企業から一斉発表	(B)企業から取材要請	(C)記者から取材申込み
定義	公式に、同じ情報を、同じ時に、多くのメディアに提供	特定1社への個別取材による情報提供	特定1社からの独自取材
どんな場合か？	■平常時 (1)公式に発表したい場合 (2)多くのメディアに報道してもらいたい場合 ■緊急時 (1)公式に発表したい場合 (2)多くのメディアに報道してもらいたい場合 (3)緊急に会見したい場合 ●経営の重要事項（社長交代、M&A、業績予想修正等 ●事件・事故・不祥事 (4)緊急にNRだけ（でも）配信したい場合	■平常時 (1)特定1メディアに、大きく報道してもらいたい場合 (2)公式に言える時機ではないが第三者に言ってもらいたい (3)まだ、不十分な段階だが、戦略的にその現状を社会に知らしめておきたい (4)公式発表しない案件で記者の興味を惹くテーマの場合 (5)必ず、報道してもらいたい (6)役員との懇親 ■緊急時 特別戦略的案件のみ	■平常時 (1)特定テーマでの取材申込み (2)業界調査の要請 (3)社会問題や業界問題に関してコメントを求められる (4)役員との懇親 ■緊急時 情報漏洩・内部告発等による (1)重要な経営事項に関する取材申込み (2)事件・事故・不祥事に関する取材申込み
ニュースリリース（NR）	必要	1. (B)or(c)の個別取材の場合：不要 ○資料は「NR」と内容は同じでも「NR」と記載しない ○「御取材用資料」とし取材記者名を記載する 「Only You情報」を強調！ 2. (D)or(E)の個別取材の場合：必要＝配布されたNRを使う	
報道可能性	低い	高い	かなり高い
大きさ	比較的小さくなる	比較的大きくなる(なぜなら特ダネだから)	
平たく言えば	●合コンと同じ ●NRは、チラシ配布と同じ ●みんなにI love you	●デートと同じ こちらから申込み ●ひとりにI love you	●デートと同じ 相手から申込み ●ひとりからI love you
+4つの出方 D	(A)+(B)=一斉発表(A)後に、企業から取材要請(B)して、個別取材に繋げる		
+4つの出方 E	(A)+(C)=一斉発表(A)後に、記者から取材申込み(C)があって、個別取材を受ける		
+4つの出方 F	(B)or(C)+他から(C)=(B)か(C)の個別取材で記事が出て報道後に、他のメディアから後追い取材		
+4つの出方 G	(B)or(C)+(A)=(B)か(C)の個別取材で記事が出て報道後に、時機を見て公式に一斉発表する		

何ぞ、ただ今の一念《いちねん》において、ただちにする事の甚《はなは》だかたき。　（吉田兼好『徒然草』）

2　各種方法をよく理解し、一斉発表を戦略的に仕掛けよう

一斉発表は、会社の「**公式見解**」であり、テーマや狙いに応じていくつかの方法があります。

(1)　**記者クラブにて発表する場合**

多くのメディアに一斉に発表できる。担当記者の手許に直接届けることができる（94頁参照）。

(2)　**関係全メディアを一堂に集めて一斉発表する場合**

トップ人事やM＆A**緊急記者会見**など重要な経営事項の発表や商品展示やデモが必要な時に有効。

(3)　**関係全メディアへ配布配信する場合**

配布配信だけでの報道可能性は少ないが、多くの発信は〝話題豊富な企業〟として躍動感を感じさせ、テーマ・切り口のヒントになって「取材申込み」へと導きます。ＰＲ会社や配信会社も利用可。

(4)　**インフルエンサー（影響力ある人）に依頼する場合**

ブロガー・インスタグラマーなど、新しい伝播力を持ったメディア＝媒体もケースに応じて活用。

(5)　**緊急発表―記者会見**

経営に関する重要事項や事故等に関して、自発的に緊急一斉発表する場合と、メディアに重要な経営情報をスクープされた場合、あるいは事件・事故や不祥事などで記者から取材攻勢を受けた場合などがあります。案件の軽重に鑑みて、記者会見前に、取り敢えず緊急にＮＲだけを配信する方法やＨＰ上に掲載して発表の形にし、当面を凌ぎその後に「記者会見」を行う方法も有効です

・・・重要案件の発表に際しては、広報担当は、その情報をいち早く知る立場にあることを自覚し、「**インサイダー取引**」と見做される恐れも念頭に、情報漏洩には最大の注意を払うよう肝に銘じましょう。

一斉発表決定！

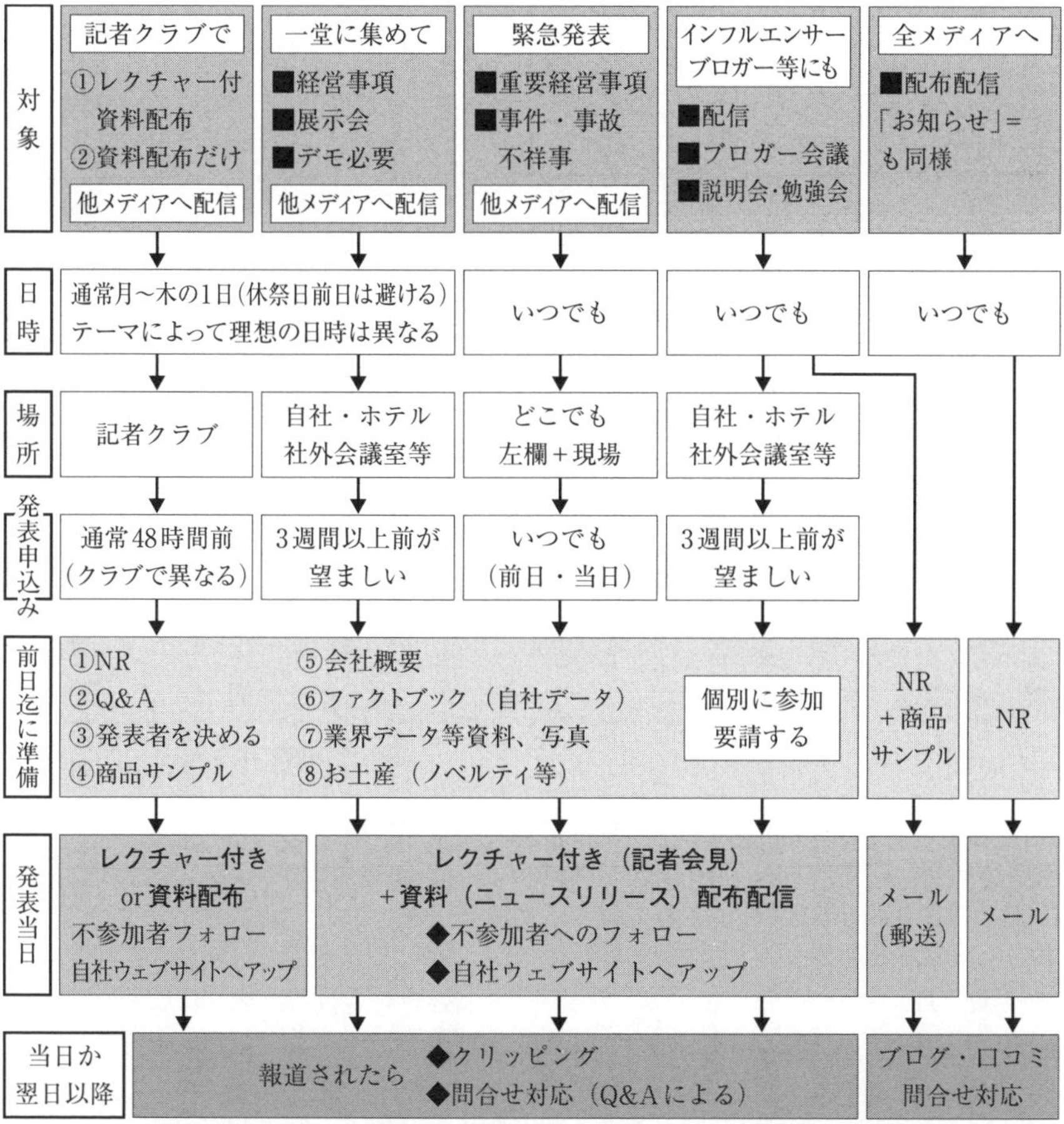

幸福な生活とは、卓越性に即しての生活である。かかる生活は真剣であり、遊びではない。魂のよりよき部分とか、よりよき人間とか、よりよきものの活動こそ、よりよき活動なのである。最高の卓越性とは、『われわれのうちなる最善なるもの』の卓越性でなくてはならない。　（アリストテレス『ニコマコス倫理学』）

3 記者クラブを上手に活用し、配信力を高めよう

記者クラブは、**日本特有**の制度でメディアの**会員制親睦組織**です。記者側は、**取材の最前線基地**として行政や企業からの発表を受け入れる場であり、企業側としては、メディアとの**重要かつ容易な接点**となります。一方、特権意識が強く、会員以外に排他的との弊害もあり、長野県のように県政記者クラブを廃止、「会見場」とオープンにしましたが、その他での廃止の動きは全く拡がってはいません。

首都圏では**官公庁系と民間系**があり、さらに**一般紙と業界紙専門紙**に分かれます。都道府県・地方自治体では、都・府・県庁に「**都庁・府政・県政記者クラブ**」や市役所に「**市政記者クラブ**」があり、主要な都市の商工会議所には「**○○経済記者クラブ**」があります。

企業関係は、「**経済記者クラブ**」**で発表**できますが、商工会議所がない都市では、「**県政**」**や**「**市政**」**で企業の発表にも対応**しています。企業の希望によりテーマによって複数クラブや地方の地元記者クラブ等関係全クラブと**同時に発表**することも可能です。記者クラブの利点としては、

① **公式に、同じ内容を、一挙にメディア（を通じて社会）に伝えることができる**

② **個別申込みが不要なので手間とコストが少なくて済むなど、効率的！（個別連絡で確率ＵＰ！）**

③ **担当記者へ接触するチャンスができ人脈作りに役立ち、個別取材要請につなげることができる**

どしどしネタを作り積極的に発表を心がけましょう。ただし、多くのメディアに報せることはできますが、個別取材に比べると掲載の確率は大幅に減り、出たとしても記事は相対的に小さくなります。

発表には、①**レクチャー（発表者・説明者）付き＋資料（ＮＲ）配布**、②**資料（ＮＲ）配布だけ**、の2つの方法があります。①のレクチャー付は「記者会見」も同様です。

記者クラブへ一斉発表（平時・緊急時）決定後の申込み方法

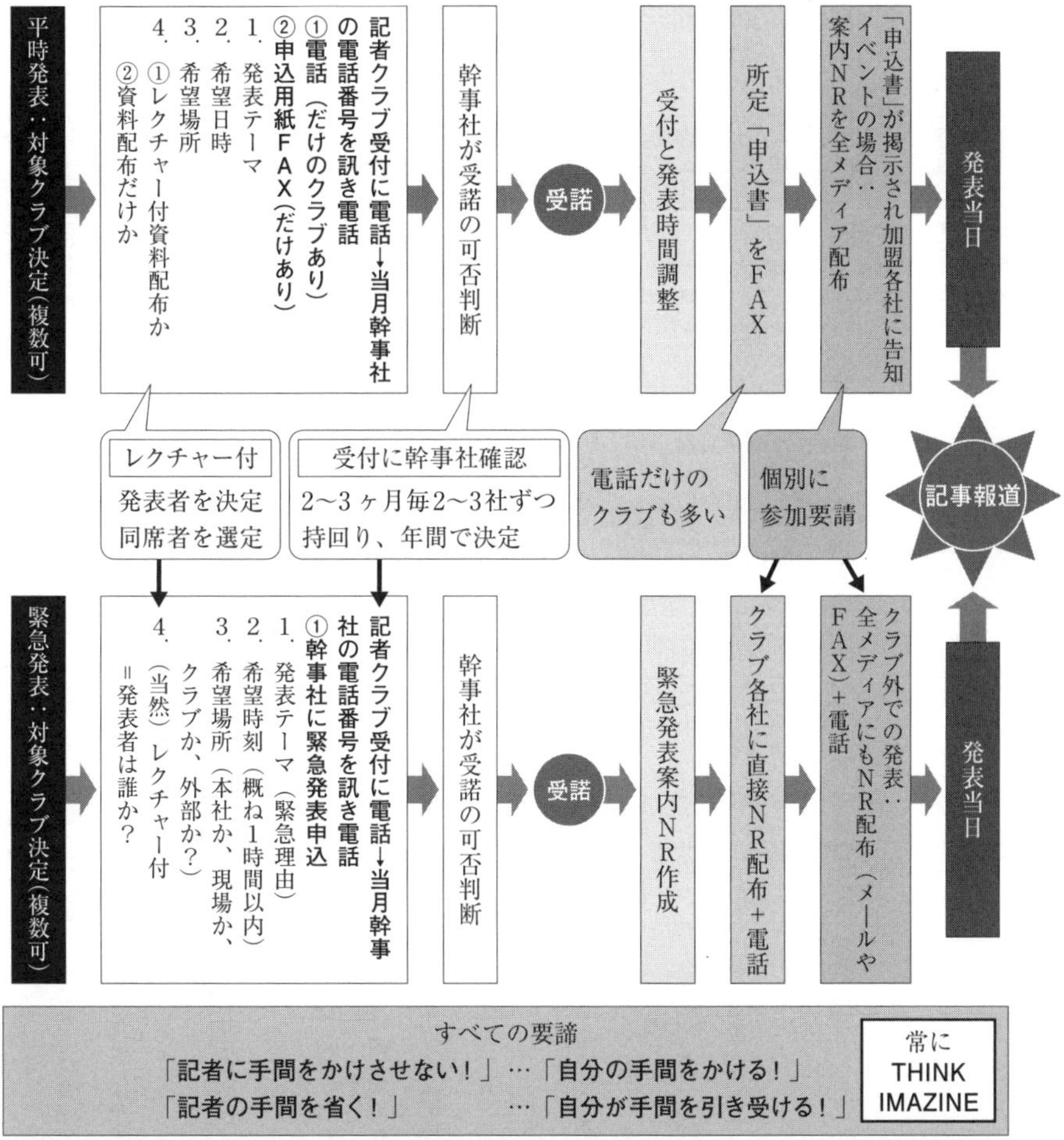

“下坐行《げざぎょう》”を積んだ人でなければ、人間のほんとうの確かさの保証はできない。下坐行とは、その人の真の価値より一段と低い位置に身をおいてわが身の修養に励むことを言う。それによって、自分の傲慢心が打ち砕かれる。誰一人見る者はなくても、やがてまごうことなき人間的な光が身に付きだし、必ずいつかは輝き出す。　（森信三『修身教授録』）

いずれの場合も「**発表申込み**」が必要です。申込み項目は、①**発表テーマ**、②**日時**、③**場所**、④**発表形式（レクチャー付きか資料配布だけ）**等で、通常発表日の48時間前までに所定の方法（電話かFAX）で申込み、その月の**幹事社**（大体3ヵ月毎に2－3社輪番制）が**諾否判断**を行います。単なる資料配布の場合には、前日電話だけで受付けるクラブもありますので事前に確かめて下さい。

幹事者が受諾すると、**申込用紙が白板（壁）に貼られます**ので、記者への**個別連絡は不要**。とはいえ、特にレクチャー付きの場合、個別にコンタクトして参加を促すよう勧めます。熱意を示し記者の心を動かすのです。〝NR配布〟を個別に報せる熱意と配慮が不可欠。個別取材へとつなげます。

社長交代人事、M&A、事件・事故・不祥事など重大な経営案件の場合には、**幹事社が受諾すれば、〝当日申込み当日発表〟も可能**。概ね1時間以内の発表が原則です。緊急発表では、申込後直ちに企業から直接個々のメディアに連絡する必要があります。

【記者クラブでの発表の留意点】

① 受付にて当月の幹事社を訊き、幹事社に「発表申込み」を行い、了承を得る必要がある

② 各クラブには加盟メディアで決めた「白板《はくばん》協定」があり、掟破《おきて》りには「**出入り禁止**」や「**除名**」も課される。例えば、左頁ルール2の「**しばり**」とは、「申込日に判明した発表内容に関しては発表前に報道不可！」として、**メディア相互で〝特ダネ狙いの抜け駆け〟を禁じている**もの！

③ 複数のクラブで発表する場合、その旨幹事社に伝える

◆NRの左肩に「同時発表クラブ名を全部記載。他メディアにも配布する場合は「報道関係各位」と追記する

◆一般紙・業界紙クラブ両方での発表は、（〆切時間の早い）業界紙クラブの時間を早く設定する

以上の原則をよく理解の上、有意義効果的な発表を心掛けましょう。

白板協定運用ルール

広報担当者様

各クラブほぼ同じ内容

白板協定運用ルール

2日前が原則

○○経済記者クラブ

1. 発表案件は原則として、土曜日、日曜日を除く発表の48時間前までに幹事が受け付ける。但し、訃報は別に扱う。
2. レクチャー、資料配布いずれの場合でも、発表内容は発表と同時に解禁とする。但し、幹事が認めれば、別に解禁時間を設定することができる。
3. 企業・団体のトップ人事、合併、倒産、事件、事故、不祥事、その他幹事が特に重要と認める案件は、当日、協定の対象外として発表の申し込みを受け付ける。その場合、幹事または幹事の代行者は加盟各社に速やかに連絡し、企業などの発表者は、申し込み受付から概ね1時間以内に発表することとする。　以上

幹事に諾否権あり

申込～発表の間＝「しばり」という

緊急発表の許諾も幹事決定

遅くとも1時間半以内に！午前中は昼のニュースと夕刊〆切を考慮！

個々に連絡要

○○記者クラブ発表申込書（例）

20XX年月日
○○記者クラブ御中

希望日時	月　日　時　分
発表社名 担当者名	TEL：　FAX：
件　名	
同時発表記者クラブ名	
発表形態	記者発表（レク付含む）　資料配布　現地見学会 懇談会　その他（　）
場　所	クラブ室　会議室　その他（　） 会見者名　出席人数　名
持込み機材等の有・無	有　プロジェクター・その他（内容）　無
了解幹事社　氏名	

全部記載する

発表者(説明)付か資料配布だけか？

レク付きの場合特に必要

《連　絡　事　項》

1. 当記者クラブへの申し込みは、午前9時30分から午後5時30分（但し、正午から1時までは除く）までの間でお願い致します。
2. 申込みは発表日の48時間前（2日前）までにお願い致します。土・日・祭日は含まない。
3. 社長交代、合併、提携、業績予想修正については、当日の申込みで結構です。（但し、加盟全社に直接連絡を入れてください）
4. お受けできない場合は、後ほど幹事社からご連絡致します。
5. 資料は、20部ご用意下さい。

緊急発表OK

配布部数

発表に値しない・相応しくないと判断される場合あり。
「資料配布」はOKだが「クラブ内会見」不可は多々あり。

4 企業からどしどし取材要請しよう（個別取材その1）

取材要請は、**1社への情報提供で、個別取材**になります。日頃温めていた旬の話題や自ら案出した戦略的テーマに興味を持ってくれた記者へ情報提供したり、担当役員や当該技術者等に特別に面談アレンジする方法です。一斉発表後に個別に記者コンタクトを行い、**単独取材をアレンジ**するのも同様です。

こうした地道な仕掛けの成功には、常に問題意識を持ち業界や社内を広く見張り、記者の興味を惹くテーマ・切り口を創ろうとの姿勢が不可欠。記事化しやすい環境作りは、**創造的広報が得意な仕事**です。

ネタに応じて適切なメディア（記者）を選ぶ。偏らないよう**メディアバランス**に配慮しましょう。

個別取材であれば、〝特（得）ダネ〟になるので、**未知の記者でも喜んで取材**してくれます。

目指すメディアの**経済担当にコンタクト**してどしどし売り込む。しかし一般紙の場合は代表からは繋げてもらえない場合も多いので、**紹介により直通電話や個人メール**での情報提供となります。

未知メディアへのアプローチは、**人脈拡大の有力方法**でもあります。〝飛び込み営業〟や〝片思いの人へのデート申込み〟と変わるところはなく、**熱意や情熱の迸り《ほとばし》**が記者の心を動かすでしょう。

記者は、〝**取材価値の有無**〟を直ちに判断してくれるネタの「**評価者**」なのです（80頁参照）。

独自記事は、〝ジャーナリストの本分〟！ 取材になれば、報道の確率は高く、相対的に大きくなる。新聞や雑誌の**特集企画等に見合ったコンテンツを提供**することも記者に喜ばれます。記者は常に次の「**切り口・テーマ**」と「**取材候補先**」で頭が一杯なのです。

記者とはあくまで1対1が原点！ 「**デート**」によってのみ「**恋人**」ができます。1人でも多くの「**恋人**」を作り真の人脈を築きましょう。上級者になると、「**貸し**」「**借り**」にこの方法が利用できます。

個別取材要請増は実力向上の証だ！

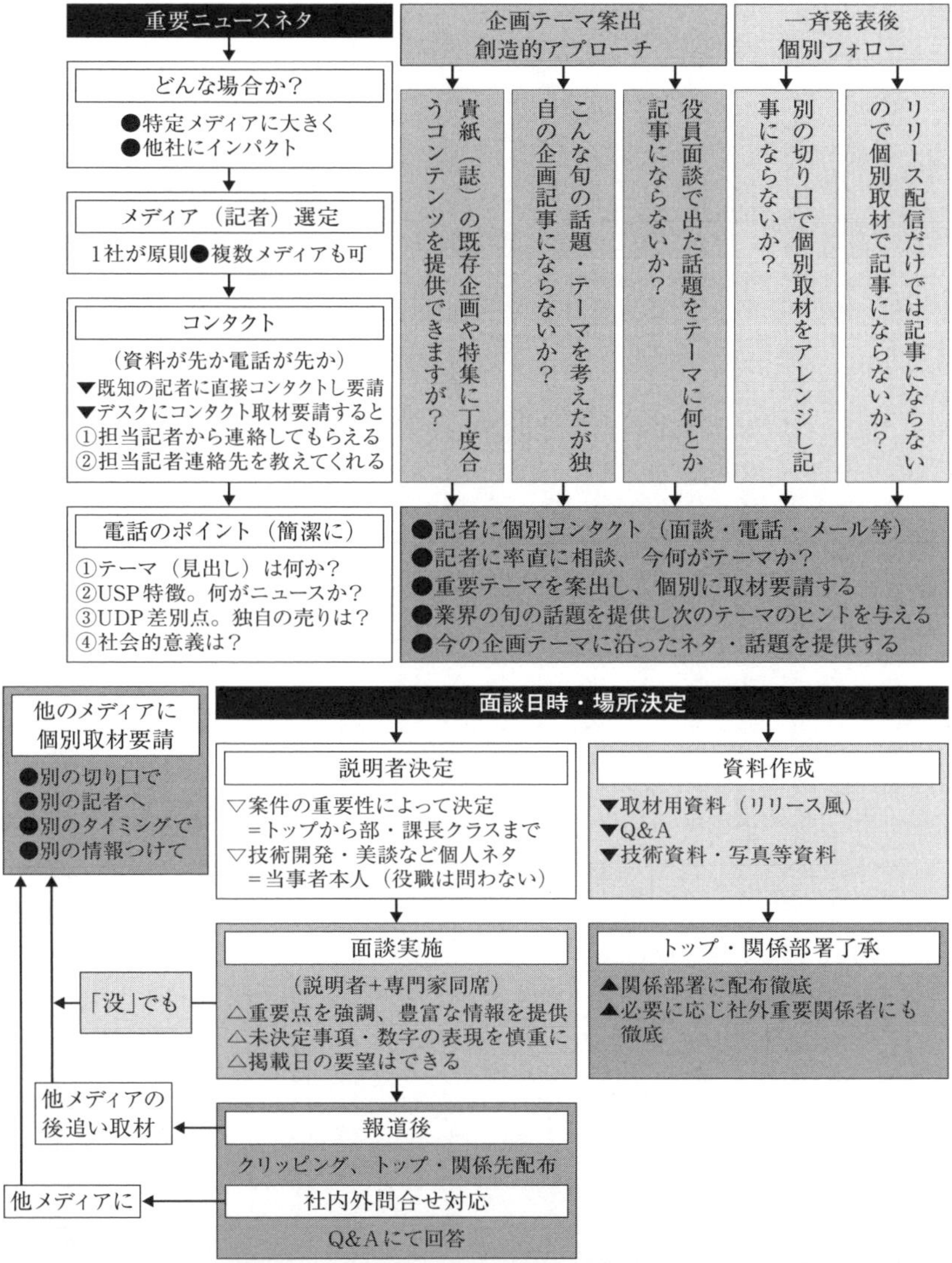
重要ニュースネタ
どんな場合か？
●特定メディアに大きく
●他社にインパクト
メディア（記者）選定
1社が原則●複数メディアも可
コンタクト
（資料が先か電話が先か）
▼既知の記者に直接コンタクトし要請
▼デスクにコンタクト取材要請すると
①担当記者から連絡してもらえる
②担当記者連絡先を教えてくれる
電話のポイント（簡潔に）
①テーマ（見出し）は何か？
②USP特徴。何がニュースか？
③UDP差別点。独自の売りは？
④社会的意義は？
企画テーマ案出
創造的アプローチ
一斉発表後
個別フォロー
貴紙（誌）の既存企画や特集に丁度合うコンテンツを提供できますが？
こんな旬の話題・テーマを考えたが独自の企画記事にならないか？
役員面談で出た話題をテーマに何とか記事にならないか？
別の切り口で個別取材をアレンジし記事にならないか？
リリース配信だけでは記事にならないので個別取材で記事にならないか？
●記者に個別コンタクト（面談・電話・メール等）
●記者に率直に相談、今何がテーマか？
●重要テーマを案出し、個別に取材要請する
●業界の旬の話題を提供し次のテーマのヒントを与える
●今の企画テーマに沿ったネタ・話題を提供する
他のメディアに
個別取材要請
●別の切り口で
●別の記者へ
●別のタイミングで
●別の情報つけて
面談日時・場所決定
説明者決定
▽案件の重要性によって決定
＝トップから部・課長クラスまで
▽技術開発・美談など個人ネタ
＝当事者本人（役職は問わない）
資料作成
▼取材用資料（リリース風）
▼Q&A
▼技術資料・写真等資料
面談実施
（説明者＋専門家同席）
△重要点を強調、豊富な情報を提供
△未決定事項・数字の表現を慎重に
△掲載日の要望はできる
トップ・関係部署了承
▲関係部署に配布徹底
▲必要に応じ社外重要関係者にも徹底
「没」でも
他メディアの
後追い取材
報道後
クリッピング、トップ・関係先配布
他メディアに
社内外問合せ対応
Q&Aにて回答

胆は大ならんことと欲し、心は小ならんことを欲す。
智は円ならんことを欲し、行いは方ならんことを欲す。　（『近思録』）

5 メディアからの取材申込みは有難くお受けしよう（個別取材その2）

取材申込みは、平常時と緊急時に分けて考えましょう。

(1) 平常時：①通常テーマの取材、②諸調査協力、③コメント等、基本的に受ける姿勢で次のプロセスで対応します。

メディア確認 ①初めてのメディア、②事件・事故がらみ、③「広告」や「取材費」に要注意

取材テーマ A 既に企画特集（テーマ）が決まっていて、その内容を取材したい　A、Bどちらなのか

B まだ企画は決まっておらず、テーマや切り口のヒントを探している」を率直に確かめる

希望取材対象 A 希望あり＝希望に沿ってアレンジ。他に適任者が居れば記者の了承を得る

B 希望なし＝テーマに相応しい適任者を戦略的に人選する

希望日時・場所 基本的に自社で行う。記者も現場主義！ 午前中にセットしランチもお勧め！

通常は、記事の事前チェックは出来ませんが、雑誌の企画ものや業界紙の工場ルポ等は可能性あり！

(2) 緊急時：①重要な経営情報に関して ②事件・事故・不祥事に関して（情報漏洩や内部告発による）**問合せや取材申込みを受けたら、直ちにトップ・関係者に直報**して、早急に事実関係を調べ、当面の記者対応と対外的な公表とを並行して検討、上司の指示を仰ぎましょう。

応対いかんで企業の姿勢が問われます。初期の対応によっては深刻な事態に陥るケースがあり、記者が**どの位正確な情報を持っているかの見極め**が必要！ 憶測情報で問合せる場合があるので十分注意！ 最初、**断固〝否定してみる〟ことで記者の情報度を測る**のも一案。いつでも誰にでも**一貫して誠実に対応する。**（詳しくは177頁第6章参照）

取材申込みは尊いお客様！“増える”は企業力向上の証だ！

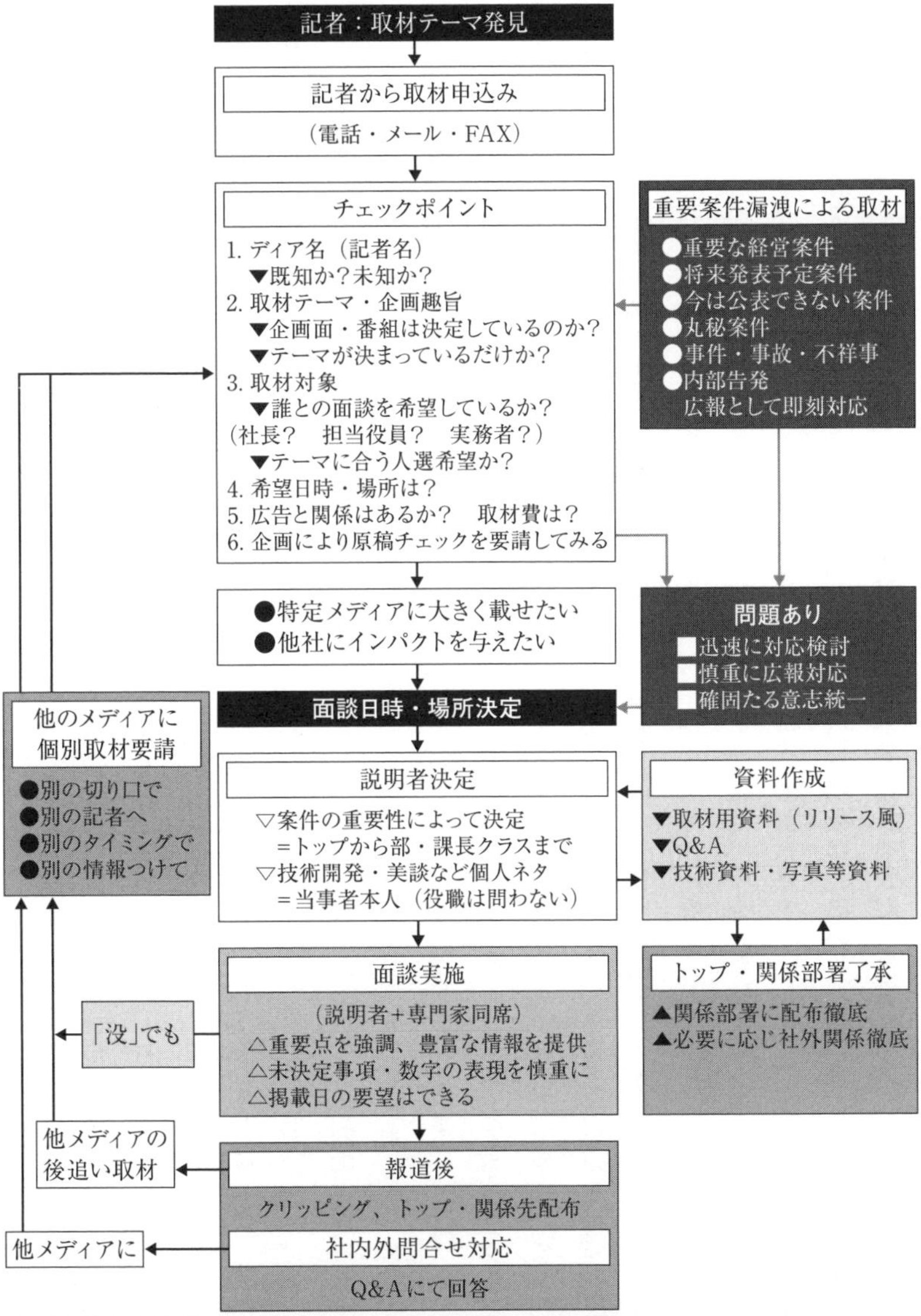

春風《しゅんぷう》を以《もっ》て人に接し、秋霜《しゅうそう》を以て自ら粛《つつし》む。　（佐藤一斎『言志四録《げんしよろく》』）

6 「1分自己紹介」でスピーチの基礎を学ぼう

初対面の際、先ずは名刺交換して挨拶します。その名刺には、ロゴにビジョンが凝縮され、自分の情報も入っていますので、会社と自分を紹介する**〝最小のNR〟**と見做せます。

その〝NR〟を元に、「**自分を商品**」として〝1分で〟自己紹介しましょう。**〝自分は自分が最もよく知っている商品〟**！　それを適切に売り込めない人に、良く知らない商品を売り込むことはできません。

そこで、自己紹介を1分で行うコツを学びます。これが、スピーチの始りです。長短どんなスピーチでも、次頁1．の目的を決めてから、何を言うか？　どう言うか？　を決める！　この順序を間違えずに、2．目的を叶えるためのUSPとUDP（44頁参照）を幾つか選びます。そして話す時は、3．を考えて話すのがコツ。一聴《いっちょう》にして、より判るように、「私の話したいことは3つあります。一つは……」という4．〝箇条書で話す〟よう習慣づけましょう。この方法は、「**〝3点ルール〟がとてもパワフルなコミュニケーション**」とスティーブ・ジョブスも推奨しています。最後に、5．「落ち」をつけると印象に残るスピーチになります。スピーチ全体を通して、自分にコントロールできる①内容・②態度・③話し方・④表情・⑤外見・服装の5つに全力を尽し、**母音をはっきり、語尾をしっかり止めて普段よりゆっくり**を心掛けて、適切な言葉を選び、強弱をつけ、ジェスチャーを工夫して訴えるのです。

次に・子供の頃最も面白かった想い出・学生時代に最も印象的出来事・尊敬する人や親友を紹介のような身近なテーマで訓練すると、ぐんぐん上達し、身につくのを実感するでしょう。その時、**次の25か条の内、幾つか入っていると相手の興味を惹きます。多い程相手は面白いし、長くても喜ばれるスピーチになります。TPOに合ったスピーチの素養は、人生の多様な局面で一生役立つ**ことでしょう。

1分スピーチ上達プロセスでしっかり身につけよう！

1. 自分どう思ってもらいたたか？　どんな人物に見せたいか？　どんな人物に見られたいか？　何を伝えたいか？　を決める ➡目的を確信
2. その目的達成為に、自分何を強調するか？　①自分のビジョン・志　②最適なUSP/UDPを2〜3考える　③経緯・背景・想い
3. 話し方3か条‥‥“情熱を持って訴える”→副詞・形容詞を少なく！　①数字を使う　②比較をする　③具体的エピソードを入れる
4. 箇条書で話す（話したいことは3つあり、1つ目は‥‥、2つ目は‥‥）
5. 落ちをつける　①この話から自分はこんなことを学んだor気をつける（学び）　②貴方もこんな点に気をつけて下さい or 学んで下さい（示唆）
6. 自分にコントロールできる5か条に全力を尽す（母音をはっきり・語尾をしっかり止めて、いつもよりゆっくり話す）

スピーチの達人になるには

■どんなスピーチ（文章）でも、25か条を幾つか入れる！
■多ければ多い程、聞き手の興味を惹き、長い話でも喜ばれる

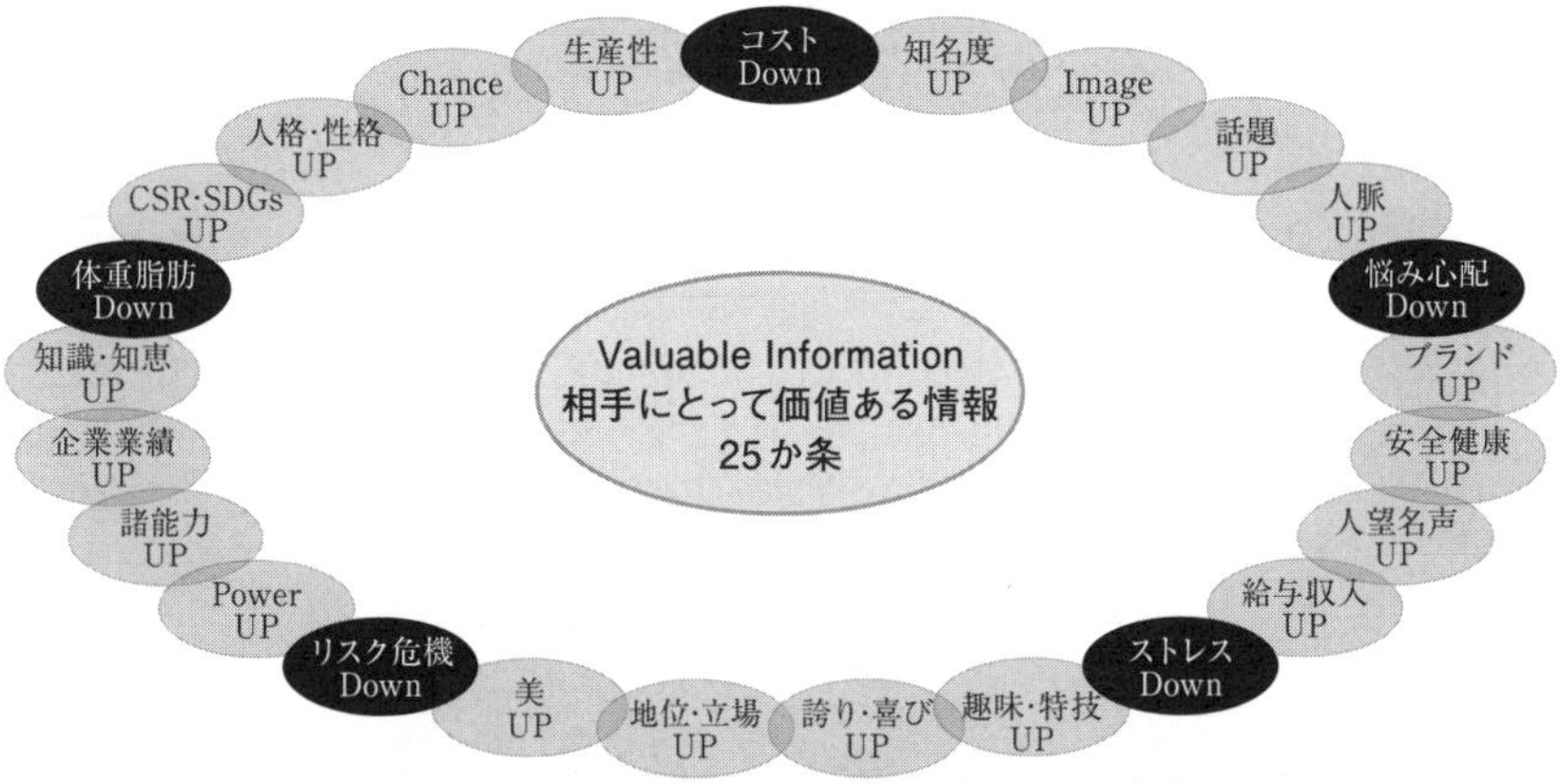

話上手とは即ちおしゃべりのことではない。少ない言葉数で豊かな内容を語りうる人のことである。その言葉は簡にして要を得て、しかも味わいがあるものだ。また、自分の言葉に色を施し、弾みをつけて、些細な話題をも面白そうに聞かせ、時としては無から有を生じせしめるようなこつも心得ているのである。　（森鷗外『智恵袋』）

7 記者会見・個別取材前にリハーサルして自信を持とう

どんなプロも、本番直前にも念入りに練習します。メディア対応は組織の試合と言えます。

❖**リハーサル前：**NRや取材用資料　及び　Q&Aを作成する

事前情報として、①記者の要望テーマ、②経歴、③写真撮影の有無（身嗜み準備）を調べておきます。

❖**リハーサルによって：**①NRやQ&Aの不備や漏れがチェックでき、②外見や態度等も改善でき、③キーメッセージ強調不足、④語尾表現の拙さ、⑤言うべき事を抜かす、⑥余計な事を言う、⑦不適切な表現をする、等のミスに気付き、改善することによって、**発表者が自信と確信を持って会見に臨めるので、意図する内容での報道が期待**できるのです。

記者会見によって、〝巧く切り抜ける〟ことではありません。

① 幹部・役員の素養として身につける組織の姿勢を積極的に示すことで、自ら社会的責任を表明する

② 重要な経営事項（含む危機）の刻々変化する状況を、公式に、顧客や社会にいち早く現状と対策を報せる義務、使命あり。

③ 本当は1人1人に伝えるべきだが、〝遠くの多くの人達に〟同じ情報を〝一挙に〟報せられないからメディアの協力を得て伝達する！

狙いは、意図する内容での報道を実現すること。その為に、NRとQ&Aを元に、しっかりリハーサルして、厳しい質問、答えにくい質問、突拍子もない質問にも対応できるようにするのです。

自分にコントロールできること＝①話す内容、②姿勢・態度、③話し方、④表情、⑤服装・外見に全力を注ぐのです。**発表者に、自信と確信をもって会見に臨めるよう万端に準備しましょう。**

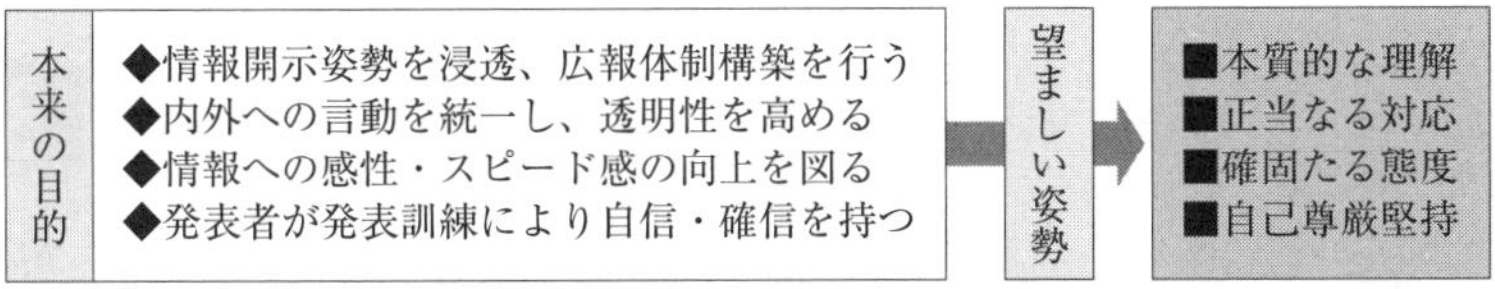
本来の目的
◆情報開示姿勢を浸透、広報体制構築を行う
◆内外への言動を統一し、透明性を高める
◆情報への感性・スピード感の向上を図る
◆発表者が発表訓練により自信・確信を持つ
望ましい姿勢
■本質的な理解
■正当なる対応
■確固たる態度
■自己尊厳堅持

個別面談リハーサルの流れ

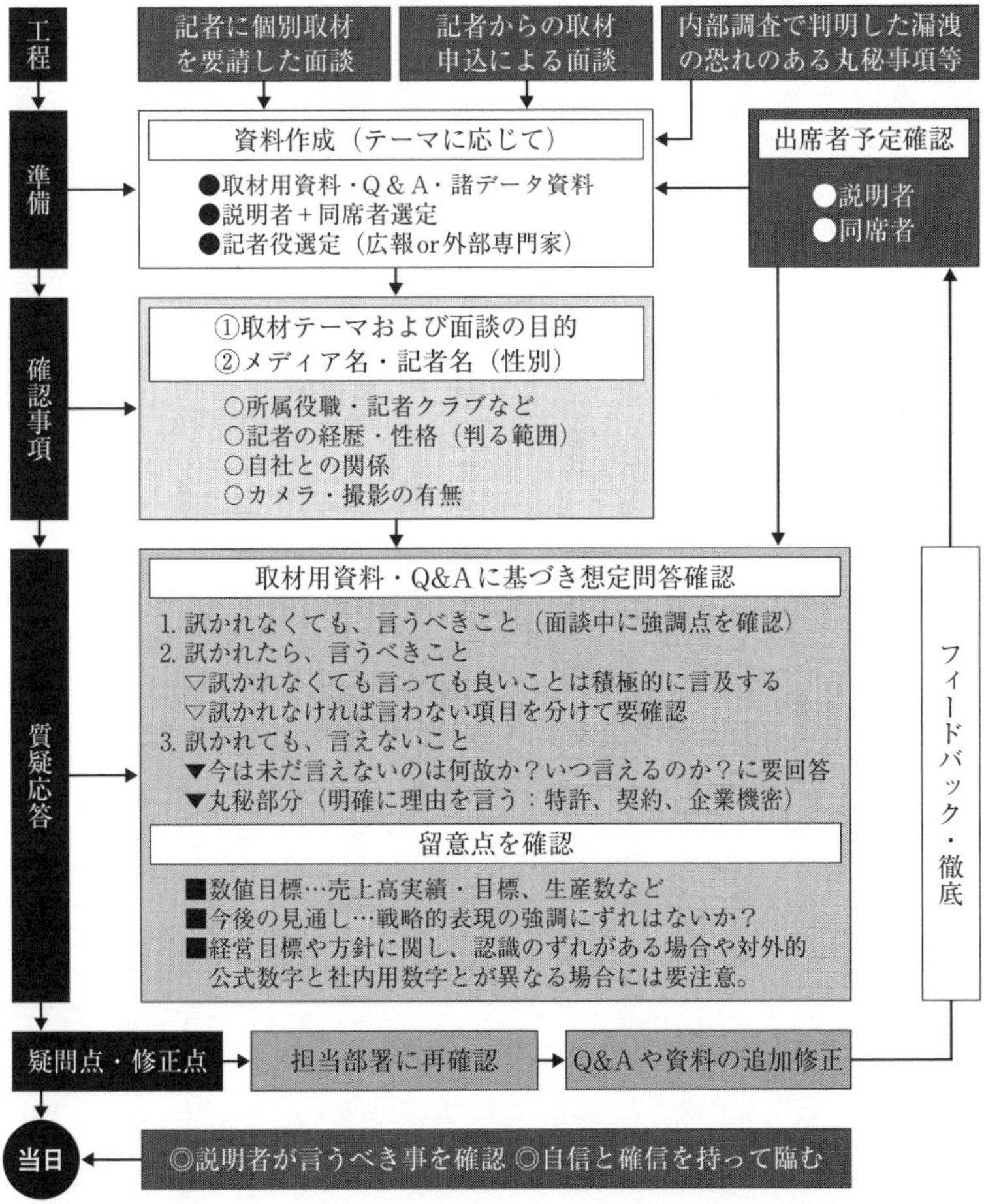
工程
記者に個別取材を要請した面談
記者からの取材申込による面談
内部調査で判明した漏洩の恐れのある丸秘事項等
準備
資料作成（テーマに応じて）
●取材用資料・Q＆A・諸データ資料
●説明者＋同席者選定
●記者役選定（広報or外部専門家）
出席者予定確認
●説明者
●同席者
確認事項
①取材テーマおよび面談の目的
②メディア名・記者名（性別）
○所属役職・記者クラブなど
○記者の経歴・性格（判る範囲）
○自社との関係
○カメラ・撮影の有無
質疑応答
取材用資料・Q&Aに基づき想定問答確認
1. 訊かれなくても、言うべきこと（面談中に強調点を確認）
2. 訊かれたら、言うべきこと
▽訊かれなくても言っても良いことは積極的に言及する
▽訊かれなければ言わない項目を分けて要確認
3. 訊かれても、言えないこと
▼今は未だ言えないのは何故か？いつ言えるのか？に要回答
▼丸秘部分（明確に理由を言う：特許、契約、企業機密）
留意点を確認
■数値目標…売上高実績・目標、生産数など
■今後の見通し…戦略的表現の強調にずれはないか？
■経営目標や方針に関し、認識のずれがある場合や対外的公式数字と社内用数字とが異なる場合には要注意。
フィードバック・徹底
疑問点・修正点
担当部署に再確認
Q&Aや資料の追加修正
当日
◎説明者が言うべき事を確認 ◎自信と確信を持って臨む

人知らぬ心に恥じよ恥じてこそ　遂に恥じなき身とぞなりぬる。　（新渡戸稲造）

8 記者発表・面談の心得13か条を肝に銘じよう

刻々変化する情況を最も伝達すべき**相手はメディアではなく、顧客や関係者に全国民！**　発表は、**意志伝達の場＋社会的責任表明の場＋組織の姿勢を積極的に示す場**です。記者にというよりも**仲人を通じて片思いの人（顧客）に報せる**気持ちで言葉遣いも配慮することが記者が味方になる第一歩！　記者は報せる有難い協力者！　**メディアなしには説明責任が果たせない！**　従って、**どんなに厳しい姿勢でもどんなに激しい言葉**で迫られても、**記者を最も尊敬する人か最も重要な顧客の顔に見る**のです。

（ア）卑屈にならず傲慢にもならず、幹部としての誠実な品格ある態度

（イ）これからの会社を背負う幹部としての凛然たる姿勢

（ウ）改革する情熱溢れる決然たる姿勢

（エ）改革を進め将来の成長を目指す断固たる姿勢　を堅持する。

「発表者が誰かによって、その案件に対する企業の姿勢が判る」から、発表者は**上位者**が望ましい。不祥事などの会見での厳しい質問に、社長の眼が宙に舞うシーンで「なあんだ、だらしない」と笑われることのないように、「**自分は自分自身でしか、マネジメントできない**」ので、自分でコントロールする！

発表の際に注意すべき大切なポイントは、**①何を訴えたいかで態度を決める　②キーメッセージを確認、凛然たる態度で臨む　③棒読みせず、自分のことばで話す　④発言を司る：断乎たる調子、確乎たる態度、明晰判明な表現方法で自信を持って！　⑤発表時間より質疑応答時間を長くする**

聞かせるのが半分、観せるのが半分と心がける！「**声の調子や目の表情には、言葉の選び方に劣らぬ豊かな雄弁がある**」（ラ・ロシェフコー）ので、心中が映し出されていることを肝に銘じておく！

発表・面談姿勢の心得13か条の狙いを深く理解して！

No.	機会	留意点	メッセージ
1	服装・髪	■場に即した身なり・化粧・髪の乱れ・ネクタイの緩みに注意	品格・表情・儀礼
2	入室前	■発表の骨子・会見目的を確信。会場の広狭、参加人数と種類を把握 ■聞かれなくても言うこと（キーメッセージ）確認	決意・冷静 自信・確信
3	入室 歩き方	■「竹筒法」で姿勢を正し胸から歩く ■内容に応じて、力強い（軽やかな）足取りで記者を見ながら入室	自信・堂々（軽快） 親しみ・泰然
4	一礼	■胸から上だけを曲げる心持ち：内容に応じて、30度か60度 ■お詫びは90度	ていねい・誠実 確信・落ち着き
5	見廻し （始めと終り）	■近くから遠くへ一通り見廻す（左前―右前―斜めに左奥―右奥へ） ■全体に話すつもりで！１人１人に話すように！目を合わせる！ ■見廻しは親しみや威圧を感じさせたりする手段になる（徳川無声『話術』）	親しみ・余裕 威厳・高揚
6	読み方と声	■読まずに自分のことばで、強調点は強い声で ■母音を、くっきり、はっきりとした口調。張りのある声。 ■自分のスピードより、“少し”ゆっくり話す ■語尾を明確に言いしっかり止める。数字は見ながら確認。	明確な主張 断固たる口調 達成への確信 説得力・訴求力
7	表情	■明るく凛然とし、時に、魅力的なスマイル ■口角（口の両端）を軽く引き上げる	希望・確信・優しさ 明朗・熱意
8	姿勢	■腰を立て、竹筒を忘れずに姿勢を正す。悠揚迫らず、踏ん張り加減！ ■座って話している間はそのまま前傾の気持ちで両手を机に	確固たる態度・ 敬意堂々
9	目の据え方	■一箇所だけを見ず、全体をよく見る ■顔を上げた時目線を相手に合わせる ■「強い決意または堅実の目的を示す時、あるいは確定したる命題を述べる時は目を据える。壮大、厳格または崇高なる性質の強烈な情感において、確乎不動の意を示さんとする時も、目を据えていねばならぬ。恥辱または悲哀を示すには目を下に向け、または背ける。思案を表すには空虚な所に目を向ける。疑惑と不平とを示す時は種々の方向に転じる。」（徳川無声『話術』）	落ち着き・親しみ 敬意・自信・決意
10	質疑応答	■質問者にきちんと目を合わせる ■全体にも話すつもりで。時に身を乗り出す	信頼・優しさ・尊重 思い遣り・強調
11	ジェスチャー	■オーバーにならない小さめで歯切れ良く。コトバに手が加わると一層雄弁に！ ■手なくして雄弁なし！タイミング良く力強い印象を！目は口程にものを言う！	インパクト・熱意 説得・確信
12	リズムとテンポ	話術の三原則“単調は退屈の母” （徳川無声『話術』） A．マ（間）のとり方、その感情は表すべく、実に適確であること B．声の強弱、明暗がはなはだ巧みに配置されること C．コトバの緩急、遅速、申分なく調節されていること。	強調・インパクト スピード感・林然
13	終了・退席 歩き方	■起立、姿勢を正し、一礼して凛然《りんぜん》と退席	堂々（軽快）・凛然 達成への自信

（「竹筒法」：山見式直立法。直系10cmの竹筒が頭の天辺から腰迄、垂直に貫くと首・背骨・腰が立ち、直立できる。操り人形の如く頭の天辺を糸で吊り上げられているイメージ）

立ち向かう人の心は鏡なり　おのが姿を写してや見ん　（黒住宗忠）

9 記者応対時の心得とは・・・記者は質問のプロ➡回答のプロに！

「**記者は質問する仕事**」と言っていい程、多様な訊き方を工夫して、相手から真の言葉、他で得られない内容、斬新な考えを誘き出そうとする〝**質問のプロ**〟！ そこで〝**回答のプロ**〟を目指しましょう。

記者は知っている風テクニックに長ける。最後の結び言葉やコメントが欲しい時、「**予見取材**」をします。言質《げんち》をとるため決め付け質問し、答を誘導します。また「**要するに～**」と言い換えて狙いの答を引き出す。「こうなったらどうしますか?」と「**仮定の質問**」をよく使われます。

記者は、「**観察のプロ**」でもあります。多彩な質問の答よりもその表情や態度を見逃さない。難しい局面、切羽詰まった状況では、訊くプロの真価が発揮されます。厳しい質問は相手の心の動揺を誘います。思わぬ目の動きや身体の動きをじっと観ているので油断は禁物！

緊急時には、わざと怒らせる、宥《なだ》める、再び厳しい言葉で迫る・・・すべてジェスチャー！ ちょっとした態度の変化や目の動きで、〝イエス〟だとか、この目の意味は〝ノー〟だとか・・・。

記者は難しい状況でも原稿にしなければなりません。言質はとれなくとも、言質に近い何かをつかもうとして**多彩に質問**するのです。見切り発車で誤解曲解が生れ、誤報や不都合な語尾が生じます。

他人や他社の批判へは**同感でも同意は禁物**！ 頷《うなず》かず、やんわり否定しておく！ 「**悪口には否定的、誉め口には肯定的**」が原則。「あの人も誉めていた」と言うのは悪くはありません。

最後に〝**沈黙という言葉がある**〟ことも覚えておきましょう。「、**句点**」、「。**読点**」に加えて、「◦**二重点**」を身に着けるのです。つまり、思い切り間を置く・・・重要な言葉の前に使うと効果的です。

このように、どんな訊き方にも、適切に応える力を持つ「**回答のプロ**」が〝**真の雄弁家**〟なのです。

「質問のプロ」の訊き方を予測しよう

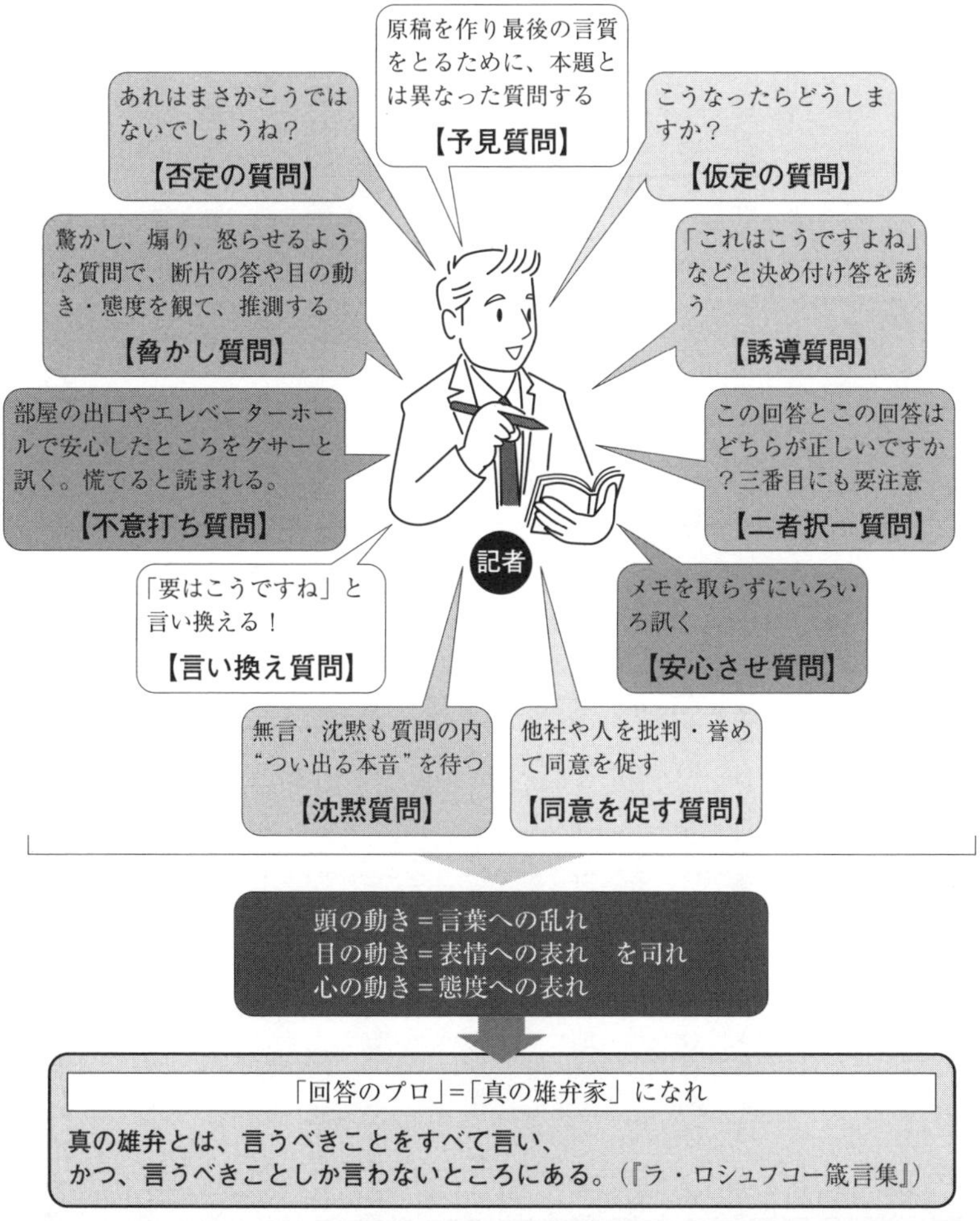
原稿を作り最後の言質をとるために、本題とは異なった質問する
【予見質問】
あれはまさかこうではないでしょうね？
【否定の質問】
こうなったらどうしますか？
【仮定の質問】
驚かし、煽り、怒らせるような質問で、断片の答や目の動き・態度を観て、推測する
【脅かし質問】
「これはこうですよね」などと決め付け答を誘う
【誘導質問】
部屋の出口やエレベーターホールで安心したところをグサーと訊く。慌てると読まれる。
【不意打ち質問】
この回答とこの回答はどちらが正しいですか？三番目にも要注意
【二者択一質問】
記者
「要はこうですね」と言い換える！
【言い換え質問】
メモを取らずにいろいろ訊く
【安心させ質問】
無言・沈黙も質問の内“つい出る本音”を待つ
【沈黙質問】
他社や人を批判・誉めて同意を促す
【同意を促す質問】
頭の動き＝言葉への乱れ
目の動き＝表情への表れ　を司れ
心の動き＝態度への表れ
「回答のプロ」=「真の雄弁家」になれ
真の雄弁とは、言うべきことをすべて言い、
かつ、言うべきことしか言わないところにある。(『ラ・ロシュフコー箴言集』)

人は、時として、充たされるか、充たされないか、わからない欲望の為に、
一生を捧げてしまう。その愚《ぐ》を嗤《わら》う者は、畢竟《ひっきょう》、人生に対する路傍《ろぼう》の石に過ぎない。
(芥川竜之介『芋粥《いもがゆ》』)

10 リモート時代に対応し最新ネットメディアを知って、広報に活かそう

ＩＴ浸透があらゆる生活をより良い方向に変化させる「デジタルトランスフォーメーション（ＤＸ）」の時代に、消費行動もいつどこででもネット検索で比較可能となり、企業はオムニチャネルやＯＭＯ（Online Merges Offline：ネットとリアルの融合）によって対応しようとしています。徹底した〝顧客目線〟〝顧客体験志向〟でオン・オフのチャネルを融合し、よりよい顧客体験（User Experience＝ＵＸ）を提供する考え方で、今後ＡＩやＩｏＴの普及によって、すべての産業で競争ルールが変化するので、リモート時代において企業もそれに対応して柔軟な変化が求められます。

予想遥かに高度化しているネットの特性を活用により、低コストで大きな効果を得られる可能性があります。業態・商品・ターゲット層により対象のＳＮＳを吟味して効果的に進めましょう。

例えば、コミュニケーションアプリ「ＬＩＮＥ」は、現在２３０以上の国と地域で利用され、世界中の人と人、人や情報・サービスとの距離を縮めることがミッション。「ＬＩＮＥ」上での店予約やデリバリー、「LINE Pay」での決済・送金も可能で、請求書支払い導入は既に１０００団体を超える他、災害時対応や教育分野での活用の取組も積極推進中。**林《はやし》史子《ふみこ》ＰＲ室長**は「ＬＩＮＥを通じてワクワクする体験を届け、ライフスタイルをより豊かに変えることに挑戦していきたい」と気高く抱負を語っています。（「フジサンケイビジネスアイ」掲載「広報エキスパート」から）。

ネットの特徴である①スピード、②利便性、③多面的かつ双方向、④ネットワーキング化、⑤ボーダーレス、⑥データベース、⑦普遍性を生かして、社長のブログやTwitterによる「トップメッセージ」で、トップの意志を迅速・タイムリーに公表し、透明性や情報開示性をアピールする姿勢が伺えます。

SNSの特性を知って適切に活用しよう

（2020年７月現在）

	Facebook	Twitter	Instagram	LINE
月間国内ユーザ数	2,600万人	4,500万人	3,300万人	8,400万人
コンテンツの種類	・テキスト・カルーセル ・リンク・画像・動画 ・LIVE対応 ・ストーリー（24Hr限定）	・テキスト（英数字最大280文字）・リンク ・画像・動画 ・LIVE対応	・画像・動画・カルーセル・ストーリーズ・ストーリーでLIVE対応	・テキスト・動画・画像・リンク・音楽・ストーリー（24H限定）・LINE LIVEでLIVE配信可能
特徴	・企業サイトと併せ運用 ・ジャンルを問わず ・コンテンツの豊富さ ・フォーマルな場 ・ターゲットの精度	・匿名性が高いので気軽な呟き可能。 ・リアルタイム性 ・拡散性高し。期待大 ・ハッシュタグ活用	・写真・動画がメイン ・世界観の重要性 ・アクティブユーザーが多い ・ブランド毎運用に強み ・ハッシュタグ活用	・メッセージとタイムラインの二つを持つ・スタンプが豊富・モバイルでのアクティブユーザーが多い ・1対1が主。グループ可
個人の特定	高い	低い	低い	高い
拡散性	△	◎	○	×（1対1が主）
情報信頼度	◎	△	△	◎◎
情報内容の傾向	・個人に関すること ・友人・知人との言動 ・趣味・共通の話題	・面白ネタ ・今・旬の出来事への私見・感想・非難批評批判	・グルメ・ファッション ・コスメ・健康・趣味 ・旅行・友人	・親しい間柄に通用する話 ・写真・出来事・趣味 ・「LINE公式アカウント」を利用すれば企業としての発信も可能（一部有料）

（出典：CogentPR（同）資料に著者加筆）

カテゴリー別代表的サイト・アプリ

カテゴリー	代表的サイト
SNS	●LINE　●Facebook　●Instagram　●Twitter　●Linkedin　●mixi
ブログ	●Ameba Blog　●ココログ　●SeeSaaブログ　●ライブドアブログ　●FC2
動画配信サービス	●GYO!　●AbemaTV　●DAZN　●Amazon Prime
オークション・フリーサービス	●ヤフオク　●メルカリ　●ラクマ　●PayPayフリマ
Shopping Site	●Amazon　●楽天　●アスクル　●ZOZOTOWN　●Yahoo!ショッピング ●PayPayモール
情報共有Site	●食べログ　●クックパッド　●カカクコム　●最安サーチ
News Site	●Yahoo!ニュース　●SmartNews　●Googleニュース　●NewsPicks
動画共有Site	●YouTube　●ニコニコ動画　●Tik Tok　●ツイキャス　●Vine
画像共有Site	●iStock　●Pinterest　●PIXTA
Curation Site	●Together　●RETRIP　●MERY　●Gunosy

努力して努力する。それは真のよいものではない。努力を忘れて努力する。
それが真の好いものである。しかしその境《さかい》に至るには愛《あい》か捨《しゃ》かを体得せねばならぬ。
（幸田露伴『努力論』）

一方、情報漏洩・イントラネットへの侵入、サイト乗っ取り、サイバー攻撃、詐欺等々による〝情報交通の錯綜と過密化〟を招き、様々な不測の交通事故を引き起こす弊害も認識しておいて下さい。

書き込み自由の「掲示板」は匿名故、少しの問題でも一挙に拡散拡大して「**炎上**」！　いい炎上は歓迎ですが…取り返しのつかない問題に発展する恐れに十二分に警戒しましょう。

❖オンラインメディア・ウェブメディアを活用しよう

急拡大中のオンラインメディアには、新聞や雑誌系の兼業と専業があります。加えて、現在各分野にて多彩な個性的ウェブサイトが生まれています（巻末313頁『ネットメディア一覧表』参照）。

オンライン記事は、反響が数字で把握できるので戦略的展開が可能故、拡散への弾みになり、2次―3次利用が促進されます。オンラインメディアの特徴とは、

①　映像・写真を多く使え、長さに制限なく物語やテーマに特化した記事編集が容易
②　顧客と双方向性機能でクイズやアンケート等が容易
③　影響が数字で把握、分析結果により戦略的展開が可能

Yahoo!ニュース、スマートニュース等は、直接NRを受けず、既報道のマスメディアニュースから選ぶので、まずは記事に載ることです。

SNSの拡大・高度化に加え、多彩なサイトやアプリが次々と開発されていますので、悪い評判へのリスクも慎重に対処しつつも、最新メディアを活用して、どのように経営に有効活用し、いかに他社との競争に勝つかは企業の知恵比べともいえます。特性を活かし、低コストで大きな効果が得られるよう斬新な発想で取り組みましょう。**悪い情報は癌細胞**！　すぐ蔓延しますから一人一人が心して見逃さないことです。広報はその**センサー**であり、**防火壁**なのです。

主要オンラインメディア一覧（2020年7月現在）

【兼業オンラインメディア】

メディア名	ダイヤモンド・オンライン 鈴木崇久　ダイヤモンド編集部・副編集長	プレジデントオンライン 星野貴彦　編集長
発祥設立	2007年10月	プレジデント社　創立1963年、設立2001年 プレジデントオンラインサイトリニューアル2017年6月
陣容	編集部は「ダイヤモンド・オンライン」と経済誌「週刊ダイヤモンド」の両方を手掛け、全体で約50人。オンラインを中心に手掛けるデジタルチームは約10人	約15人（うち編集者8人）
勤務形態	9：30～17：30	フレックス
記者・出身等	新聞や雑誌、外資系通信社、オンラインメディア、テレビなど同業他社からの転職組に加えて、メーカーなどメディア以外の業界からの転職組、新卒入社組などの超混成部隊です	放送局、通信社、週刊誌などマス・ネットを問わず、各分野より多彩な人材を採用
記事	記者チームが経済・ビジネス分野を中心にニュース・特集・連載記事を出稿。デジタルチームは外部著者の原稿の編集が中心業務です	原則として記事が外部からの寄稿
ニュースリリース活用	原稿を書く際のファクトチェック、編集部で企画している特集や連載、単体記事に合った情報があるかどうかの確認など	専用のメールアドレス（news-pol@president.co.jp）に来たものは、編集部全員で回覧。担当分野にはわかれておらず、編集者の興味関心に応じて対応
情報提供の場合連絡先	電　話：03-5778-7214　FAX：なし メール：press-dol@diamond.co.jp コメント：「ダイヤモンド・オンライン」と「週刊ダイヤモンド」の編集部を統合し、適宜判断してオンラインと紙のどちらにも記事を出稿する体制になりました	電　話：03-3237-3726　FAX：03-3237-6696 メール：news-pol@president.co.jp
月間PV	9386万PV超（2020年3月現在、外部配信含まず）	1億1296万PV（2020年4月現在、外部配信を含まず）
特長強み	ビジネスメディアとして有数のPV数を持ちながら、2019年6月末に有料の新サービス「ダイヤモンド・プレミアム」の提供をサイト内で開始。オリジナル特集・連載に加えて、「週刊ダイヤモンド」やダイヤモンド社のベストセラー書籍などが読めます	ビジネス誌実売ナンバーワンの雑誌「プレジデント」（月2回刊）からの転載記事と、プレジデントオンライン編集部の独自記事をバランスよく配信しています。 特にプレジデントオンライン編集部では調査報道に力をいれており、2018年6月の特報＜早大名物教授「過度な求愛」セクハラ疑惑＞では、第25回「編集者が選ぶ雑誌ジャーナリズム賞」のデジタル賞を受けました。弱きを助け、強きをくじくというメディアでありたいと考えています
今後の方針	読者から継続的に購読料をいただくサブスクリプションモデルと、広告収入をベースにしたPVモデルの共存共栄を進めていきます	より多くの読者から信頼され、評価されるメディアをつくっていければと考えております。いまのところ収益源は広告のみで、無料の会員登録をお願いしているだけですが、将来的には課金モデルを導入する可能性もあります。その際、カギを握るのはメディアとしての信頼だと考えています

【専業オンラインメディア】

メディア名	ハフポスト 竹下隆一郎　編集長	バズフィード・ジャパン 伊藤大地　編集長
発祥	2005年米国 世界17か国・地域	2006年米国 世界12Edition（言語圏）
日本設立	2013年AOLと朝日新聞共同出資	2016年1月米BuzzFeed社51%、Yahoo49%
陣容	約20名（うちエディター 約10名）	約50名（うち編集者 約30名） Manager（編集長）-Editor-Writerの3階層
勤務形態	フレックス	コア10～15時でflex
記者出身	マス・ネットメディアだけでなく、各分野より多彩な人材を採用	マスメディア、ネットメディアを中心に各分野より多彩な人材を採用。専門性を持った記者もいる。
記事	基本的に内製、直接取材記事	内製、直接取材記事、情報キュレーションも
ニュースリリース（NR）活用	多様な分野の専門性ある記者をカバーしているので、担当分野分けはしていないが、自然と夫々が関心ある分野を記事にするので巧く網羅されている	NR専用のメールアドレスあり（japan-info@buzzfeed.com）リポーターやライターが自分たちの興味関心に基づいて記事化を判断
現PV	1億PV、1,500万UU	
特長	HPへの直接アクセスよりも「分身型」メディアを有効に活用する方法に注力。 つまり（※下記） ・1人が1本HPに記事UPと同時に、ツイッターへ3本+fbへ1本を最も読まれる時間帯に投稿PVアップを図ると共に、HPへのアクセスも狙う「分身型」拡散を戦略的に実行	記事や動画をFacebookやTwitterなどのソーシャルプラットフォームで拡散させ、さらにYahoo! Japan、SmartNews、LINEなど各種プラットフォームも積極的に活用している。本体以外に料理に特化した動画ページ「Tasty Japan」を運営。半年でFacebookページのフォロワーが200万人を超えるなど急成長している
強み	分析力を活かし分身型戦略の徹底実行力 1人1本記事出す毎に4本のSNSに投稿拡散の仕掛け迄を行う	高い技術力とそれに基づく分析力、世界的なネットワーク、メディア業界で活躍する書き手を積極採用する人材力
今後の方針	①分身型の徹底 ②編集者や読者「個人」の怒りや喜びを大事にしたテーマ選び。「政治」や「経済」など既存ジャンルに捕らわれない。 ③社会の制度改革にインパクトを与える報道	①分析力の強みを一層戦略に活かしていく ②多様な特化サイトの増設。世界各地との有機的機能連携を図り拡大する

11 インフルエンサーや動画をマーケティングに活用しよう

❖インフルエンサー・マーケティング

インフルエンサーとは、「**影響を与える存在**」で、一般に著名人やSNS上でフォロワーが著しく多い人達を指しています。そこで、企業Xマス・ネットメディアxインフルエンサーで相乗効果を生み出す先駆的なPR方法が「**インフルエンサー・マーケティング（IM）**」なのです。

IMに詳しい**CogentPR《コジェントピーアール》（同）鈴木一美代表**は、「消費者の1人であるインフルエンサーの投稿は、自社製品やサービスを実際に利用した良い点や悪い点を、まるで**〝友人に話かける〟**ように、**〝正直〟**に伝えるため、信憑性・信頼性の高い〝リアルな声〟として拡散されます。するとその多くのフォロワー達からロイヤリティの高いインフルエンサーの〝リアルな声〟に対する〝正直な感想〟がSNSに投稿され、いつしか数千人～数十万人規模のフォロワーからやがて一般の人へも拡散し、認知向上が見込め、ブランディングや購買迄も促進出来る」とIM活用の有効性に瞳を輝かせています。

IMの成功は、目的に適したインフルエンサーにいかに投稿してもらえるかの戦略がキーですので、**①適切なSNSの選定、②その分野が得意なインフルエンサーの選抜、③目的遂行への戦略企画力**です。

㈱cosaji《こさじ》（仁科ゆり社長）は、Z世代向けのPR・マーケティングを得意とし、Z世代のリアルな感覚、実態を企業の課題に応じて伝える独創的な会社。関東をメインとする有名14大学の大学生2120人、高校は1都3県40－50人のネットワークを組織化し、それぞれのコミュニティ、各分野で影響力を持つインスタグラマーとコアな繋がりを持ち、顧客要望に応じて、IMを推進中です。

企業からの主な要望は、①今の大学生のトレンド、ライフスタイルとは　②何を欲しているか　③何

インフルエンサー活用広報プロセスフロー

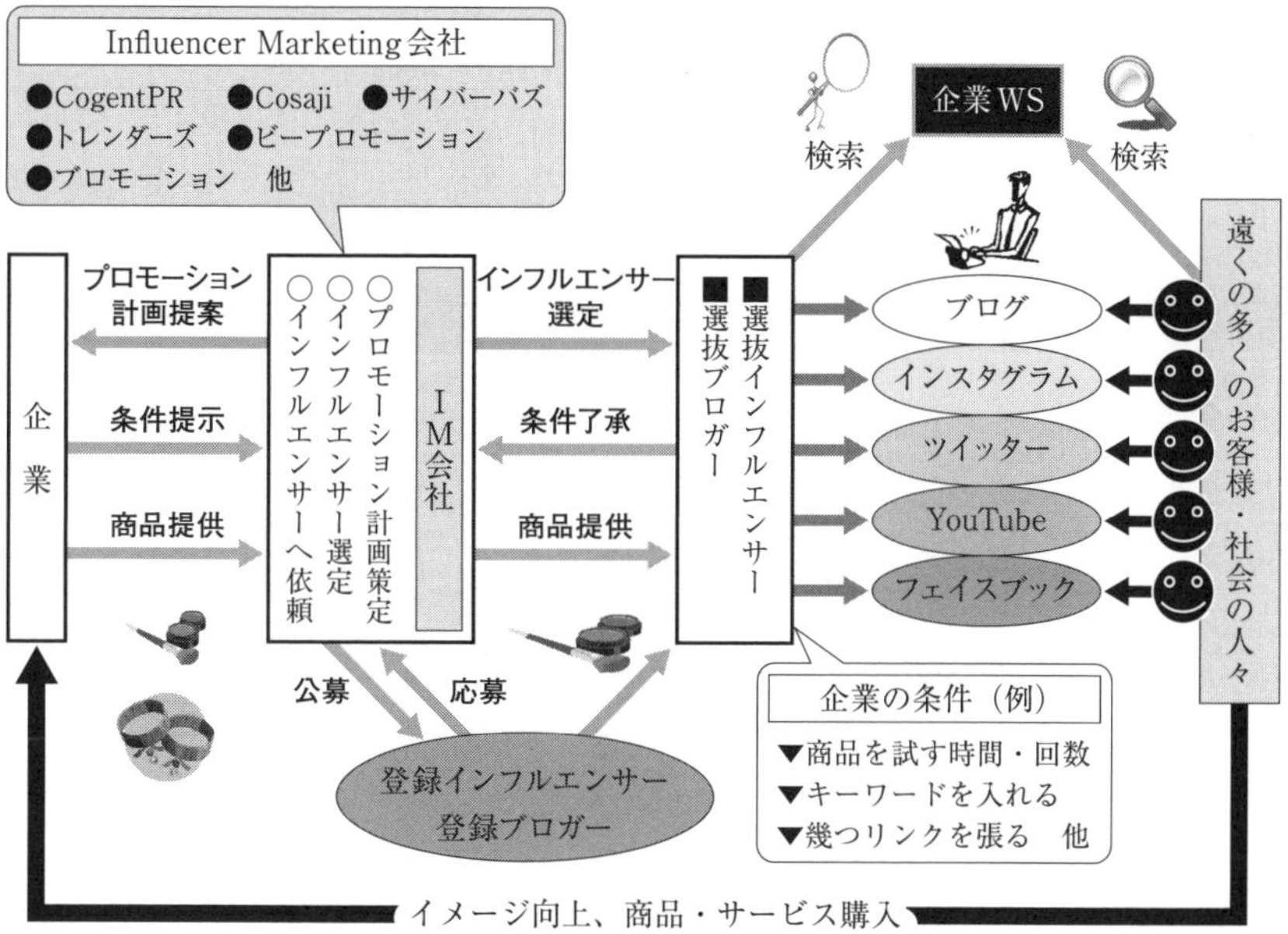

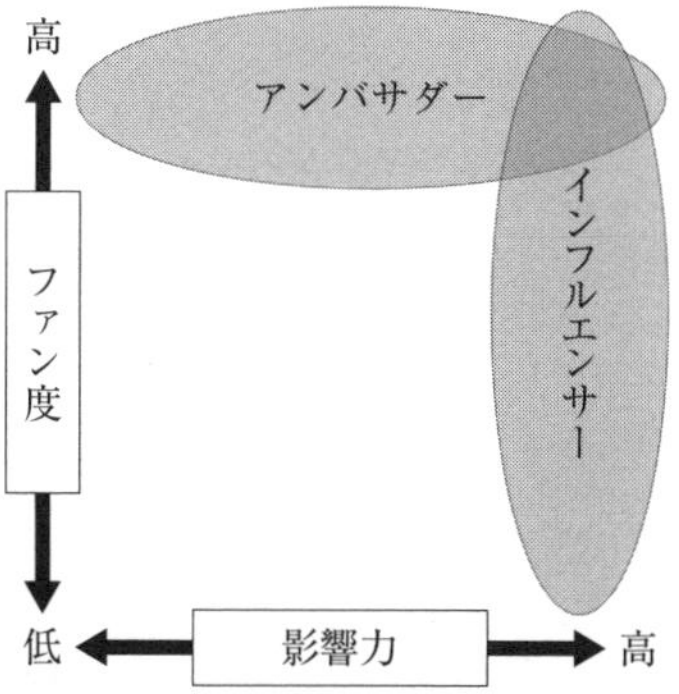

（出典：㈱アジャイルメディア・ネットワーク）

志というのは、心の行くところ、すなわち自分の心が向かい赴くところをいう。

志を立てるというのは、自分の心の向かい赴くところをしっかりと決定し、一度こうと決心したからには真直ぐに　その方向を目指して、絶えずその決心を失わぬよう努力することである。

（橋本佐内『啓発録』）

を基準に物を買うか　④情報収集の方法　等

定量的な声が必要な場合は、ネット上アンケート、リアルな意見を集める場合は、ターゲットに合う若年層を集め、座談会や商品のレビューなどを行っています。

〝**ステマ**（Stealth Marketing宣伝と気づかれないような宣伝行為）〟は逆効果どころか、それが、ネットで評判になると命取りにもなりかねません。広告色が強いとユーザーは〝引いてしまう〟。

「IM成功には、〝共感共鳴〟が特に大切！　目的に沿った適切なインフルエンサーを慎重に選ぶ必要があります。効率良く商品知名度や企業ブランドを高めるのに、〝共感共鳴の作り方〟が影響力・波及力ある戦略的IMとなります」と語る仁科さんの表情には、Z世代を育てたい意欲に溢れています。

フォロワーに人気のあるインフルエンサーの共通点とは、

1. 好奇心が旺盛で幅広く常にネタ探し、情報への感度が鋭い
2. 読者のコメントにすぐ反応する気配りと思いやりがある
3. 自分を大切にし、芯が強くぶれない。自分の特性を活かす
4. Give & Give & Give & の精神と一途さ！

❖アンバサダーマーケティングの普及

㈱アジャイルメディア・ネットワークアンバサダー／ブロガー徳力基彦《とくりきもとひこ》さんは、「アンバサダープログラム型マーケティング」を提唱しています。アンバサダーとは、「企業を積極的に応援し口コミしてくれる顧客やファン」。SNSやスマートフォンの普及により、顧客の情報収集能力が飛躍的に高まり、顧客の声が可視化されて伝播します。これからは、**「顧客」を「個客」と見ること！**　従来のマス・マーケティングでは顧客は「**大衆視点**」であり、「**個客視点**」ではなかったのです。

ブランド・リレーションシップを築き顧客関係を深化

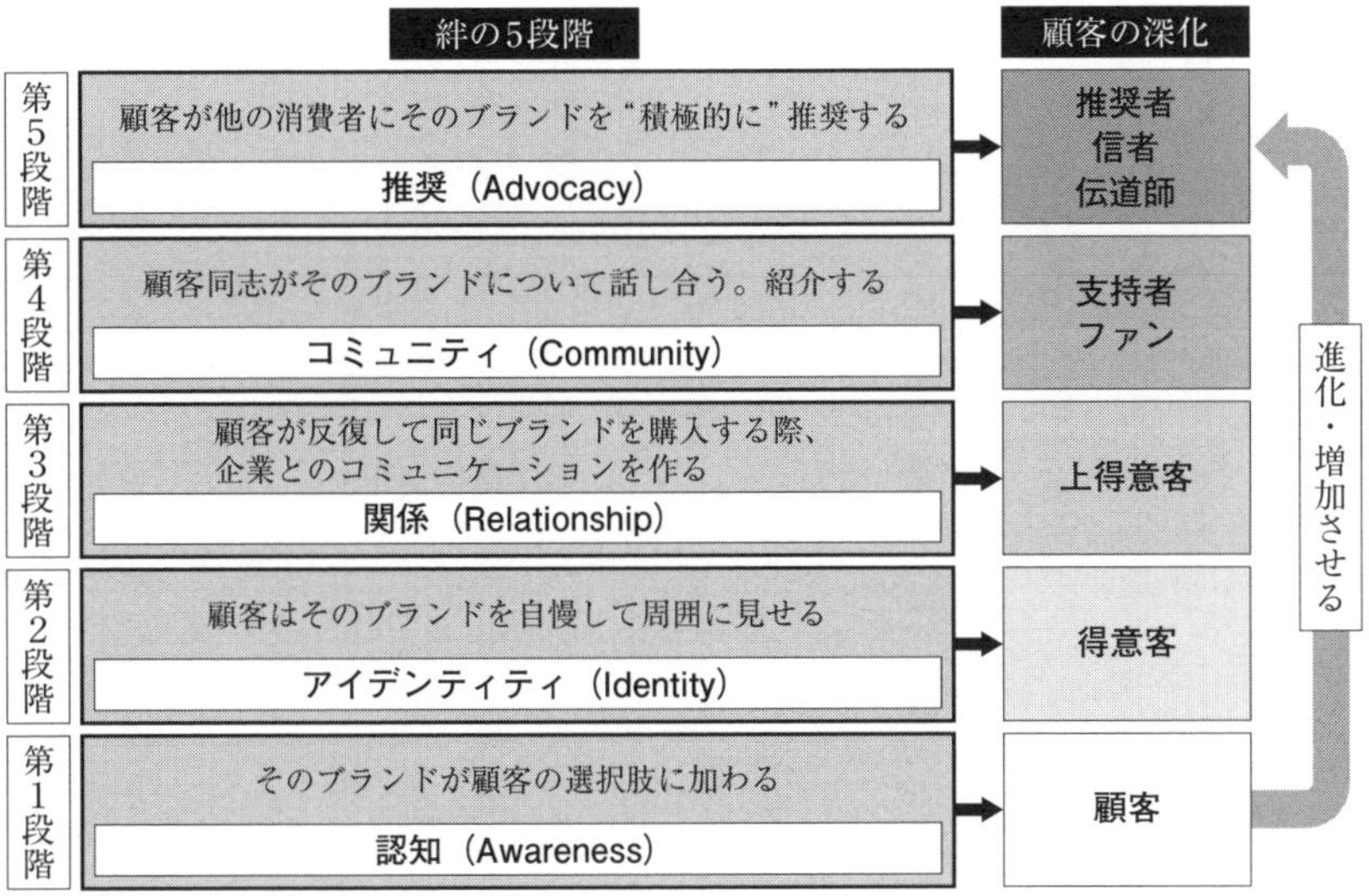

（出典：『ブランド価値を高める統合型マーケティング戦略』（T･ダンカン /S･モリアルティ著）に筆者加筆修正）

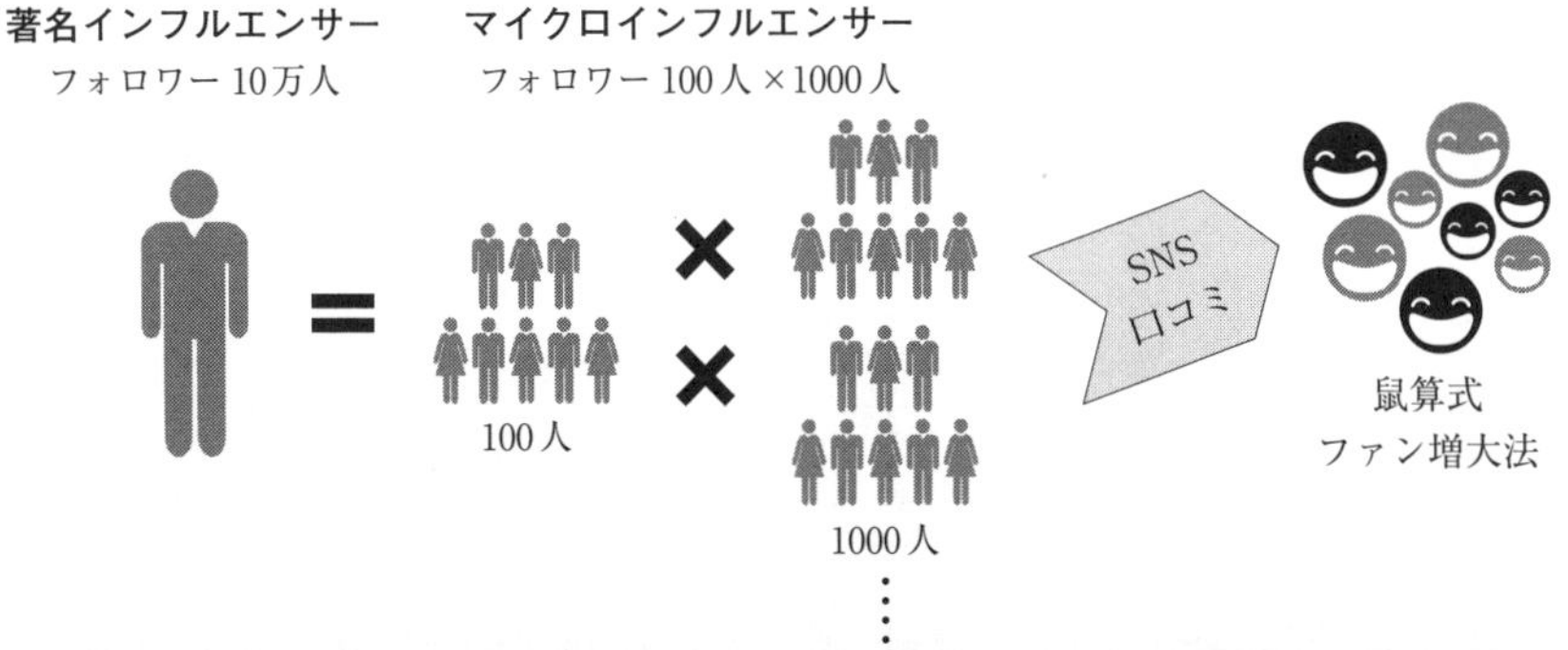

美を感じるのは、その人の"心の深さ"に比例する。　（武者小路実篤『幸福者』）
自分の世界の広さは、"心の広さ"に比例する。
（ウエイン・ダイアー『小さな自分で一生を終わるな』）

ドラッカーは**「企業の目的は顧客の創造である」**（『現代の経営』）と訓《おし》えましたが、**アンバサダーは〝「顧客を創造する顧客」の創造〟**と言えましょう。商品やブランドについて「自分の言葉で語れる」一般人の発言が説得力あり、自ら選んでファンになったこともその説得力を強めています。

アンバサダーは、必ずしも著名人の必要はなく、特定の商品やブランドの〝ファンであるか？〟が判断基準であり、**「ファン度」**を重視します。「他人への推奨度」を数値化した顧客ロイヤルティ指標（NPS®＝Net《ネット》 Promoter《プロモーター》 Score《スコア》）が高い顧客が、自発的かつ積極的に推奨しやすい環境を提供し、amplified《アンプリファイド》 word《ワード》 of《おぶ》 mouth《マウス》（口コミ増幅）を図る手法で、ワンランク上のインフルエンサー・マーケティングと言えます。お得意様や馴染み客を大事にするのは、昔ながらの商売の基本。個客視点だけであった江戸時代に戻ったのです。友人から恋人へ！

フォロワー10万人の強いインフルエンサーは、10万人への影響力を持てますが、フォロワー１００人のマイクロインフルエンサーでも、１０００人集まれば、数字上は同じでも先の拡散力は鼠算《ねずみざん》的に強くなります。**ファンが多い程「炎上」リスクが低い。**情報の信憑性よりも内容への共感や面白さが、良くも悪くも、炎上要因なのです。

CogentPR《コージェントピーアール》代表鈴木一美さんは、「成功のキーは、①自社製品・サービスのファンインフルエンサーを見つける、②コンテンツ（投稿）の見せ方を工夫する。配信する内容が魅力的であり、シェアしたくなる有益な情報や社会的意義が高い程、ＳＮＳ上で共感共鳴を呼び、拡散力が何十何百にも増幅し、ほぼコストを掛けずに大きな効果をもたらす」と激励する一方、「何でも投稿すればいいわけではない！」とアドバイスしています。

新しいマーケティングを学び、１人でも多くの「ファン」増加を目指して、顧客価値や社会価値のある独創的アイデアを出し続けるよう推奨します。

インフルエンサーの経歴・姿勢と投稿の秘訣

❖Instagrammer‥‥「Sayaka」渡部紗也加《わたべさやか》さん（2001年生れ、大学1年生）			
経歴・姿勢・特性	①2018年高2の夏、インスタに手書き加工したものを、無料アプリ「PicsArt」を使ってペンや指で文字やイラストを記入、インスタ映えするように投稿したところ、「いいね」がもらえて嬉しかった。 ②それがきっかけに始め、その後も手書き加工する人達のお手本になるように‥‥・とかなり上達したが、今のところ趣味でビジネスにするつもりはなく、美術系大学進学への勉強の一環。 ③フォローワーは、現在約9,000人。主にファッション・プリクラ・食に関するテーマでほぼ2日に一度アップ。 ④今は、“マイクロインフルエンサー”ですが、2020年初めには1万人を達成して“アルファインスタグラマー”と言われたい!	投稿の秘訣	①夜の19時～22時の間‥‥最も見て居そうな時間帯に投稿 ②加工方法を開示‥‥Tkindlene&Mannar（統一感）を大事にし、ぶれないこと ③DM（DirectMassage）には1件事に丁寧に答える ④複数の同じ質問にはワンテーマとして纏めて投稿し皆に役立てるようにする ⑤24時間で消える“ストーリー”機能を使い、反応を見て修正、本格投稿する

❖Blogger‥‥「吉祥寺の達人　グルメバカ　ごろり」稲垣功貴《いながきこうき》さん（1987年生れ）			
経歴・姿勢・特性	①宮崎から上京しマスコミ専門学校出て、テレビ等のディレクター等を経て、不動産業やファミレスでバイトしたり色んな仕事をこなした。水泳やスキーにも熱中しながら、好きなことで生活するのがいいかと‥‥子供の頃から“嫌いなことをしない”と考えていた。 ②2013年6月吉祥寺のイタリアンでバイトした。それまでは、興味はあったが“食”を仕事にとは思ったことはない。何か「食の経験値」になるかも?と、ブログを始めてみた。 ③思えば母は“食”にうるさかった!母のDNAからか、次第に興味が出て、“食”の情報発信によって何か役立つのでは?と‥‥続けているとPV月5万に増え読者の反応も励みになってきた。 ④2017年からツイッター・インスタを始めた。それから、2年半、フォロワー数ツイッター4,500人、インスタ11,000人と急増中。すると収入にもなってきた。100人に1人もプロになれない世界だが、これで生きていく!	投稿の秘訣	①先ず、吉祥寺の全店制覇、徹底する! その後徐々に拡大。店の位置や行き方情報を載せ、店を広める! ②写真を立体的に見せる「斜めどり」で独創的に編集。自分色を鮮明に ③毎日、投稿時間を一定にする、夜8時コメントに必ず時返信する。反応する。 ④店の立場に立ちハッシュタグの付け方を工夫

❖Instagrammer‥‥山崎春佳《やまざきはるか》さん（1995年生れ、プロダクション事務所所属モデル）			
経歴・姿勢・特性	①高校から米国留学した2009年頃、フェイスブックとインスタグラムを始め、大学1年の頃から自分を可愛く見せるために画像加工が好きになり、フォロワー数が急増。現在、6万人近く、いいね数は、1000から2000程度。 ②プロのモデルとして、自分のアピールポイントを作り、その反応を見て、自分の魅力を再発見でき、一定の収入にもなる。インスタを見た方からのモデルの仕事の依頼も入る。 ③こうして、商品PRやイベントPR・映画の試写会イベントの仕事が入り、モデルの仕事に加えて、収入になっているのは有難く、もっともっと続けていきたい。	投稿尾の秘訣	①3日に一度、夜9時台（帰宅後くつろぐ時間帯） ②自分の表情と容姿に特化。同じ服・背景なし。親近感を出すため少しおちゃらけた(ふざけた）ポーズも。 ③加工の統一が最重要で、T&M（統一感）に工夫 ④高画質で競い、“いいね”が付きやすいものを選ぶ。どの画像がいいか「ストーリーズ」にてコアファンに反応を訊く ⑤すべてのコメントに返信し、コミュニケーションを徹底。 ⑥ステマ色が強い仕事は断る

志ある者は事竟《ことつい》に成る。　（『後漢書』）

❖動画配信の最新技術の活用

YouTubeを先駆者とするオンライン動画配信サービスが持つ、①読むより見る、②ながら見る、③好きな時に見る、④残して見る、⑤長く見る、の利便性を広報に活かすサービスが多様化しています。

例えば、ベクトルグループの㈱NewsTVは、企業NRの無料動画化して配信サービスを軌道に乗せ既に2千本以上の実績を誇ります。㈱BitStarやUUUM㈱は、IMと組み合わせてそれぞれ異なったサービスを提供。㈱サイバーエージェント子会社㈱Cyber Nowもフリーマガジン「R25」の経験を活かし「新R25」としてR25世代（20～30代）若手向けにサービスを展開中です。

ただし、いずれも原点は広告モデルであることを念頭に活用しましょう。

ネットでの定額動画サービスは、海外勢では、ネットフリックス、アマゾンプライム・ビデオ、ディズニー+、国内勢では、ユーネクストやフールーなどで競争が激化しています。

これからの広報は、顧客獲得からいかに顧客との関係を進化させるか迄を念頭において「個客」から深化させて「ファン」である「**支持者**」から、「**推奨者・唱道者**」の増加拡大を目指しましょう。

❖クラウドファンディングと広報との親和性を活かそう

社会的意義ある案件をクラウドファンディングに結び付け、募集前とその結果が出た時点で、話題性あるニュースリリースを作成発信して、記事化に繋げましょう。有力サイトは次の通り、

1．社会問題の解決・公的価値の高い目的：Ready For（https://readyfor.jp）

2．モノ作り系（モノを作りたい個人や企業が前払いでお金を預り出来たら商品を届ける）

・キャンプファイヤー（https://camp-fire.jp）　・マクアケ（https://www.makuake.com）

3．地域系（ローカルの課題解決に限定）：ＦＡＡＶＯ（https://faavo.jp）

PR会社の役割と料金設定および選び方のポイント

企業要望 ➡ ①人手不足　②アイデア不足　③戦略アドバイス　④ネット活用　⑤発信増　⑥記事増　⑦イメージ向上　⑧効果的IR　⑨記者人脈　⑩危機対応　⑪メディアトレーニング

広報コンサルティング会社・PR会社に何が提供できるか？

- ▼ウェブを利用したより効果的効率的な独自のＰＲ手法を提案する。特にブロガー等インフルエンサー活用ＰＲにも最新の方法を提供できる
- ▼企業広報体制構築に向け経営幹部の啓発、広報担当の実務指導を行う
- ▼企業のマンパワーを補助し、要望に応じた専門スタッフを提供する
- ▼状況に応じ適切なリハーサルやメディアトレーニングを臨機応変に提供する
- ▼第三者の視点で専門的戦略的アドバイスをタイムリーに行う
- ▼多様なメディア（記者）人脈を駆使、ネタの価値に応じ、企業戦略に沿った広報活動を支援する
- ▼異分野・異業界での多くの経験・ノウハウから　状況に応じた適切な方法を臨機応変に提供・実施する

「情報司り力」向上 ➡ 知名度向上・ブランド価値向上

フィーに関する基本的な考え方

基本的なフィーの構成	基本構成：人件費＋販売管理及び一般管理費＋会社利益 人 件 費：PRスタッフフィー＝人件費（年収÷12）のX倍
リテナーフィーの見積り	「業務項目別の１ヶ月当り標準作業予測時間数×スタッフ別1時間当りフィー」の合算見積 （当初基本金額を決め、実績時間数により変動）
リテナーフィーに含まれない活動実費	通信連絡費・コピー費・交通費（メディア・コンタクト時）・アルバイト雇用費・出張費（旅費・宿泊費・出張手当）・翻訳・通訳費・保険関連費　その他

広報コンサルティング会社 ＰＲ会社選定プロセス

具体的問題点・目的の把握 ➡ 数社検討 ➡

- 目的遂行能力は十分か？
- 他業界での幅広い知見が生かせるか？
- 第三者視点経営アドバイス可能か？
- メディアトレーニングの実力は？
- Web利用最先端PR法の提案は？
- 担当する人物の資質・実力・相性は？

➡ 比較検討のポイント
- ■期待業務達成度合・創造的業務遂行等
- ■担当する陣容及び人の素養・相性
- ■率直厳格なアドバイス・具申姿勢

➡ **決定**

人気のある人間は、必ず同時にエゴイストである。　（ジンメル『日々の断層』）

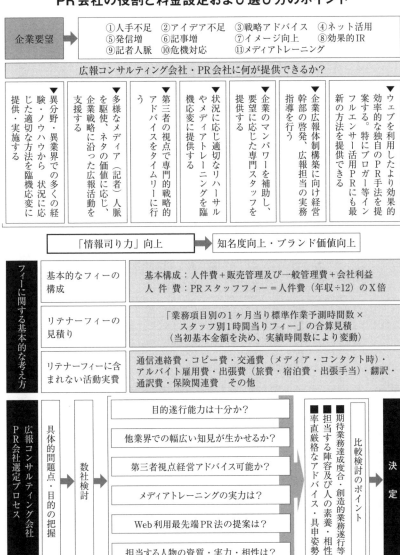

12 リモート時代だからこそ自社ウェブサイトも信頼性高い知らせる武器だ！

ウェブサイトの閲覧ユーザーは、自分の意志でクリック（来社）した歓迎すべきお客様とみて、リアル店舗への顧客と同じ気持ちでおもてなし、選ばれるウェブサイトへと充実させなければなりません。「評判を最大にする魅力的なウェブサイトは、相手（顧客）目線で作られ、誰が見ても理解ができ、信頼できること」と喝破するのは、私のパートナーで独創的ウェブサイト制作に長ける**アガタサトコさん**です。優れた作曲家でもあり、「Artist for Digital Strategy」として色んな分野に挑戦しています。

①　会社概要や代表者のメッセージ内容がしっかりとしている
②　訪問客にとってメリットがある内容。顧客の声を代弁している
③　専門用語の多用を避け、誰もがわかる文章

このように「顧客に寄り添った内容がアクセス数や購買数に繋がるが、加えて、留意点は、

④　このサイトにしかない独自情報を掲載する（例：詳しい開発経緯、苦労話・美談・エピソード等）
⑤　商品の感想や評判・気付いた改善点やクレームなどを歓迎し、容易に投稿できる
⑥　簡単にリンクが張れ、関連情報にアクセスできるように配慮する
⑦　モバイル対応で、バズって拡散する仕組みにする

社長の登場の有無、見やすさ、写真や動画があって親切か等により、ユーザビリティ（使い勝手）の比較もでき「あのウェブサイトにいけば何でもわかる」となればアクセスが増え拡散の可能性あり！

ウェブサイトの特性	個人の性格で言えば…
訪問してみたくなる。見やすい。人が多い 検索しやすい。誰にも調べやすい どんな会社か目指す方向がすぐ分かる 豊富な内容が詰まっている。話題が幅広い 幅広くかつ奥深い情報が得られる。技術に詳しい 多くのリンクが張り易い 反応がテキパキ。常に更新している 写真･画像･動画が多くビジュアルで見やすい	優しそう。清潔で素朴、親しみやすい 早く速いので快適。親切である 自分のビジョンや哲学を持っている 頭がいい。まるで百科事典のように網羅 知識・経験が豊富で何でも詳しく教えてくれる 良いお友達をたくさん紹介してくれる スピードがあり機転が利く。臨機応変に対処！ 子供にも障害者にも優しく、公平だ

リモート時代にウェブサイトの充実を図れ

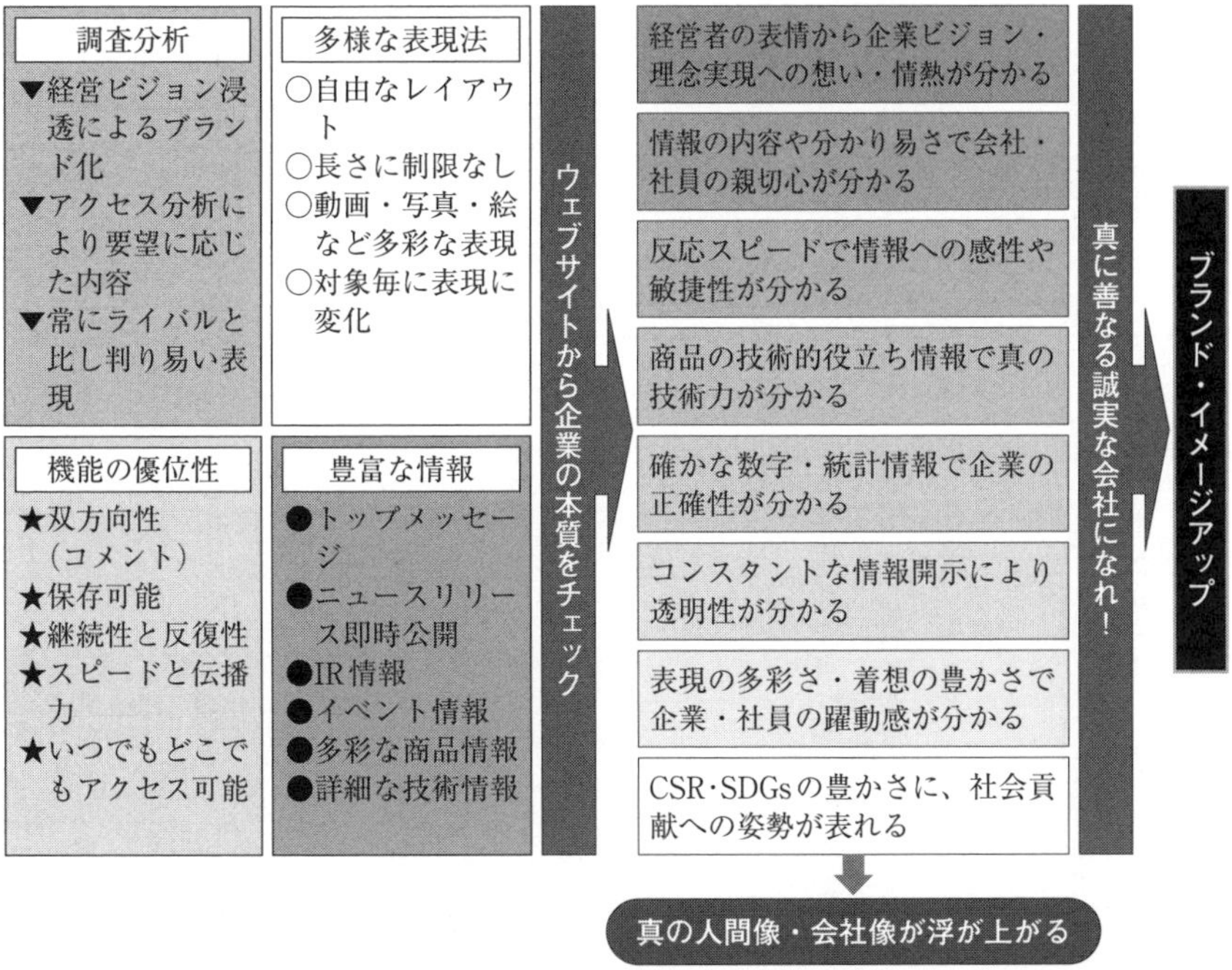
調査分析
▼経営ビジョン浸透によるブランド化
▼アクセス分析により要望に応じた内容
▼常にライバルと比し判り易い表現
多様な表現法
○自由なレイアウト
○長さに制限なし
○動画・写真・絵など多彩な表現
○対象毎に表現に変化
機能の優位性
★双方向性（コメント）
★保存可能
★継続性と反復性
★スピードと伝播力
★いつでもどこでもアクセス可能
豊富な情報
●トップメッセージ
●ニュースリリース即時公開
●IR情報
●イベント情報
●多彩な商品情報
●詳細な技術情報
ウェブサイトから企業の本質をチェック
経営者の表情から企業ビジョン・理念実現への想い・情熱が分かる
情報の内容や分かり易さで会社・社員の親切心が分かる
反応スピードで情報への感性や敏捷性が分かる
商品の技術的役立ち情報で真の技術力が分かる
確かな数字・統計情報で企業の正確性が分かる
コンスタントな情報開示により透明性が分かる
表現の多彩さ・着想の豊かさで企業・社員の躍動感が分かる
CSR･SDGsの豊かさに、社会貢献への姿勢が表れる
真の人間像・会社像が浮か上がる
真に善なる誠実な会社になれ！
ブランド・イメージアップ

我が為をなすは我が身の為ならず　人の為こそ我が為となれ。（新渡戸稲造『一日一善』）

❖リモートワーク時代に顧客対応業務を効率化させるチャットボットを導入しよう

アガタサトコさんが勧めるのは、問合せの内容に自動回答するロボット（システム）です。既に森永製菓やスターバックス等が導入。同じ問合せが多い場合は特に有用。ロボットが24時間年中無休で対応し、顧客満足度向上、業務効率化、負担軽減が同時に図れます。ルールベース型とＡＩ型の２種類あり。

❖ＥＣサイトも充実させたい場合

ライバー（liver配信者）によるライブコマース（ＬＣ＝Live Commerce）とは、商品のイメージや利点を＝ライブ配信し、視聴者とリアルタイムでの双方向コミュニケーションを通じて、商品紹介から販売までできる新しいＥコマースの形です。有用なＬＣは、「ヤフオク！ライブ」「Yahoo!ショッピングＬＩＶＥ」「Rakuten LIVE」などで急拡大している。ライブで魅力的に語り、強いインパクトで紹介できるライバーは、効果的に販売促進できます。

❖低予算でとにかく自前でも作りたい場合

㈱イー・マーケティング社長澤井条二さんは、世界３割シェアの無料制作ソフト「Wordpress」活用を勧めます。作り方も簡単で中小にとり優れモノ！　だが、セキュリティが甘い面は要注意！　と警鐘！

❖〝音〟→〝曲〟を活用し差別化を

動画配信サービスの普及につれて、〝音〟の活用が増えるでしょう。社長の声、事務所や工場の音を使った曲を社歌やオリジナルメロディにして映像に取り入れる。作曲費が廉価になれば、社歌、商品の独自メロディー等、音による印象付けによる斬新なブランド作りもトレンドになるでしょう。

主要クリッピング・モニタリング会社サービス比較表（2020年7月現在）

モニタリングの範囲と特長	価格設定と特長	サービス概要・差別点
「@クリッピング」ソーシャルワイヤー㈱　TEL.03-5363-4878　HP.https://www.atclipping.jp/		
WEBメディア2,400以上キュレーションメディアにも。業界一全新聞雑誌2,600以上カバー。多種多様の口コミ・SNS。反社チェック・取引リスク調査は目視調査	【WEB】月定額2万5千円。 【新聞・雑誌】月額基本料1万4千円 【口コミ・SNS】月額基本調査料2万8千円～ 【反社チェック・取引リスク調査】レポートプランの価格は要問い合わせ。検索プランは月間最低利用料金1万5千円	【WEB】前日記事を毎朝7時半頃に報告。Excelやグラフでも表示・ダウンロード可。ノイズの発生率は0.05%以下 【新聞・雑誌】プロスタッフ調査、実記事を発送。Excel閲覧可 【口コミ・SNS】過去投稿やハッシュタグ分析・報告まで実施。エンゲージメント率などの効果測定可能かつ低価格
㈱ジャパン通信社　TEL.03-5550-3752　HP.http://www.japan-tsushin.co.jp/		
新聞・雑誌、WEBメディア併せて約7千サイト以上媒体。数・質と共に業界屈指。速報サービスや海外モニター、報道分析等広範囲のサービス提供	《新聞・雑誌》1万8千円／月 《WEBニュース》1万5千円／1週間3万円／月 《BLOG》3万円～/1期間 《海外プレス》1万円～／月 《海外WEB》8万円／月他 《速報サービス》新聞5千円／日。WEB1万円／日 《広告換算》5百円/1記事他	＞新聞・雑誌：業界最多媒体に調査員が直接目視調査、記事原紙を届ける ＞WEB：目視チェック・精査し報告。WEB広告換算では業界標準ロジックを構築、百万記事以上実績有 ＞早朝報告対応。即時・休日対応可 ＞海外200ヶ国と業務提携し、クリッピング代行手配
㈱デスクワン　TEL.03-3813-7661　HP.http://www.deskone.co.jp		
早朝クリッピングの魁として34年。（主要企業が利用）。最多の約50紙をカバー。主要雑誌は発売日当日朝に。地方紙も業界最速	最低利用価格は月額8万円から。事前見積り定額制。平均利用価格は月額25万円前後。記事の増減は料金内対応故予算化容易	紙面を直接切り抜き、原紙をバイク便で配達（午前7時～9時に配達）。あいまい検索対応・検索内容の随時変更可。納品は個客仕様：記事をA4台紙に貼付・記事を優先順にレイアウト・記事インデックスの作成等
㈱内外切抜通信社　TEL.03-3208-5134　HP.http://www.naigaipc.co.jp/		
新聞・雑誌約1900媒体、WEBニュース約4000サイトを調査。Twitter、Instagram、Blog、スマホニュース4アプリも調査可能。海外メディアモニターにも対応	【新聞・雑誌】18000円/1ヵ月～ 【WEBニュース】15000円/1ヵ月～ 【Twitter】25000円/1週間～ 【Instagram】20000円/1ヵ月～ 【Blog】10000円/1週間～ 【スマホアプリ】20000円/1ヵ月～。オプションで広告換算、論調分析等	創業80年目最古。新聞・雑誌は全て目視調査。WEBニュースも機械と人のハイブリッドで検索・目視チェックを実施。目視により機械検索では対応できないノイズ除去や細かな検索条件に対応。WEBの広告換算では、業界内で唯一、扱われ方値を算出、信憑性の高い効果測定を提供
㈱ニホンモニター　TEL.03-3578-6850		
全国の地上波TV、WEBニュース約2500サイト、主要紙、SNS、AbemaTV等動画ニュース、CATVも一部対応	在京キー局のモニタリング調査20,000円/1週間～。TVパブリシティ検索サービス「エヌケン」15,000円/1カ月～。全国テレビモニタリング網確立。地域のCSR活動など細かい露出確認可	日の放送・掲載結果をエクセルにまとめてレポート。速報や広告換算も対応可。 夜勤・週末も交代勤務によりスタッフが常駐。リスク発生時など、営業時間外の速報レポートも実績多数
㈱PTP　TEL.03-5465-1626		
最大3ヵ月間のテレビ地上波の番組・コーナー・CM	基本月額料6万円+オプション料	テレビクリッピング業務に不可欠な「SPIDERPRO」 PCやスマホ対応でテレビ画面前作業だけでなく、いつでもどこでも検索・視聴・共有が可能。ディスクでの共有も不要。メール通知設定で日々の検索作業も省力化可能

智者も一失《いっしつ》あり、愚者にも一得《いっとく》あり。　（滝沢馬琴『椿説弓張月』）

❖望ましいウェブサイトで広報力を高めよう

企業活動の実態は、NRの出方に顕れるので、ライバル数社のウェブサイトから、過去3年間のNRを①経営戦略、②新技術・技術開発、③新商品・サービス、④IR（上場会社）、⑤事件事故不祥事・クレーム、⑥社会貢献・SDGs、⑦単なるお知らせ、等カテゴリー別に分け、件数・比率等を比較すると、その大凡《おおよそ》の違いが把握でき、会社の姿勢や企業戦略の一端も垣間見えます。社長の登場や色んな写真や動画があって見やすく親切か？　などからユーザビリティ（使い勝手）の比較もできます。

ウェブサイト専門評価機関**トライベック・ブランド戦略研究所**のユーザビリティ診断は、①**アクセス性**、②**分かりやすさ（明快性）**、③**移動しやすさ（快適性）**、④**読みやすさ（適切性）**、⑤**疑問に回答（安全性）**の5項目。毎年、Webユーザビリティやウェブサイト価値に関するランキング」を発表。

感染パンデミックに伴い、オンラインコミュニケーション機会の増加やSNSを通じたフェイクニュースやデマの氾濫・拡散によるインフォデミックの発生懸念を背景に、企業の公式Webサイトから発信されるコンテンツがこれまで以上に信頼され、重要とされる時機が到来！　そこで、同研究所は、2020年4月より「**コンテンツコミュニケーション力診断プログラム**」のサービス提供を開始。企業Webサイトのコンテンツ品質・コミュニケーション力・コンテンツ体験価値に着目し、各コンテンツを「**品質**」「**情報発信力**」「**表現訴求力**」**の観点から調査**する。その評価基準は、①**企業らしさ**が伝わるか、②**ユーザーにとって役立つコンテンツ**が提供できているか、③**効果的な購買喚起**ができているか、④**ユーザーとの継続的な繋がりをもたらすような施策**が打てているかの4点が軸となります。

ウェブサイトを活用し、ビジョン・哲学初め詳しい商品説明、投資家への豊富かつ詳細なセグメント情報などを積極的に提供しましょう。その姿勢が外部との接点となって、顧客満足度を高め、商品購入意欲を決心に導き、企業や社員へのイメージを向上させ、ブランディングに大きく貢献するのです。

書評用著書+NR送付先一覧（2020年8月現在）

「書評」を希望する場合、現物+NR（本の趣旨や想い）を下記に送る。但し、
※住所：メディアリストの本社住所と同じ
※条件：①受領確認なし、②掲載可否連絡なし、③返本なし

	メディア名	送付先住所担当部署名	書評日	TEL
全国紙系	読売新聞	読売新聞東京本社文化部書評担当	毎週日曜朝刊	03-3242-1111㈹
	朝日新聞	朝日新聞東京本社文化部読書担当	毎週土曜朝刊	03-3545-0131㈹
	毎日新聞	毎日新聞社学芸部書評担当	毎週日曜朝刊	050-5833-9040
	日本経済新聞	日本経済新聞社文化部書評担当	毎週土曜朝刊	03-3270-0251㈹
	産経新聞	産経新聞東京本社文化部書評担当	毎週日曜朝刊	03-3231-7111㈹
	フジサンケイビジネスアイ	産経新聞東京本社経済本部ビジネスアイ書評担当	毎週金曜	03-3231-7111㈹
	日刊工業新聞	日刊工業新聞社経済部書評担当	毎週月曜	03-5644-7193
ブロック紙	北海道新聞	北海道新聞社文化部書評担当	毎週日曜朝刊	011-210-5600
	中日新聞・東京新聞	中日新聞東京本社文化部書評担当	毎週日曜朝刊	03-6910-2211㈹
	西日本新聞	西日本新聞社くらし文化部書評担当	毎週土曜朝刊	092-711-5260㈹
夕刊紙	夕刊フジ	夕刊フジ報道部書評担当	毎日	03-3231-7111㈹
	日刊ゲンダイ	日刊現代書評担当	毎日	03-5244-9600㈹
ビジネス誌	日経ビジネス	日経BP社日経ビジネス編集部書評担当	毎週1日	03-6811-8101
	日経トップリーダー	日経BP社日経トップリーダー編集部書評担当	毎月1日	03-6811-8127
	週刊エコノミスト	毎日新聞出版社週刊エコノミスト編集部書評担当	毎週月曜	03-6265-6743
	週刊ダイヤモンド	ダイヤモンド社ダイヤモンド編集部書評担当	毎週月曜	03-5778-7214
	週刊東洋経済	東洋経済新報社週刊東洋経済編集部書評担当	毎週月曜	03-3246-5481
	プレジデント	プレジデント社プレジデント編集部書評担当	第2·4金曜	03-3237-3737
	月刊「THE21」	PHP研究所月刊「THE21」編集部書評担当	毎月10日	03-3520-9624
	財界	財界研究所編集部書評担当	隔週水曜	03-3581-6773
	経済界	経済界編集部書評担当	毎月22日	03-6441-3742
	NEWLEADER	はあと出版社編集部書評担当	毎月25日	03-3459-6557
	エルネオス	エルネオス出版社編集部書評担当	毎月1日	03-3506-0323
	月刊総務	㈱月刊総務編集部書評担当5	毎月8日	03-5816-6031
会報紙・誌	東商新聞	東京商工会議所広報部編集担当 〒100-0005千代田区丸の内3-2-2	毎月20日	03-3283-7961
	月刊中小企業家	東京中小企業家同友会広報部 〒102-0074千代田区九段南4-7-16	毎月1日発行	03-3261-7201
	中小企業家新聞	中小企業家同友会全国協議会 中小企業家新聞担当 〒102-0074千代田区九段南4-7-16	毎 月5·15·25日発行の内1回	03-5215-0877

多勢の間に立って、多数より優れたりとの自覚あるものは、
身動きが出来ぬ時ですら得意である。　（夏目漱石『虞美人草』）

13 ブランド作りに「本」を出すと「成形《せいけい》の功徳《くどく》」有り！

〝成形《せいけい》の功徳《くどく》〟＝「すべて物事は形にまとめることによって、初めて真の効果が生ずる」（森信三《もりのぶぞう》『終身教授録』）。ばらばらの写真は他人には誰かも分からず、散逸する恐れあり。しかし、時系列に整理し、キャプションをつけ、アルバムに〝成形〟すると子や孫にも喜ばれ、もし普遍的価値があれば、後世の遺産となって遺ります。どんなに優れた頭中の知識やノウハウ・体験もそのままだと忘れ去られ、価値が高い程、知財の損失になります。そこで、それらを整理文章化して「本」に〝成形〟されれば、資産として永遠《とわ》に役に立つのです。自動車もパソコンも同じく〝成形の功徳〟なのです。

顧みれば、２００１年この言葉と出会う遥か前に「本」との御縁あり！　１９７９年神戸製鋼で係長として広報に携わった頃、国際ビジネス展開を図る為、先駆的に多くの外人社員の戦力化を図っていた……この書籍化提案が「Ｇｏ！」、１９８３年異国生活を纏めた日本ビジネス体験記―**『外人社員』**（瀬下恵介著、ＴＢＳブリタニカ）が世に出て、２週間後に忽《たちま》ち重版！　会社の本と言えば、〝リクルート用〟が普通の時代に革新的試みとして話題になり、〝剛なれども柔〟へのイメージ向上に役立てた想い出が懐かしい。私自身、「成形の功徳」との一会《いちえ》から中小企業向け初の広報指南書を書く意欲が沸々と湧き、翌年処女出版！　以後運良く20冊以上の著作機会に恵まれた経験から、誰にも出版を勧めています。

㈱オーダースーツSADA佐田展隆《のぶたか》社長は、工場直販店舗数日本一を機に２０１８年1月**『迷ったら茨の道を行け』**（ダイヤモンド社）を上梓した。それがオーダースーツブームの先駆けとなってタイミングも絶好、**書評**も後押し、２０１９年10月テレビ東京「**カンブリア宮殿**」に登場！　その直後から来店者急増！　その勢いに乗って２０２０年6月には、もっとお洒落したい紳士淑女向け高級路線第一号

「出版したい！」→「出版した！」迄のプロセスフロー

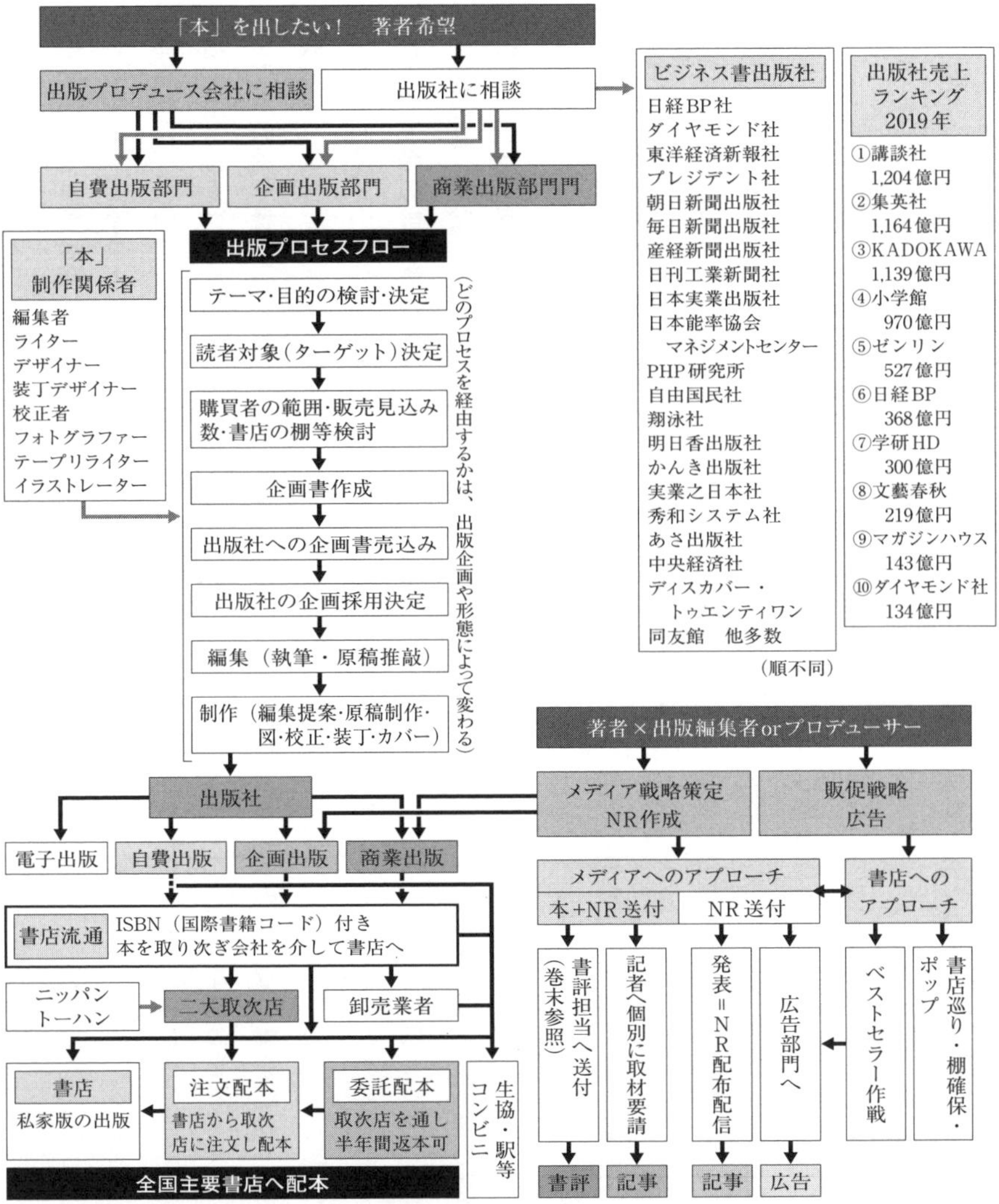

（出典：㈱天才工場＋㈱マクスト・コーポレーション情報を元に著者編集）

あるべきか、あるべきでないのか、それが問題だ。
To be, or not to be: that is a question.　　（シェイクスピア『ハムレット』）

旗艦店「**オーダースーツSADA＋《プラス》銀座店**」と「**富山店**」、9月には「**＋《プラス》丸の内店**」の出店に導き、55店舗から〝2023年100周年80店舗〟を目指し順調に出店が続く！　それは、社長〝自らを商品〟としてスーツ姿で富士登山する等話題を創りネタ作りに励む不断の努力への〝功徳〟でしょう。

書籍化は、映像や音声との三位一体で、知名度向上・ブランド化に役立ち、販促やリクルート用にも活用できる以上に、自ら培った叡智と経験・ノウハウを後世に伝える崇高な使命を果す有力な方法です。**江戸の儒学者佐藤一斎が、「精神を収斂《しゅうれん》して、以《もっ》て聖賢《せいけん》の書を読み、聖賢の書を読みて、以て精神を収斂す**」（『言志四録』）と訓《おし》えるように、太古から思想は聖賢の書物により継承拡大されています。

出版企画は、出版社に直接持ち込む他、出版社との仲介役出版プロデューサーへの相談も有力です。**㈱天才工場の吉田浩さん**は、自らも45万部のベストセラー作家。1800冊以上の本をプロデュース。「**経営者は人生に1冊は出す義務使命あり。書籍で残すと、現在─未来の人とが死後も本を通して対話ができる。本は最高位の情報価値で永遠に消えない！**」と激励します。

㈲エリエス・ブック・コンサルティング土井英司さんは、数多のベストセラーを出版、ビジネス書評家としても活躍、メルマガ『**ビジネスブックマラソン**』は約10年間日刊で5000号を突破。「**一隅を照らす個人や企業の英知を後世に伝えるのがミッションです**」と語っています。

「本」も有力媒体！　社内には、会社の歴史、経営者の生き様、開発物語等々、本のテーマになり得る魅力的コンテンツが眠っています。あなたも広報の間に、〝成形の功徳〟にTRYしてはいかが？

リモート時代はどの業務でも、〝**何を**〟**という**「**コンテンツ創造力**」と〝**どう言うか**〟の「**文章表現力**」が成果に直結！　その能力向上が喫緊の課題です。この機に、広報や著作したい有志に特にお勧めの古典が、ショウペンハウエル著『**読書について**』（岩波文庫）です。①**考える**、②**書く**、③**読むに関し、厳格なるも平易な言葉が核心を突いてびしびし迫る！　広報への学びと戒めの源にもなります。**

商業出版×企画出版×自費出版比較表

項　目	商業出版	企画出版	自費出版
原稿作成	①本人 ②出版プロデュース会社の場合：本人口述＋ライター	①本人口述＋ライター ②本人	①本人 ②本人口述＋ライター
出版社	①内容に応じ適切な出版社へ ②出版プロデュース会社から適切な出版社に提案	①内容に応じ適切な出版社へ ②出版プロデュース会社から適切な出版社に提案	①内容に応じ適切な出版社へ ②出版プロデュース会社から適切な出版社に提案
企画書作成	本人or出版社	本人or出版プロヂュース会社	本人
著者名	本人	本人	本人
費用	全部出版社負担	①全額本人負担1冊100～1500万円（部数・装丁販促方法により異なる） ②一部出版社負担	全額本人負担 1冊2～3千円（編集費別）
採用基準	出版社が著者と企画を選び決定	出版社が企画と著者を選び、採用	出版社はどんな本でも採用
著者ブランド	販売力期待。知名度・ブランド力向上	知名度・ブランド力向上	期待できない
印税	①全額著者収入：定価の6～10%） ②出版プロデュー会社と分ける 初版：著者7%、出プ会社3% 重版：著者8%、出プ会社2% （出プ会社は別途出版企画料がある場合には、印税なしもあり）	①著者収入：定価の0～3%） ②出版プロデュース会社と分ける 初版：著者7%、出プ会社3% 重版：著者8%、出プ会社2% （出プ会社は別途出版企画料がある場合には、印税なしもあり）	初版印税：0 or 3%
書店へ配本	全国主要書店	全国主要書店か範囲は相談	書店には並ばない
出版部数	出版社が販売予測で決める	企画内容と料金次第で決まる	著者希望
出版効果	PR・ブランド・販促・マーケティング リクルート・社内活性化	PR・ブランド・販促・マーケティング リクルート・社内活性化	自分の趣味
特徴	①読者価値最優先 ②販売可能性部数：無限 ③制作コスト：著者負担なし ④書店流通：全国	①著者・読者評価最優先 ②販売可能部数：限定的 ③制作コスト：著者負担全額or一部 ④書店流通：全国or限定	①著者・読者評価最優先 ②販売可能部数：限定的 ③制作コスト：著者負担全額or一部 ④書店流通：全国or限定

（出典：㈱天才工場＋㈱マクスト・コーポレーション情報を元に著者編集）

> 文体は精神のもつ顔つきである。それは肉体に備わる顔つき以上に、間違いようのない確かなものである。他人の文体を模倣するのは、仮面をつけるに等しい。
> 著者たる者は、読者の時間と努力と忍耐力を浪費させてはならない。
> （ショウペンハウエル『読書について』）

14 「情報《インフォ》パンデミック時代」に対応し、マルチで発信しよう

フェイスブック創業者ザッカーバーグ氏が「SNSを使い国も武器も持たない新勢力〝フィフス・エステート〟（第5勢力）が巨大なSNSを駆使して情報の世界の無秩序化を促している」と警告している中、コロナ感染の世界的拡大に伴い「情報パンデミック」が席巻、情報が世界の潮流を作り、政治や経済を初め人間生活の在り方に変革を促すことが明らかになってきています。

リモートワーク促進へと急激な舵が切られ、ニューノーマル（新常態）時代の仕事の仕方に関して根本的見直しを迫られていますが、要は情報交通の進め方をいかに円滑に行うかです。つまり、ハイテクとヒューマンタッチ（224頁参照）のバランス感覚が不可欠です。見えない情報への感性を高め、〝全てをメディア〟と見做して、多角度から新しい広報のあり方を見出し、先んじて実行しましょう。

㈱マクスト・コーポレーション宮崎幸男《みやざきゆきお》さんは、元集英社で『PLAYBOY』編集者を務めるなど、多彩な経験後に独立。書籍に加え、各メディアを統合的に進め目的達成を図る構想を抱き、ダイヤモンド社にて長年書籍編集に携わった**浅沼紀夫《あさぬまのりお》**さんと共に、「**プレスルーム**」を立ち上げ、各分野のプロフェッショナル（マス・ネットメディア記者やOB・フリージャーナリスト、編集者、ライター等々）をネットワーク化しチームを編成し顧客要望に沿い、**どのメディアでいつ、何を、どのように実施していくか？**を案件毎に企画調査・立案してプロを選定、〝有機的に機能〟させ、顧客の初期の目的達成に向けて総合的に実行しています。

リモート時代において「広報」というコミュニケーションの中枢《ハブ》になる仕事は、「見えない情報をも探見して、経営活動における内外への受発信情報を司る」という格別の使命を帯びているのです。

「プレスルーム」の仕組み

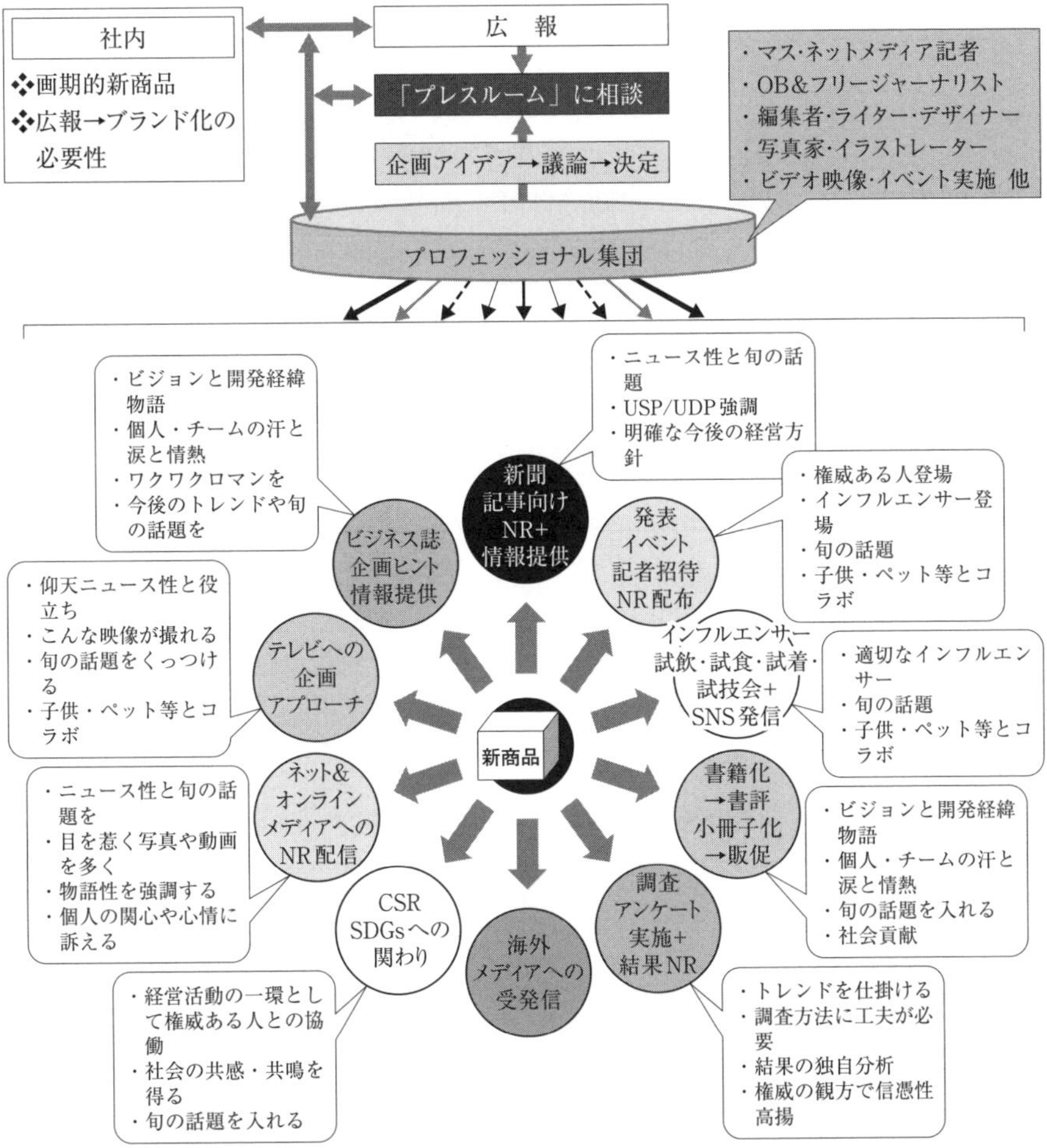

（出典：㈱マクスト・コーポレーション情報を元に著者編集）

叫びなさい。1.風にむかって　2.壁にむかって　3.空にむかって
Scream.　1.against the wind　2.against the wall　3.against the sky
（オノ・ヨーコ『グレープフルーツ・ジュース』）

リモート時代に発揮するコメント力向上5か条×Three Points

広報担当は、記者のみならず社内外から、ある事象、出来事、品物、人物等に関して常に問われ、何等かの「コメント」を求められる立場にあります。そのコメントにより：
①自分の見識が表れる　②人間的な魅力が顕れる　③相手との関係が重視される
故に、日々「コメント力」向上に向けて研磨に励めば、そのまま、広い視野から、また高い観点からのコミュニケーション力強化に繋がり、人間力陶冶に向かい導かれることになりましょう。

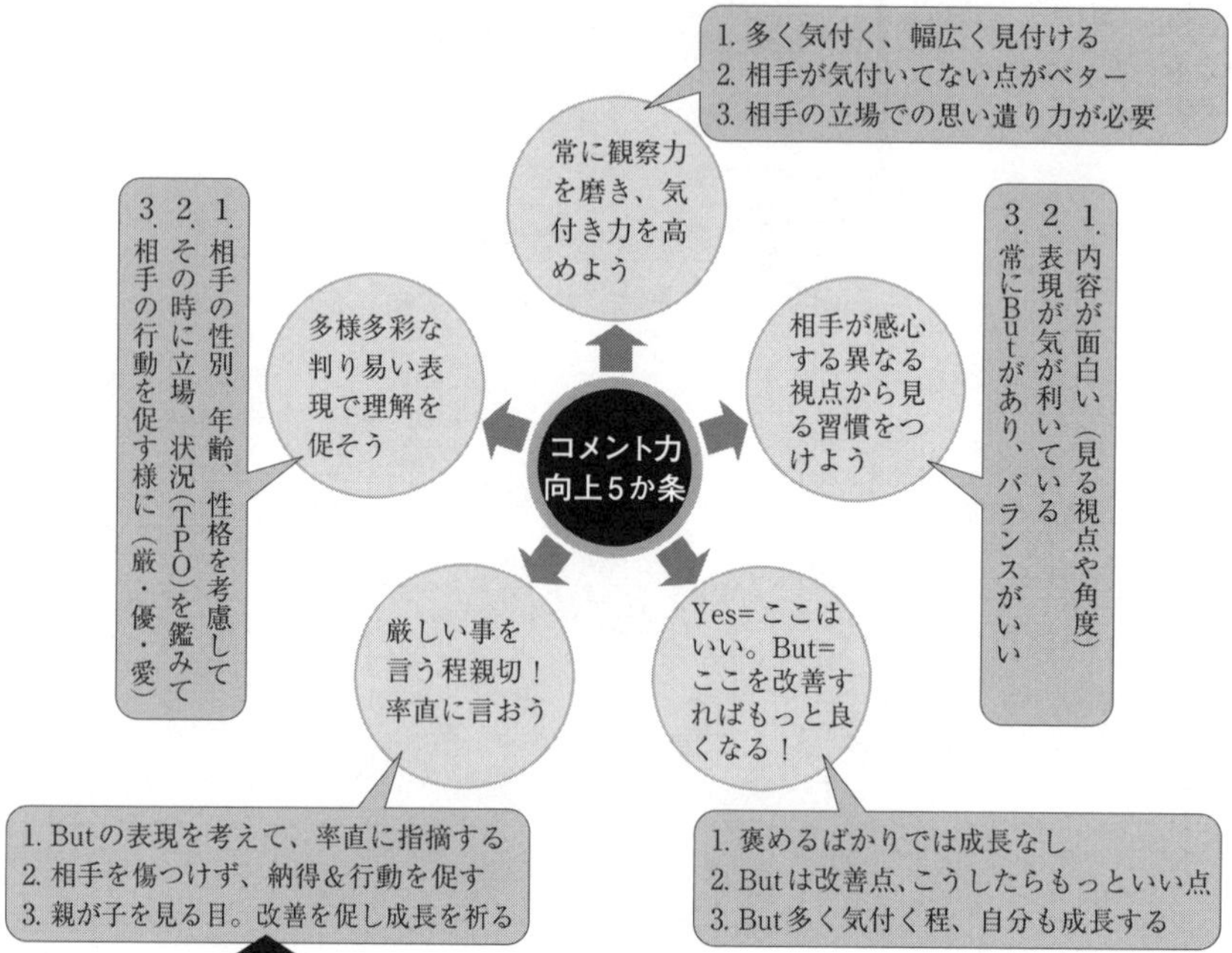
コメント力向上5か条
常に観察力を磨き、気付き力を高めよう
1. 多く気付く、幅広く見付ける
2. 相手が気付いてない点がベター
3. 相手の立場での思い遣り力が必要
相手が感心する異なる視点から見る習慣をつけよう
1. 内容が面白い（見る視点や角度）
2. 表現が気が利いている
3. 常にButがあり、バランスがいい
Yes=ここはいい。But=ここを改善すればもっと良くなる！
1. 褒めるばかりでは成長なし
2. Butは改善点、こうしたらもっといい点
3. But多く気付く程、自分も成長する
厳しい事を言う程親切！率直に言おう
1. Butの表現を考えて、率直に指摘する
2. 相手を傷つけず、納得&行動を促す
3. 親が子を見る目。改善を促し成長を祈る
多様多彩な判り易い表現で理解を促そう
1. 相手の性別、年齢、性格を考慮して
2. その時に立場、状況(TPO)を鑑みて
3. 相手の行動を促す様に（厳・優・愛）

Butに関する表現

・が
・しかしながら
・或いは
・そう言われましても
・と申されましても
・御言葉ではありますが
・その通りですが
・別の観方をすれば
・ちょっと思い付きではありますが
・第三者として申し上げれば
・でも
・そうは言っても
・一方、
・それはそうですが
・さはさりながら
・おっしゃる通りだとは思いますが
・反論する訳ではありませんが
・少し次元を変えて見れば
・私見に過ぎませんが
・客観的視方からすれば
・しかし
・逆に言えば
・一方では、
・その通りでしょうが
・言い換えますと

毎日、欣然として自分の運命に従いうる者は幸福である。
毎晩、眠りにつく際に、明朝また目覚めることを喜びうる者は幸福である。
（カール・ヒルティ『幸福論』）

第4章

リモート時代でもメディアに喜ばれるニュースリリース（NR）とQ&A作成の極意

最も心すべきは、自分に備わっている以上の精神を示そうとして見えすいた努力をしないことであろう。文体は美しさを思想から得る。思想を文体によって美しく飾ろうとしてはならない。文体とは所詮、思想の影絵に過ぎない。

頭脳の卓抜さを示す印は、多量の思想を少量の言葉に収めることである。

真理はそのままで最も美しく、簡潔に表現されていればいる程、その与える感銘はいよいよ深い。断固《だんこ》たる調子、確乎《かっこ》たる態度、それに伴う明晰判明《めいせきはんめい》な表現法がその特徴である。

建築術でも装飾品を飾りすぎるのを警戒するように、言葉の芸術でも、不要な一切の美辞《びじ》麗句《れいく》、無用な敷衍《ふえん》、表現過剰を警戒し、純潔無垢《じゅんけつむく》な文体や話法に努めなければならない。

（ショウペンハウエル『読書について』岩波書店）

1 NRで企業の本質が判る・・・〝不親切NR＝不親切会社〟

私には、8年前より続くJA月刊機関紙「JA広報通信」のNR添削コラム担当を初め、多様な分野の多彩なNRを数多《あまた》添削する機会があります。その際、NRを一人の人間と見做して面接し、評価するよう心掛けています。そこで分ったことは次頁の通り「NRで企業の本質が判る」というものです。

2017年上梓『**ニュースリリース大全集**』執筆時、約650の企業等広報担当に既発表のNR提供を要請したところ、〝2／3〟辞退！　広報が言う理由「自信がない」・「人に見せる手本になるものはない」・「恥ずかしい」等にも驚き嘆くと同時に、それまでに抱いていたNRへの確信を更に深めました。

広報担当になると、先ずは、NRを作るよう指示を受けます。最初は、前任者から引き継いだ書き方を踏襲し、形式化された文字を流し込むだけの**味気ないNR**を良しとして、**改善・進化**させるきっかけが掴めないことがあります。意欲的な新任でも、前任者の手前、自分の新しい感性で独自のNRに改善するのに抵抗があり、なかなか逸脱出来ないという理由からでしょう。そのことは、日々受取るNRに対する記者の感想からも窺《うかが》えます。

1．一度読んでも骨子が分らず、理解に手間取り嫌になる。そんなNRはすぐ捨てる

2．必要な項目の記載なく問合せが必要。難しい漢字にルビがない等単純な確認に手間がかかる

3．複雑なM＆Aなのに文字ばかりで、関係性が分らない。が電話では間違いやすい・・・

等々不評が多い。こんな不親切なNRを公式文書として承認する幹部が多い会社は、一事が万事！　至る処で不親切が蔓延し社風になっているはず！　将来の衰退を懸念せざるを得ません。「**NRは企業の鏡、企業そのものである**」ので、その作成に**情熱を注ぎ、自分の作品として愛と志を吹き込みましょう。**

不親切なNRは企業の衰退を予告する

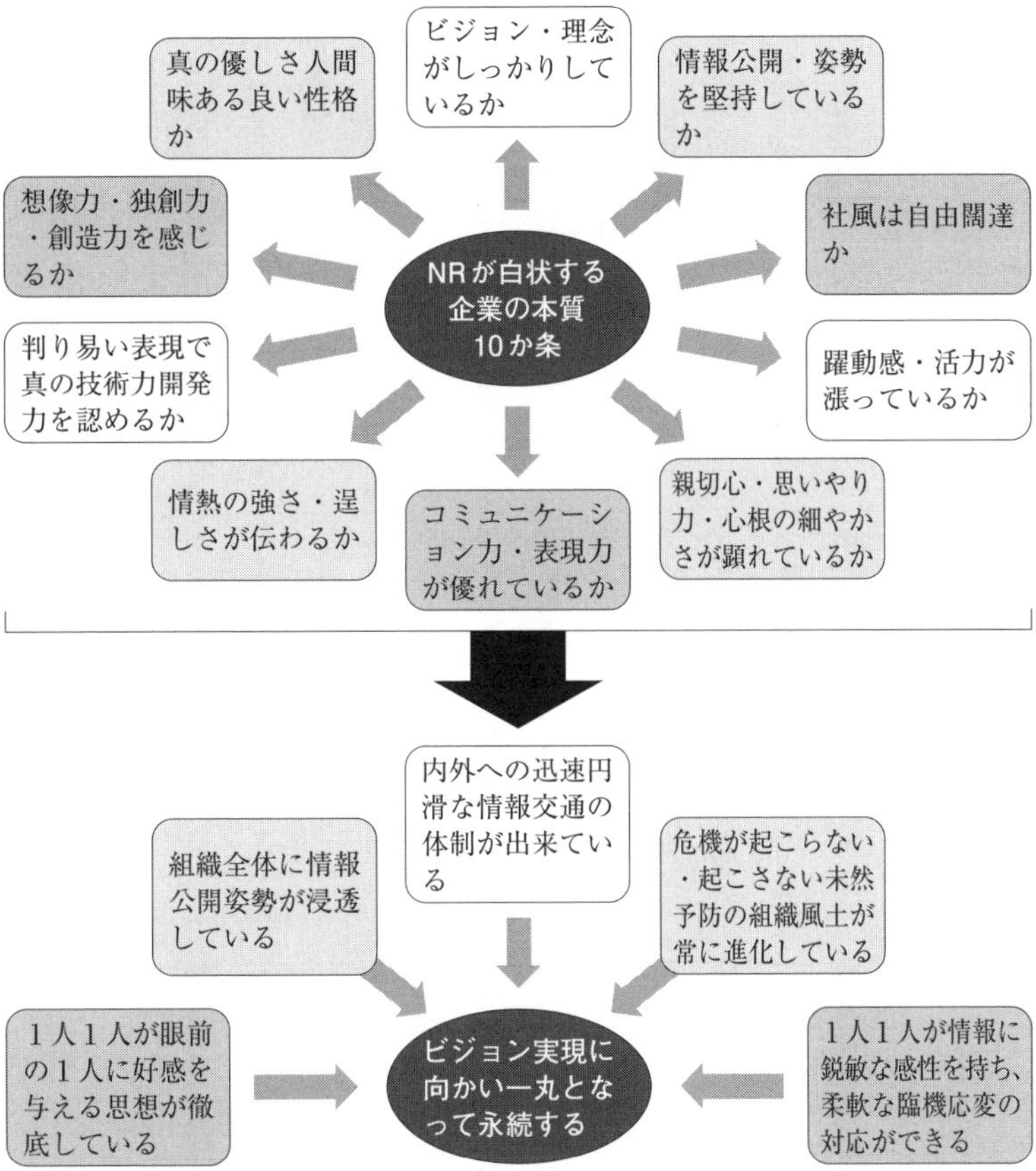

彼は何も知らないのに、何かを知っていると信じており、これに反して私は、何も知りもしないが、知っているとも思っていないからである。されば私は、少なくとも自ら知らぬことを知っているとは思っていないかぎりにおいて、あの男よりも智慧の上で少しばかり優《まさ》っているらしく思われる。（プラトン『ソクラテスの弁明』）

2 NRはいつ必要か？ 明確に理解しておこう

(1) **一斉発表**：NRは、会社として**公式に発表する時**、つまり、広くネット配信する場合や記者クラブなどを含めて発表する場合に必要です。記者会見などにおいて配布する資料はNRです。事件・事故・不祥事など危機に遭遇した場合にも、緊急に作成して対応することになります。

(2) **個別取材**

① 一斉発表後の問合せ対応に、同じNRを基に個別取材を受けます。NRには、余り頁数を増やせないので記載できない、意図的に記載しない内容もあります。そこで個別取材では、より価値ある情報を提供すると喜ばれ、独自の記事化を促す事ができます。

② 発表せず、特定メディアへの取材要請によって記事化を図る場合や記者からの取材申込みの場合の個別取材には、正式なNRは不要です。しかし、伝えるべきことを正確に伝え、誤解を無くする為に、**NR風に**（同じ様な形式）で作成し「**ご取材用資料**」として渡すと喜ばれます。その場合、「**取材メディア＋記者名**」**宛**にして〝**Only you情報**〟を強調するとプロの対応になります。

③ 重要案件の情報漏洩等でスクープ記事が出たら、他のメディアからの追っかけ取材に対応したり、当日か翌日に一斉発表を行う為、直ちに正式なNRやQ＆Aを作成する用意周到さが肝要です。

(3) **お知らせ**：発表するほどニュース価値はないが興味を惹きそうなネタ、内容は面白いがタイミングを逸したネタなどを「**お知らせ**」として記者クラブや関心のありそうなメディアに一斉配信すると取材申込みが期待できます。時には一斉発表と同じ効果をもたらします。

以上から、何か案件が出たら、直ちにＵＳＰ・ＵＤＰを箇条書して**ＮＲ（風）**に纏めましょう。

伝えるべき内容が豊富なNRの使途は広い！

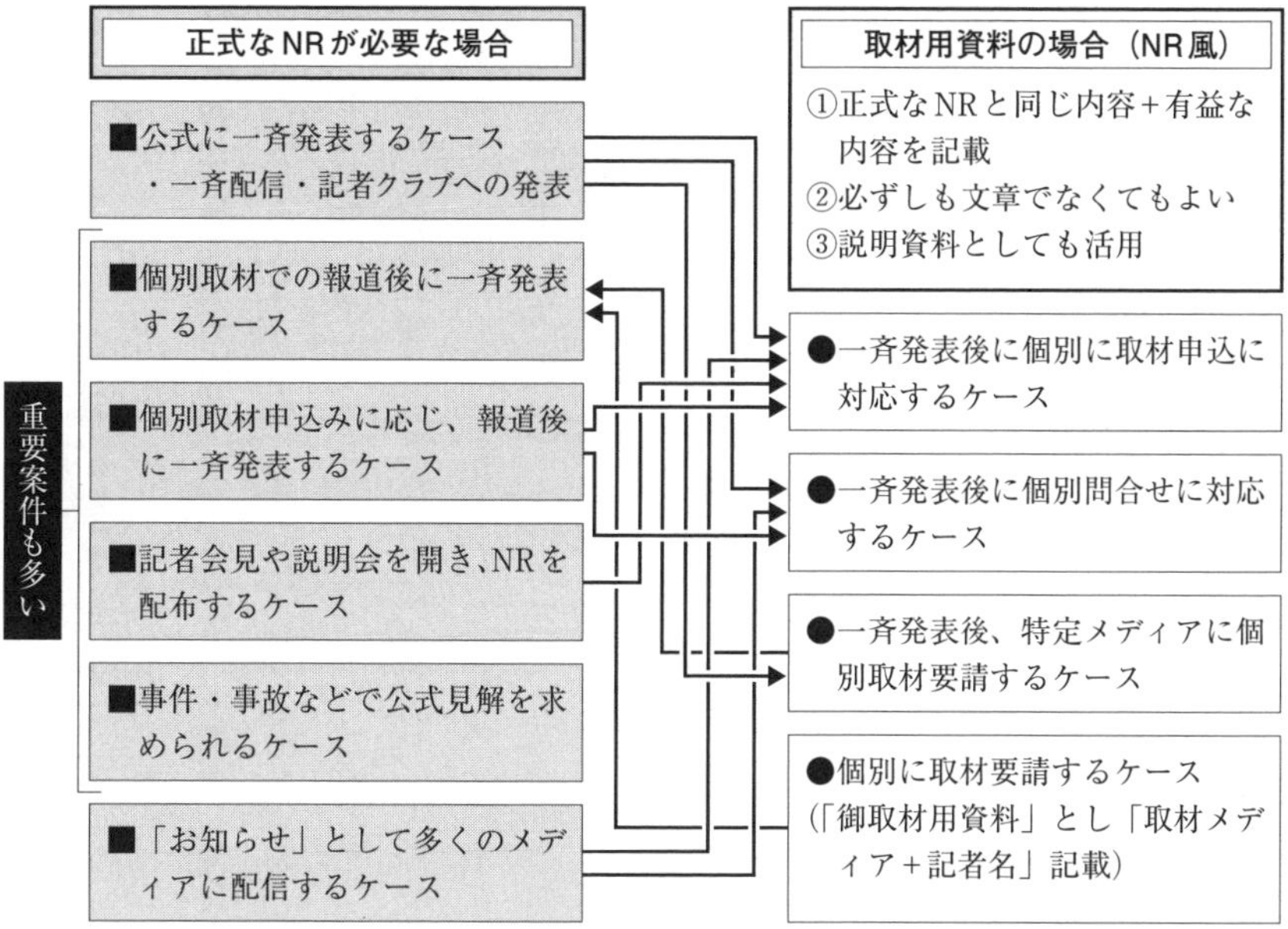

主体的な人は自分の天気を持ち合わせている。彼らの行動は価値観に導かれており、質の高い仕事をする価値観を持っていれば、天気がどうであろうと関係ない。反応的な人は社会的な環境（社会の天気）にも大きく影響される。主体的な人は深く考え、選択肢、内面化した価値観に基いて自らを支配するのだ。　（スティーブン・コヴィー『七つの習慣』）

3　NRの骨格を知る・・・基本的姿を学んでおこう

「NRは、広報の（情報という）主力商品」！　必要事項を網羅し特長を持ち、徹底した差別化で魅力的で独創的なレイアウトにしましょう。ヘッダーとフッターの統一が、一目で社名が判る**ブランド**です。

◆ヘッダー：①ロゴ、②「NR」か「お知らせ」、③日付、④社・組織名（都市名&代表者名も良い）

◆フッターか文末：⑤会社・組織概要（著名な場合は省略可）、⑥問合せ先

第一に何を伝えるのか？　を明確に決め、伝えたい真意を、その順序と表現で独自独創で作成します。

NRは、記者へのラブレター、愛の告白！　最初に心を打つ言葉で関心を惹く。タイトルは、インパクトあるキーワードを必ず使う！　〝**数秒**〟で興味を惹かなければ〝**没**〟！　その覚悟と恐怖を抱きつつ心魂込めて案出するのです。「**段落**」にわけ「**小見出し**」をつけ「**箇条書**」の多用が肝要！

リード部は、〝**真意がすぐ判る**〟ように数行で明快に記し、本文は、伝えたいことから、ピラミッド型で〝**斜め読みで判る**〟ように、**背景、経緯、USPやUDP**などを「**6W5H**」にて記述します。**将来の方針や見通し**が大切！　NRに生命を吹き込む「情」を移入できるのは正にこの部分です。

NRは独創的な自分の作品＝アート、書く人は〝**Artist**〟！　全霊を込めて作成します。書家は1本の線に、画家は色1つに丹精を込めるように、お客様へ届けと祈る情熱が筆を動かします。

〝**NRには最低限記しQ&Aで対応**〟**は誤りで、**〝**網羅すべき**〟！　自明の理に関する問合せ対応は、互いに時間と労力の無駄であり、間違いの素！　伝えるべきことを文章化する方が意志が明確に伝わり、記事は記者の判断にしても、**こちらの意図に近い表現になります。記者はその文章表現から逸脱出来ません。なぜなら、NRは公式文書故に、裏を取らずに逆を書いて訴えられたら敗訴の憂き目に！**

NR（ニューリリース）の基本的姿

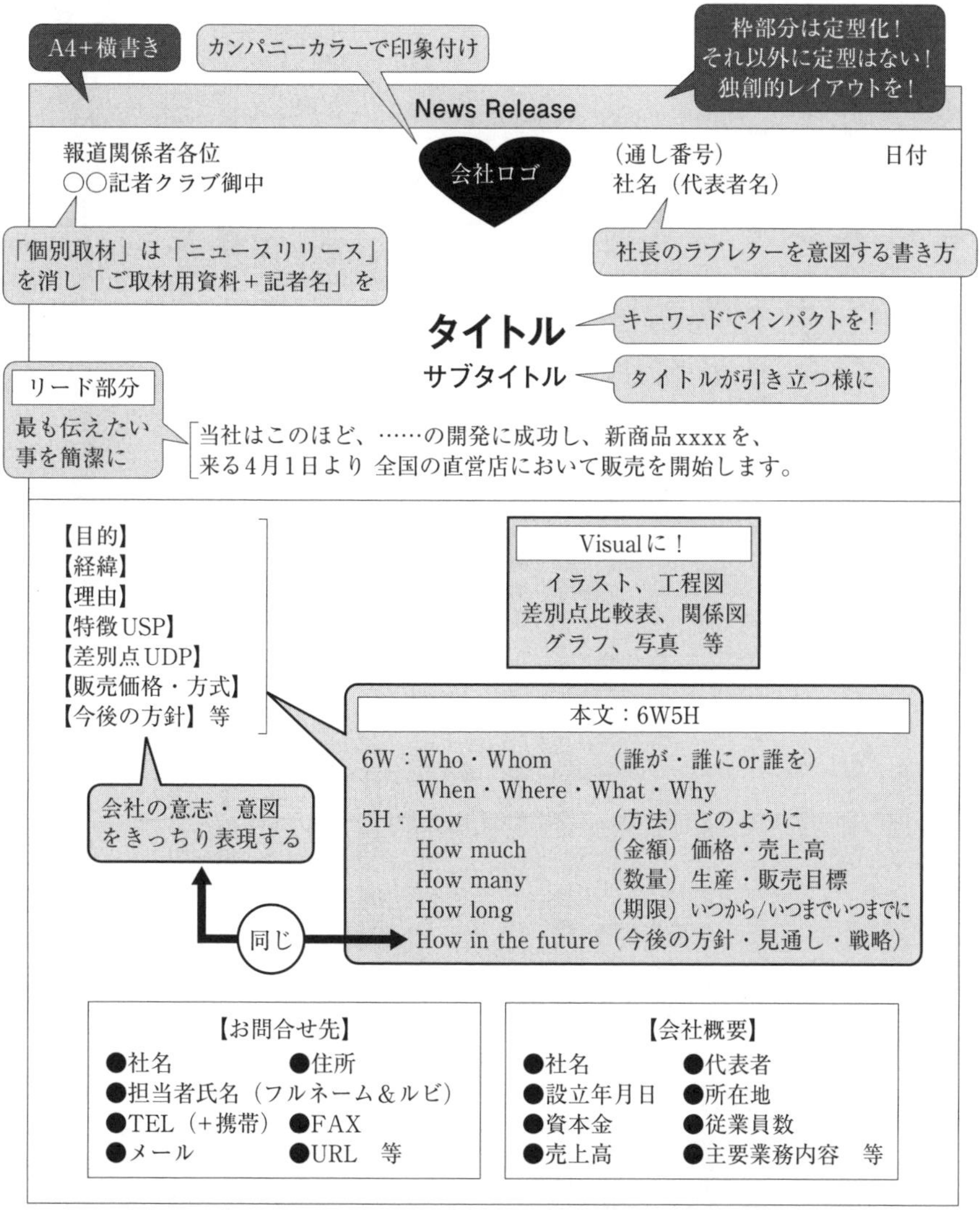
A4＋横書き
カンパニーカラーで印象付け
枠部分は定型化！
それ以外に定型はない！
独創的レイアウトを！
News Release
報道関係者各位
○○記者クラブ御中
会社ロゴ
（通し番号）
日付
社名（代表者名）
「個別取材」は「ニュースリリース」を消し「ご取材用資料＋記者名」を
社長のラブレターを意図する書き方
タイトル
キーワードでインパクトを！
サブタイトル
タイトルが引き立つ様に
リード部分
最も伝えたい事を簡潔に
当社はこのほど、……の開発に成功し、新商品xxxxを、来る4月1日より 全国の直営店において販売を開始します。
【目的】
【経緯】
【理由】
【特徴USP】
【差別点UDP】
【販売価格・方式】
【今後の方針】等
Visualに！
イラスト、工程図
差別点比較表、関係図
グラフ、写真　等
本文：6W5H
6W：Who・Whom（誰が・誰にor誰を）
When・Where・What・Why
5H：How（方法）どのように
How much（金額）価格・売上高
How many（数量）生産・販売目標
How long（期限）いつから/いつまでいつまでに
How in the future（今後の方針・見通し・戦略）
会社の意志・意図をきっちり表現する
同じ
【お問合せ先】
●社名　●住所
●担当者氏名（フルネーム＆ルビ）
●TEL（＋携帯）　●FAX
●メール　●URL　等
【会社概要】
●社名　●代表者
●設立年月日　●所在地
●資本金　●従業員数
●売上高　●主要業務内容　等

人間の最上の幸福は、愛せられているという確信にある。（ユーゴー『レ・ミゼラブル』）

4 NRはアートだ！ 記者の目を惹くコツ・・・5つのキーワード＋1

魅力的な作品は、記者の興味を惹き寄せるもの。濃淡・大小・強弱あらゆる手法にて、アートを創るのです。「**文体は精神のもつ顔つきである。多量の思想を少量の言葉に収めよ**」（ショウペンハウエル『読書について』）の訓《おし》えに従って、限られたスペースに多くの意味も込めるように心掛けて下さい。

（1）「**簡**」：簡潔・簡明を心がけ、〝お客様〟に対するように「**ですます調**」で**断定的**に書く。
丁寧はいいが丁寧過ぎず、饒舌さを避ける。株式会社＝㈱と簡略化。当社や略号を。

（2）「**豊**」：多くの内容を短い言葉に！　当然問われる項目や伝えたい数字や表現を網羅する。

（3）「**短**」：一文を短く、一行も短く！　カンマよりピリオドを多くする。だらだら長く続けない。
「**段落**」に「**小見出し**」をつけ、「**箇条書**」を多用する。

（4）「**薄**《ばく》」：1－3枚に。あとは資料添付に。網羅すべきことは網羅！　無理に1枚にする必要はない。

（5）「**情**」**込めて**：情熱を持って書く。入魂が大切。本当に伝えたい人は、記者ではなく、遠くの多くのお客様。〟このリリースが記事となり読者（顧客）の心を動かす〟という気概を抱いて！
特に、「今後の方針」に〝意志〟〝決意〟〝熱意〟を入魂します！　方針無しは意志無し人間に似る。これが組織の意志でありあなたの意志。ここにあなたの存在価値が顕れます。

（6）「**V・V&I＝Value・Visual & Impact**」がもう一つのキーワード。
文体は精神のもつ顔つきですので、簡潔な中に奥深い言葉を選ぶなど、心魂を傾け一目瞭然で判るように作成しましょう。その為にはビジュアルにし、グラフや表を活用し〝**読んで判る**＜**見て判る**〟です。テレビ向けは、撮れる〝**映像**〟を徹底してアピールするなど適切なNRを作成しましょう。

“多く”を“少なく”、“豊か”を“短く”の相矛盾を善処して！

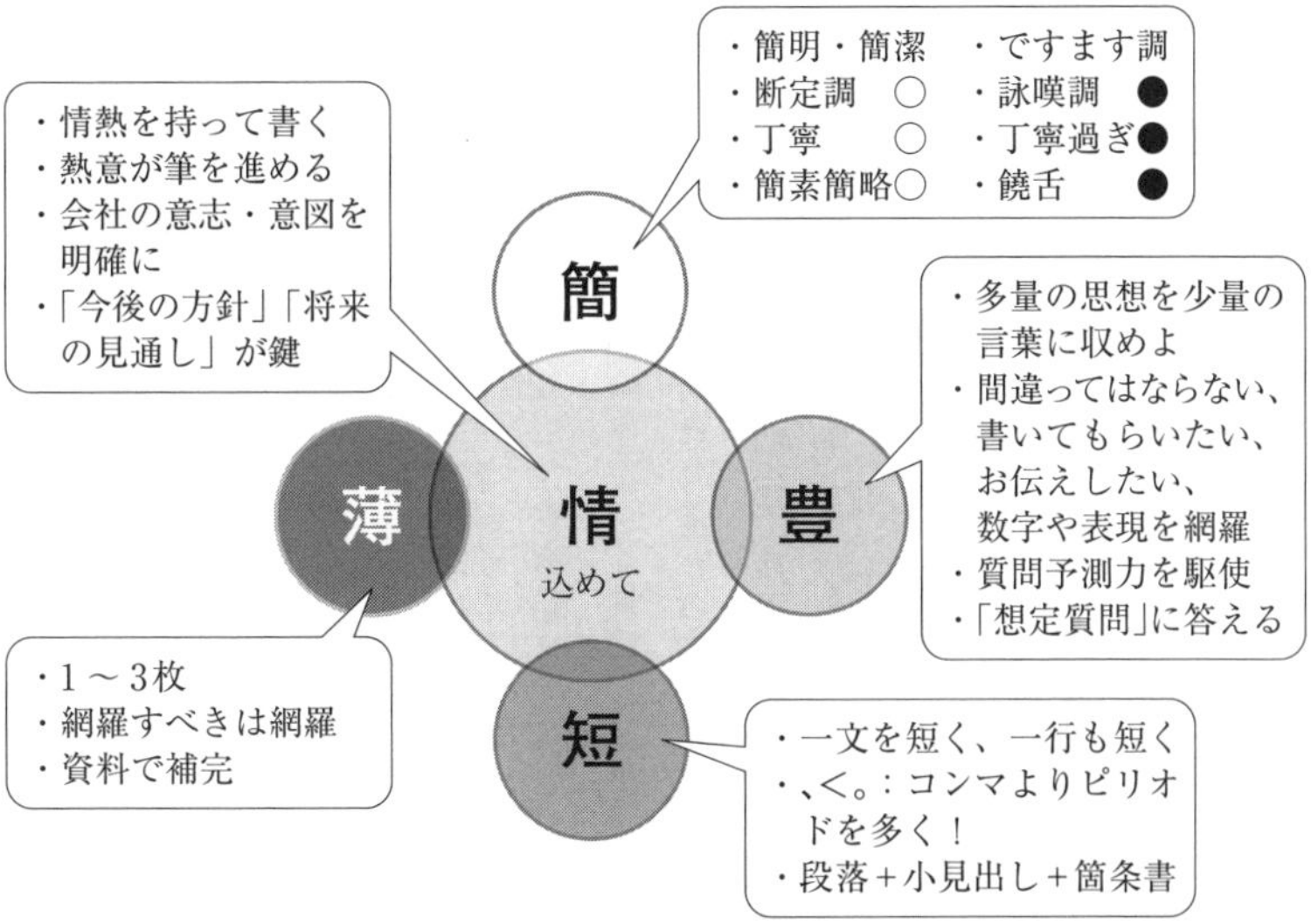
・簡明・簡潔　・ですます調
・断定調 ○　・詠嘆調 ●
・丁寧 ○　・丁寧過ぎ●
・簡素簡略○　・饒舌 ●
・情熱を持って書く
・熱意が筆を進める
・会社の意志・意図を明確に
・「今後の方針」「将来の見通し」が鍵
簡
・多量の思想を少量の言葉に収めよ
・間違ってはならない、書いてもらいたい、お伝えしたい、数字や表現を網羅
・質問予測力を駆使
・「想定質問」に答える
薄
情
込めて
豊
短
・1～3枚
・網羅すべきは網羅
・資料で補完
・一文を短く、一行も短く
・、く。：コンマよりピリオドを多く！
・段落＋小見出し＋箇条書

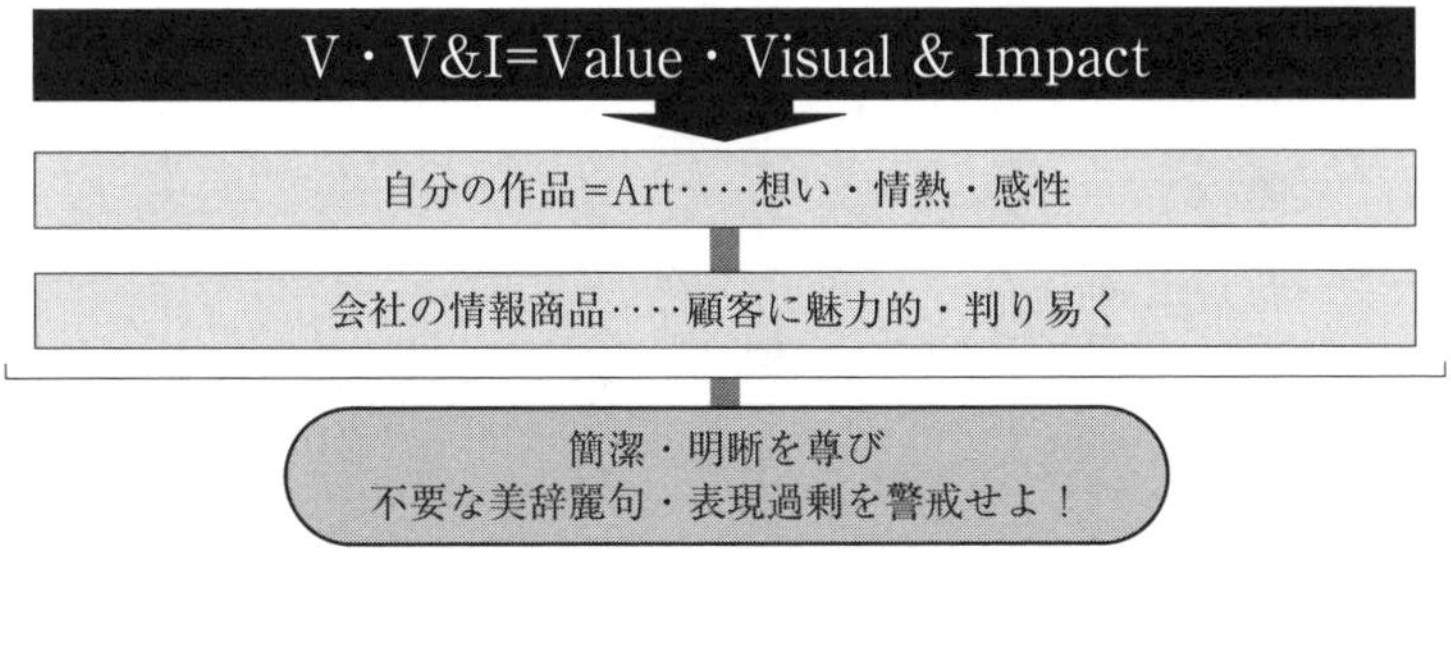
V・V&I=Value・Visual & Impact
自分の作品＝Art‥‥想い・情熱・感性
会社の情報商品‥‥顧客に魅力的・判り易く
簡潔・明断を尊び
不要な美辞麗句・表現過剰を警戒せよ！

「一つの場所に当てはまる最も適した言葉はただ、一つしかない」と云うことをよくよく皆さんは味わうべきでありまして、数個の似た言葉がある場合に、いずれでも同じだとお思いになるのは、考え方が緻密でないのであります。　（谷崎潤一郎『文章読本』）

5 リモート時代のNRの書き方総まとめ・・・上達の秘訣はここにあり

日々メディアに届くNR数十通の中から目立つには、多彩な表現に知恵を絞り、一目で惹きつける独創的な工夫が必要です。

「記者は素人・お客様はもっと素人」本当に報せたい人はお客様！　そのお客様にわかっていただくために、記者にわかってもらう気持ちで書くと、自然と熱が入らざるを得ません！

次の5つのポイントを外さないところに上達の秘訣があります。

(ア) 当然記載すべきこと、自明の数字、必ず問われる数字や表現を網羅する

(イ) 会社(組織)のビジョンや戦略を理解し、真の意志・意図を汲む

(ウ) ニュースネタの価値を正しく把握し、USP・UDPを明確に段落＋小見出し＋箇条書きする

(エ) 伝えたい・伝えるべき内容を吟味、真意を判り易い順序で親切な表現で文章化する

(オ) 簡・豊・短・薄・情込めて作成する。今後の方針を忘れない

豊富な内容を網羅しつつ、短く簡潔にまとめるという相矛盾を善処するところに要諦あり、**「表現の簡潔さとは、いつもただ言うだけの価値があることだけを言う。真理はそのままでもっとも美しく、簡潔に表現されていればいるほど、その与える感銘はいよいよ深い」**（ショウペンハウエル）」のです。

意が通じるように伝えたい・伝えるべき点を網羅し、記者を間違わせず、無用な問合せを無くすように一目瞭然を主眼に作成して下さい。**多忙な記者の時間・努力・忍耐を浪費させてはなりません。「情報＝情熱を報《しら》せる、情けに報《むく》いる」**のです。

NR作成は、適切な一語一語を注意深く結合して文章に組み立てていくプロセスなので、**「何を伝え**

ラブレターに細やかな配慮を！

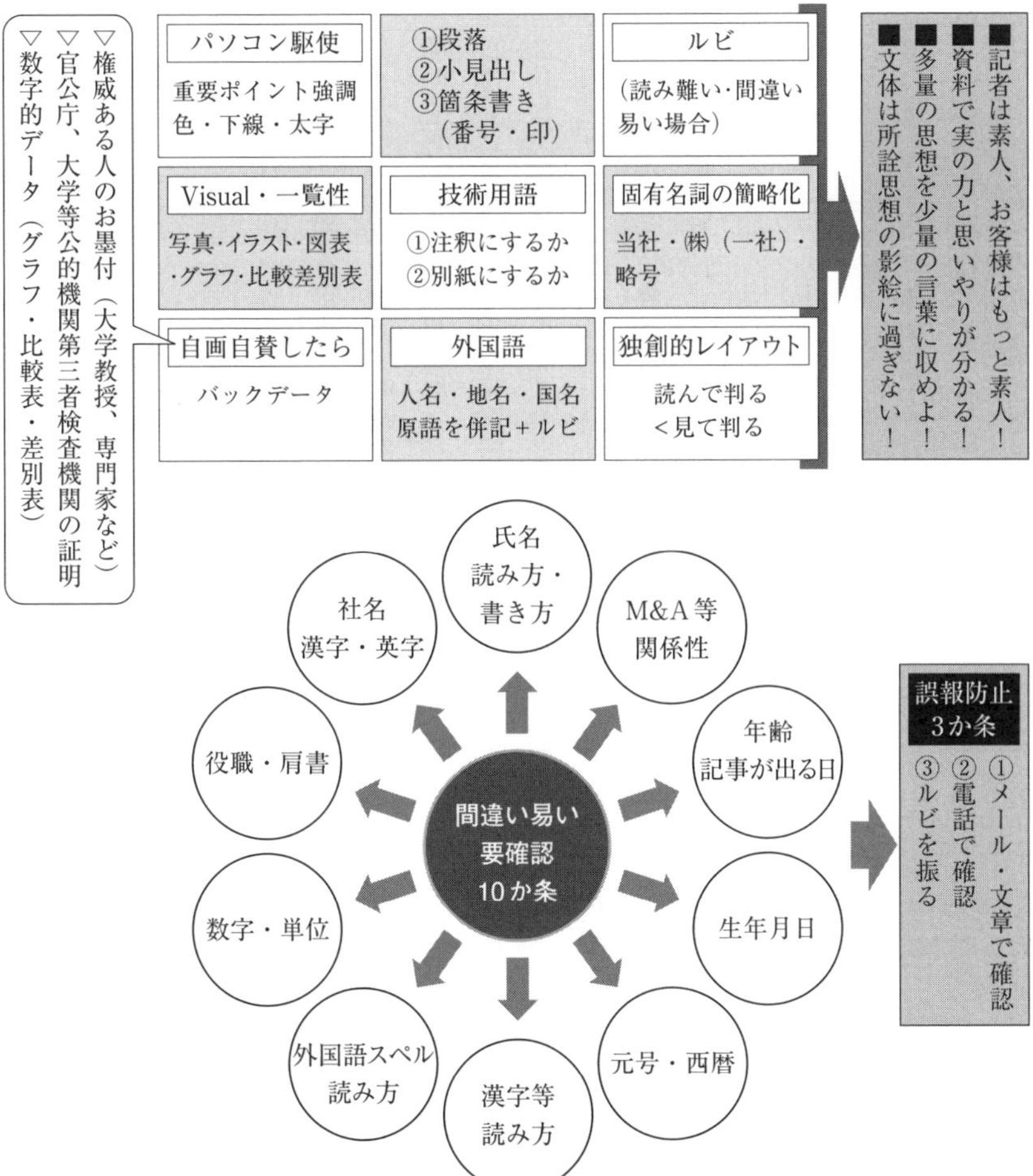

> 思想を所有している者は、その伝達という目標を目指してひたむきに努力する。そのため絶えず輪郭明瞭な概念を提供し、冗長に流れず、無意味な言葉を使わず、混乱に陥らずに筆を進めていく。大切なのは普通の語で非凡なこと言うことである。
>
> （ショウペンハウエル『読書について』）

るか？」との確乎たる意図・意志が明確になっていなければなりません。

悩み苦しみ、時間をかけてぴったりの表現を絞り出す。曖昧冗長を嫌い、明晰な言葉を好んで使う心掛けで文章を作っていく。その苦しみのプロセスが血となり肉になって自らを向上させるのです。相手を思いやるその広さと深さは、ＮＲに如実に露呈します！

新聞用はニュース性、雑誌はストーリー性、テレビは映像性など媒体別に表現の工夫をしましょう。

蓄えるべき真の文章力とは、

① **伝達内容の真理を見抜き、本質を表現する力**
② **ぴったりの言葉を選び、明晰な文章を構成する力**
③ **相手を思いやり、一目瞭然・一読即解で判ってもらう力**
④ **簡素簡潔を尊び、不要な美辞麗句、表現過剰を卑しむ力**
⑤ **無用な文字は１字でも読ませない。多量の思想を少量の言葉に収める力**

しかし、表現に〝厚化粧〟が過ぎないよう、しかと肝に銘じなければなりません。どこまでの化粧にするか？　その仕方に**自分・会社のビジョン・人間性が露呈します！**

リモート時代の今日、これからの広報担当は、自らの考えや想い・伝えたい伝えるべき内容を文章で必要十分に伝えられる実力…**真の文章力を鍛錬**することが一層求められます。

そして、メディアの多様化に伴い、ＮＲは、マス・メディア向けだけではなく、多面的活用を図るべきです。社内外に公表可能ないろいろな情報をウェブサイト上に掲載し「自社メディア」として諸情報を発信しましょう。**ウェブサイトのＮＲが「初対面！」**となり、ＮＲは、会社の活動に関する折々の自己紹介なのです。特に、リモート時代では、新常態（ニューノーマル）の一貫として、記者対応もリモートワークが増えますので、広報には**「リモートコミュニケーション力」向上**が不可欠です。

ニュースリリースの基本総まとめ

NEWSRELEASE

文部科学記者会御中
経済産業記者会御中
報道関係者各位

配布記者クラブは全部並記する

ロゴが目立つように

20xx年xx月xx日
九州紙ペン株式会社
代表取締役　野口《のぐち》 慧《けい》

社長名の知名度UPルビは親切＋印象付け

旬のキーワード　V&Iあり　興味惹くネーミング

環境推進国スイス生まれのエコ文具「紙ペン」販促品コンテストで大賞！

簡潔な主語・明快なリード文

　世界一のペンメーカーを目指す当社の「紙ペン」が、2月10日～18日マイドーム東京で開催された ***「第15回東京インターナショナル・ギフト・ショー・春'2010」*** で販促品コンテスト大賞を受賞致しました。

字体・斜字・下線で強調

この「紙ペン」は、国産古紙100%の紙管で作られた紙のボールペンで、キャップ式とノック式の2タイプがあります。リサイクルが可能。使用後の分別処理も簡単、ゴミの削減にも一役かっているエコロジー商品です。

余白

読んでもらいたい順重要性順に

【背景】 紙ペンの母国ドイツでは、諸官庁をはじめ学校などで活用され月間数千万本使用されている大ヒットエコ商品です。

写真
イラスト
グラフ
比較表　等

ビジュアルで見て分かる

【特徴】 環境への3つのこだわり

Ⅰ. 紙を巻いている糊は、ミルク成分を使った天然接着剤
Ⅱ. エコマーク認定商品[注1]（認定番号第02112023号）「グリーン購入登録商品」
Ⅲ. ノック式のペン先とノックの黒い部分は、51%以上の古紙で構成された「Eペレット」使用、グリーンマーク認定を受けた紙製品

綴じ代余白を十分に

【用途】 環境にやさしいノベルティ商品として、また、ISO認定を取得した企業の社内用エコ文具として最適です。

区切りよく次行へ読み易く

【注文】 ●オーダー最小数量：千本から
●ペン本体への印刷：自治体名・社名・商品名・イベント名・学校名など
●納期：名入れのデータ入手後、1万本以内：***2週間***

斜体・太字で強調

【オープン価格】 1. キャップ式　ロット1000本の場合　**@¥50**
2. ノック式　ロット1000本の場合　**@¥80**
※「名入れ」は、別途版代がかかります。

太字数字で明確に

箇条書き・段落・小見出し・太字・番号…を駆使

【今後の方針】 **初年度売上目標は1千万円を上回るものとし、3年以内に3億円を目差します。** 今後経営戦略の中核として着実な育成を図る方針です。

決意表明が重要会社の意図意志を明確に！魂を吹き込む

【会社データ】
設立：1945年　所在地：東京
資本金：5千万円　社員：15人
主な業務：事務用品製造販売
売上高：5億円（09年度）
社員数：150人

自己紹介を簡単に

フルネーム・ルビは親切

【問合せ先】 九州紙ペン㈱紙ペン事務局　担当：金子《かねこ》紗那《さな》・見山《みやま》文緒《ふみお》
〒150-0001 東京都渋谷区道玄坂1-1-1
TEL：03-6415-5131　FAX：03-6415-5137　携帯：090-2222-8888
メール：info@tokyoplus.com　URL：www.tkyplus.jp

複数は親切

連絡先を網羅

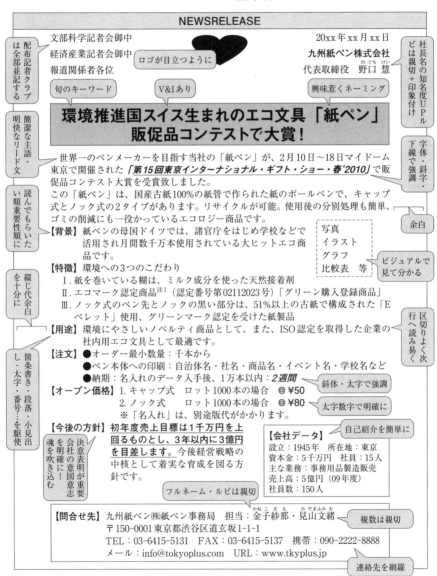

6 テレビで取り上げられるNR作成法と正しいアプローチ法

テレビは〝**映像**〟が勝負です。どんな面白いネタでも、〝画《え》〟にならなければ取り上げられるチャンスはありません。テレビの特性に応じたNRにまとめる留意点は、

◆**端的に魅力を伝えるタイトル**

◆**そのタイトルを如実に示す「画像」＝写真and/or映像が不可欠**

◆**要望に応じて、色々な「画」になることを強調**

「テレビは最新ニュースばかりを取り上げる」との誤解があります。ローカル紙・業界紙や雑誌等でまず話題になり、地方で〝ミニブレーク〟していると、映像になる切り口で取材が入るケースが多いものです。魅力的な〝画〟の内容をNRにまとめ、撮れる〝映像〟を徹底してアピールすることに尽きます。例えば、

●**こんな映像がとれる！**　●**こんな動きも撮れる！**　●**こんな体験も出来る**　●**会えない人と遭える**

●**超レアな秘蔵品・お宝が撮れる！**　●**誰も見たことのない世界が見える！**

〝定型なく〟独創的で一見して驚かせるように、思わず手に取りたくなる〝**奇抜さ**〟が要るのです。

一見して強烈なＩＭＰＡＣＴを感じさせる書き方にしましょう。画像＋ＤＶＤは最も喜ばれます。

【ＮＲ送付の留意点】

◆送り先：取り上げてもらいたい番組にはできるだけ多く送る。

◆興味ある番組やコーナーの趣旨をよく理解して送る。調査に「Wikipedia《ウィキペディア》」は役に立つ。

◆送るテーマの関連記事があれば同封する。テーマの信頼性と切り口のヒントになる。

テレビ局へは戦略的にアプローチしよう

テーマ	●「画」になるテーマを見つける ●NRにまとめる
コーナー	●番組から該当コーナーを見つける ●趣旨などを調べる
NR	●NR+資料 ●「DVD」「他の記事」
送付	●○○コーナー担当ディレクター様 ●希望コーナー複数送付OK
待つor電話フォロー	●ディレクターが見たか、未だ見ていないか？ ●状況に応じて、きちんとフォロー
取材決定	●テレビ局「企画会議」検討…決定 ●取材準備開始
取材（ロケ）	●万全取材協力 ●広報担当現場同行…取材万全配慮
（OA）フォロー	●放映前プレスリリース（お知らせ）社内外告知 ●ウエブサイトアップ…社内外告知 ●放映（オンエア）時録画…2次・3次利用検討

最高の善とは偶然的なものを軽んじ、徳に喜ぶ心である。それは、心の不屈な力であり、物事に経験があり、身振りが静かであるとともに、人情に厚く、交際にも思いやりのあることである。（セネカ『人生の短さについて』）

◆同じテーマのNRを真裏の番組にも送付OK。ダブれば率直に話す。

現役アナウンサーによる話し方研修事業を展開する㈱**トークナビ**（**樋《とい》田《だ》かおり社長**）は、日本初の「**女子アナ広報室**」で、異なった視点で企業の魅力を再発見し、ブランディング戦略を行う。その強みは〝テレビ〟！　プロアナウンサーの樋田さんは、テレビ取材には「会えた」の3ポイントを強調します。

「**あ**」**：新しいか**……番組には新情報コーナー枠が多々あり。〝新〟にはとても敏感。統計的裏付け（説得力）、本当に最新か（正しさ）、他と何が違うか（珍しさ）、視聴者に有益かがポイント！

「**え**」**：仰天の面白さ、稀有の！　など目を引く**「**画《え》**」**が撮れるか**……同じ情報でも、映像での魅せ方で視聴者の楽しませ方を変えるので、紹介する人や商品の写り方や順番にも意図した気配りが必要。

「**た**」**：的確なタイミングで情報提供できるか**……災害が起きたタイミングで、非常用電源など災害に役立つ企画を提供すると興味を惹く！

樋田さんは「的確なタイミングで情報提供できるよう、商品の画像、ロゴ等、番組の素材になる写真を準備しておく。新しい情報を映像が撮りやすい状態でタイミングよく知らせると成果に繋がりやすくなります。〝あえた〟の3つのポイントを押さえ、〝取材に立ち会えた！〟となる日がくるといいですね」と麗しい〝声〟で奨めています。

運よく取材となれば現場取材となるので、同行して細かい所まで気配りし、撮影の便宜を図り、個別インタビューにも万全の体制で対応しましょう。

テレビ放映に合わせて関係多方面にNR（風）で知らせてあげると喜ばれます。一つのニュースネタをマルチユースして、色んなメディア露出を考えつくことが創造的な人に許された楽しみです。更に、SNSでの発信等、Web戦略を予め組み込み、ネットでの拡散を成功させましょう。

「ニュースリリース」有料配信会社比較表（2020年7月現在）

信可能媒体数と特長	価格設定と特長	サービス概要・差別点
「@Press（アットプレス）」 ソーシャルワイヤー㈱　03-6890-0502　www.atpress.ne.jp/service		
配信可能媒体数　：8,500 掲載保証メディア：　80	1配信：30,000円 原稿チェック・校正料込み。配信リスト作成料込み。FAX配信料込み別途料金で。 お得な回数券。リピート配信プラン。SNS拡散プラン。海外向け配信サービス。翻訳サービス	国内No.1の10,000リスト、8,500メディアに配信。原稿校正から配信先選定までを全てプロが実施・サポートするため、「取材」や「記事」に結びつく確率が圧倒的に高い。全リリースにプロの担当がつくため初心者でも安心。希望に応じてタイトル・見出し等の提案も可能。マスメディアで受信希望が多いFAXでの配信も含まれる。無料の広報セミナーも毎月開催中
「共同通信PRワイヤー」 ㈱共同通信ピー・アール・ワイヤー　03-6252-6040　https://kyodonewsprwire.jp/		
国内：2,250媒体3,300カ所のメディアをテーマ・ジャンル・エリアごとに159カテゴリの配信先リストに分類。全メディアに受信許諾。国内提携サイト：全69サイト。海外：約40,000カ所アジア太平洋の各国主要通信社および欧米のPRNewswire社と提携	国内配信：年5回で186,000円〜など、各種プランあり。全国14都市の商工会議所など「中小企業支援パートナー」を通じた利用は1回38,000円。 海外配信：392種の配信先リストから選択可能。全米9,942媒体へ基本配信料119,300円〜など	共同通信社グループとして2001年設立。159配信先カテゴリから上限10まで選択でき、1回あたり平均1,500カ所程度に配信可能。記事化率7割を誇る。あわせて、ニュースサイト中心の提携サイトにリリース原文を転載するほか、国内2,000サイトを対象としたモニタリングも基本サービスとして提供。官公庁や地方自治体、学校法人など公的機関の利用も多い。 「リリースの書き方」など広報セミナーも随時開催
「value press」 ㈱バリュープレス　www.value-press.com/		
11,000件のメディアリストから最大1,000人の記者にプレスリリースを配信。媒体の希望するジャンルとキーワードを反映した配信システム。希望媒体に電話フォローを行うメディアコンタクトも提供	スタンダード30日間配信無制限3万円ビジネス30日間配信無制限7万円。 ビジネスは、指定媒体へ電話フォローとレポート提出も含む他、単発サービス、海外配信プランも有り	約57,000社（2019年7月現在）国内最大の利用企業数。webクリッピングなどの効果測定機能が充実。原稿作成も料金内で無制限で利用できる。記者インタビューなど独自の切り口で情報発信
「PR TIMES」 ㈱PR TIMES　03-6455-5463		
配信先メディア：12,000超 提携掲載サイト：月間1億PV超の11媒体、1千万PV超の25媒体をはじめとする全190媒体にコンテンツ掲載。 個別記者ルート：15,000人	（従量課金プラン） 1配信3万円（定額プラン） 月契約8万円 半年契約7.5万円 年間契約7万円 ※各種オプションは問合せ	業界一の月間配信実績：13,260本（19年4月）とサイトアクセス数：1965万PV（19年3月）。保有ファン数はfacebook 124,000超、Twitter 92,000超。利用企業数3万社突破。スタートアップ、自治体、地方企業も増加中。情報ソースに利用するメディアが多い一方、生活者が直接見て楽しめるリリースを実現。動画PRや360°の画像など表現幅も拡大、サポート体制も充実
ビジネスワイヤ・ジャパン㈱　03-3239-0755		
各国・地域通信社との提携により、世界150カ国もの有力メディアをカバー	配信先地域・国や業種によって異なる	広範な配信から専門業界へのターゲット配信まで配信前アドバイスから効果検証までトータルケア

賞賛を固辞するのはもう一度誉めてほしいということである。（『ラ・ロシュフコー箴言集』）

7 Q&A（想定問答集）の意義と作成プロセスを深く学ぼう

ＮＲは重んじても、「Ｑ＆Ａ」を軽んじる人は、広報の本質が判っていません。ＮＲよりもはるかに難しい！　実際に修羅場を体験した実務家であればよく判るはずです。真の実力はＱ＆Ａ作成に表れます。Ｑ＆Ａ作成能力を高め、異なった重要な案件できちんとしたＱ＆Ａ作成能力が高め、〝自らの足跡を遺す〟ために、先ず本質を理論で学びましょう。

【いつ必要か】

どんな案件でも直ぐ「Ｑ＆Ａ」を考える人は優れた人です。特に一斉発表時、記者会見や事件・事故等で公式見解を求められた時、トップ人事、Ｍ＆Ａなどの進行中の重要案件に関しては「**Q&A**」**は公式見解であるNR作成と一対**《いっつい》で不可欠。切羽詰まった状況で、短時間で行うべき一連のプロセス順を追ってみてみましょう。

【作成プロセス】

(1) 広報で「予想Ｑ」を出す。「Ａ」も出来るだけ記述し各部に分ける。
多ければ多いほどいい。削るのは簡単。多角度から漏れなく出す。
同一テーマでも複数部署へ回答要請を行う場合が多々あり。

(2) 各部が「Ａ」を作成。自部署の立場から考えつくＱ＆Ａをどしどし追加。広報部へ提出。

(3) 「Ａ」の吟味、部署間の差異を調整し、広報案を作成して上申する。立場の違いから必ず差異が出る。

(4) 「承認」:「広報案」に関して、トップや各部署の責任者から最終承認を得る。

(5) 「必要人物・各部に配付・徹底」:ＮＲと共に配布し、徹底を図る。

Q&A作成プロセスとは
《Q&A作成能力を磨け＝広報の真の実力が顕れる》

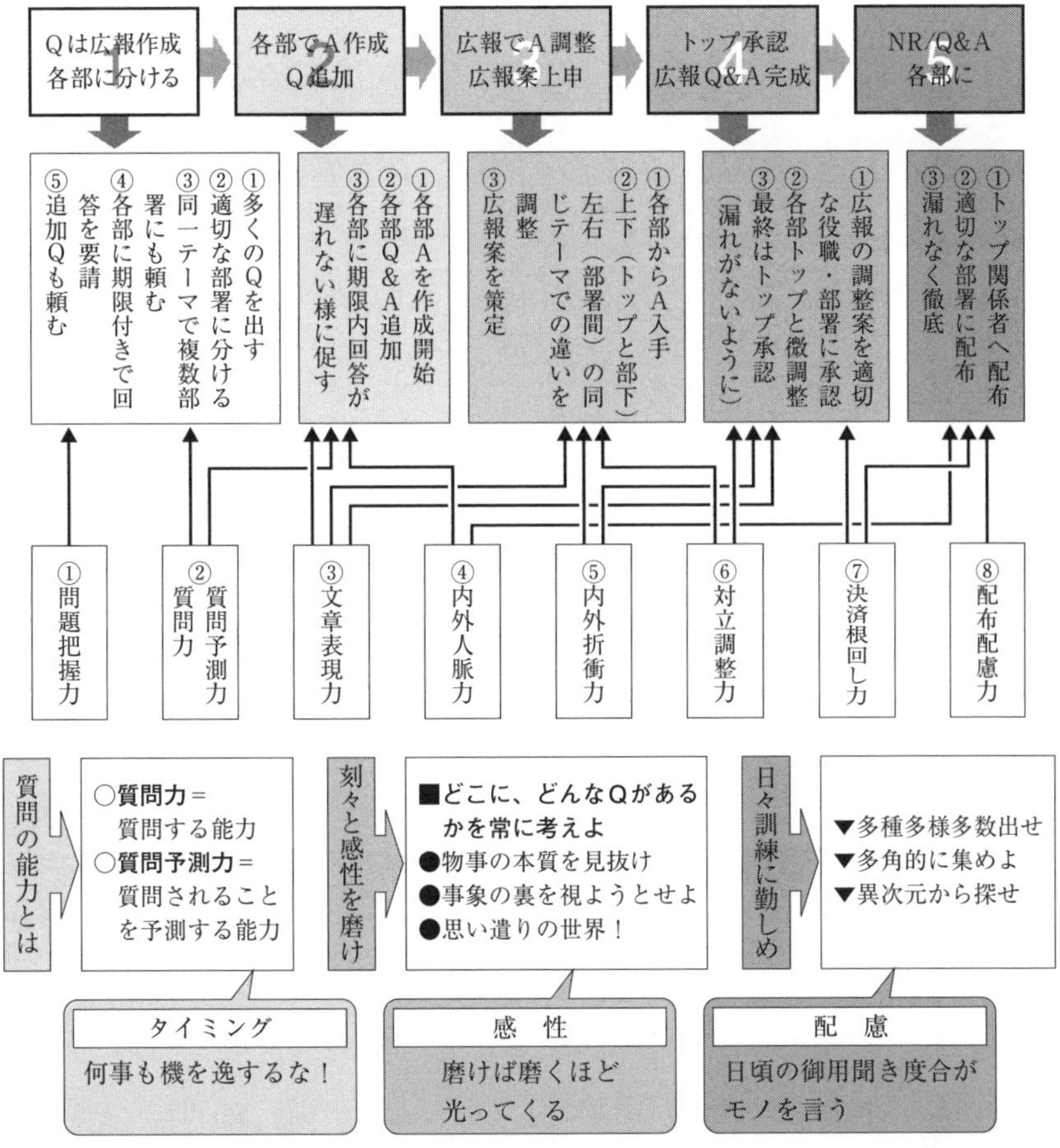

達人は、“我が兵法の世界において自分の他に誰がいようか、また自分こそは何としても極めよう”と深く決心し、朝鍛夕錬して技を磨き尽くし神通力を得る。
これが武士として兵法を修業する気合い、心意気である。　（宮本武蔵『五輪書』）

重要なテーマになればなる程、語尾の表現が微妙になります。**作成―承認―徹底**のプロセスを抜かりなく実行するところに広報の真髄があるのです。

①「**問題把握力**」：日頃から自社の問題点把握無くしては多くの質問は浮かばない。

②「**質問力**」「**質問予測力**」：相手の立場・背景に応じて質問する能力と質問を多角的に予測する能力があります。出来るだけ多く、漏れなく出せるかが実力の証。巷間「**質問力**」の大切さを唱える人が普通ですが、私は、「**質問予測力**」の重要性を強調し、これを広報第一等の能力と喝破しています。その研磨には、物事の本質や事象の裏を常に視ようとする習慣をつける必要があります。多様多彩に予測し、多角的に集め、異次元から探すように仕向けて、視る、訊く、感じる訓練を自分に課すこと。

③「**文章表現力**」：微妙なニュアンス表現力＋簡潔・具体的な記述力が必要。リモート時代の広報力強化にはこの能力向上が不可欠！　古典から優れた文章を学び実践して着実に身に付けること！

④「**内外人脈力**」：回答作成は各部署に頼む必要があり、積極的に協力してくれるキーパーソン人脈が不可欠。日頃の「御用聞き」度合いが試される。

⑤「**内外折衝力**」：トップや各部署との折衝が多くなる。

⑥「**対立調整力**」：各部からの回答は、同じテーマでも、トップと各部（上下）あるいは各部間（左右）の数字や表現が食い違うケースをどう調整するか？　に困難さがある。

⑦「**決済根回し力**」：項目ごとに誰と誰の承認が必要かは、その問題の軽重や社内組織への精通なくしては判らない。

⑧「**配付配慮力**」：誰に配布するか？は、社内人脈とパワーバランスの認識が必要。漏れなく配布徹底に長けるとかなりの実力向上の証。

Q&A作成には、あらゆる広報の能力が凝縮され、実力養成の場に最適と言ってもいいでしょう。

質問力・訊く聴く聞く力向上6か条

訊く・聴く・感じる	訊き方・聴き方の例	一緒に使うと効果的な言葉
話題を創る 空気を作る 素性を伺う 感情を共有する	・挨拶の言葉で解きほぐす：天気、気分、目覚め、健康、食、嗜好、趣味 ・名刺から質問、話題を作る（仕事・名前・出身・素性・家族・趣味・特技…へと話を広げる） ・朗らかに、節度を保ち、確固たる言動で接する	・今日は秋らしく爽やかですね ・今日も快調ですか？ ・昨日は良く眠れましたか？ ・夏らしい素敵な装いですね！ ・珍しいお名前ですね ・どちらのご出身ですか？ ・実は私も…です！
率直に訊く ・回りくどくしない ・自己開示力を促す	・売上はどの位ですか？ ・ご予算はお決まりですか？ ・御社のビジョンに沿っていますか？ ・どんな顧客クレームがありますか？	・もし、差支えなければ ・もし、決まっていれば ・ご無理であれば結構ですが ・お応えできる範囲で
答えやすく訊く 相手の立場に配慮	・これとあれではどちらにご興味おありですか？ ・ご予算は、百万以下かそれ以上でしょうか？ ・どんな分野をお好みですか？ ・まさか、こんな問題はないでしょうね？ ・最もご関心のあるテーマは何ですか？	・お立場上、答えられる範囲で ・個人的なお考えでも ・具体的数字でなくとも ・感想でも結構ですが ・オフレコにしますので ・2人（ここ）だけの話しとして ・口が固いのが取柄です ・順番は問わず3つ位で
傾聴の仕方 共感の仕方	・耳を傾ける　・身を乗り出す ・Repeatする　・微笑む ・座り直す　・両手を合わせる ・掌を合わせる　・拝む　・拍手 ・頷《うなず》く（1～2回、何度も、小さく、大きく） ・（必至で）メモを取る ・目を（大きく）見開く　・目を細める ・じっと見る（凝視） ・正対して立つor座る　・背筋を伸ばす ・拳を握る（握り締める）	・成程！　・ご尤《もっと》も！　・ワー！ ・へ～！　・そうですね！ ・全く！　・面白い！　・正に！ ・おっしゃる通り（ですね）！ ・当然（です）！　・流石（ですね）！ ・凄い！　・いかにも！　・納得！ ・ほんと！（に？） ・素晴らしい！ **動作と合わせると更に効果大！**
空気を読むより 香を感じる Read<Sense, Smell	・状況を把握する・目が輝いている ・好意的か？　いやいやか？ ・時期はいいか？　時機を待つか？ ・皆、乗ってる雰囲気だ！	・こんな企画はどうお考えですか？ ・時期を改めましょうか？ ・ご興味持って頂けそうですね！
褒め言葉のポイント 褒める順序	1. 外見・服装　4. 好結果 2. 性格　5. プロセス 3. 能力　6. 可能性を褒める **どんな場合でも上記どれかで褒められる！**	・凄い！　・流石！ ・初めて！　・素敵！ ・面白い！　・素晴らしい！ ・チャーミング！

君自身に固執したまえ。ゆめ模倣などしてはならぬ。君自身の天分なら、これまでずっとやってきたその積み重ねの力を発揮してたえまなく表わし続けることもできる。

（『エマソン論文集』）

8 Q&A作成の実務ポイント・・・真の実力が露呈する

【Qの出し方】

出来るだけ多くのQを出す。重複は削ればよく、QなしにAは出せない。キーメッセージとなる伝えるべきこと、伝えたいことに関するQを真っ先に記す。これに、当然訊かれることを加える。多く出すコツは、次の8つで多角的に考え、網羅しましょう。

① **掘り下げる縦型思考**：売上高から利益や利益率等と縦に掘り下げる
② **広く集める横型思考**：ある商品の売上高から他の商品、事業部、会社と広げる
③ **部署別**：企画部、営業部、人事部・・・等
④ **テーマ別**：品質面、製造面、営業面・・・等
⑤ **6W5H**（140頁参照）：多彩な数字の質問が浮かぶ。どの数字で、どんな数字表現で、公式回答とするか？　その表現に密やかな戦略、真の意図・狙い、隠したい本心が露呈
⑥ **IR、コンプライアンス**：法務や弁護士との調整要。弁護士主導の法令に則った回答が時に社会の非常識の恐れあり。コンプライアンスは規範の最低ラインと強く認識すべし！
⑦ **CSR、SDGs**：SDGsを経営の中枢において活動する企業が急増。質問が容易
⑧ **旬の話題**：季節や食物の旬、近い記念日や行事の旬等多彩

【Aの出し方】

自分の立場を判ってもらおうとの意図で説明調で長くなりがちの各部からの回答を短く纏めることが大切です。同じ質問でも複数の部署にまたがる場合、立場の違いで回答が異なるケースが普通と思って

Q＆A作成の秘訣

Qの出し方	伝えるべき、伝えたいAからQを出し、当然訊かれることを加える。多くのQを出す。経営から技術まで複数の人でQ出す。グループで出し合う	伝えるべきはキーメッセージ 馬鹿げたQほど価値あり 人が気付かないQ程喜べ
	①縦型質問：同じ系統の質問を掘り下げる ②横型質問：広い視点・関連質問 ③部署別　④テーマ別 ⑤6W5H　⑥IR・コンプライアンス ⑥CSR・SDGs　⑦旬の話題	売上高・利益・利益率… この売上高・あの売上高… 営業部では…品質面では 今後の見通しは？法令違反は？ 専門部署と協力
	Qの仕方でAが変わる。異なった表現で！ 同じテーマで複数のQも出す	来年度の業績見通しは？ 来年の業績は10%位ダウンか？
	具体的Qにする 抽象的Qは、答えが作れない。曖昧	発表者が回答に確信を持つ 具体的Aは抽象Qに対応可能
	事実確認、謝罪の有無、責任者の処分、対策や賠償の方針、過去の動揺の事件や事故業績に与える影響、短期・長期の経営見通し	同じテーマでも異なったQの仕方を想定しておく
Aの出し方	具体的・簡潔な表現。断定調は○、詠嘆調はX短い文章で答えやすく。説明調はダメ。	長い記述は、実際に使えない 下手な回答が質問を呼ぶ！
	明確・明快な表現で。戦略的曖昧さはOK 異なったニュアンスに取られない様に数字を正確に、かつ細か過ぎない様に	曖昧さが質問を呼ぶ！ 曖昧さは疑惑・疑念を招く！ 数字は、丸める！
	トップと各部間(上下)＋各部間(左右)調整が重要各部からの回答から公式見解を統一することが肝要	広報案を2～3作成→各部根回し→トップ承認→各部関係者に徹底
	未決定事項をどういうか？(機関決定前等) (今は)明らかにできない事項の表現を慎重に 戦略的数字表現を工夫せよ（○○頁参照） 各部・トップとの調整が不可欠！	この表現に全力を注げ 広報の実力証明の場 この表現で会社の本質が露呈 To be goodが回答の根底に！
	外部の目を入れよ（専門家） Legal Check（弁護士等）を忘れない！	広報は常に第三者視点で観よ 外7：内3のバランスで俯瞰せよ

君子はただ四真を求む。真心《しんしん》。真口《しんこう》。真耳《しんじ》。真眼《しんがん》なり。真心には妄念《もうねん》なし。
真口には雑語《ざつご》なし。真耳には邪聞《じゃぶん》なし。真眼には錯識《さくしき》なし。（呂新吾《りょしんご》『呻吟語《しんぎんご》』）

下さい。例えば、

◆**上下＝経営陣と各部の食い違い**：「販売目標数字」は、経営陣は大き目、各部は小さ目に、「資金」や「人」などコストに絡むことは逆になりがち。

◆**左右＝部署間の食い違い**：「採用計画数字」は、人事は少なめ、現業は多めに、「新商品発表時期」では、営業部門は早めの、開発部門は遅めの発表を希望する。「納期」では、営業は早め、工場は遅めとなるのが普通でしょう。

広報はこういう食い違いを調整し、各部の長い説明を加味して短く広報案をまとめ上伸し、一本化して会社の統一見解とすることが重要な役割なのです。

その際、**語尾の表現に企業の戦略的意志が明確に表れます**ので、細心の注意を払いましょう。

無用な疑念を抱かせないように断定調で簡潔に短文で表現する。特に、取締役会前の未決定事項や最終契約前の重要案件等、語尾の表現が難しい。この表現の微妙さが身に染みるようになると、かなり実力が身についた証です。適切な表現に辿り着くには、会社の現状を理解し、問題点を直視し、内外の環境・ライバルとの競合状況などを勘案しつつ、幾つかの語尾表現を案出し、上申するのです。

例えば、「・・・・10億円達成の見込みです」「・・・・を目標に努力します」「・・・・10億円前後を想定しています」「・・・・を下回らない見通しです」「・・・・を確約します」「・・・・を目指します」など。

それら候補の中からどれが当座の回答として、適切かを測り、トップ上層部へ提案、トップはその表現案を参考に検討し、どの表現でいくかを決定するのです。この提案―承認―徹底が重要です。

広報の仕事は新任といえども、そのつもりになれば経営レベルの観点から修行が出来ます。どのレベルの仕事を目指すか？　それは**貴方の意欲と意志次第**です。

記者面談立会い中の心得12か条

①	万端の準備	質問予測力を駆使して、Q&Aを万全に作成する。回答を補充する為万端の資料を用意し、質問に的確な回答や興味ある情報を提供できる専門家同席をアレンジする
②	円滑な導入	両者紹介、面談趣旨を確認したり、四方山話やトピックス的話をしながら、両者の心理的緊張が和らぐ雰囲気、和気藹々の場作りを意識して、タイミングよく本題へ導く
③	質問の牽制	変な質問、困った質問、傍若無人な質問、微妙な質問（トップ人事・進行中の重要事項に関して）を牽制。回答に困る質問には直ちに介入し、「それは私から後程」等うまく引き取る
④	回答の補助	面談者が回答に詰まったら助け舟を出す。トップ人事など微妙な質問は引き取る。「次はX副社長か？」「後継はどんな人物か？」等はトップがさらっと受け流せるようだといいが、「その辺は後で話しましょう」など臨機応変に切り抜ける
⑤	話題の増加	話題が途切れ一瞬沈黙が続いたり、実のない話になる場合には、新たなテーマのきっかけとなるような話題を提供する。その為に日頃ネタをポケットに忍ばせておく
⑥	咄嗟《とっさ》の介入	言うべき重要なことを忘れていたら「社長、例の件この辺で？」などと誘い水を出す。オープン前の今は未だテーマに触れようとしたら、即座に、「社長、その件はまだ少し先の話ですので、時期が来たら私から話しておきます」と咄嗟にCut-in!話の進行を遮る
⑦	閑話の誘導	ホールインワン等ハップニング的な話題や海外旅行での面白い出来事等を事前に尋ねておき、「この前のハップニングの話をしたらどうですか？」とか、記者に「実は、先日、社長にちょっとしたエピソードがありましてね」などと話題を振り向ける。
⑧	誤答の回避	「あの件どうなったか」や「正確にはあの事業部の売上はいくらだったか？」などと聞かれたら、適切に答え間違いを避ける。曖昧な数字や名前等は社内確認後早く連絡
⑨	情報の収集	記者にいろんなやり取りを通じて、自社の良い・悪い評判や噂、自社の商品・サービスの評価・批判、評価、業界や他社情報等々をうまく惹き出すよう促す
⑩	質疑の確認	メモをとり後で確認する。言った・言わないを正し、誤解・曲解を避ける。必要において、他の幹部に配布し情報共有を図る
⑪	全体を司会	全体の雰囲気をリードし終了まで会全体を司る。多彩豊潤な情報提供により記者の興味を惹き出し或いは惹き付け、斬新なテーマや切り口への発想を促し、記事化への意欲湧出を図る。最終的に原稿作成への決心を確定してもらう最善を尽す。目配り気配り足配り！
⑫	露出へ配慮	記者の記事化への興味を更に高める為追加情報提供を申し出る。①追加資料、②担当役員や専門家など当事者との追加面談のアレンジ、③工場など現場視察を率先提案し、実行する。豊潤な滋養たっぷりの“情熱費”を差し上げて顧客・社会を喜ばせる「共創の作品」完成へ！

心《こころ》人《ひと》に負《そむ》かざれば、面《かお》に慚《は》ずる色《いろ》なし。　（『道元禅師語録』）

9 Q&Aを戦略的に作成し、3つ×2つに分けよう

Q&Aは、大分類し、項目別に分けで分類番号を付けますが、別に**「通し番号」**をつけて探しやすくすることが肝心。現場で役立ちます。先ず、重要性に応じて、3つに分けます。

(1) 訊かれなくても、言うべきこと (2) 訊かれたら、言うべきこと (3) 訊かれても、言うべきでないこと

これを、左図のように更に2つずつ分けるのです。この仕分けに会社の戦略が如実に現れます。

これらを明確にすると、誰にでも対応が統一されて、確かなニュアンスで伝えられるのです。

この内、(1)－①「最も優先度の高いキーメッセージ」をNRに記述することになります。つまり、Q&Aを作ってから、NRを作ると言う方が正しいプロセスと言えるでしょう。

この仕分けを怠ると、大事なところで、言い逃したり、意図が伝わらない恐れがあるのです。或いは、表現が断定的でなかったため、肝心なことが記事に表現されてないというもったいない状況になります。または、重要なポイントが異なった表現となり、誤解される局面が待ち受けています。

特に、(3)の「今は未だ言うべきでないこと」「マル秘でずっと言わないこと」を分けて把握することが肝要！　危機対応の要諦として、「ウソを言わないこと」がありますが、「ウソを言う」のは、この仕分けをしないからで、むしろ「ウソを言わざるを得ない状況になっている」のです。ウソを言わないで済むには、「(その件は) 今はまだ言えない。なぜなら○○だから。◎◎になれば言える」と明確に回答することが肝要！　とは言え、**「事実」をいつ、誰が、どの程度公表するかは、あくまで企業戦略！**

以上、6つに分けなくとも、**この考え方を身につけると、臨機応変の対応力が強化**されます。

通し番号	分類	重要性	Q	A
1.	経営	①	決算への影響どの程度？	現在、詳しくは調査中ですが…
2.		②	被害額は？	現時点での被害額は…
3.	販売	①	納期は？	３か月間は遅れない…
4.		②	値引はあるか？	今その必要はない…

探し易く！

Q&A各項の軽重を見極めよう

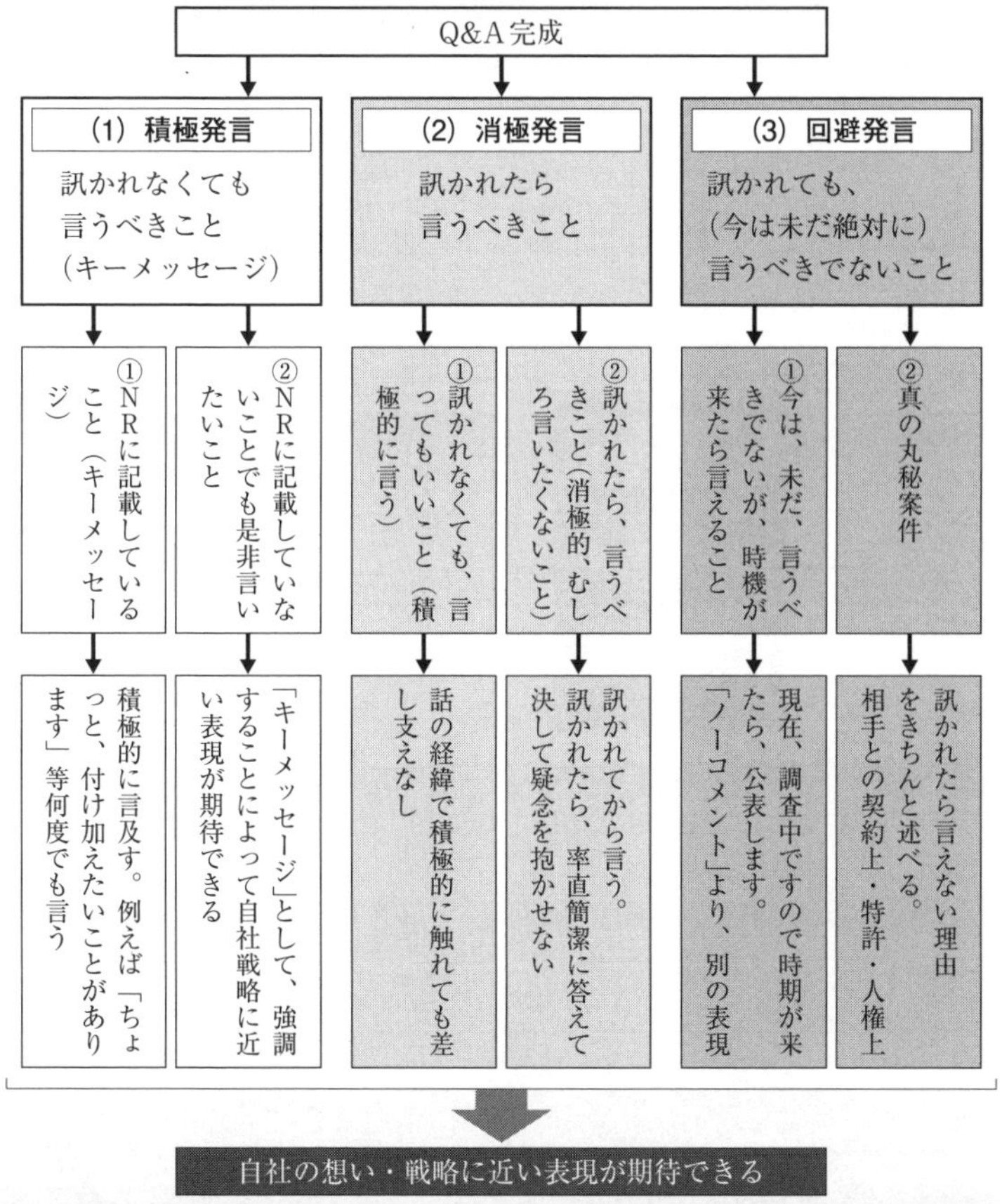

一燈照隅《いっとうしょうぐう》　万燈照国《ばんとうしょうこく》。能《よ》く一隅《いちぐう》を照《てら》す者《もの》にして始《はじ》めて、能《よ》く照国《しょうこく》できる。微力《びりょく》を諦《あきら》めてはならぬ。冷《れい》に耐《た》え、苦《く》に耐《た》え、煩《はん》に耐《た》え、また閑《かん》に耐《た》えて、激《げき》せず、躁《さわ》がず、競《きそ》わず、随《したが》わず、自強《じきょう》してゆこう。（『安岡正篤《やすおかまさひろ》一日一言』）

面談場所の選び方の心得10か条‥‥広報センス発揮のしどころ

面談が決まったらすぐ場所を考える。自社か外か？　食事が入るか？で異なる。考慮ポイントは：
①会合の意義・趣旨　②記者との関係　③役員の意向　④両者の立場　⑤親密度合い
⑥両者の時間的都合　⑦両者の好み　⑧天候（寒暖・風雨）　⑨両者住所・帰りの便　⑩予算

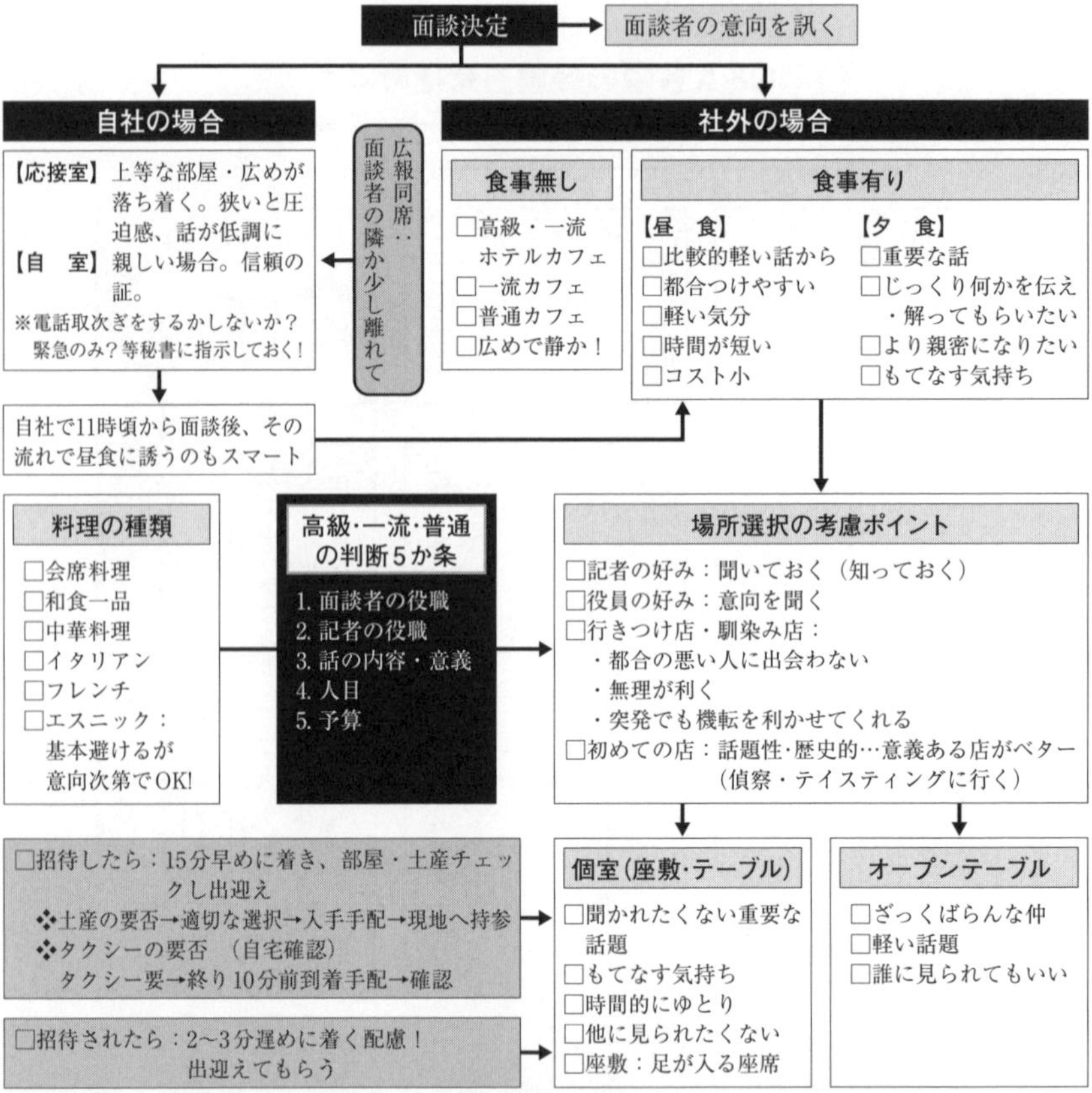

> かくて、然《しか》るべきことがらを、然るべき目的のために、また然るべき仕方で、然るべきときに耐えかつ恐れるひと、またこれに準ずるごとき仕方で平然たるひとが勇敢なひとにほかならない。けだし,ことがらの値するところに応じ、ことわりの命ずるであろうような仕方で、情感し行為してこそ勇敢なひとなのである。
>
> （アリストテレス『ニコマコスに倫理学』）

第5章

お手本NR添削「Yes & But 3ポイント」

私は、文章の最高の目標を格調と気品に置いています。例えば、正確な文章でなくても、格調と気品がある文章を私は尊敬します。（中略）一言をもって言い難いこの文章上の気品とか格調とかいうことは、闇のなかに目がなれるにしたがって物がはっきり見えてくるように、かならずや後代の人の眼に見えるものとなることでありましょう。具体的に言えば、文章の格調と気品とは、あくまで古典的教養から生れるものであります。そうして古典時代の美の単純と簡素は、いつの時代にも心をうつもので、現代の複雑さを表現した複雑無類の文章ですら、粗雑な現代現象に曲げられていないかぎり、どこかでこの古典的特質によって現代の減少を克服しているのであります。文体による現象の克服ということが文章の最後の理想であるかぎり、気品と格調はやはり文章の最後の理想となるでありましょう。

（三島由紀夫『文章読本』中央公論新社）

1 キリンホールディングス株式会社

❖ニュースリリース作成にあたっての想い・狙い

① ニュースリリースは事案活動を的確にメディアに伝え、記事にしていただくための資料であり、多忙な記者に配慮した内容であることを意識している。
② ファクトのみを記載し、見出しは大見出しと小見出し程度でシンプルを心掛けている。
③ 記事の骨格になる5W1Hをリリースの冒頭で訴求している。

キリンホールディングス㈱　コーポレートコミュニケーション部　部長　佐々木《ささき》直美《なおみ》氏

❖山見博康の「Yes ＆ But 3ポイント」

Yes

1. 一見して、インパクトあるキャッチで、少ないスペースに豊富な情報をカラー＋字体の変化に加え、囲みや写真が素敵なバランスで配置されていることに、感銘を受けました。
2. タイトルに、「持続可能な社会実現」という地球への優しさと「オーガニックワイン」という人の身体への優しさをキリンの大義がつなごうとの意図が爽やかな感じを与えています。
3. 実にきめ細やかで思いや深さを感じさせ、優しい親切な社風が顕れています。四角い枠で囲み、太字にして実に明快かつ段落＋小見出し＋箇条書のお手本です。

But

1. タイトルに持続可能な・・・とあるので、今旬の「SDGs」の文字も入れたがベター
2. 【今後の方針】と小見出しをつけ、目標期間や売上等数字で明快に述べておくと完璧！
3. 各行右端の言葉の切れに注意し、読み難い場合は改行して読みやすくすると、配慮が行き届く。

実にきめ細やかで優しい親切な社風が顕れている

News Release

旬の「SDGs」の文字も入れたがベター

明確なロゴ

Mercian

2020年1月15日

インパクトあるキャッチ！

～"人と社会をつなぐ 人と人をつなぐ"ワインの消費で、持続可能な社会を実現する～

オーガニックワイン※1 プロジェクト「わたしにイイこと※2、みんなにイイこと※3。」が始動

何かな？と期待させる良い表現

インパクトあり開始日が必要

メルシャン株式会社（社長 長林道生）は、オーガニックワインのプロジェクト「わたしにイイこと、みんなにイイこと」を、2020年1月より始動します。

「こ」から改行がベター

※1 国際有機農業運動連盟（IFOAM）に則ったオーガニックワイン。

注釈は理解促進し親切！

※2 メルシャンが選定する受賞歴豊富で高品質なオーガニック生産者のワインを指します。

※3 オーガニックワインは自然環境などに配慮して作られています。

簡潔明快な説明文

近年、教育や国際的なイベントを通じて、持続可能な社会の実現に向けた国連の「持続可能な開発目標（SDGs）」への関心が高まっています。海外ではすでに、よりよい社会の実現に向けて人と社会、地球環境、地域に配慮した消費行動をする"エシカル消費"の動きが、ミレニアル世代※4を中心に広がりを見せています。また、当社は、キリングループが掲げる長期経営構想「キリングループ・ビジョン2027」のもと、「CSV※5の実践」と「付加価値」の相乗効果で間口拡大を牽引し、ワイン市場の活性化を目指そうと考えています。

「また」から改行もOK

※4 1980年代から2000年代初頭に生まれた人を言うことが多く、インターネット環境が整った頃に育った最初の世代で、情報リテラシーに優れている。

※5 Creating Shared Valueの略。お客様や社会と共有できる価値の創造。

このたび当社は、"エシカル消費"の底流にある考え方を重視し、ミレニアル世代を中心としたお客様に、新たな選択基準を提供するために、「わたしにイイこと、みんなにイイこと。」をキーワードに、オーガニックワインの消費拡大を推進するプロジェクトを始動します。当プロジェクトを通じて、若年層の方にもワインを楽しんでいただくきっかけを作り、ワイン飲用頻度アップを図り、ワイン市場の間口拡大を進めていきます。

枠で囲み、太字にして実に明快

カラービジュアルで一目瞭然

●「わたしにイイこと、みんなにイイこと。」プロジェクト概要●

(1)共通ロゴやビジュアルによる訴求

お客様に「オーガニックワイン」を選択いただく目印となる共通ロゴの使用や、価値観を伝えるメインビジュアルを活用するなどし、店頭・飲食店で「オーガニックワイン」の価値をわかりやすくお伝えします。

段落＋小見出し＋箇条書のお手本

「ダ」で改行

(2)「オーガニックワイン」公式インスタグラムアカウント、ホームページの開設

2019年12月下旬に開設したインスタグラムの公式アカウントや、2020年1月に開設した公式ホームページを通じて、お客様に「オーガニックワイン」に関する情報をダイレクトに発信し、コミュニケーションの場として活用します。

量販店向け商品共通シール

具体的で明確

カラーは目を惹く

・公式インスタグラムのアカウント名 mercian_ethicalwine

・公式インスタグラム URL www.instagram.com/mercian_ethicalwine/

・公式ホームページ URL www.kirin.co.jp/products/wine/organic/

(3)"エシカル消費"に関するイベントの開催・出展

「オーガニックワイン」共通ロゴ

Wine de Ethical

日も記載が親切

イベントを通じて、「オーガニックワイン」が日常にある生活の提案を進めます。

・NPO法人日本ホリスティックビューティ協会と共催で、パタゴニア・プロビジョンズのマネジャーをゲストにお招きし、エシカルライフを考えるトークイベントを2020年2月に開催

・アッシュ・ペー・フランス株式会社主催の日本最大級のファッションとデザインの祭典「rooms（ルームス）」のエシカルブースへの、当社「オーガニックワイン」初出展

1字右にずらす

メルシャン株式会社は、ワイン事業スローガン「ワインのおいしい未来をつくる。」のもと、ワインのある豊かな時間を通じて、人と人とのつながりを楽しんでいただけるよう、さまざまな提案を続けていきます。

【今後の方針】と小見出しを

添付資料：参考資料…1枚

本プロジェクト目標期間といつ迄にどの位の売上や市場拡大を狙うのか？が記者の質問！

（本件お問い合わせ先）

キリンホールディングス株式会社 コーポレートコミュニケーション部

東京都中野区中野4-10-2 中野セントラルパークサウス TEL 03-6837-7028

（お客様お問い合わせ先）

キリンホールディングス株式会社 メルシャンお客様相談室（フリーダイヤル）0120-676-757

キリンホームページアドレス www.kirin.co.jp ＊ホームページから商品画像を取得できます。

メールは必須、携帯は親切！

直接のURLが親切

何事の評判にても、其心根《そのこころね》にて吟味せざれば、是非《ぜひ》のあやまりあるものなり。

（中江藤樹『翁問答』）

2 株式会社オーダースーツSADA

❖ニュースリリース作成にあたっての想い・狙い

① NRの意図を明確にして、ビジョンに基いて、その将来の見通しや今後の方針について、明記することを心がけています。又、自社の特徴や差別点を箇条書にしています。

② 常に記者の視点、つまり社会課題や読者の視点でのニュース性やストーリー性に留意し、特に、インパクトあるタイトルを心がけています。

③ 記者のアパレル知識が異なることを考慮し、ビジュアルに判り易い言葉で記述しています。

㈱オーダースーツSADA　代表取締役社長　佐田展隆《さだのぶたか》氏

❖山見博康の「Yes & But 3ポイント」

Yes

1. 高級路線第一号旗艦店を銀座にとの趣旨や今後の方針が明記され、熱い想いが随所に伝わります。社長と店長メッセージの決意と意気込みが率直な表現で清々しい。
2. インパクトある数字を多く使った明確なタイトルとプレオープンと記者発表案内のサブタイトルが記者の目を惹いています。特に記者が気にする「新型コロナ対応」を明記したのは親切です。
3. 店舗概要やその特徴も一目瞭然。ビジュアルで簡潔な箇条書を駆使して実に判りやすい！

But

1. 社名が十分浸透していない段階なので、簡潔に会社概要をいれると喜ばれるでしょう。
2. 店舗の外観写真かイラストがあれば、店のイメージが掴みやすくベスト！
3. 店舗概要の中に、店のスペースや内観にスタッフの人数などもあると親切です。

配布クラブは全部列記要

ORDER SUIT SADA

スペースを十二分に活用網羅した手本

定型のロゴ

東商記者クラブ御中
東京繊維記者会御中
報道関係各位

2020 年 5 月吉日
株式会社オーダースーツ SADA
代表取締役社長　佐田 展隆《のぶたか》

ルビは親切

枠内に伝えたいことを簡潔に網羅した手本

ロマンを先にインパクトあり

高級店1号に魅力!

6/6(土)11 時 OPEN！　全国 54 店舗目！　2023 年 100 周年 80 店舗へ！

高級路線第 1 号旗艦店！「オーダースーツ SADA ＋《プラス》 銀座店」

グランドオープンと特別割引フェア開催

ルビは親切

5/16（土）より準備の為プレオープン！6/6（土）10 時記者発表会開催

すぐ目に入る絶好の場所!

十分な内容を短く網羅

宮城・北京で年間 13 万着、日産 500 着の工場直販店舗数日本一オーダースーツ専門メーカー（株）オーダースーツ SADA（東京都千代田区岩本町、社長：佐田展隆）は、より高品質のスーツのご要望にお応えし、来る 6/6(土)11 時に、新業態として「工場直販オーダースーツ SADA＋ 銀座店」をグランドオープン致します。

これは、去る 5 月 8 日（金）に延長された緊急事態宣言は、来る 5 月 31 日（日）に解除されるとの 見通しを受け、5 月 16 日（土）にプレオープンし準備期間を経て、6 月 6 日（土）にグランドオープンを予定するものです。

●当日グランドオープン前 10-11 時に、代表取締役社長佐田展隆より、発表致しますので是非御取材下さい。

旬のコロナ緊急事態宣言にも言及

段落+小見出し+箇条書の手本

【出店趣旨】1. 高品質な商品を特に充実させた新ブランドで、銀座という土地柄に見合った商品をご用意
2. 高品質な商品を求めるお客様を対象とした新業態で、更なる顧客満足度向上を目指します
3.「銀座店」は、弊社を代表する旗艦店（フラッグシップショップ）として育てていきます。

【新型コロナウイルス感染防止対応】万全を期して全国の店舗で以下の措置を徹底しております。

1. 全員がマスクを付けて接客。お客様にも御願いします。
2. 入店前に「両手消毒」を御願いします。
3. 事前予約により待ち時間が極力ないようにします。

【新店舗概要】

日時：2020 年 6 月 6 日（土）11 時 OPEN
場所：東京都中央区銀座 6-13-16-1F-1F
電話：03-6278-7933
営業：11 時～20 時（除く：毎週水・祝祭日）

枠で囲み簡明で一目瞭然

枠と網掛けが際立ち目を惹く

【6/6(土)～6/21(日) 新規 OPEN 特別限定フェア】

1)先着 30 着限り！イタリー製生地　REDA1 着 30,000 円(税別)でご提供！
2)先着 30 着限り！英　国製生地　ドーメル 1 着 50,000 円(税別)でご提供！
3)先着 30 着限り！イタリー製生地　ゼニア 1 着 70,000 円(税別)でご提供！

【店舗場所】

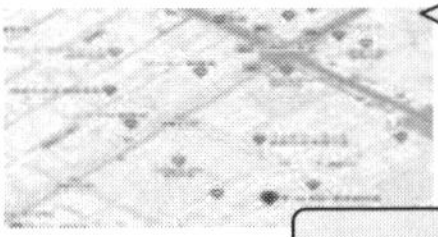

地図は親切

【今後の方針】

ここ1年間で6店舗、2021 年 6 店舗と着実に出店を増やし、2023 年 100 周年迄に、20 店を出店する計画を立て、合計 80 店舗体制達成を目指していきます。

今後の方針が明確でインパクトあり

顔写真は親切

銀座店店長　松永孝一のご挨拶

旗艦店を任され、強い責任感でて、プリヴァレッジな店舗作りを展開したい。心地よいスーツと接客サービスとは何かを追求し続け、全く新しい創造性の探求と併せ、培ってきた確かな採寸と縫製、双方が混ざり合う事により、お客様にとって最高の商品と喜びを提供できるよう、スタイリストと一丸となって取り組む所存です。

代表取締役社長　佐田展隆のご挨拶

高級生地でさえ自動化を追求した生産性の高い自社国内工場での縫製によりどこにも負けないとの自信から「銀座」という相応しい場所に、高級業態となる「銀座店」を出店致します。「ご納得いただける価格で高級生地オーダースーツを仕立てられる店」としてオープン。必ず、愛される店舗を目指す決意です。

店長・社長メッセージは興味を惹く

【お問い合せ先】　株式会社オーダースーツ SADA　広報担当　鈴木
TEL：090-2222－88888　FAX：(03)3864-7716　E-mail： info@sandars.co.jp
〒101-0021 東京都千代田区岩本町 2-12-5　早川トナカイビル 5F

会社概要があればベター

才能は天与のもの　謙虚たれ。　Talent is god-given, be humble!
名声は人与のもの　感謝せよ。　Fame is man-given, be thankful!
自惚《うぬぼ》れは自与のもの　注意せよ。Conciet is self-given, be careful!
（ジョン・ウッデン『人は私をコーチと呼ぶ』）

3 株式会社セブン&アイ・ホールディングス

❖ニュースリリース作成にあたっての想い・狙い

① 記者の立場を理解し、「記事を書く」つもりで情報を整えフラットに記述。際立つキーワードからタイトルに付し、本文、詳細な整理過程を経て、客観的に読んで興味が湧くかを見定める

② この手順を繰り返すことで、ニュースのコア部分を定め、明確にしたうえで、商品なら実際に試用する等行為を通じ、「生」の表現を入れ、ストーリー性を持たせることで情報に厚みを加える

③ インパクトのあるタイトルと、正確かつ端的に中身を説明する本文が備わっていることが重要

㈱セブン&アイ・ホールディングス　コーポレートコミュニケーション本部　広報センター
執行役員　シニアオフィサー　松本稔《まつもとみのる》氏

❖山見博康の「Yes & But 3ポイント」

Yes

1. 「革命」という強い言葉で気を惹き、必要十分のリード部が続く。素敵なバランスで配置!
2. カラフルでVisual! レイアウトも工夫され、独創的で判り易く親切心が溢れています。これによって社風が判り、社員の気風も感じられます!
3. 新しい容器と形状がユーモラスなイラストになってImpactと新鮮さあり! 上と横からのカラー写真で一目瞭然! 「開発目的」と小見出しがベスト。特徴3つ箇条書は簡潔なお手本表現。

But

1. リード部では「開発の目的」と小見出しし、3つ位に箇条書すると一目で判ってもらえます。
2. 最後に【今後の方針】と小見出しでこの商品にかける熱い想い等を記述すると締まります。
3. 発売日前に記者招待にて「子供向け試食会」開催も一案! テレビにも喜ばれるでしょう。

カラフルでVisual! レイアウトも工夫され独創的で判り易く親切心が溢れている

NEWS RELEASE

誰もが知るロゴ

セブン&アイHLDGS.
株式会社 セブン-イレブン・ジャパン

ユーモラスなイラストにImpactと新鮮さあり!

2018年9月27日

新しい容器形状と容量で"冷凍米飯"に革命を!

「革命」という強い言葉が気を惹く

必要十分のリード部

韻を踏んだネーミングが興味をそそる

『セブンプレミアム 炒め油香るチャーハン/バター香る海老ピラフ』

—11月20日(火)より一部地域のセブン-イレブンで先行販売開始—

株式会社セブン - イレブン・ジャパン(本社:東京都千代田区、代表取締役社長:古屋 一樹)は、11 月 20 日(火)より、『セブンプレミアム 炒め油香るチャーハン』『セブンプレミアム バター香る海老ピラフ』を、一部地域のセブン - イレブンにて先行発売いたします。

「開発目的」と小見出しがベスト

本商品は、冷凍チャーハンや冷凍ピラフ等の"冷凍米飯"を、幅広いお客様に、もっと手軽に、便利にご利用いただくため開発いたしました。

従来より市場の"冷凍米飯"においては、大容量で袋入りの商品が多く、レンジ加熱も含め家庭でのご利用を前提にしたものが主流となっていました。しかし、コンビニエンスストアにおいては「買ってすぐに食べたい」という即食のニーズも多いため、「すぐ」「手軽に」食べることができる「縦型形状のカップ」「1人前の容量」の商品設計を採用しました。

時間や場所にとらわれずに、本格的なチャーハン・ピラフがお楽しみいただけます。

※店舗により商品の取り扱いがない場合がございます。

<<商品概要>>

『セブンプレミアム 炒め油香るチャーハン』

上からと横からのカラー写真で一目瞭然!

発 売 日:2018年11月20日(火)
価　　格:198円(税込213円)
販売店舗:関東、東北の一部のセブン - イレブン約7,000店より先行発売

特徴3つ箇条書は簡潔なお手本表現

◆皿に移す手間がいらず、そのまま電子レンジ調理が可能な、簡便性・即食性の高い新しい"冷凍チャーハン"。
◆高温で炒めることで、パラッとした、香りのよい本格的なチャーハンを実現。
◆具材のチャーシューが、シンプルな味のチャーハンを引き立てるアクセントに。

『セブンプレミアム バター香る海老ピラフ』

発 売 日:2018年11月20日(火)
価　　格:198円(税込213円)
販売店舗:関東、東北の一部のセブン - イレブン約7,000店より先行発売

◆皿に移す手間がいらず、そのまま電子レンジ調理が可能な、簡便性・即食性の高い新しい"冷凍ピラフ"。
◆炒めた米をブイヨンと共に炊き込み、あるべき工程にこだわることで、本格的な味わいを実現。
◆芳醇なバターの香りが食欲をそそる仕立て。

以上

【今後の方針】と小見出しでこの商品にかける熱い想い等を記述すると締まる

実際の発売日前に記者招待にて「試食会」開催も一案!「画」になるので記者に喜ばれ→記事(報道)に!

功徳のある人のところには、人は集めなくても集まってくる。
香《かんば》しい花は遠くにあっても、蜂は雲のように集まってくる。　(『サキヤ格言集』)

4 全日本空輸株式会社

❖ニュースリリース作成にあたっての想い・狙い

①　記事にしていただくためには、記者さんに手間をかけさせないこと、一目で何が書いてあるのか理解できるわかりやすさが重要です。

②　写真や図解を多用し、

③　興味を持ってもらうためのストーリー立ても必要となります。

リリースの企画担当者ではなく、必ず広報部員が自ら記者の感覚を意識して書くことが望ましい。

全日本空輸㈱　広報部　担当部長　黒木《くろき》隆志《たかし》氏

❖山見博康の「Yes & But 3ポイント」

Yes

1．簡潔明快なリード部に始り、全体的にカラフルで一貫してVisualを心がけ親切心が顕れています。具体的な内容が視覚に訴えてインパクトあり、一目瞭然で判る！　会社の明朗性が判ります。

2．ANAとしての新たな挑戦を強調するのも興味を惹くし、「HONU」の意味やハワイとウミガメとの関連性を「囲み」で紹介するのも親切で記事を膨らませるでしょう。

3．段落＋小見出し＋箇条書の活用は一目瞭然のお手本です。

But

1．タイトルで、ANA新たな挑戦！　として初〃を強調するとよりインパクトを与えます。

2．ハワイとウミガメとの関連性を簡潔に紹介するのも親切で記事を膨らませることになります。

3．改行に留意し、より読みやすく！　異なったイラストや写真を1－2枚増やしていいかも！

ANA NEWS

いつも同じ定型ロゴ

Inspiration of JAPAN

ANA HAWAii

全体的にカラフル Visual
段落＋小見出しあり一目瞭然！

通し番号で
整理しやすく

第１９－０１６号
２０１９年５月２２日

ホノルル線限定で機内安全ビデオ・降機ビデオに「HONU」が登場します

ＡＮＡ新たな挑戦！や
初”を強調するとベター

「ＨＯＮＵ」の意味を囲み
で紹介するとベター

最初に Visual
で Impact あり！

簡潔明快な
リード部

ANA は、2019 年 5 月 24 日からの世界最大の旅客機エアバス A380 型機「FLYING HONU」のホノルル線就航に合わせて、ホノルル線限定の機内安全・降機ビデオの上映を開始します。※1

ここで改行する方が読みやすい

ANA では、昨年秋に歌舞伎をテーマに機内安全ビデオを一新し、大変ご好評をいただいております。今回、ホノルル線限定で上映する機内安全ビデオ・降機ビデオは、「FLYING HONU」の就航に合わせて一新する機内サービスとともに、ご搭乗いただいた瞬間から旅の最後までハワイの雰囲気を感じていただき、興味を持ってご覧いただけるよう、ANA の新たな挑戦として制作しました。

“3”から改行すると
読みやすくなりベター

機内安全ビデオ

段落＋小見出し＋箇条書で判りやすい

・ハワイアンミュージックに合わせてエアバスA380 型機の機体デザインである「HONU（ウミガメ）」のキャラクター3匹が登場し、ハワイの美しいビーチや雄大な森を舞台に機内の安全に関わる大切な情報をご説明します。
・客室乗務員による説明やハワイらしいイラストでの説明も取り入れることで、機内の安全に関わる大切な情報をよりわかりやすく確実にお伝えできるよう工夫しました。

１字右へ
ずらすと
ベター

具体的な内容が
Visual で
判る！
１－２枚増やし
てもいいかも

降機ビデオ

・「HONU（ウミガメ）」のキャラクター3 匹がハワイの観光地をインスタグラム風にご紹介します。ハワイ到着時にはハワイへの期待感、日本到着時にはハワイでの旅の思い出を感じていただけるような演出としました。
・神聖な生き物として愛されるウミガメ保護に関する情報を組み込み、ハワイの自然環境保全活動を応援します。

1-2 具体
案あれば
ベター

ハワイとウミ
ガメとの関連
性を簡潔に紹
介するのも親
切で記事を膨
らませる

ANA は、「FLYING HONU」の就航を機に、旅の始まりから終わりまで、驚き・感動・思わずシェアしたくなる新たなハワイ体験を提供してまいります。どうぞご期待ください。

※1　A380 型機以外での運航便では、2019 年 6 月 1 日より上映します。

ＤＬ可能は親切。カラーは見やすい

※リリース内の画像は URL: http://www.ana-press.com/2019-05-22/ からダウンロード可能です。
（2019 年 5 月 31 日までダウンロード可能です。）

ANA広報部 03-6735-1111 成田 0476-31-6007 羽田 03-5757-5548 伊丹 06-6856-0270 関西 072-456-7890

各地の連絡先を記したのは親切

A STAR ALLIANCE MEMBER

活力溢れた人格は常に他人に活力を呼び覚ます力をもっている。いわゆる共感をよぶのだ。エネルギッシュな人のところにはいつしか人が集まってくる。電流のようなものが彼の前身からほとばしり出て周囲の人に伝わり、火花を散らさせる。（スマイルズ『向上心』）

5 一般社団法人全国農業協同組合中央会（JA全中）

❖ニュースリリース作成にあたっての想い・狙い

①　ニュースリリースを参考にするだけでも記事を書けるような構成・内容にしている。

②　そのうえで、イベントであれば前回の写真やイメージ図などを添付し、取材に来るとこうした絵が撮れるということが掴めるように留意している。

③　お知らせであれば、経緯や数値などの細かい情報を補足資料として最後のページに添付している。

一般社団法人全国農業協同組合中央会（JA全中）　広報部　広報課長　金原《きんばら》由《よし》孟《たけ》氏

❖山見博康の「Yes & But 3ポイント」

Yes

1. 段落＋小見出し＋箇条書をベースに、写真を多用し、Visual&Impactのお手本。枠で囲み、字体を変える等パソコンを駆使して、多くの人々に参加促進への想いが溢れています。
2. レイアウトに芸術的工夫あり！　「やさいの日」とゲストのカワイイ笑顔を左右に配置して惹き付け、中央部には林先生の大きめ、下に小さめの写真というバランスが絵画的な心地よさを与えています。
3. リード部も簡潔明快、開催の意図が明確で過不足なく記述。全体が親切な人柄を想起させます。

But

1. 〝初〟や〝第○回〟とし継続性をアピール！　区切りで特別企画イベントも期待できます。
2. 参加可能人数や準備物を明記。「カロテノイド」に囲み解説やルビを振るなど親切に！
3. 野菜の日（土）開催も親子参加促進でいいかも？　会場質問を多くすると、JAファン増も！

JA全中

Visual＆Impactで一目瞭然のお手本！

この場所がベストインパクト

野菜色の枠は良い

初めてなら“初”！2回目以降なら“第○回”と記載！

2019年8月○日
全国農業協同組合中央会

8月31日は「やさいの日」 キックオフイベント

「知って食べればもっと好きになる！JAやさい体験！」

先ずカワイイ笑顔が惹き付ける

林修先生の特別授業開催

定員は？無制限か？

ルビが当然！

ルビが親切！

大人気 ユニットFoorinの新津ちせちゃんも参加

8月28日（水）11時～（メディア受付10時15分）

早めの設定は喜ばれる

開催場所：新宿髙島屋1階JR口 イベント会場

この機に「やさい賞」等表彰する制度も妙案

～その他、収穫体験、野菜スタンプなど無料やさい体験イベント開催～

ルビが深親！

趣旨が明快！簡潔なリード部

8月31日はやさいの日！ 全国農業協同組合中央会（会長 中家徹/以下、JA全中）は、この「やさいの日」をきっかけに、国産野菜を“もっと知って”“好きになって”美味しく“食べて”いただきたい！という願いを込めて、「知って食べればもっと好きになる！JAやさい体験！」（8月28日（水）～31日（土））を開催いたします。また、本イベントは、国産農畜産物の消費拡大を目指す JAグループの『みんなのよい食プロジェクト』の一環として開催します。

何のマーク？

◆林先生の“やさい特別授業” ゲスト生徒 新津ちせちゃん

8月28日(水) 1回目11時～（約40分）・2回目13時～(約30分)

別のゲストが面白い！

野菜の日（土）がいい？

林修先生の
御写真

野菜が大好き！全国から取り寄せてまででも様々な野菜を食べているという林先生に「野菜の知識」と「野菜を楽しく食べる方法」など、実際にステージ上で、「野菜の実験」をしながら教えていただきます。
ゲスト生徒には、注目の子役であり「パプリカ」を歌っているユニット foorin のメンバーでも大人気！新津ちせちゃんが登場します。9歳のちせちゃんならではの野菜の疑問や、教えてほしい事を林先生へ聞いちゃいます！会場のお子様の質問にも答えていただけるかもしれません。

会場質問を多くする程参画者が増え盛り上がる。想い出を多くの人に

段落＋小見出し＋箇条書&ビジュアルのお手本

この他に…

「囲み」の簡単な解説は思い遣り！

❶野菜摂取の充足度を表示「ベジチェック™」体験コーナー

ベジチェック™のセンサーに手のひらを数十秒当てて、皮膚の“カロテノイド”の量を計測。野菜摂取の充足度が0.1~12.0で表示されます。この体験で野菜への関心を高めていただけるコーナーです。

何か準備（持参）が必要あれば、明記！

❷捨てないで！“切れ端野菜”スタンプトートバッグ作り

“生産者の方への感謝の気持ち”を込めて…お料理で残った野菜の切れ端やヘタなど、いつもは捨ててしまう部分を活用し、ミニトートバッグにスタンプデザイン！ 野菜の断面の形状を楽しく学んでいただきます。

【メディアお問い合わせ先】◆やさいの日事務局 Office Me内 担当：三田・木元・石原 TEL:080-9999-2222
◆全国農業協同組合中央会（ＪＡ全中） 広報部 広報課 担当：金子・野口 TEL:03-6665-6011

複数の担当は親切！

当日用に携帯は配慮！メールもあればベター

小さき者よ。不幸なそして同時に幸福なお前たちの父と母との祝福を胸にしめて人の世の旅に登れ。前途は遠い。そして暗い。然し恐れてはならぬ。
恐れない者の前に道は開ける。行け。勇んで。小さき者よ。 （有島武郎『小さき者へ』）

6 近畿大学

❖ニュースリリース作成にあたっての想い・狙い

① その話題がどう社会と関わっているか、本学の成果として世間にどう受け止められるか、どんな記事になるのかイメージできるものをリリースしています。

② 出さないと記事にならないので、少しでも可能性があると判断したものは躊躇せずにリリース！

③ 配信先の記者クラブに関しては、内容に応じて変えています。各記者クラブの特徴やルール、幹事社などの情報収集は欠かせません。

近畿大学　広報室長　加藤公代《かとうきみよ》氏

❖山見博康の「Yes & But3ポイント」

1．意図が明確で、〝段落＋小見出し＋箇条書〟を実践するお手本。

ビジュアルで美味なる「愛紅《あいこう》」と可愛らしくしかもとびっきりの笑顔でインパクトある写真を使っているのがとてもいい。Visual! 清々しい笑顔と「愛紅《あいこう》」の調和が素敵。背景も抜群です。

2．表現も細やかで、配慮が行き届いており学生にも親切な大学だな！という印象を与えています。

3．元号と西暦を並記し親切なリリースに校風が顕れ、職員や学生の優しさが好印象！

But

1．タイトルは〝千疋屋での販売〟より〝提携〟の方がM&A絡みで記者の興味を惹きます。

2．初コラボなら〝初〟を強調する方が記者の興味を引きます。

3．美味しそうな表現は、2つに分け箇条書がベターです。

笑顔の頬と紅マンゴーとの素敵なコラボに Impact あるお手本

NEWS RELEASE

近畿大学
KINDAI UNIVERSITY

明確で目立つ

並記は親切

報道関係者各位

令和元年（2019 年）8 月 8 日

近畿大学

コラボを強調したい意図！ **"提携"** とする方が興味を惹く

近大マンゴー「愛紅」を千疋屋総本店日本橋本店で販売

ルビが親切

8/10（土）・11（日）には試食販売実施

初コラボなら "初" を

簡潔明快なリード部

近畿大学（大阪府東大阪市）は、附属農場湯浅農場（和歌山県有田郡湯浅町）で栽培している近大マンゴー「愛紅（あいこう）」を令和元年（2019 年）8 月 10 日（土）から千疋屋総本店日本橋本店で販売します。10 日（土）および 11 日（日）には店内で試食販売を行います。

農学部の学生による近大マンゴー「愛紅」収穫の様子

Visual! 清々しい笑顔と「愛紅」の調和が素敵。背景も抜群

美味しそうで目立つ

段落・小見出し・箇条書のお手本

1. 本件のポイント
   - 国内初の新品種である近大マンゴー「愛紅」を 7 年連続千疋屋総本店で販売
   - 試食販売をすることにより多くの消費者に研究成果を知ってもらう機会とする
   - 実学教育の場として本学農学部の学生（約 100 人）も「愛紅」の栽培に携わる
2. 本件の概要

美味しそうな表現２つに分け箇条書がベター

近大マンゴー「愛紅」は、近畿大学附属湯浅農場で育成された国内初の新品種で、濃厚な味わいで繊維質が少なく、きめ細かいためプリンのようになめらかな食感が特徴のマンゴーです。「愛紅」は平成 20 年（2008 年）に品種登録され、平成 24 年（2012 年）から日本を代表する果物店である千疋屋総本店で販売を開始し話題となりました。本学の研究成果をより多くの方に知っていただくため、今年も店頭での試食販売を実施します。

「愛紅」から改行がベター

3. 販売の概要

販売日時：令和元年（2019 年）8 月 10 日（土）、11 日（日）11:00～
（試食は両日とも約 200 食程度、なくなり次第終了）

販 売 店：株式会社千疋屋総本店日本橋本店（東京都中央区日本橋室町 2-1-）

販売価格：1 個 13,500～16,740 円（税込）※サイズ等により異なります。

4. 近大マンゴー「愛紅」について

「平」から段落がベター

「愛紅」は、近畿大学附属農場湯浅農場で育成された新品種です。国内主力品種「アーウィン」を台湾で栽培されている「金煌（きんこう）」に交配させ、平成 11 年（1999 年）に栽培試験を開始。平成 20 年（2008 年）に品種登録され、国内初のマンゴー新品種として注目を集めてきました。糖度はアーウィンよりも高く、味は濃厚で繊維質が少ないため、きめが細かくプリンのようになめらかな食感が特徴です。

近大マンゴー「愛紅」

半分に割った中味も見てみたい！

6. 本資料の配布先

配布先を全部記載要

東商記者クラブ、和歌山県政記者クラブ、和歌山県政放送記者クラブ、和歌山地方記者室

…"Stay hungry, stay foolish." And I have always wished that for myself, and now, as you graduate to begin anew, I wish that for you. Stay hungry, stay foolish. Thank you all, very much.

(Steve Jobs speaking to graduates at Stanford University on June 12, 2005)

誤報防止の心得11か条

①	「誤解が当然、理解は偶然」を肝に銘じよ！	つねにこの言葉を胸に、話を進めると間違わない。真意伝達の要諦は相手の理解度に合わせた思いやりの心をもつこと。実は記者こそ誤報を最も嫌う
②	記者は「博識」だが「薄識」と心得よ！	記者は博識そうなので、そこであまり説明しなくても「こんなことまで訊くと失礼だ」「判ってくれているだろう」との思い込みが大間違い
③	記者は素人、お客様はもっと素人だ！	真に伝えたい人は記者ではなくお客様だ。プロがアマを指導するように判り易い説明を工夫することが肝要
④	「イエス」「ノー」をはっきりと！	記者は批判精神旺盛で反骨心が強く、何事も否定的に捉えがちなので「諾否の明言」をしっかり行うことだ。特に「ノー」をきっぱり言う
⑤	いつも「御用聞き」になれ！	つねに自分から情報を掴む姿勢。自ら電話する、足を運し、より正確な情報を収集伝達する。社内にも記者にも頼られる。その姿勢が誤報を未然に防ぐ
⑥	「ヒューマンタッチ」を忘れるな！	何でもメールで済ませようとするとしくじる。真意や細かなニュアンスは文字では伝わらない。電話や面談によるヒューマンタッチを重んじること
⑦	数字・データ類、技術用語は書面で渡せ！	最も多くの間違いは数字。また、業界・技術用語の意味の取り違えが目立つ。メールでもFAXでもいい、書面での確認を怠らない「火の用心」が効を奏する
⑧	「Q&A」を常に考える癖をつけよ	日ごろから質問予測力をつけよう。質問のポイントが判らなければ適切な答は出ない。疑うことだ！　疑いが知恵を産み、真理を明らかにする
⑨	「直言」も辞さぬ	記者への遠慮や恐れから言うべきことを躊躇し、言わないことが大ケガのもと。「言うべきことを言うべき時に言うべき人に断固言う」ことが誤報防止の要諦だ
⑩	“どうしても”の「語尾」は文字にして渡せ	“この語尾はこのニュアンスに…”という文章は、口頭確認、電話確認に加え、文字（手渡し、メール等）で念を押せ！（例：売上目標百億円“目標”）
⑪	誤報は記者の致命傷誤報から記者を護れ	最も誤報を嫌う人は「記者」だ。記者に誤報させてはならない。誤った数字、誤った事実等は自分の責任と恥よ！ニュアンスは意図する表現への接近を狙え

われわれは短い時間をもっているのではなく、実はその多くを浪費しているのである。人生は十分に長く、その全体が有効に費されるならば。最も偉大なことをも完成できるほど豊富に与えられている。人生は使い方を知れば長い。　（セネカ『人生の短さについて』）

第6章

リモート時代に起こる〝もしも〟のための適切な危機対応とは

時々刻々にわれわれを悩ます小さな災難は、大きな災難に耐える力が幸運のあまりにすっかり衰えてしまうことがないように、われわれを絶えず訓練するためにあるのだ。（中略）〝運命のさいころが断固として投じられる〟この世界に生きるには、運命に対する装甲《そうこう》と人間に対する武装とを備えた断固たる気魄《きはく》が必要である。けだし人生はそっくりそのままが闘いである。われわれの一歩一歩に攻撃が加えられる。されば猛《たけ》く生きよ。わざわいは避けるな、雄々《おお》しく立ち向かえ。
猛き胸倉《むなぐら》を運命の矢面《やおもて》に立てよ。

（ショーペンハウアー『幸福について――人生論』新潮社）

1 リモート時代の新たな企業危機とは…危機は人災、管理できない

私達は日々危機を予測して生活しています。雨の予報に傘を持つ、夜道を通らず、悪人を避け、甘言を警戒する日々。前の人が転べばすぐ抱き起し、傷の具合を確かめ、救急車を呼ぶか考える…。**危機は管理できず対応する**ものです。誰でも時には過ちを犯し、事故にも遭うが、**違うのはその後の言動**。自ら詫びて相応の責任をとる人、こそこそ逃げ隠れする人、知らんぷりを決め込み発覚後ぺこぺこ云い訳する人…。**不測の事態にどんな対応を取るか?によって人も企業・組織もその在り方が問われる**のです。

危機様々ですが、**危機は必ず起きる! 人を介さない危機はない、つまり〝人災〟**と考えましょう。天災でも、耐震偽装事件、手抜き工事による堤防決壊事故もある。詐欺に遭うのも自らの慾による災い、役員や社員の不祥事は正に人災! しかし緊急時対応は日頃の準備がなければ難しい。経営陣は当然、実はすべての社員の**日々の言動が危機の「芽」であり危機そのもの**であると自覚すべし!

危機への備えや対応法は〝**人間教育**〟がその根幹です。不祥事を起こしたトップが「**コンプライアンスを遵守して」という謝罪の言葉は「人間教育をして、自分共々真人間になります!」**という**不退転の決意の表明**であって然るべきです。なぜなら、**法令遵守とは、〝最低守るべき基準〟に過ぎない**のです。

危機発生時、対応の拙さが悪い報道を招いて信用失墜、顧客喪失が始まり、経営に重大な影響を及ぼし、会社存続の危機にも陥る例は枚挙に暇なし。**長期的に見た最上の危機対応の本質とは、善なる人物・社員をいかに育て善なる会社を築くこと、善い広報とは敬愛される組織造り**であることを先ずしかと肝に銘じる。すると何事が起きても、**自ら〝あるべき姿(To be good)を決めて、どんな言動を行うか(To do good)を実行、社内外に〝公言〟していく覚悟**が定まるのです。

危機項目・要因・影響と広報‥‥どれも人がからんでいる！

危機項目	危機を招く要因	危機の局面
日々の経営 日々の対応	トップ・役員の言動そのものが危機。広報発言。最前線社員の言動が危機	経営に関する回答結果の説明責任。社員の言動は信用の上下。リモート指示の不徹底・報連相の欠如
欠陥商品	設計ミス・破損・不当表示・健康障害・量目不足・異物混入・クレーム	消費者問題化・行政処分・PL訴訟社会からの批判・第三者の不法介入
欠陥サービス	金額ミス・対応の悪さ・説明不適切・差別的対応・クレーム	消費者問題化・訴訟・第三者不法介入
人事・労務上のトラブル	リストラ・査定・人事異動・左遷・人権差別・解雇・セクハラ・パワハラ・万引き等犯罪行為・機密漏洩・過労死・職業病・リモート時代の新たな人事労務問題	内部告発・経営批判・訴訟・団体抗議・デモ行動・リモート時代の新人事労務制度への不公平や不備・新たなセクハラ・パワハラ
企業の過失 環境公害	環境汚染・有害物質流出・食中毒・製造物責任・火災・爆発・工場内事故・知的所有権侵害・契約不履行・コンピュータ事故・クレーム隠し	役員の責任・訴訟・被災者・被害者への補償・地域住民の苦情・経営批判・工場操業中止
経営上の不祥事	役員の不祥事・スキャンダル・役員の違法行為犯罪・経営陣の内紛・後継者問題・贈収賄・リモート承認の悪用	内部告発・トップ交代・責任者処分・経営陣批判 リモートにより監視機能脆弱
企業の犯罪	違法行為（独禁法・不正競争防止法・下請法・証券取引法・会社法他）・インサイダー取引・脱税・粉飾決算・書類改竄	訴訟・行政処分・刑事処分・内部告発経営批判・代表訴訟・デモ行為不買運動・トップ交代・役員処分
企業脅迫 企業への犯行	毒物混入・誘拐・強盗・ハイジャック・機密情報漏洩・総会屋等のゆすり	売上げ（シェア）激減・取引の減少・営業中止・噂の流布
経営上不安情報	倒産・敵対的買収・株買占め・経営不安説・風説の流布・マスコミの誤報	株価急低下・経営者批判・内部告発経営陣不安定・ネットで流布
天災 不可抗力事故	地震・異常気象・風水害・落雷・航空機墜落交通事故・感染パンデミック	営業中止・雇用喪失・事件多発・業績不振・生活インフラ崩壊

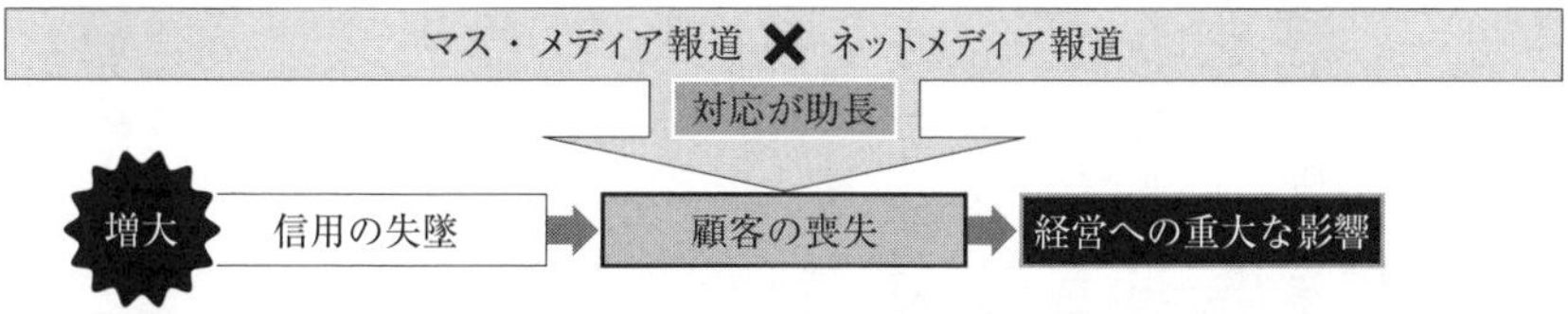

よきにつけ悪しきにつけて思ふべし　こころに誠ありやなしやと
かたくなと笑わば笑へ真直《まっす》ぐな　誠の道を行ける此《こ》の身《み》を　（新渡戸稲造『一日一善』）

2 リモート時代の危機への事前対応とは・・・日々の予防に努めよう

人の健康経営は病気を予防し健康の維持増進努めること！　血液・神経の円滑な交通が健康の源である如く会社も同じ！　トップの指令が緩み、上下左右の報連相が詰まり、コミュニケーションが滞れば必ず問題が起きます。そこで、企業の健康経営とは、

①**緊急連絡網**：重要な顧客は営業、取引先は購買、地域社会は総務と担当部署が漏れなく！

②**危機への予測と対策**：予測の多さに比例して事前対応は決まる。〝質問予測力〟の発揮が鍵！

③**危機対応マニュアル**：各部署でリスクを洗い出し、各部代表の「プロジェクトチーム」により衆知で作成。情報交通の渋滞や隠蔽を防ぎ、適切にタイムリーに実行できる「情報公開ルール」も明記！

④**予防投資・最新IT・AI装備**：危機察知に有用な最新ソフト&ハードを導入。ネット情報監視も！各部署・社員宅へのリモート設備導入で急拡大する通信障害等トラブルや情報漏洩リスクに対応！

⑤**防災訓練とメディアトレーニング**：人の定期健診と同様、会社組織を診断し、事前訓練が必要。

⑥**常に更新を怠らない**：癒着しやすい部署の人事異動・組織変更や素材の経年劣化・品質の高度化等に応じて〝常に更新〟する仕組みが不可欠。社員に出来心を起こさせない風土作りも企業の責務！情報への感性を磨き、組織を活性化し、異常は直ちに善処！〝**かかりつけ医**〟の健診で予防する！

トップアスリートの如く鋭敏で頑健、柔軟で臨機応変な身体を持ち、言動を一貫し、優れた業績を遺し、尊敬される人（企業）を目指す。〝そんなとこまで〟と徹底的に「**人**」が防ぐ以外にありません。

真の事前対応とは、小手先ではなく、立派な社員・会社を目指して日々努力し、**危機が起こらない・起こさない組織風土**を築き、常に言うべきことは社内外に適正に伝達・公表する仕組みを作ることです。

リモート時代に急増する良悪情報への感性を磨け

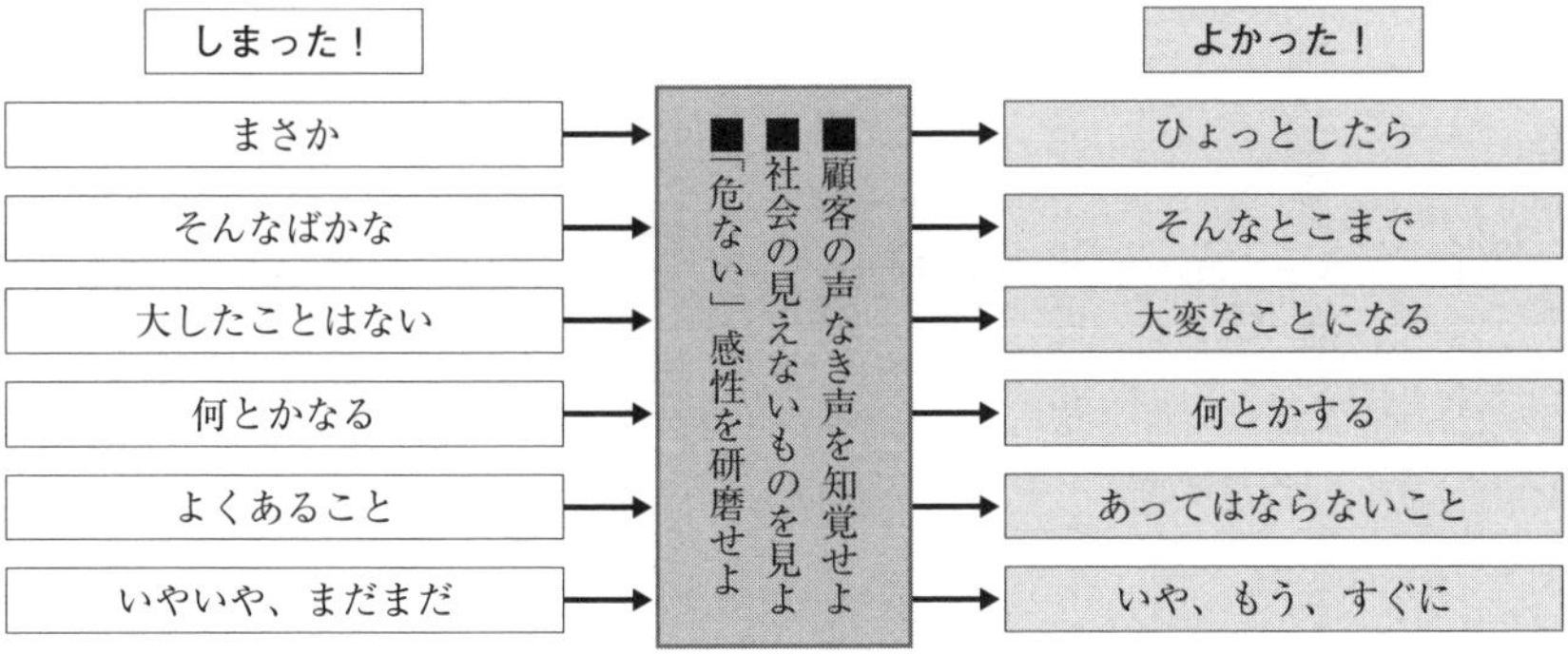

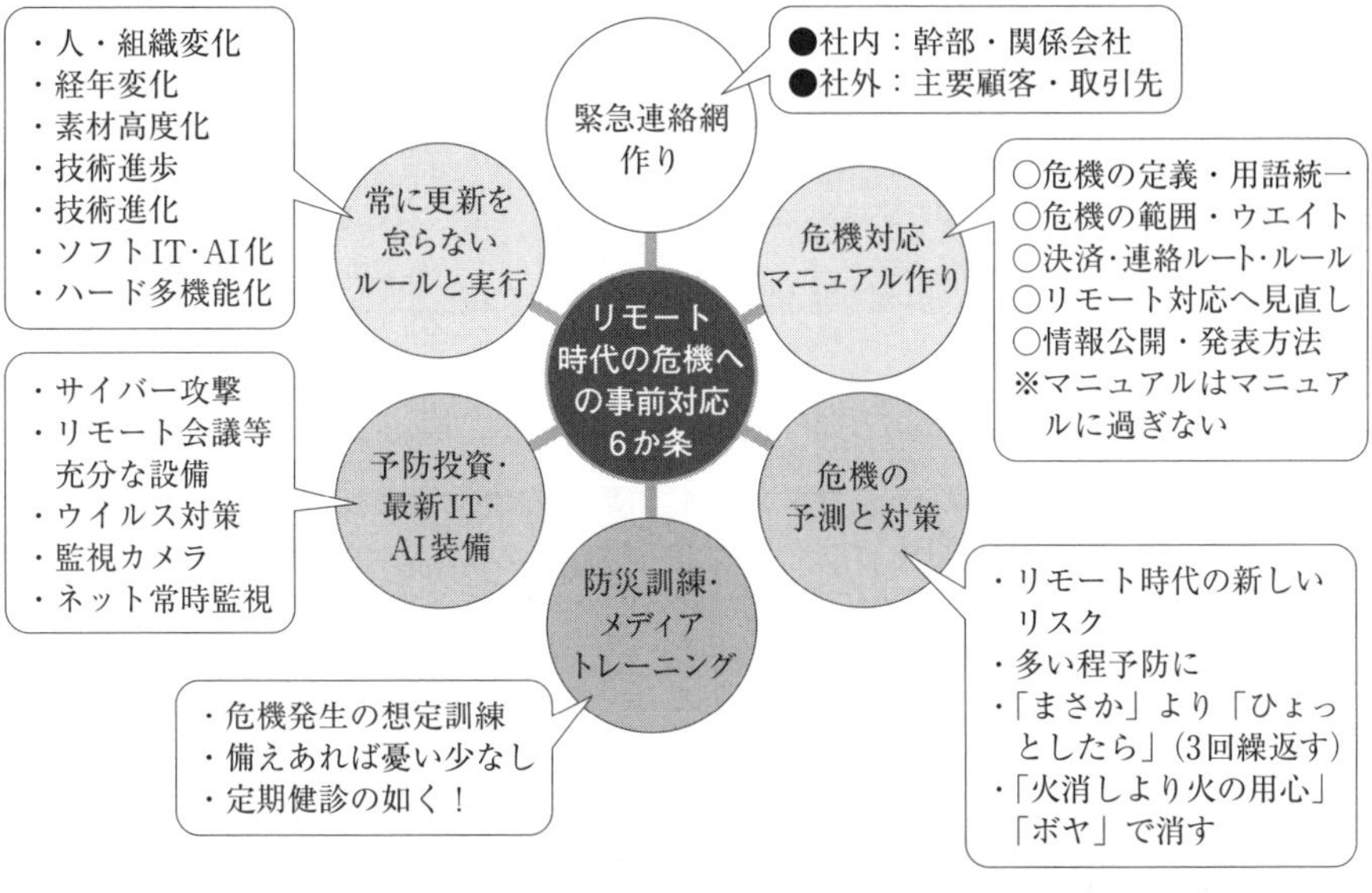

事業の定義は、組織が目標を達成したとき陳腐化する。目標を達成した時とは、お祝いすべき時でなく、事業の定義を見直す時である。（ドラッカー『経営の哲学』）
人を救うる者は、其の善心を養えば、悪自ずから消ゆ。（『近思録』）

3 リモート時代!!危機が起きたら「7つの直」をキーワードで最短・最小限で乗り切ろう

①**トップへ「直報」**：上司やトップに直報。必ず、複数のルートから上げて抜けを無くす!

②**現場に「直行」**：責任者が直ちに現場に〝行き〟、必要な対応を〝行う〟。広報が現場のトップに協力して率先して事態を仕切る。事態の進展次第で最初の記者会見のタイミングがある!

③**事態を「直視」**：現場で「対策本部」等を設け、事態を直視し隠蔽や改竄などが起こらないように! 逃げずに受けて立つ。全ての情報を「情報マスター」に記録・集約していく。

④**互いに「直言」**：公式見解をまとめるため、お互いに「直言」し合う。トップに阿《おもね》る内向き企業には〝直言しない・できない社員とそうさせない風土〟が蔓延…直言の勇気と誇りが必要です。「情報マスター」に集めた情報を時系列的に並べ「ポジションペーパー＝PP」に纏める。

⑤**衆知で「直作」**：「PP」を元に「公式見解」とQ&Aを作成してトップ等の承認を得る。

⑥**内外に「直報」**：先ず、その危機に最も影響を受ける人、例えば、営業から顧客へ、総務から関係官公庁等に当該部署から〝直ちに〟連絡。社内にも徹底する。〝公式にメディアを通じて社会に直報〟すべき時に、公式見解を基にNRにして「一斉発表」したり、「問合せ対応」する。情報公開姿勢を貫き「発言を一つに、一人に、一元化」して〝言われなくても記者会見〟するなど、〝先手を打つ〟。

⑦**「率直素直」であれ**：①〜⑥の円滑な実践には、日頃の「率直素直」な風土・社風が不可決! さもなくば、どこかが滞る恐れあり! なぜなら、情報の重要性の理解の仕方も社員によって異なり、問題の核心に近ければ近い程、保身が頭を過り情報を遅らせ、オブラートで包み始めるからです。刻一刻の状況を最も知りたい人達は、メディアではなく読者視聴者＝企業の顧客や社会の人達!

危機が起きたら“直”ちにこのプロセスで抜かりなく！

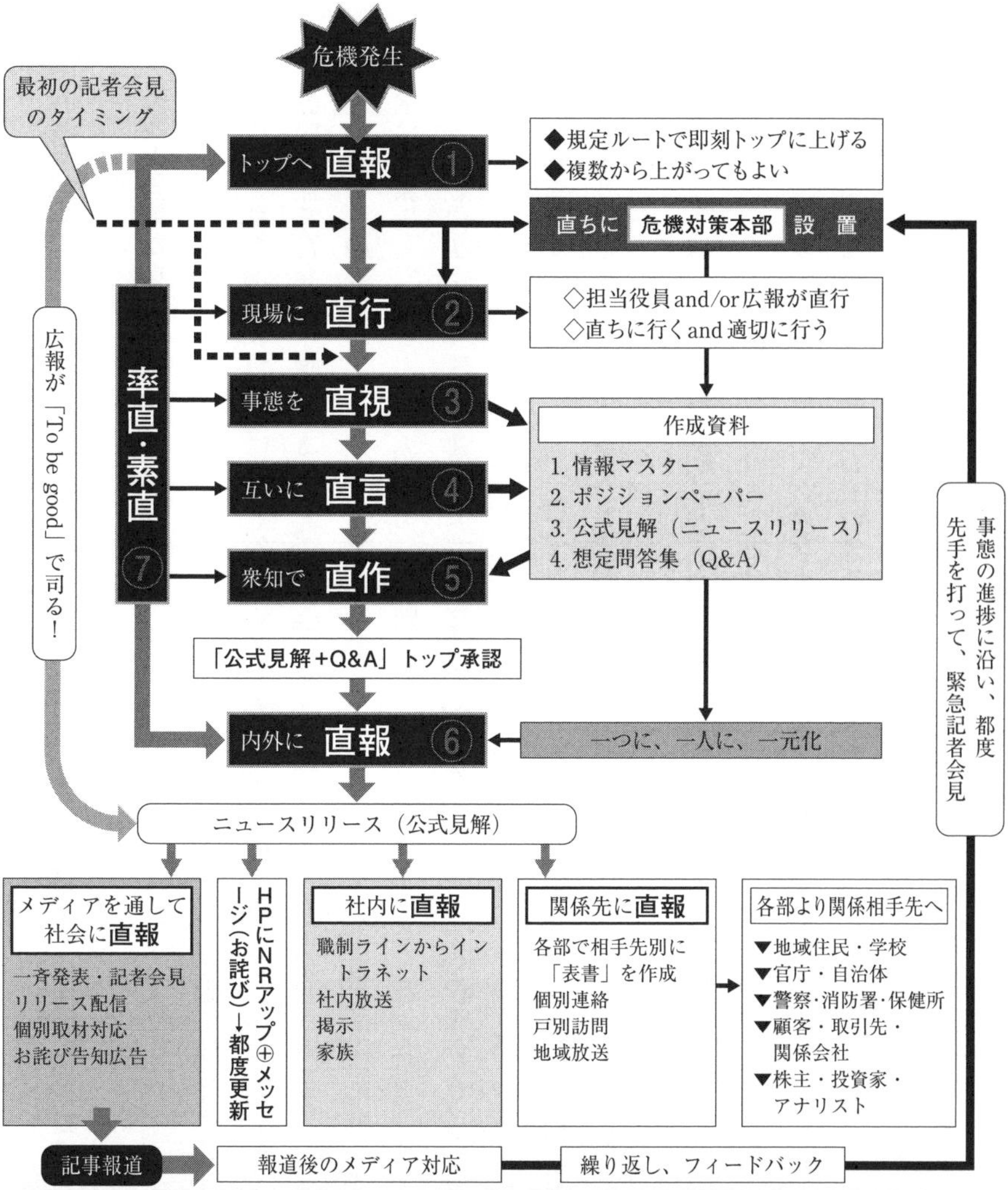

> 高く登ろうと思うなら、自分の脚を使うことだ！
> 高いところへは、他人によって運ばれてはならない。
> 人の背中や頭に乗ってはならない！　　（ニーチェ『ツァラトゥストラはこう言った』）

4 なぜ公式発表するのか？　記者会見はどんな場合に開くのか？

❖公式発表を開かなければならない理由

①顧客・社会に一早く現状と対策を報せる説明責任・義務：最も早く・正確に知らせるべきはメディアではなく、あくまで最も現場に近いか、遠くても影響を受ける人達です。特にネットで！

②社会的責任を自発的に表明する：企業は社会の幸せの為にあるとの自覚から生ずる。

③組織の姿勢を積極的に示す：危機に対する姿勢をTo be goodあるべき姿から積極的に示す。

緊急案件が発生しても、一斉発表せずに、個別取材への対応で乗り切ろうとする場合は、重大な懸念があることを覚悟すべきです。つまり、**公式文書で対応しないと、①個々の記事のニュアンスがばらつく、②各報道の〝語尾が乱れる〟恐れ大！**　なぜなら、記事は、〝メディアの判断〟によって報道（36頁）されるからです。そこで、口頭ではなく文書で渡し、**〝公式見解〟を明確にし、逸脱できないようにする。つまり大きく逸脱したら訴える権利を留保する**のです。語尾に細心の注意を払いましょう。

❖ある事件や事故に関する自社記事が出た場合、他のメディアからの問合せに対し、

①「その通りです。間違いありません」と全面肯定

②「概ねその通りですが、一部事実と異なるところがあります」と大筋肯定

③「ほとんど事実と異なり、間違っています。一部事実も含まれています」と大筋否定

④「全く事実と異なっています。orそのような事実はありません or根も葉もありません」と全面否定

⑤「調査中なので判明次第公表します or記者会見します」と時間稼ぎしつつ、様子を見る

リモート時代でも変わらぬ緊急時対応の要諦

緊急時の対応法

1. 一斉発表
   ①記者会見+NR配布
   ②NR配布のみ（案件の重大性・影響度により判断）
   ③リモート会見や説明会
2. 個別取材対応（公式見解に基き、速やかに一元的に対応）
   ・電話取材やリモート面談
   ・書面Q&A

いずれの場合も
事態の進展次第で記者会見
●1つを、1人に、一元化！

→

①「公式見解+想定問答集(Q&A)」の早期作成が全ての起点となる
②記者会見すべき時に準備不足等で直ちに出来ない場合には、“現時点での公式見解”として、NRを先行配布するのは有力な対応法。すると語尾が揃い、統一できる。
③どの部署への問合せも、広報に集めて一元的に発信・対応する

会見開催検討を要する危機案件
記者会見+NR配布

①死傷者を出す重大な事態（遺族への謝罪、当面の対策、責任表明）
②社会的関心の高い訴訟・スキャンダル（企業としての姿勢を表明）
③過失・違法行為等不祥事（社会へ謝罪&社会的責任、再発防止策）
④重大な欠陥・不良商品・リコール（消費者への謝罪・原因・当面の対策）
⑤工場事故・火災・環境汚染（地域住民への注意喚起・謝罪・対策）
⑥社員が国内外での重大事故に巻き込まれた場合（社員の安否・被害の範囲・今後の見通し）
⑦リモート会見開催

記者会見開催

登壇者
・発表者＝社長・役員等責任者
・同席者＝1～3名状況に応じて
・司　会＝広報責任者

→

記者会見の意義

①顧客や社会にいち早く・速やかに現状と対策を報せる
②社会的責任の自発的表明
③情報公開に積極的である企業の姿勢を自ら率先して示す
④社内幹部が統一した情報や見解を発信できる
⑤一元的に伝達することによって情報の混乱・悪い風評を防止できる
⑥同時に社員にも現状を把握させ、危機意識の共有化・事態好転への結束を図る
⑦いかなる状況に直面していようとも、会社として公表すべきことは、何らかの方法で公表する姿勢を堅持する

集団の第一の本質的な生存条件を『倫理の最低限』と呼ぶことは全く正しい。全体の存立に役立つ規範は、個人から見ると、社会的存在として生きていくための最低限に過ぎない。もし、個人が最低限だけを守って、ほかの多くの掟に従わなかったら、彼は倫理的異常者、まったくとんでもない人間になってしまうであろう。（ジンメル『社会学の根本問題』）

広報は、どの回答で対応するかを、トップ・関係役員に諮って直ちに決め対応する必要があります。

❖記者会見開催7つの決断要素とは、

①会社として公式に記者会見すべきと判断した場合‥‥これが最も正当です。

②顧客や消費者に緊急の注意喚起が必要な場合‥‥火事、ガス漏れ、顧客情報流出等

③誤った風評が流れ公式に説明釈明しなければ世論をミスリードする恐れ

④官公庁等当局からの指導

⑤記者クラブ幹事社からの開催要望

⑥複数のメディアからの開催要求

⑦情報漏洩によりあるメディアに大きなスクープ記事が出て、会見をやらざるを得ない状況

広報は、**〝見えない情報を見る仕事〟**ですので、情報収集に努めると共に、その集まるタイミングや情報の品質が均一になるように配慮する役目があります。抜けている情報、確認した方がいい追加情報など、他の人が気付き難い点への気配りが必要です。しかし、〝情報を上げろ〟といっても、各部から均一な情報が、同じタイミングで集まってはくれません。なぜなら、情報を出す人の意識・意欲が異なるからです。193頁の図において、各部署からの情報ルート線が曲線になっているのはそのせいです。

①**スピードの差**：人により情報に対する〝速さ・早さ〟の感覚に差がある

②**認識の差**：〝重大・重要〟と言っても、立場により認識の差が情報の差になる

③**品質の劣化&隠蔽**：保身の程度により情報をオブラートで包み、黒箱に入れ最後は鉛で固める

問題の核心に近くなればなる程、保身が頭を過り、上げるスピードが遅れ、情報品質が劣化する。保身の気持が強まるにつれ、見て見ぬ振りをして次第に隠蔽に繋がり易くなります。自分に降りかかる火

危機発生後の業績・イメージダウンと対応後の回復線フロー

①一度危機が発生すれば一挙にダメージを受けるが、予測した適切な対応策を臨機応変にかつ着実に実施すれば徐々に回復する。しかし、金銭的損失は目に見えるが、ブランド価値や信用信頼はそれ以上に失墜。業績回復よりかなり遅れると悲観的に想定し、打つ手を甘くせず、相次いで“好転の手を打つ”！　発生後直ちに「当面の対策」を実行！　原因判明後長期的な「再発防止策」を講じる！
②それにより、対応の不手際・悪さで不要な心配・不信・イメージダウンを防ぎ、メディア（社会）が企業に抱きやすい「疑念」「不安」を払拭し好転させる。見えない損害・ダメージに早く気付き、先手を打って事態を好転させていく。危機が起こらない・起こさない風土社風を築く！

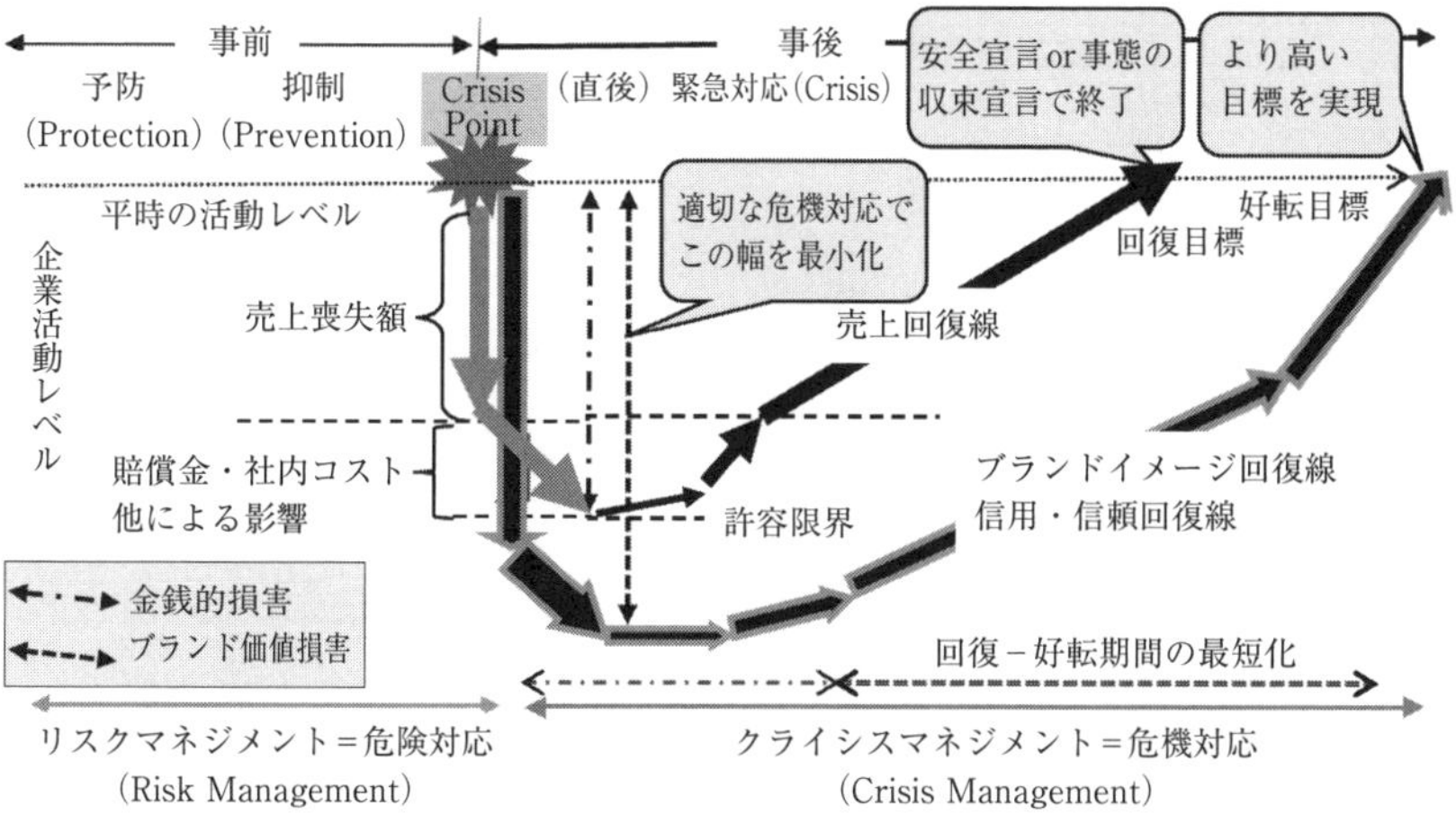

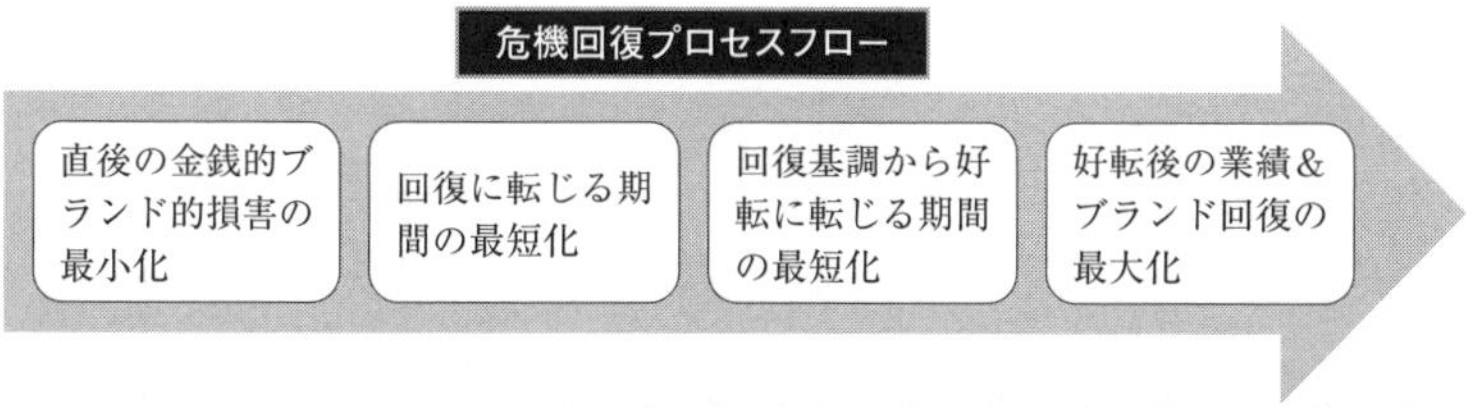

貧しい人々は「盆栽」のようなものです。まいた種子が悪かったのではなく、ただ地面の広さが不十分だったからです。私達が行うべきなのは、彼らが成長できる環境を作りだすことだけです。　（ムハマド・ユヌス『貧困のない世界を創る』）

の粉を少なくしたい・・・悪戯《いたずら》した子が親にいつ言うか？　どこ迄言うか？　もう言うまいか？　と迷うのと同じ！

情報とは〝情けに報《むく》いる〟のですが、〝自分への情け〟を掛け過ぎる**保身に走る**のは人の性《さが》！　**人情の機微**を解し、〝情報品質〟の差異や色合いを識別する**〝情報の機微〟**への理解も深めましょう。

❖トップが記者会見に出たがらない理由

不祥事会見を見て、〝なぜ、社長が出てないのか？〟との疑問には「**発表者の役職によってその案件に対する企業の姿勢が判る**」との**箴言《しんげん》**からその解が見つかります。出たがらない理由とは?、

①　**会見の意義の軽視・無理解**：会見は〝メディアに〟言うのではなく〝メディアを通して社会に〟報告し、説明責任を果たすことという本質が解っていない！

②　**メディアを敵視**：メディアなしに説明責任が果せないのに〝協力者〟に見ていない！

③　**案件の軽視**：「この程度では社長は出なくて良い」と世間の常識との乖離に気付かない！

④　**責任の回避**：「責任・進退」を問われたくない！　どう答えても「辞任か？」ととられそうで恐い！

⑤　**公式見解が出ない**：情報のばらつき・遅れ・不正確で公式見解がまとまらない！

⑥　**部下の（過剰）配慮**：部下（茶坊主）の過度の忖度・保身から「殿！未だお任せ下さい」と社長を留めようとする！　急速な状況悪化に時機を逸して結局やむを得ず会見して批判が倍加する！

広報担当としては、経営幹部・社員を問わず、何に関しても、先ず「自分だったら、どう考え、いかにあるべきなのか？」「もし、自分の子供がこの間違いを犯したら、親としてどう言動するのか？」と**自分に置き換えて、人としての有り方から熟考し、そして会社としていかにすべきか？**　と、**超越して考える**ように心掛け、**弁護士等第三者の見解を加味**すると、**適切な進言**ができるでしょう。

保身が芽ばえる７か条と情報を歪める要因７か条

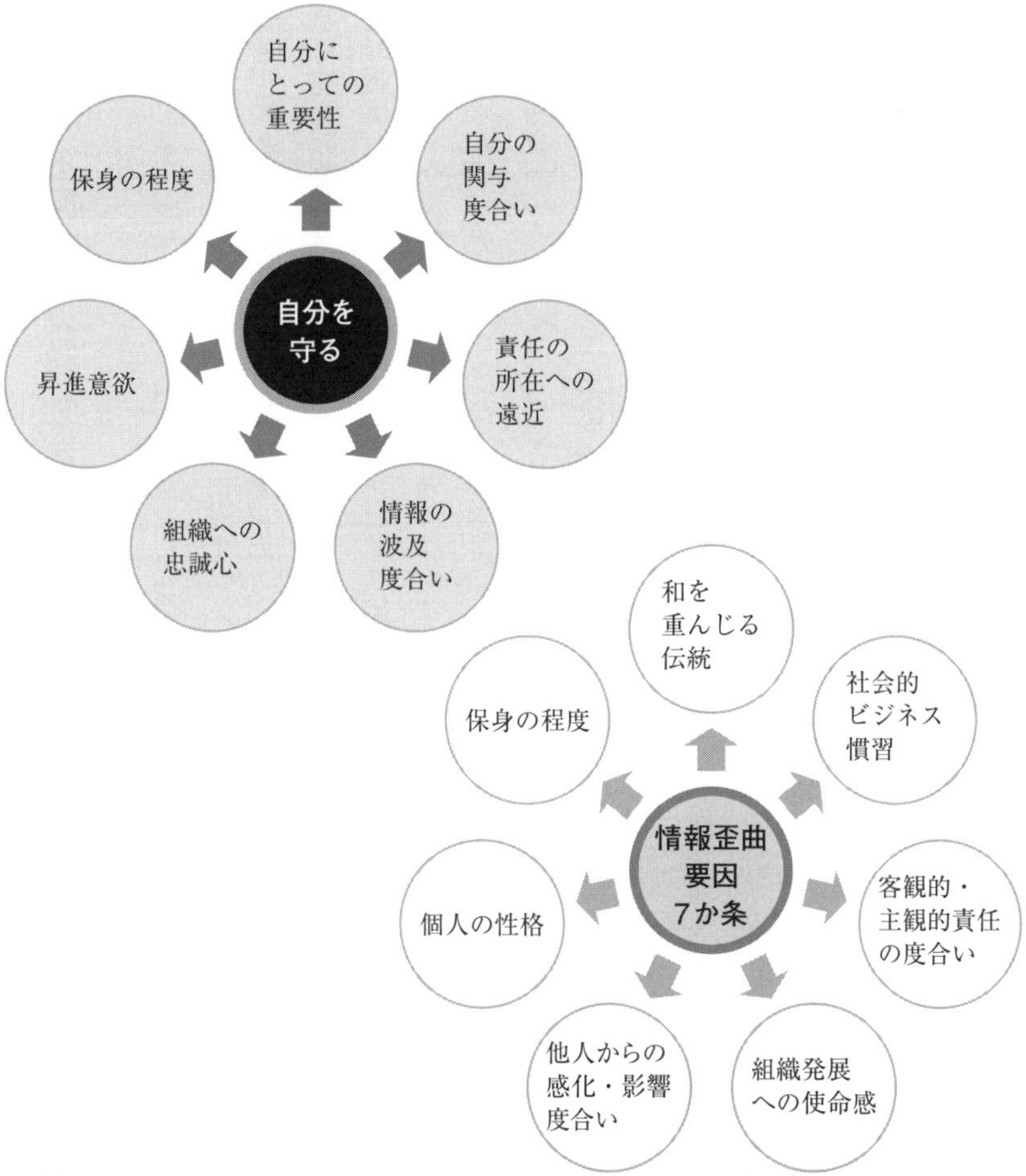

人間は積み重ねだと誰でも思っているようだ。僕は逆に、積み減らすべきだと思う。人生に挑み、本当に生きるには、瞬間瞬間に新しく生まれ変わって運命をひらくのだ。捨てれば捨てるほど、いのちは分厚く、純粋にふくらんでくる。今までの自分なんか、蹴《け》トバシてやる。そのつもりで、ちょうといい。　（岡本太郎『自分の中に毒を持て』）

5 リモート時代には特に「危機別対応フローチャート」に沿って直ちに実行しよう

人生と同じく、多様な危機が遠慮会釈なしに企業を襲いますが、大きくわけて次の3つがあります。

A．経営上の危機：業績悪化など経営活動や、ネット時代故に経営陣・社員の言行も常に！

B．事件・事故・不祥事：どんなに防御していてもいつでも起きる恐れあり

C．不可抗力の危機：航空機事故から地震や風水害などの天災までいつ起きるか分からない

危機の露呈の仕方に3通りのパターンがあります。

① 組織ルートや通報制度・内部告発等により社内で先に発覚する場合

積極的に「直視」「直言」し合い、公式見解とQ&Aを「直作」し、緊急に、

(1) 一斉発表か？ その場合、記者会見か？ 資料（NR）配布のみか？

(2) 個別対応か?を決める。関係者に緘口令《かんこうれい》を敷き、公式見解とQ&Aに沿って一元化して対応する。

② 外部への関係者からの内部告発や情報漏洩などにより社外で先に発覚する場合

〝寝耳に水〟での問合せには、先ず〝否定〟し〝調べるので後程連絡する〟と時を稼ぐ。事実なら、「公式発表に持ち込みたい」が、記者が確信情報を掴んでいればOKしないのは当然！ そこで、取材に応じて、むしろ曲解・誤解なき露出の方がいいという高等判断もある！ すると〝意図したスクープ記事〟が出た後、緊急発表して、少しでも企業側に望ましい語尾表現での記事にしよう。

③ ①で調査している間に、②の問合せが来る場合

基本的には、②の対応と同じ。記者がどの位情報を掴んでいるかを把握し先手を打って善処下さい。①、②の場合、「緊急対策本部」を立ち上げ、左図のフローに従って着実に進めて下さい。

リモート時代を乗り切る危機別広報対応フローチャート

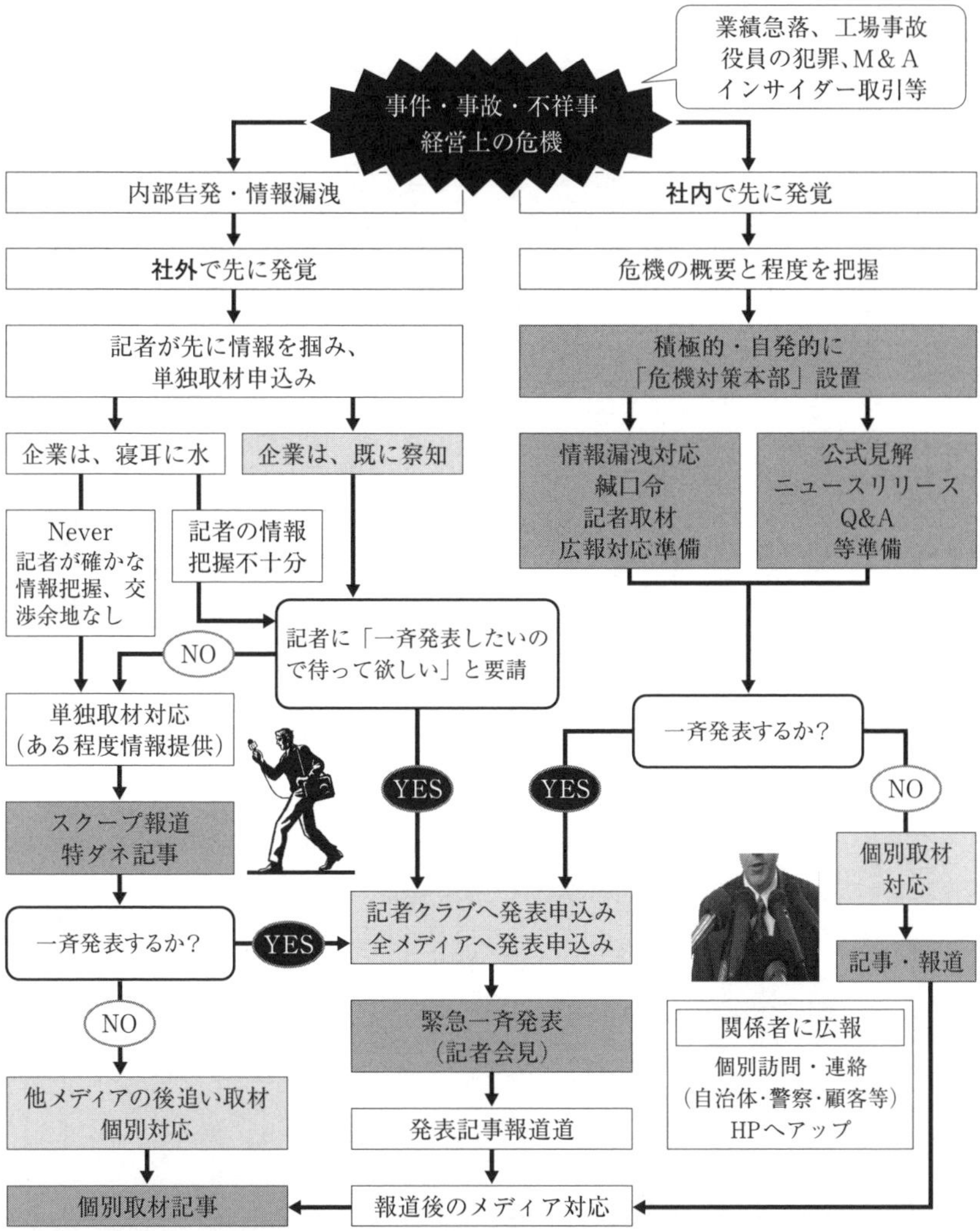

単純と無邪気との上に基礎を置いている智慧と力とは、どのように高い身分の人間にも欠くことのできない要求であると同様に、どのような地位、どのような低い人間にも浄福を与える分け前だ。　（ペスタロッチー『貧者の夕暮』）

6 リモート時代でも「危機対策本部」を設置し即刻始動だ！

今、世界に蔓延する新型コロナ感染パンデミックや日本を襲う大雨・台風など自然災害や不慮の事故など不可抗力の危機は、誰もに明らかなので、発生そのものよりもその後の企業への被害や経営活動への影響に関しては、ステークホルダーも地域社会の人々も大いに関心があるところです。特に死傷者が出た場合には、社会的問題に発展します。

危機発生後は先ず、「危機対策本部」または「危機対策プロジェクトチーム」を立ち上げ、その後は「プロセスフロー」に従って行うと抜けなく万全に進めることが出来ます。

(1) **「情報マスター」を作る**：全ての情報を集める。刻々入ってくる情報を白板や模造紙に書いたり、ポストイットに書いたりして確認情報・未確認情報とも「情報マスター」に集める情報収集にあたり、〝人によって〟「情報は均一ではない」（186頁参照）ことを肝に銘じておく。

(2) **「ポジションペーパーPP」にまとめる**：並行して、判明した事実を漏れなく記述。未確認情報は「調査中」と記載し、確認後、整理・分析して時系列的に「PP」にまとめ、現状把握します。内部用PPには詳細に記述。一斉発表でNRに添付用は、〝事態の時系列推移〟を簡潔に記述する。

PPは、情報開示を統一して、不要・無用な誤解・憶測を防ぎ、関係者全員の目的意識が共有できる意志統一することです。それによって情報の受発信の一元化が図られ、透明性・情報開示体制を堅持できます。**PPは危機管理の「ベースキャンプ（最前線情報基地）」**なのです。

具体的作成にあたっては、**〝対外的に表明できることは基本的に網羅する〟**こと。できるだけ多くリストアップし、漏れを無くすことが第一です。

「危機対策本部」の機能とやるべきこと

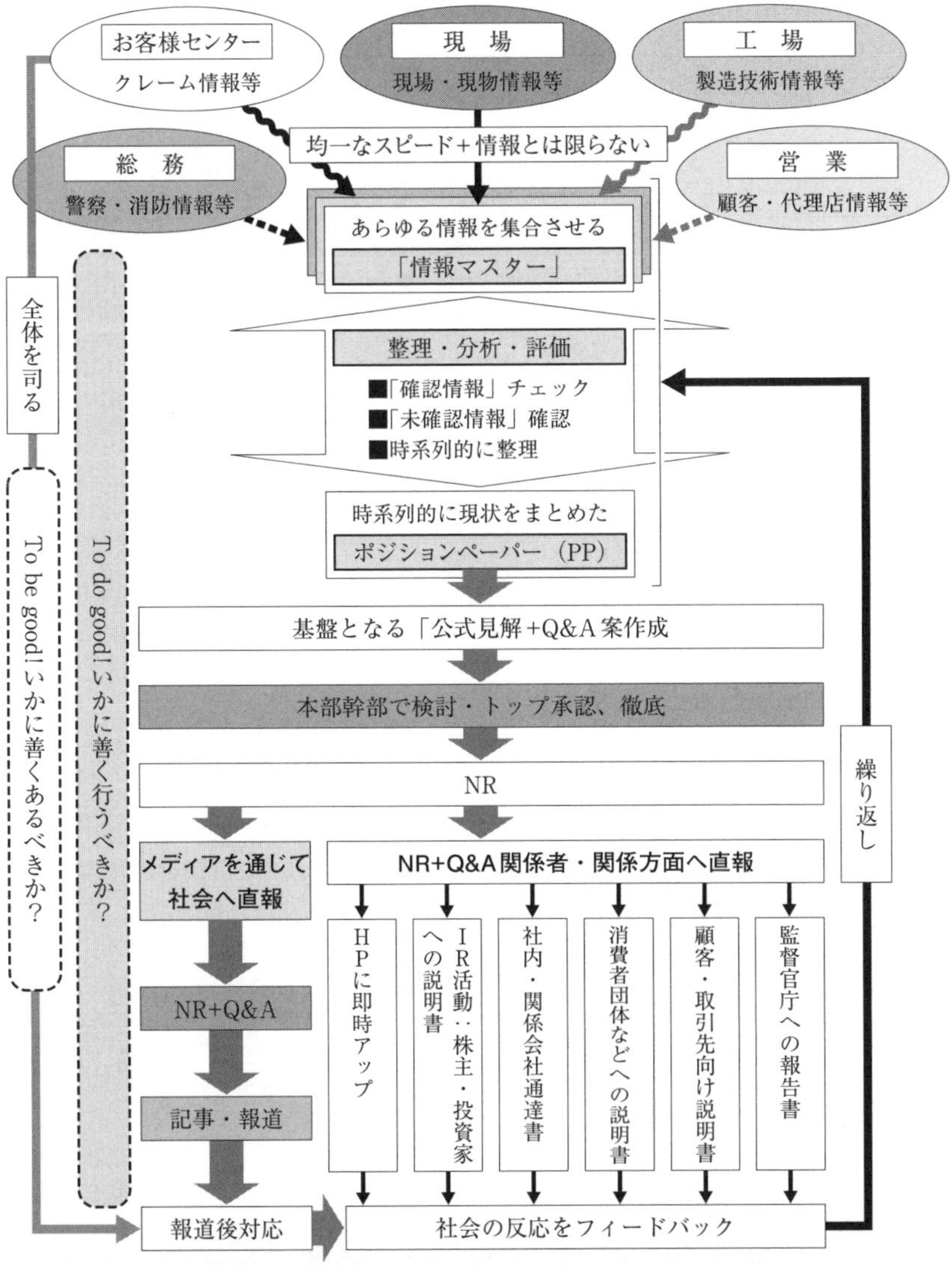

そしてわれらのこの生活は、樹々《きぎ》に言葉を、流れる小川に書物を見いだし、石に説教を聞き、あらゆるもののうちに善を発見するのだ。　（シェークスピア『お気に召すまま』）

(3)「公式見解」を策定、「NR」と「Q&A」を作る：PPを元に、いかに善くあるべきか＝To be good!から「公式見解」を、NRの形で作成する。「Q&A」を作成、いつ、どのように公表すべきかを検討・決定するのです。微妙な表現には弁護士の〝リーガルチェック〟を忘れないこと！　しかし、法令は最低ラインなので、捉われ過ぎず、最終的には経営者の判断に委ねるべきです。

(4)当面の公表の方法を決める：一斉発表するのか？　個別取材で対応するのか？

一斉発表の場合、①記者会見してNRを配布する、②記者会見せず、NRだけを配布する。つまり、準備が整っていない場合には、緊急に現状を知らせるために、NRを配布します。すると〝公式に表明した証〟になります。そして、きちんと体制を整えてから、記者会見し詳細な内容を公表するのです。

(5)記者会見では「冒頭ステートメント」をまとめる：NRのリード部分をベースに文章で簡潔な表明を「お詫び」の最初に「会社の誠意ある姿勢」を示すためです。文章で簡潔な表明を「お詫び」の法的責任の有無よりも、先ず危機を起こしたことに対して〝お詫び〟することが大切です。

(6)「ネガティブリスト」も準備するといい：Q&Aの内、「今はまだ言うべきでない項目」を明確に把握し、取り出して「ネガティブリスト」として、発表者に渡しておくことは、実践的に有用です。発表者に、〝どう答えるかをきちんと理解納得してもらっておく〟ことは広報担当の心得です。

(7)各部から関係者にも直報する：メディアを通じて社会にお知らせするのと同時並行して、各部からも各ステークホルダーに対し、公式見解を元に直接間接に通知することが不可欠、これを徹底するのが「情報基地」としての広報の重要な役割で、いかに善く行うべきか＝To do good!の実践です。

問合せやフォロー取材には、事態の変化や進展に鑑み、テキパキと誠実に対応しましょう。常に次の公表の内容とタイミングを検討し、言われなくとも一斉発表（記者会見或いは資料配布）や個別取材によって、会社として公式に対応していかなければなりません。

予期せぬ報道対応法

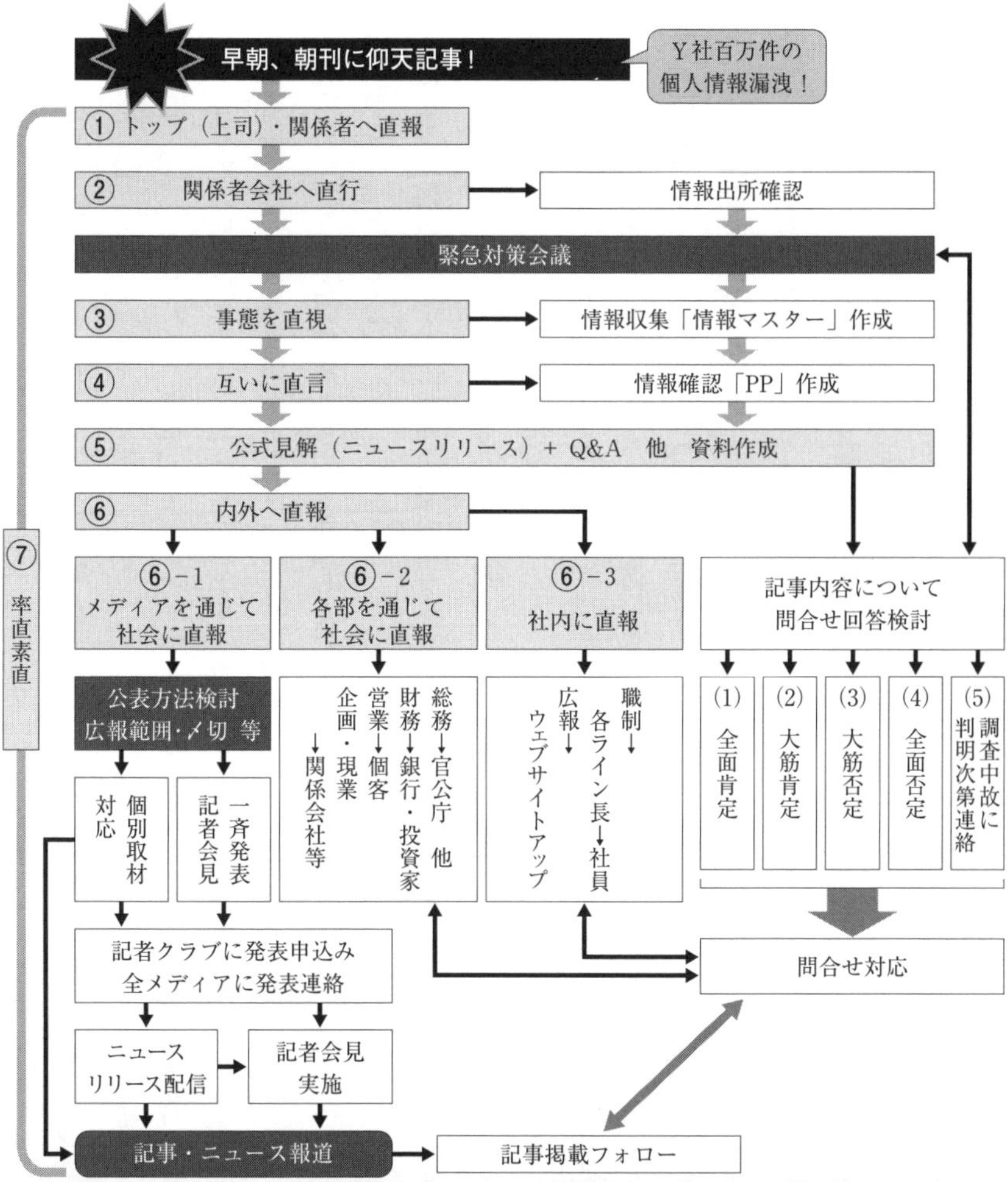

私は涙を惜しむ。何らの修飾なく声あげて泣く人の悲哀より一木一草《いちぼくいっそう》の感覚にも静かに涙さしぐむ品格のゆかしさが一段と懐かしいではないか。
私は如何なるものにも風情ある空気の微動が欲しい。（『北原白秋歌集』）

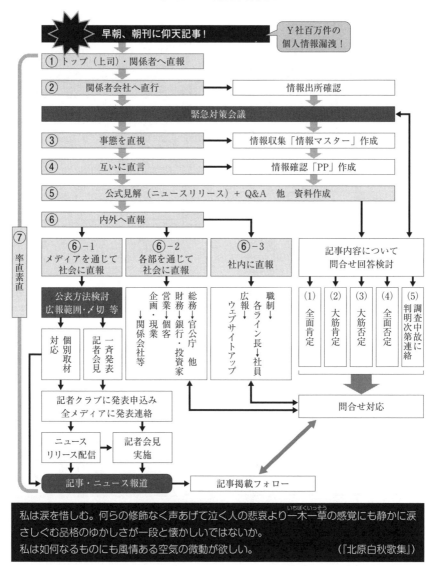

7 リモート時代にも通じる危機時のNR作成の秘訣を会得しよう

危機に際して、真っ先に行うべきは、ポジションペーパーを基にした**公式見解、つまりNR**を作成してメディアに対応。同様に各部もそれぞれのステークホルダーに対して同じように対応するのです。危機発生後、組織としての見解が明確になり、とるべき姿勢が決まれば、事件・不祥事他どんな危機であろうとも社内外に対して**どの部署からも一本化した対応**が可能になるのです。

広報担当がやるべきことは、

① 中心になって情報マスターに情報を集めポジションペーパーにまとめ、公式見解を作製する
② メディア向けに、NRとQ&Aを作成し、各部に徹底する
③ メディア対応を決定して、実践する

NRの一般的な作成方法は、第4章の通りですが、事件・事故等においては、①「**現状把握**」、②「**原因究明**」、③「**当面の対策**」、④「**今後の見通し**」等は必ず網羅しておく必要があります。更に「**被害の範囲・程度や広がり**」「**被害者への補償**」「**責任の所在**」「**再発防止策**」等についても判り次第公表するのです。それらは、案件の軽重（例：死亡したのか外傷なのか）によって変わってきます。

その際、具体的な対応の仕方や文章・数字表現などについて、どれも微妙なニュアンスまで気を配る必要があるので、タイミングを逸することなく、適宜、弁護士、公認会計士や広報コンサルタント等専門家の指導やアドバイスを受けつつ、慎重かつ適切・タイムリーに進めなければなりません。

広報は、常に「公式見解」（NR）「Q&A」作成の中心となり、現場（現業部門）－トップとの橋渡しや調整役・統括者の役割を果たす使命を帯びています。

準備・配布資料

準備	内容
所属・役職・氏名を明確に	①席に「ネームプレート」を立てる。②白紙に記載し机の前に貼る。
会見出席者名とリスト	会見者の所属・役職・氏名と席順を図示。（間違わせない配慮）
冒頭ステートメント （手許資料）	司会の紹介後、記者会見の趣旨を簡潔に表明して、着席。 「NR」のリード部分をステートメントとする方法も可！
NR	会社の姿勢を示す公式見解＋現状および今後の見通しなど
時系列的事態推移表	（ポジションペーパーから作成）NRの添付資料として
添付資料（必要に応じて）	会社概要・業界動向・商品資料・諸バックデータ・図面・写真・模型等 ファクトブック（資本金推移・売上高推移・従業員数推移・主要商品シェア…）

緊急時NRの基本形

No.XX（通し番号）　　　　　　　　　　　　20XX年X月X日
X時X分現在

報道関係各位

○○○株式会社

▽▽タンク爆発による死亡事故について

本日15時10分頃、横浜市赤葉区■■工場において▽▽タンクが爆発し、男性従業員3人が重軽傷を負い、直ちに救急車で○○病院に搬送されましたが、17時30分1人の死亡が確認されました。亡くなられた方とご家族の皆様には心より哀悼の意を表します。

このような事故を起こしたことに対しまして、深くお詫び申し上げます。

現時点の状況につきまして、下記の通りご報告致します。

記

【不動の事実】確定した不動の事実は網羅する。手間を省く。決定的間違いを無くす
【現状の把握】過去の経緯。事実確認。被害の現時点での状況
【危険の程度】危険性がどの程度あるか？危機の継続性と拡大可能性
【被害者の属性】分る範囲で。個人情報に注意
【被害の範囲・程度】死傷者数・物品破損数・被害面積等
【原因の究明】現時点での判明点。防げなかった理由。不確かな回答に注意
【当面の対策】直ちにとれるアクションを3～5項目表明するが重要。即刻の対策実施なくば、社会を再発の危険に晒すことになる
【再発防止策】原因究明に伴い、長期的な対策を表明実施する
【被害者への補償】言及可能であれば速やかに表明
【責任の所在】原因未判明時点では明言は控えても良い。速やかに表明する
【責任者の処分】責任所在表明後速やかに。その程度に経営姿勢が露呈する
【経営への影響】納期・生産・顧客の喪失・業績・株価下落・
【今後の方針・見通し】経営（者）の姿勢・意志、有り方・ビジョンの表明

頬《ほ》につたふなみだのごはず　一握《いちあく》の砂を示しし人を忘れず　（石川啄木『一握《いちあく》の砂』）

8 リモート時代を危機に臨むメディア対応の心得・・・好転の手を打とう

トップの分身である広報担当は、**〝危機は人災であり、日々の対応が危機対応である〟**ことを肝に銘じて、日頃から情報に関して敏感になりましょう。ネット炎上の危機の恐れから、経営幹部のみならず社員の言動も常に危機の源泉です。色んな問合せからいつか企業を揺るがす危機になる恐れあり！

広報はトップと相談し率先していかなる事態も**受けて立ち、逃げない！　決して隠しているとの印象を与えず、先手を打って言われる前に記者会見**をアレンジするなど、全体を「**統率**」しましょう。

どんなに厳しい言葉や激しい態度でも、メディアには、評価・批判・批評・監視の役割があると理解し、**公平**に接し、**公明正大で誠実な対応**に徹する。当然**悪意を持っての取材**もあり、充分注意を要します。相手によって態度を変える人物が信頼される理由はなく、**どんな相手に対しても断固たる言動・確固たる態度で接すること**。社会部・経済部対応の違いも全くなく、質問ポイントが変わるだけです。

企業とメディアと顧客は一直線であり、記者の背後にいる多くの人達の存在があり、メディアなくして、刻々の情報を一度に的確に報せることができるはずはなく、〝ありがたい協力者〟との姿勢がピンチを救う。記者を最も大切な顧客か、尊敬している人、最も愛している人に見る人がプロの姿勢です。

記者の顧客である読者・視聴者はとにかくせっかち！　スピード第一！　遅ければ後手を踏む。顧客・社会の「代表者」として記者に接する姿勢が一貫していれば、信頼され味方になってくれるでしょう。

広報担当は**スポークスパーソン（代弁者）**！　それには〝口が巧い〟や〝立て板に水〟という「能弁」よりも、むしろ誠実な「訥弁」がいい。望ましくは「**真の雄弁家**」（108頁）です。何事も率先して、言動に細心の注意を払い、自己の尊厳を崩さず相手によって態度を変えずに誠実に応対すべし！

リモート時代でも変わらぬ危機に臨むメディア対応13か条

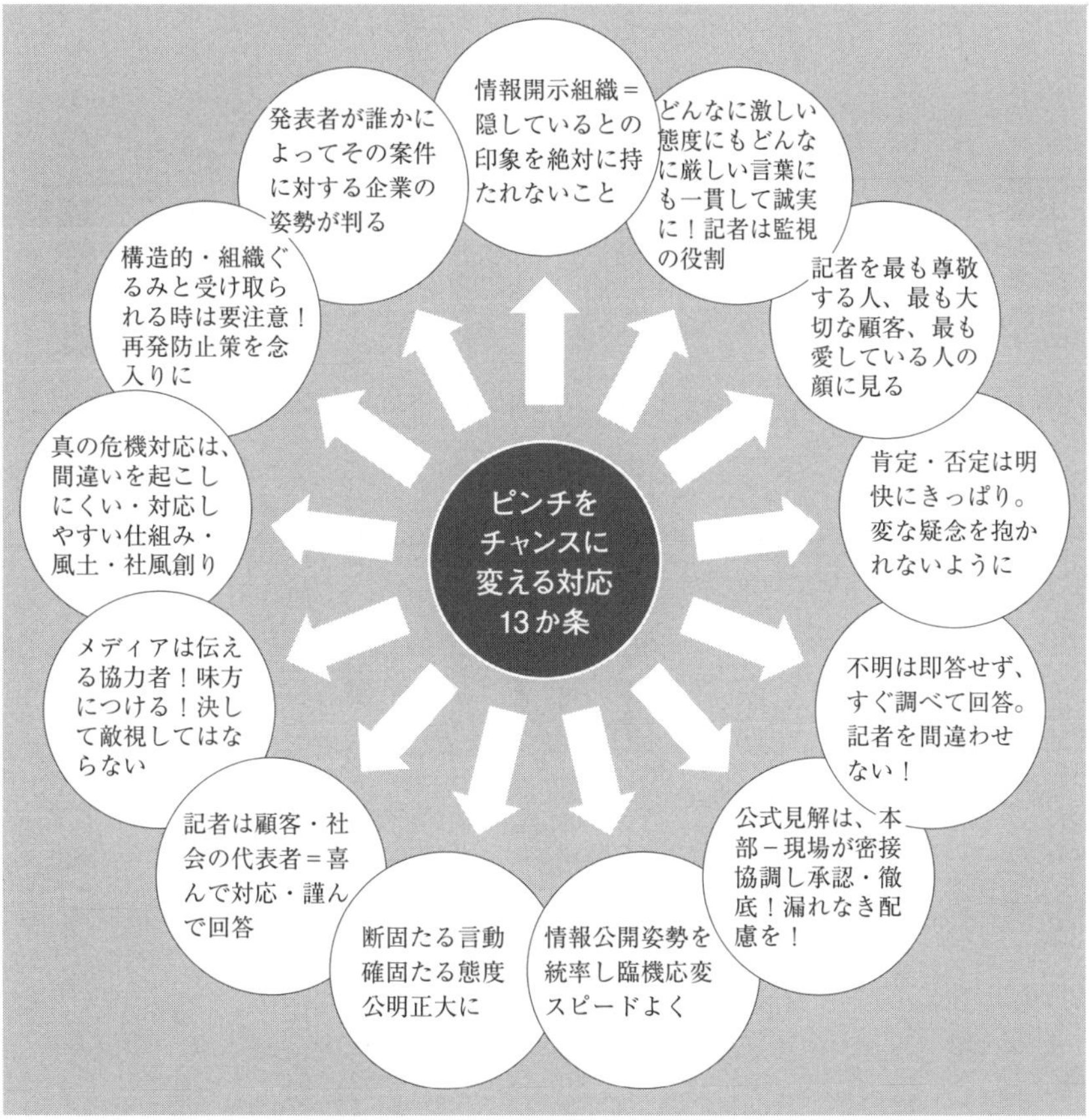

> 誰もしようとしないような、小さな、つまらないと思えるような仕事をしましょう。小さすぎるということはありません。私たちは小さい者ですから、それにふさわしいやり方で、ものごとを見ていきましょう。つまらないと思える仕事が私やあなたのする仕事です。(マザーテレサ)　(神渡良平『下座に生きる』)

9 サイバー攻撃や炎上リスクを回避し、最新のデジタルリスク対策を講じよう

企業は、デジタル化促進により効率化や生産性向上に比例して、その不備や脆弱性へのサイバー攻撃や電力・通信障害等によるシステムダウンに加え、在宅勤務で一般化してきたリモート会議においても情報漏洩の危機が急拡大していることに強い恐れを抱かなければなりません。広報としては、情報基地として、他部署に協力して、特に特許やハイテク技術を含む重要な経営情報に関しての漏洩防止に真剣に取り組む必要があります。

セキュリティソフト開発の㈱ノートンライフロックは、テレワーク中のサイバー犯罪への注意点として、①フィッシングメールが紛れている可能性に注意し、**怪しいメールは開かない**。添付ファイルやリンクを開くと悪質なソフトがダウンロードされ情報漏洩の恐れ、②**詐欺広告を回避**、③ソフトやアプリの**インストールに注意**、⑥**VPN（仮想プライベートネットワーク）を使用する**。暗号化されていないWi-Fiには盗聴の危険あり等を指摘しています。

❖炎上リスクを回避しよう

日本人の**7割以上がSNSを利用**し、誰でも何時でも何処でも情報の受発信が可能になり、ネット炎上発生件数は年間千件以上で毎年増加し、規模・業種を問わず、デジタルリスク対策が必要！　著名になればその何倍にもリスクが増大（22頁参照）することを忘れてはなりません。

日本企業の情報漏洩などの経済的被害は「不正情報持出し」「管理ミス」など約87％が内部から発生し、ウェブ上の炎上要因がその72％も占めています。特に、表示方法、景品・製品に関する法令に触れ

ネット上の典型的拡散プロセス

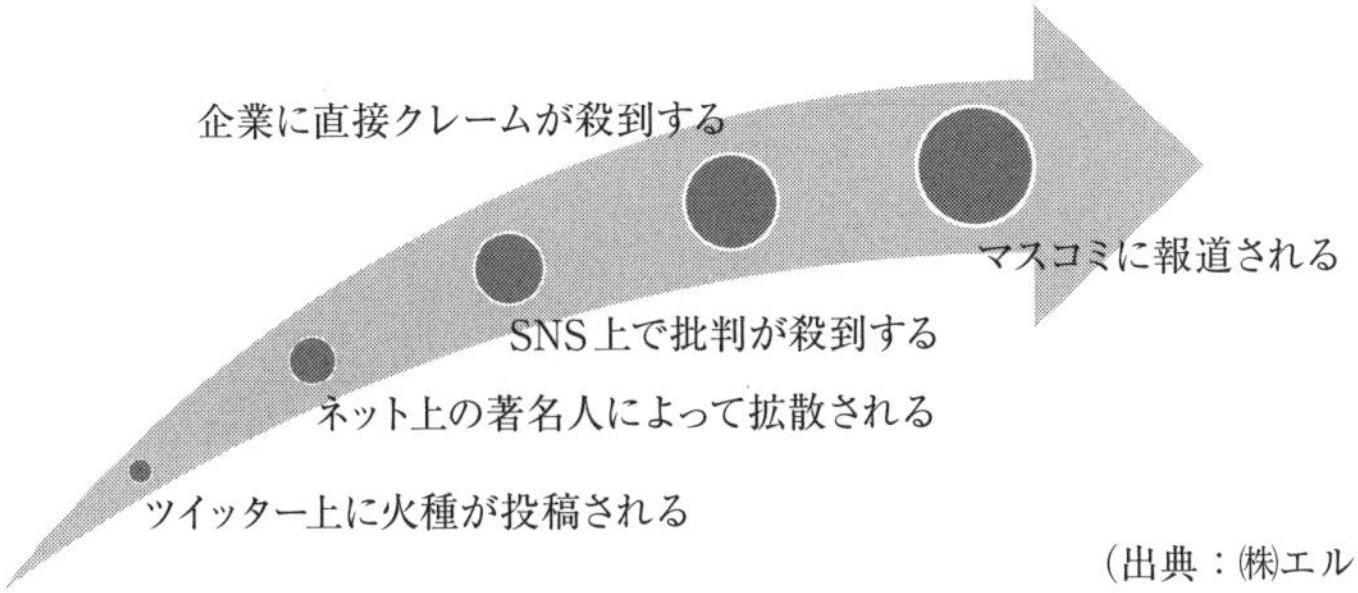
企業に直接クレームが殺到する
マスコミに報道される
SNS上で批判が殺到する
ネット上の著名人によって拡散される
ツイッター上に火種が投稿される

（出典：㈱エルテス）

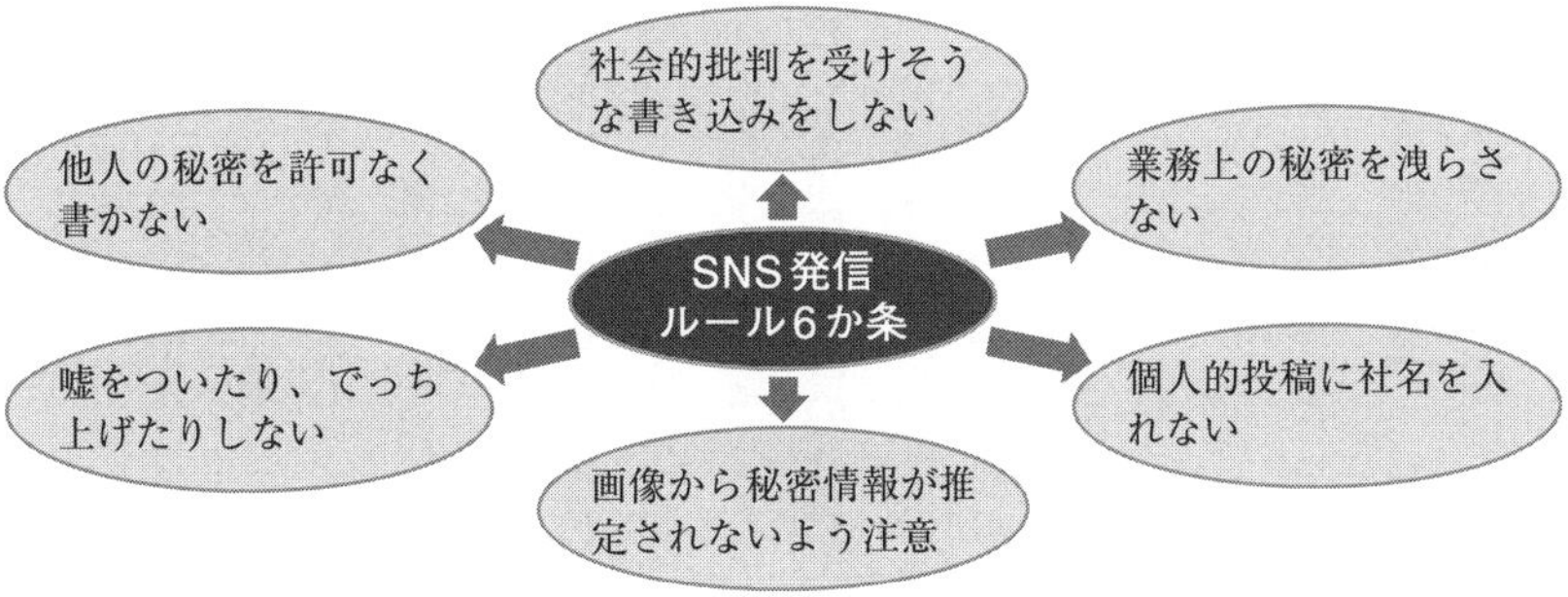
SNS発信
ルール６か条
社会的批判を受けそうな書き込みをしない
他人の秘密を許可なく書かない
業務上の秘密を洩らさない
嘘をついたり、でっち上げたりしない
個人的投稿に社名を入れない
画像から秘密情報が推定されないよう注意

ネットのリスクマネジメント

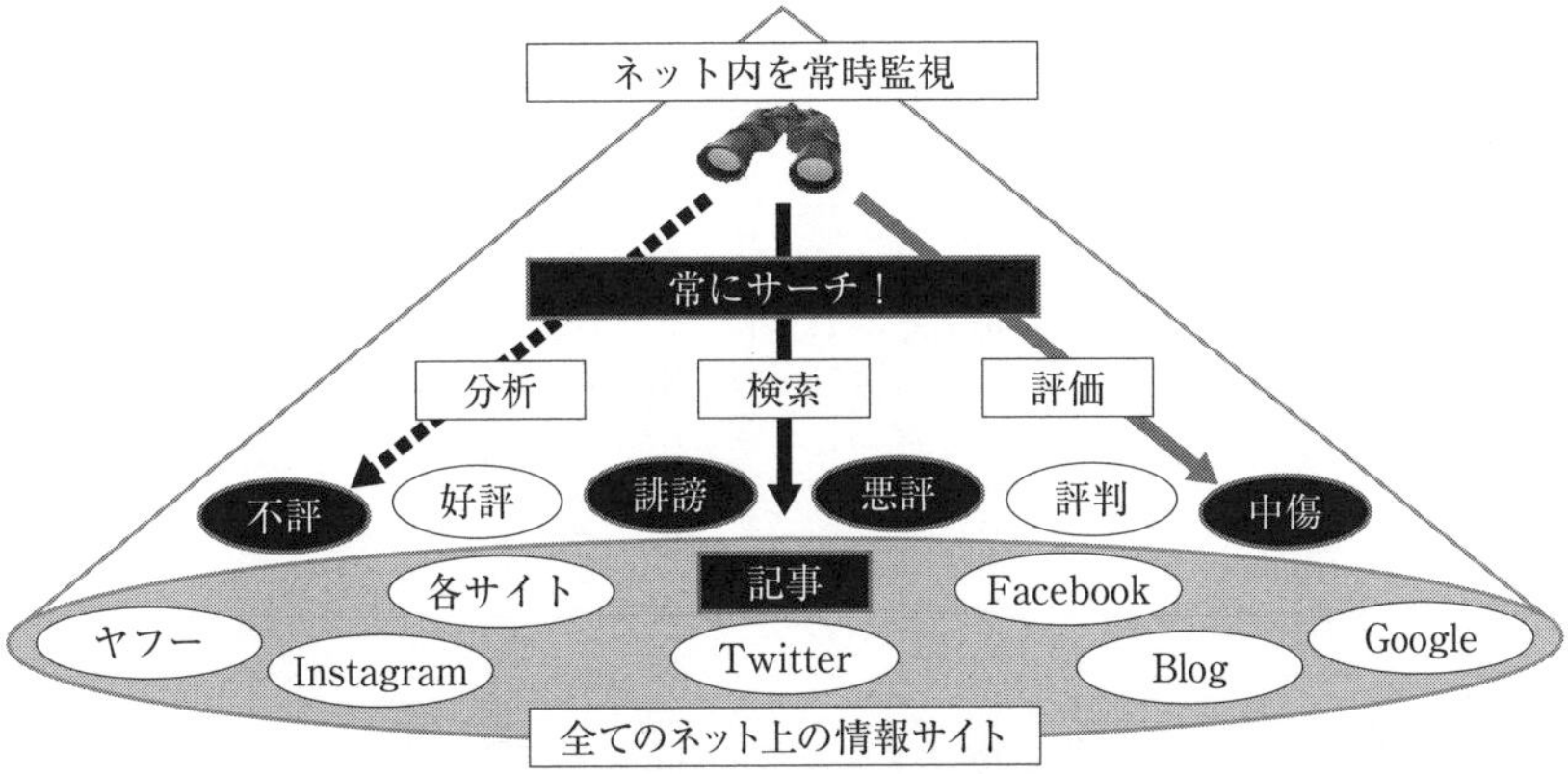
ネット内を常時監視
常にサーチ！
分析
検索
評価
不評
好評
誹謗
悪評
評判
中傷
各サイト
記事
Facebook
ヤフー
Instagram
Twitter
Blog
Google
全てのネット上の情報サイト

自由の人は決して詐《いつわ》りの行動をせず常に信義をもって行動する。　（スピノザ『エチカ』）

ることや悪い情報を書き込む**ネガティブキャンペーン**もあります。ネット情報は瞬時に拡散、半永久的に残るので、先ず発生させない施策が必要です。ＡＩ（人工知能）による巧みな**フェイクニュース**が多彩な局面で悪意的に使われ、一つ一つの情報の真偽が問われる状況です。

企業の公式ＳＮＳは、基準の適切な運営で避けられますが、非公式の場合にはなかなか困難！　不用意発言や稚拙な発言による問題が多発し、炎上リスクが高まっています。

事件や不祥事に関してその会社に電話応対を録音し、匿名サイトやTwitter等に書き込み、傲慢な応対の姿勢や応対者によって異なる対応を非難され、炎上を招く。会社としては、**①道徳心や倫理観の醸成、②ＩＴリテラシー教育徹底とモラル高揚、③規則を定め遵守徹底を図る**必要があります。

著名企業やＢ２Ｃ商品の方が炎上リスクが高いのは当然！　お客様相談窓口、電話応対、営業訪問等顧客と直接応対する人達がいかに細やかな気遣いをし、言葉や態度にも注意を払うことが、ネット時代の危機対応には不可欠。**「会社の品格は最前線の社員で決まる」**を肝に銘じておきましょう。

㈱エルテスやソルナ㈱などが提供する炎上防止モニタリングサービスを導入する企業が急増しています。それは匿名掲示板などネット上の悪い書き込みをキーワード検索で常時監視し、風評被害や誹謗中傷を未然に解決するもの。炎上沈静化費用を補填できる「保険付帯型モニタリングサービス」もある。

デジタルデータは、外部へ持ち出しやすく個人ＰＣやＵＳＢ持込み使用禁止や不要情報へのアクセス禁止等を講じても人間が介在する限り漏洩の恐れあり。その予防措置の一つとして「ログ管理ソフト」はＰＣ画面の丸ごと記録で、いつ誰が何をしたかとその使用内容を正確に把握でき、情報漏洩、インサイダー取引などの事件では全て追跡調査でき、不正防止、予防法務に絶大な効果を発揮します。

あなたは、常にデジタルリスクの発生を念頭において、悪い情報は感性鋭く察知し、直ちに会社としての姿勢を固めて、適切な広報対応を先導して下さい。

主要Webリスクモニタリング会社比較表（2020年8月現在）

会社概要・ビジョン・背景	サービス概要・価格設定	特長・差別点
㈱エフエーアイ　06-6365-1610　https://fa1.co.jp/		
2019年よりエルテスグループに参画。中堅中小企業並びに地方マーケットへのサービス展開で実績が多数	AIアラートモニタリング： 月額10万円～ エルテスのリスクデータとAI基盤を用いたシステムインフラを掛け合わせ、中堅中小企業に特化した廉価版のモニタリングサービスを提供	中堅中小企業・地方マーケットに特化し、廉価版が提供可能。ネット風評被害対策に加えて、Web広告やLINE運用など、マーケティングサービスも提供し、中小企業のデジタル戦略をトータルにサポート
㈱エルテス　03-6550-9280　https://eltes-solution.jp/		
デジタルリスクという概念を提唱した先駆者的企業。“デジタルリスクと戦い続ける”を理念に掲げ、今までにないサービスを生み出す	Webリスクモニタリング： 月額40万円～ ※AIと目視をかけ合わせたリスクチェックと炎上発生時の初期対応コンサルティングを提供	RPA、AIなどの最先端技術活用だけでなく、専門スタッフによる分析や対応コンサルティングなどの包括的なサービスに強み。Webのモニタリングだけでなく、内部脅威検知や風評被害対策など、次々に現れる新たなリスクをトータルでサポート
シエンプレ㈱　03-6673-4652　https://www.siemple.co.jp/		
2008年の設立以降、約6,000社、約20万件にのぼるデジタル（インターネット）を起点とする炎上に関して、平常時から発生時、回復時の対策対応を行い、円滑な企業経営や個人の活動を支援。上場企業、官公庁から中小企業まで、業種・業界を問わず幅広く対応	・デジタル・クライシス対策事業 炎上予防コンサルティングから火種早期発見、沈静化対策まで。その他、風評被害対策、SNSアカウントプロファイリング等 ・サイレントクレーム対策事業 SNS、クチコミサイトに表れるユーザーの不満・要望の声を収集し分析。業務改善に活用。また、ネット上でのクレーム対応を代行	ネット炎上の予防、状況把握から、実際に炎上した際のブランディングから危機管理対応まで、ワンストップで対応。取引実績6,000社超、警察庁からのサイバーパトロール業務毎回受託など、実績多数。 デジタル・クライシス総合研究所を運営し、炎上のメカニズムとその対策についての研究を重ねている
ソルナ㈱　03-6721-1861　https://www.soluna.co.jp/		
「カイシャの病院」というコンセプトのもと、インターネットに関するトラブルを根本から解決する為のサービスを展開しています	風評被害対策やリスク検知、リスク発生時の対応など、Webリスク全般に対応する総合コンサルティングを実施。費用は内容により数万円～数百万円と様々。また、SNSなどWeb情報に基づく応募者の健全度を調査する「ネットの履歴書」も調査実績1万5000人を突破。	世界的な経済誌「Forbes」、テレビ東京「WBS」、朝日新聞、朝チャンなど多数のメディア実績に加え、様々な業界団体や大手企業研修実績多数。NHK「クローズアップ現代」ではAIの特集回に弊社代表三澤および技術者が登場
㈱ワイズワークスプロジェクト　03-3541-3951　https://www.wise-works.com/		
2000年の創業以来Web上の膨大な情報の中から、お客様が必要としている「価値ある情報」のみを提供しております。今後もWeb上のリスク調査のパイオニアとして業界の最前線を走りながらお客様の今と未来をサポートいたします	炎上の兆候を早期に把握するためのアラートサービス月額50,000円のプランから、ネガティブな情報全般を毎日ご報告する月額350,000円～のプランまでサービス提供しております	365日24時間の監視体制と目視を介した調査によって、企業リスクとなり得るWeb上の情報（悪質な風評、内部告発、ネガティブな口コミ）などネガティブな情報を迅速にご報告いたします。 また、ネガティブな情報のご報告に留まらず、適切な対処方法のアドバイス、対応代行まで一貫したサポート体制が整っております

10 リモート時代に新たに増える「真の危機は心中にあり9か条」

自分と会社を一致させ、会社の健康を人と同じ様に考えると、「**哲学の心を持つトップアスリートの様に柔軟で鋭敏・敏捷な身体を備えた組織体**」が望ましい健康な会社！　その健康を向上発展させようとする日々の実行が健康経営なのです。良い細胞が善い人間を作り、良い人間が善い会社を造るのです。ところが、身心共に躍動する健康な人間も、運動を止め、暴飲暴食すると忽《たちま》ち健康を損なうのは、実は、自らの肉体に命令する脳の怠慢に加え心が病み、危機意識が希薄になっている証拠です。

心に巣食う危機に甘くなり、**悪い細胞が蔓延すれば巨像もたちまち倒れる**。今の心の危機は、何年も前から腐り始めた根が現れたもの！　「**人間は植物と同じ、自分で根を下ろした所からしか滋養分は取れない。しっかり根を下ろし、自力で土中から自分を育てる栄養を吸い上げる。自己を鍛錬して葉を茂らせて太陽から栄養を取る**」（近藤信緒『世渡りの秘訣』）のです。常に新鮮な水と清廉なる空気を吸い生き生きとした細胞を育てるように自分を自分でマネジメントしましょう。

自分の中に水捌《みずは》けと風通しの良い土壌を造り育てることが大切です。新鮮な水と爽やかな空気と太陽の光、太陽熱と地熱によって産まれ、成長する生き物は実に活発です。生き生きと活力に満ちた力強い細胞が、ビジョン実現を目指して**覇気のある勤勉な毎日**を送るのです。

リモート時代には日々自分の心に問い正し、危機を小さいうちに発見して早期除去に努めましょう。

企業も同様。全社員の一挙手一投足、日々の業務一つ一つが危機対応です。じっと心に手を当て「**果たして自分はどうなのか？**」といつも自問する！　そんな社員が多くなれば会社発展へのポテンシャルは測り知れず、**創造力と躍動感溢れる有機組織体**となり、着実な成長を遂げる道程が見えてきます。

リモート時代に多様化する心の危機を察しよう！

眼前の改善テーマや変革目標に対し意欲も覇気も無い心

感染恐怖・失業不安・給与減等による新たなメンタルヘルスに対応できないひ弱な心

リモートワークによる新しい業務遂行法や評価方法にとまどい、ストレスを重ね、深める心

決められた作業だけはこなすが、無駄な時間や経費を浪費する無責任の心

新規業務への興味を持たず、ものごとに好奇心を示さない無関心な心

“伝統”という古い慣習や生ぬるい社内風土に甘んじ変えようとしない怠惰な心

他人の改善点や起こり得べきトラブルを率直に指摘する正義感や倫理観を疎かにする弛緩の心

創造的な仕事を行う楽しさや個性を発揮する喜びを感じない無感動の心

周りの諸問題に気付いていても自ら動こうとしない怠慢な心

いつも「果たして自分はどうなのか？」と問いかけよう！

水捌けのよい土壌
風通しのよい土壌 → 新鮮な水
清廉な空気 → 生き生きと活力に満ちた力強い根

自分で根を下ろした所から、自らの力でしか滋養分は取れない。

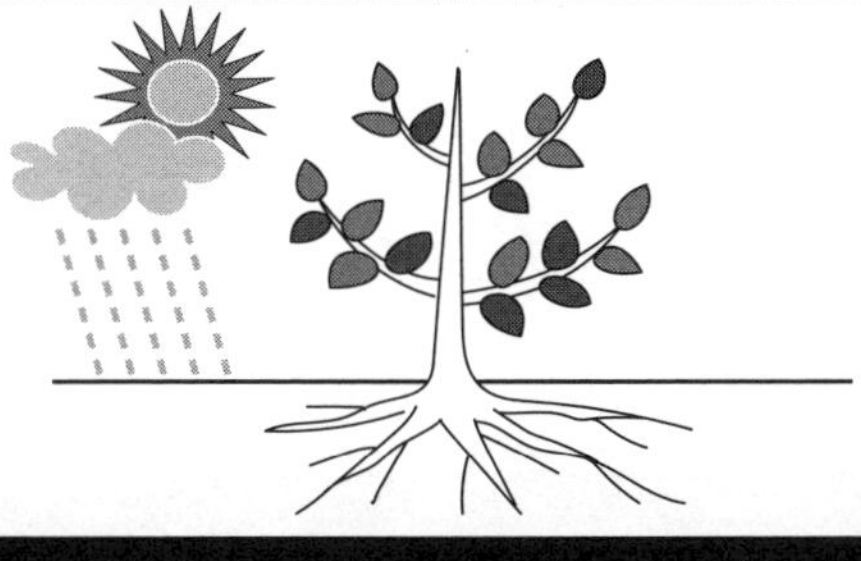

ただこれといって目立つことなく、世間の人と変るところもないように見えていて、内の心を調《ととの》えて行くのがこれ本当の道心者なのである。そうであるから、古人も、内心が空《むな》しくきれいにならば外相は自然にそれに随《したが》うのであると言っている。（『正法眼蔵随問記』）

記者会見・面談応対時の正しい立ち方・座り方・歩き方・お辞儀の仕方の秘訣

真っ直ぐに立ち方	1. **立てる**：顎《あご》を立て、首筋・背筋・腰を立てると身が立てる 2. **壁に立つ**：壁にかかと・尻・後頭部をつけるとすっくと立てる 3. **操り人形**：頭の天辺を糸で上に吊られた感じになると立てる 4. **竹筒法**：頭の天辺《てっぺん》から尾骶骨《びていこつ》まで直径10cmの竹筒を真っ直ぐ刺す。天から清廉な空気が竹筒を降りスーと抜けるイメージで 5. **胸襟を開く**：両肩を“少し”後ろに引くと自信があり堂々と見える両肩が前に落ちると卑屈に見え、引き過ぎると威張って見える 6. **両手は真下に**：体側に沿う。両肘の少しのゆとりが大きく見せる 7. **【悪い例】** 背筋が曲り、顎が突き出て頼りなく卑屈に見える	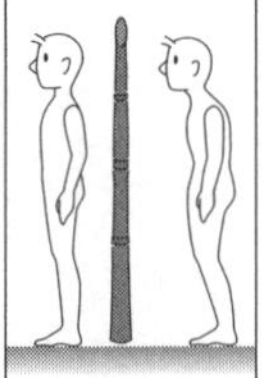
座り方	1. **竹筒法で立ちそのまま着席し正対**する。確固たる姿勢になり、自信と信頼を与える。後ろにもたれると威張る感じになる 2. **両膝**：男性は拳2つ位開ける。女性は **“二度座り”** して揃える 3. **書類を読む**：竹筒のまま前傾し、両手で書類を持つ 4. **目を見る**：鼻の辺りを漠然を見ると穏やかに目を見ている感じに!	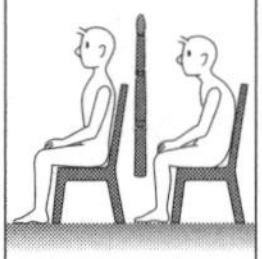
歩き方	1. 竹筒法で真直ぐ正しく立ち **“胸から”** 歩くと美しい 2. **目線を変える**：ビジョンや戦略表明は遠望し、新商品発表などは少し近くを眺め。お詫びは数m先を視る 3. **歩き方を変える**：送りたいメッセージによって： ①**堂々とした印象**：大股でゆったりと　‥‥アダージョで ②**落ち着いた印象**：落ち着いて冷静に　‥‥アンダンテで ③**颯爽とした印象**：やや快足で闊歩し　‥‥アレグレットで ④**軽やかな印象**　：小股で快速軽やかに‥‥アレグロで	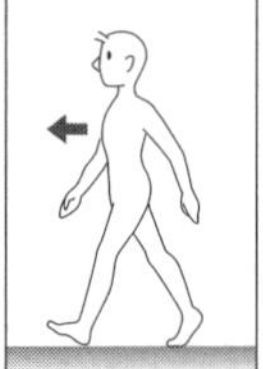
お辞儀の仕方	1. **竹筒で前傾：腰から折る!** 首を曲げず背筋を伸ばし斜め前方を見る 2. **“角度”で調節**：儀礼的意味と気持の深さを! ①**目礼**　：**5〜10度**‥‥目を伏せる程度 ②**会釈**　：**15〜30度**‥‥軽いお辞儀 ③**普通のお辞儀**：**45〜60度**‥‥幅広く ④**最敬礼**　：**80〜90度**‥‥深いお詫び。不祥事など 3. **相手に正対し顔を見て一礼、顔を起こし再度見て、次の動作に移る。** するとメリハリが利き、丁寧に見える 4. 顔を起こす時、**“ゆっくり”** 起こすと丁寧な感じになる	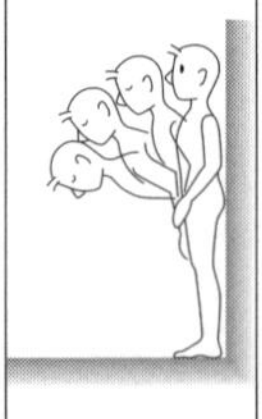

> 議論する時は、論旨と論拠とを明確に述べ、当否の判断はこれを第三者に任すということであって欲しい。論旨と論拠とがハッキリ、しっかりしておれば、議論は自からにして決する。その際他を貶しめ、己れを誇称するような言葉は附け加えない方が却って目的に適うと思う。
> （小泉信三『平生の心がけ』）

終章

真人間を目指す広報の「真《まこと》のお仕事15」の心得

経営とは「付加価値連鎖」の創出である。その「連鎖」は顧客の顧客のその先の顧客……、最終的に消費者まで繋がっている。同時にその「連鎖」は「組織」の内部、さらには成員各人の人格的内部にまで繋がっている。また、それはすべてのステークホルダーとも繋がっている。すべては無限連鎖の関係にある。経営者に求められるのは、効果的な「物語」を制作し、それによって成員各人の「自我」「心」「魂」「志」に「揺らぎ」を与えることである。

（花村邦昭『知の経営革命』東洋経済新報社）

卓越者《たくえつしゃ》とは、自分自身に正面から向き合い、人間は所詮欠如体《しょせんけつじょたい》でしかないことを深く自覚して、より高次の人格を目指して日々精進する人間のことである。それはまさに組織と個人の両人格のより高次の統合を目指して日々精進する『あなた』だ！

（花村邦昭㈱日本総合研究所特別顧問・元社長・会長、大妻学院顧問・前学長・理事長、元住友銀行専務取締役）

1 感染対策も万全の寿司屋の大将に、広報の神髄を学ぼう

寿司屋の大将は、早朝、お客様より遥かに早起きして、いつも常連客好みの**ネタ**を仕入れます。〝**個客**〟が喜ぶ笑顔を思い浮かべ、**御用聞き**もする。お客様の安全安心を第一に店内清掃等万全な感染防止策を講じてお迎えし、お客様が好む新味・珍味を目の前に並べ、その産地、新鮮さ、味の良さを誇らしげに講釈しつつ、間合いを見ながらリズミカルに〝**格好つけて**〟握る。まるで、大舞台の主役のように見《み》栄《え》も切る、啖呵《たんか》も切る！　カウンターの顧客を決して一律には扱わない。得意客一人一人好みを覚えてネタを選び、わさびを調節して、味付けも変える。馴染みには隠しネタもあり、実に「**非公平**」です。

会話も一流。1人1人興味に応じて話題を変える。政治や企業・スポーツ何でも話を合わせ、愚痴も聞き、悩み相談にも乗る人情味が溢れる……それぞれに「**オンリーユー**」で話を弾ませるのです。貸し借りもする。義理人情にも厚い。「ごあいそ！」と、いつ弾《はじ》いたのかすぐ丸まった数字が出てくる！　最後は見送りもし、「また来てね」と次回に繋げます。実に、広報の仕事に似ている！

とは言え、今に満足し何らの工夫なければ、その繁栄は長くは続かず早晩衰退の憂き目に！　そこでいち早くITを導入し、HPを独創的にし日々更新、SNSで最新情報発信を怠らず、ECサイトを充実、危機には直ちに「寿司セット」のテイクアウトや宅配を始めて在宅勤務にも素早く対応！　仕入れ・顧客もグローバル化する等ライバルに先駆ける！　このように**ハイテク導入も素早く柔軟でかつ人情味・優しさ・苦悩・悲哀のような人心の機微が判る達人**の域にあり、**お付き合いやおもてなしの神髄を会得**しているお寿司の大将に、広報の真髄を学びましょう。そこで思い起こすは平生愛吟《へいぜいあいぎん》する句の心！

いのちなき砂のかなしさよさらさらと　握《にぎ》れば指のあひだより落《お》つ（石川啄木『一握《いちあく》の砂』）

最上ネタ仕入れ、好みを握り、「Only you」おもてなし！

人間はだれも、自分の力にかなうかぎり、他人の幸福をはかる義務があり、
だれの役にも立たないのは本来何の価値もないのだ。　（デカルト『方法序説』）

2 リモート時代だからこそ御用聞き・・・社内記者になれ！

記者は、企業から主に広報を通じて情報を仕入れ、原稿に加工し記事として報道します。広報は、社内各部から記者に喜ばれる情報を仕入れ、リリースに加工して記者に提供する役割です。つまり、「**社内記者**」です。先ず、「**記者気質**」（78頁）から記者の本性を学びましょう。「**頭上に高き使命感、心に誇りと向上心、つねに素人の謙虚さで、聴き駆け回る狩人よ**」

広報の役割には、広くきく「**広聴**」も重要です。〝きく〟には「**聞く**」「**聴く**」「**訊く**」があります。状況に応じて、**多様な**「**きき方**」で社内外から良い悪いにかかわらず価値のある情報入手に励まなければなりません。記者は情報源にもなり、アドバイザーにもなってくれます。

日々の記事を関連部署に積極的に提供し情報を共有、逆に現場の生きた情報を得ます。広報と広聴は情報の発信と受信、いわば**車の両輪**です。広報には、これを円滑に回転させる主軸の役割があるのです。

〝情報は来てくださらない〟ので、「何かお手伝いしましょうか？」「何かいい話はありませんか？」などと、どこでも自ら出向き、情報をいただく「**御用聞き**」の姿勢を貫くと社内外で頼られます。

現業の時間や労力を阻害してはいけません。むしろ**手間を引受け**、資料を纏め、記事にして喜ばれるようにすると、資料作りや取材に時間を割き、協力してくれるようになります。「**あなたが頼むなら協力しよう**」と理解者が増え「**社内人脈**」になるのです。様々な部門や役職が多いほど有効です。

常に、「あの人は今何を望んでいるか？」と考える癖をつけ、必要になりそうな情報を先取りして提供するよう心がけていると信頼できる「**情報源**」として**社内外の人に頼られる**ようになります。情報を与えていると逆に与えられるものです。

リモート時代だからこそ社内記者（御用聞き）を目指そう

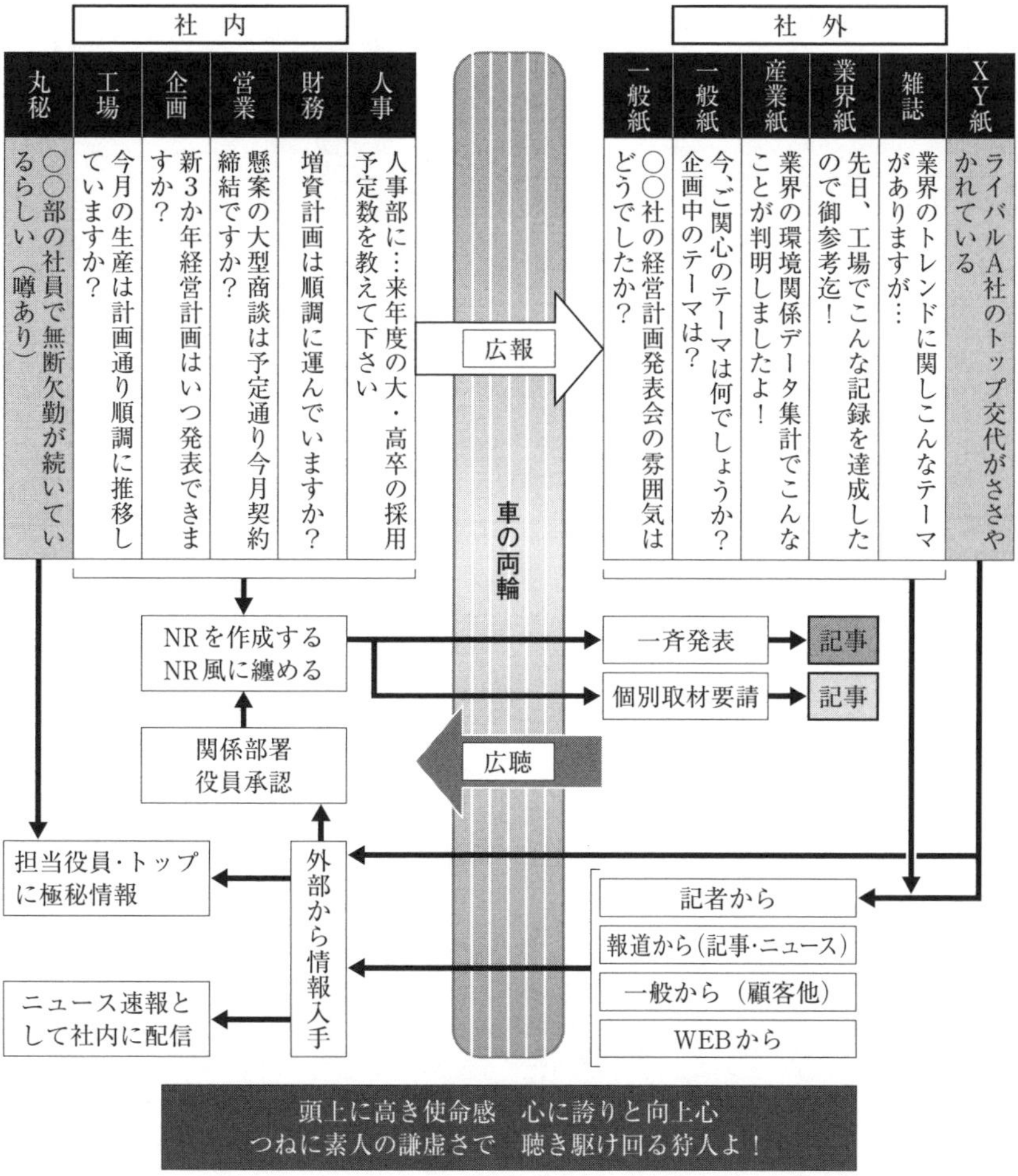

動を好む者は、雲電風燈《うんでんふうとう》、寂《せき》を嗜《たしな》む者は死灰槁木《しかいこうぼく》。須《すべか》らく定雲止水《ていうんしすい》の中に鳶《とび》飛び魚躍《うおおど》るの気象《きしょう》あるべし。わずかに是《こ》れ有道的《ゆうどうてき》の心体《しんたい》なり。　（洪自誠《こうじせい》『菜根譚《さいこんたん》』）

3 リモート時代でも「小」「多」「異」によって、記事が記事を呼ぶ！

記者とのコミュニケーションは「小」「多」「異」がキーワードです。

【小】 大メディアばかりに目が行く人は、広報の本質が分かっていない人。地方紙や業界紙専門紙（誌）記者を大事にしましょう。地域や業界に詳しく、企業発展のためにも積極的に記事にしてくれます。小さな記事**つまり「ベタ記事」でも軽んじず、喜び、感謝**する。記事は「勲章」、どれに載っても客観的価値があり、着実に信用を築くのです。「小」を思いやる心情を抱ける人は、それだけでも優れた広報人の素養を備える優しい人。「小を重んずれば大に繋がる」広報の原点を決して忘れないように！

【多】 一人でも多くの記者と親しくするよう努力しましょう。これまでコンタクトのないメディア・記者へのアプローチを増やす。多くのメディアに色んな記事がでることは、それだけ読者＝顧客が各方面に広がっていくことに他なりません。同じメディアでも違った担当の記者への接触を図る。ネットメディアを初め、多様なメディアに多彩な記事の露出は、それだけ読者＝顧客が多面的に拡散していく！

【異】 メディアは、マス・ネットを含めると大小多種多様！　多くの異なったメディアに、異なった切り口から記事を出しましょう。異なった読者層により新しい顧客開拓にも発展します。〝この前どこかで見たことがある！〟は、人の心に深く蓄積。大砲よりも機関銃、ライフル銃よりも散弾銃のように、パラパラと異なるタイミングで出る波状攻撃が「信用」と「イメージ」を膨らませます。

こうして小さくとも多くの記事が異なったメディアに露出していれば、常に「切り口」や「取材候補」を探している記者の目に止まり、新たな記事が生まれるきっかけになることから**「記事が記事を呼ぶ」「メディアがメディアを増幅する」**相乗効果となって、**記事が膨らみ・増える**のです。

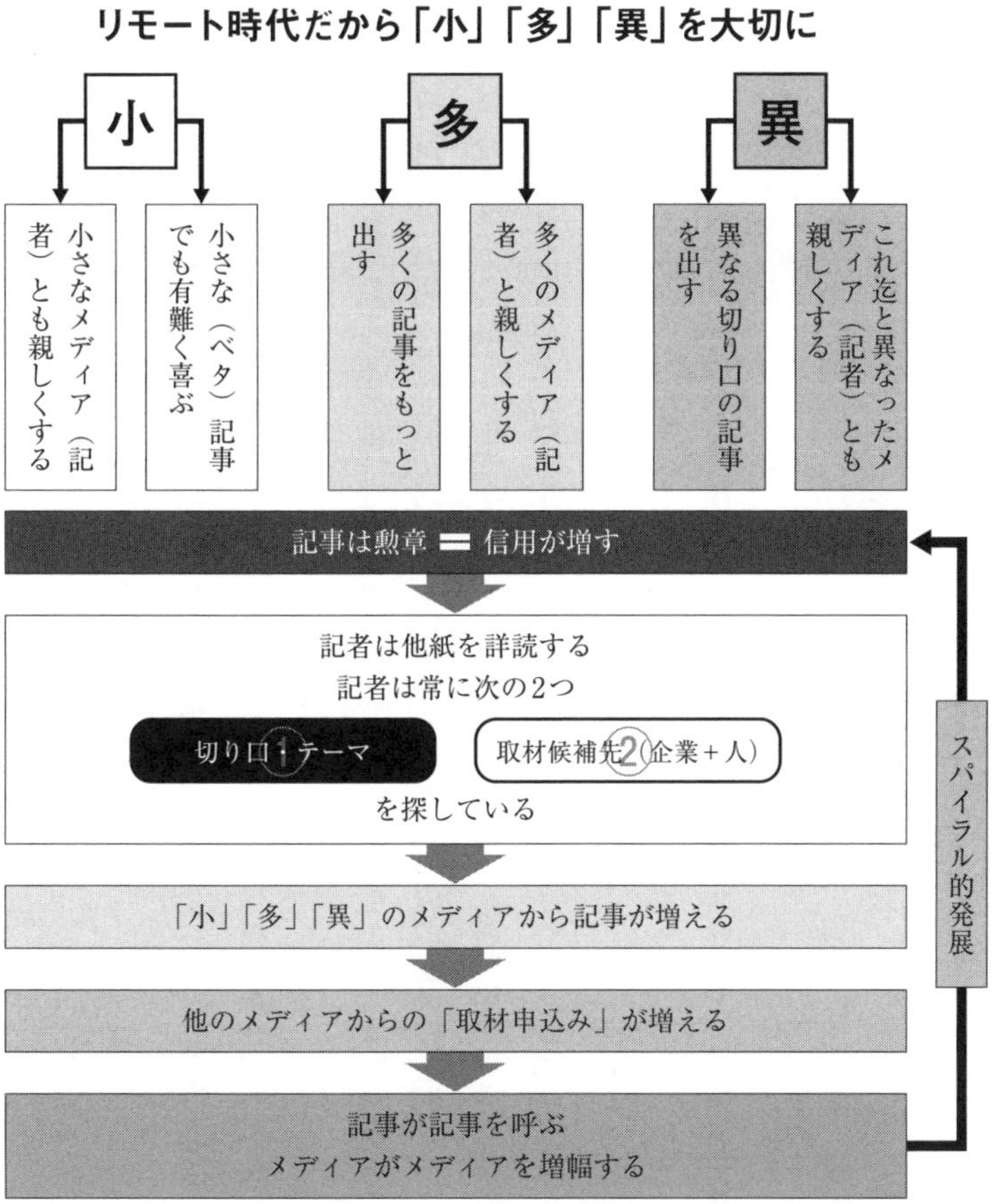

武士が兵法の道を行うということは、何事においても、人に優れるということを基本とし、あるいは一対一の切合いに勝ち、あるいは多人数の戦いに勝ち、主君のため、自分自身のため、名をあげ、身を立てようと思う。これこそ兵法の徳によって成り立つことである。
（宮本武蔵『五輪書』）

4 リモート時代でも1粒で5度美味しく「5つの切り口」を工夫をしよう

〝1つのネタからひとつの記事〟で喜んでいてはもったいない。鳥蟻魚《とりありさかな》の目で角度を変えて観よう！

ある業界初の新商品を売り出す場合、

(1)**「商品」**：**〝業界初〟**USP・UDPをしっかり押さえると経済産業紙や地方紙に喜ばれるでしょう。

(2)**「技術」**：その開発の源には優れた技術があり、そのコア技術が特許であれば、業界紙専門紙はきっと記事にしてくれます。開発に至る経緯をストーリー（物語）にして、ビジネス誌にも売り込めます。

(3)**「人」**：特許保持者や商品開発担当者を物語化すると一般紙の「人」の欄で紹介されるかも？

(4)**「経営」**：この商品で業績が向上すれば**経営戦略としての位置付けを切り口**に出来ます。

(5)**「業界」**：この商品や技術がその分野で主流になれば、**「業界における今後の位置づけ」**のような**トレンド的切り口**もある。興味を持つ記者に個別に取材要請して「企画モノ」の楽しみが出てきます。

このように、1つの優れた価値をいろいろな角度から探り、隠れた価値を見出して、自分の才覚や創意工夫で新たな視点からの露出を図るのです。

1つに切り口で**一斉発表（NR配布）**し、その後、**別の切り口**で、**別のメディア（記者）**に、**別のタイミングで取材要請**すると異なった記事が出るのです。それぞれのテーマで、**別のメディア（記者）**に**独占記事を提案**すると記事を見た記者からの**「取材申込み」**が期待でき、**〝記事が記事を呼ぶ〟**可能性も出てきます。**別の切り口で担当の違うメディア（記者）**に、異なった切り口での提案も！**「記者の最大の情報源は他の記事」**なのです。**1粒で5度もおいしく、切り口・メディアの組合せの妙**を身につけ、**「旬」「記念日」「行事」**等との結びつきも考えてみる。**その創造力が一流の広報への道**です。

ネタをマルチユースして多彩な記事を！

切り口	着　眼	アクションの例
1 商品サービス	ある画期的商品を開発し、近く販売開始する	一斉発表（ニュースリリース）により経済紙・業界紙に記事が出た
2 技術	その商品開発には、独創的な特許技術の存在がある	一般紙A記者に個別取材要請。社会性あるテーマで企画記事になった
3 人	その技術を開発したエンジニアはその分野において卓越した人物	ある業界紙のB記者に個別取材を要請した。「人」の欄で紹介された
4 経営	その画期的商品の拡販を経営の一つの柱にする方針を固めた	社長を発表者としてレクチャー付きの一斉発表(ニュースリリース)を行った
5 業界	その商品は業界における将来のトレンドになっていきそうだ	ビジネス誌の業界担当C記者に企画記事を提案。トレンド記事掲載

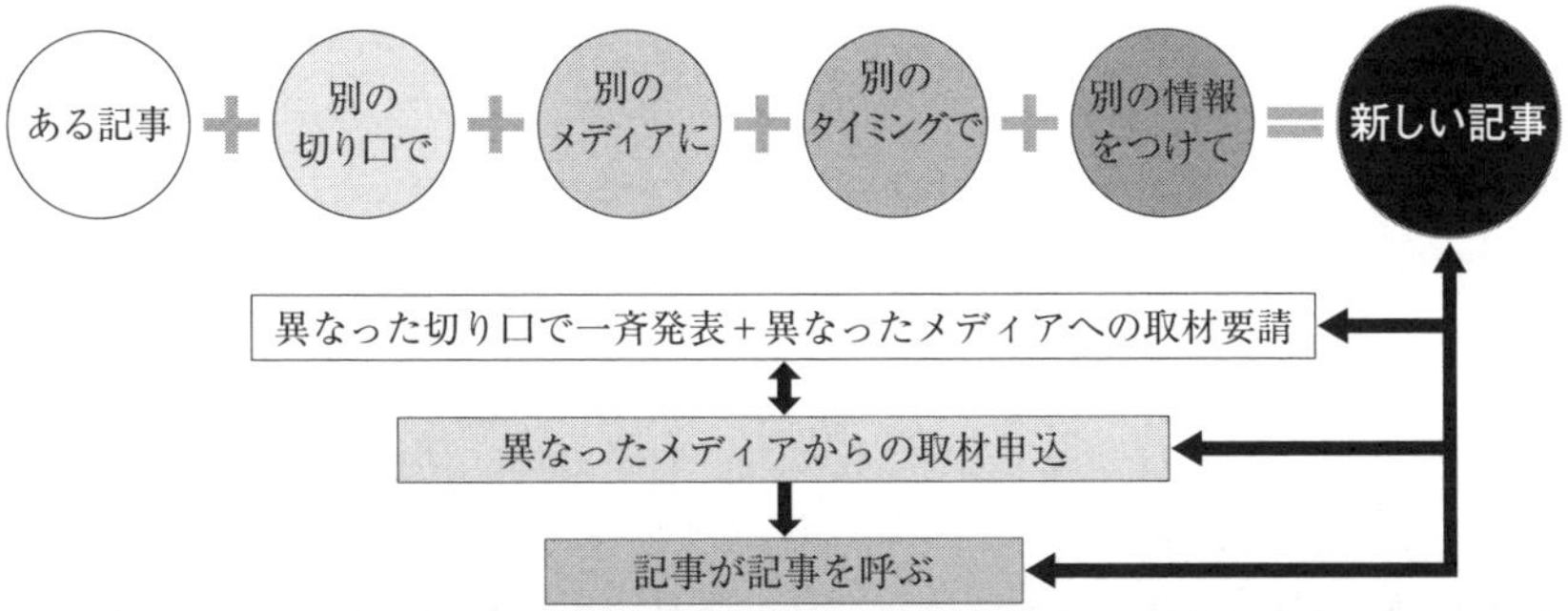

> 至る時に固く決心せよ、自分が現在手に引受けていることを、几帳面な飾り気のない威厳をもって、愛情をもって、独立と正義をもって果たそうと。一つ一つの行動を一生の最後のもののごとく行い、あらゆるでたらめや、理性の命ずることに対する熱情的な嫌悪などを捨て去り、またすべての偽善や、利己心や自己の分に対する不満を捨て去ればよい。
>
> （アウレーリウス『自省録』）

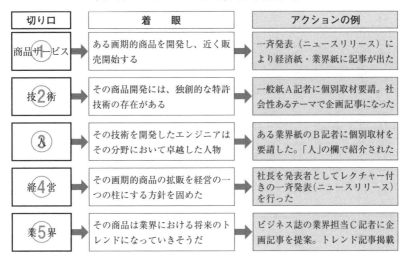

5 情報はボール、動かねばパスは来ない・・・リモート操作に長けよ！

「私は毎日バスケしています！」と言うと驚かれます。中・高時代、小柄なチームながら福岡・九州を制しインターハイやインカレでもプレーしたバスケ狂の私にとって**「情報はボール」「世界がコート」**そこに**「五億人のプレーヤー」**がいると想定し、日々の仕事がバスケの試合なのです。電話や面談の会**話はパスの交換**。訪問や来客はパスの授受。電話が鳴れば誰からのパスかを考え、会話中に、

① 自分でシュートできる（役立てる）か？ 出来なければ

② 誰にパスすればシュートしてくれるか、出来なければ他にパスして生かしてくれるか？

③ ドリブルしながら、次のチャンスを探すか？ を考える。

絶えず動いてチャンスを作っていないといいボールは来ないし、自分も動いているプレーヤーにしかパスしない。絶好のパスをタイミングよく通せば、容易にシュートし得点してもらえる。**チャンスは自ら動くプレーヤーにしか生まれない！**

受け手の立場で、**強弱、遅速、緩急自在に正確にタイミング良くパス**しないとパスミスとなる。**相手の状況、実力（理解力）に合わせてパス。機感じてノールックパスも！ 多彩なパスは話し方と同じ！** この考えは、見えない情報をも見、情報の受発信を行い、経営を司る広報の仕事に直結します。

自らチャンスを創りボールをもらい、絶妙な瞬間に緩急のパスを放ってポイントゲッター（相手）の得点を演出する**アシストプレー**を心がける。**自らシュート力無くばアシストもできず！ 油断すれば瞬時に抜かれる。いつも感性を研ぎすまし、一瞬のチャンスに鋭角にカットインする（率直に切り込む）勇気と闘魂を燃やし続けて先んじる！ すると「小なりと雖《いえど》も強」**になる。正に広報の仕事です。

リモートコントロール力＝広報力!!

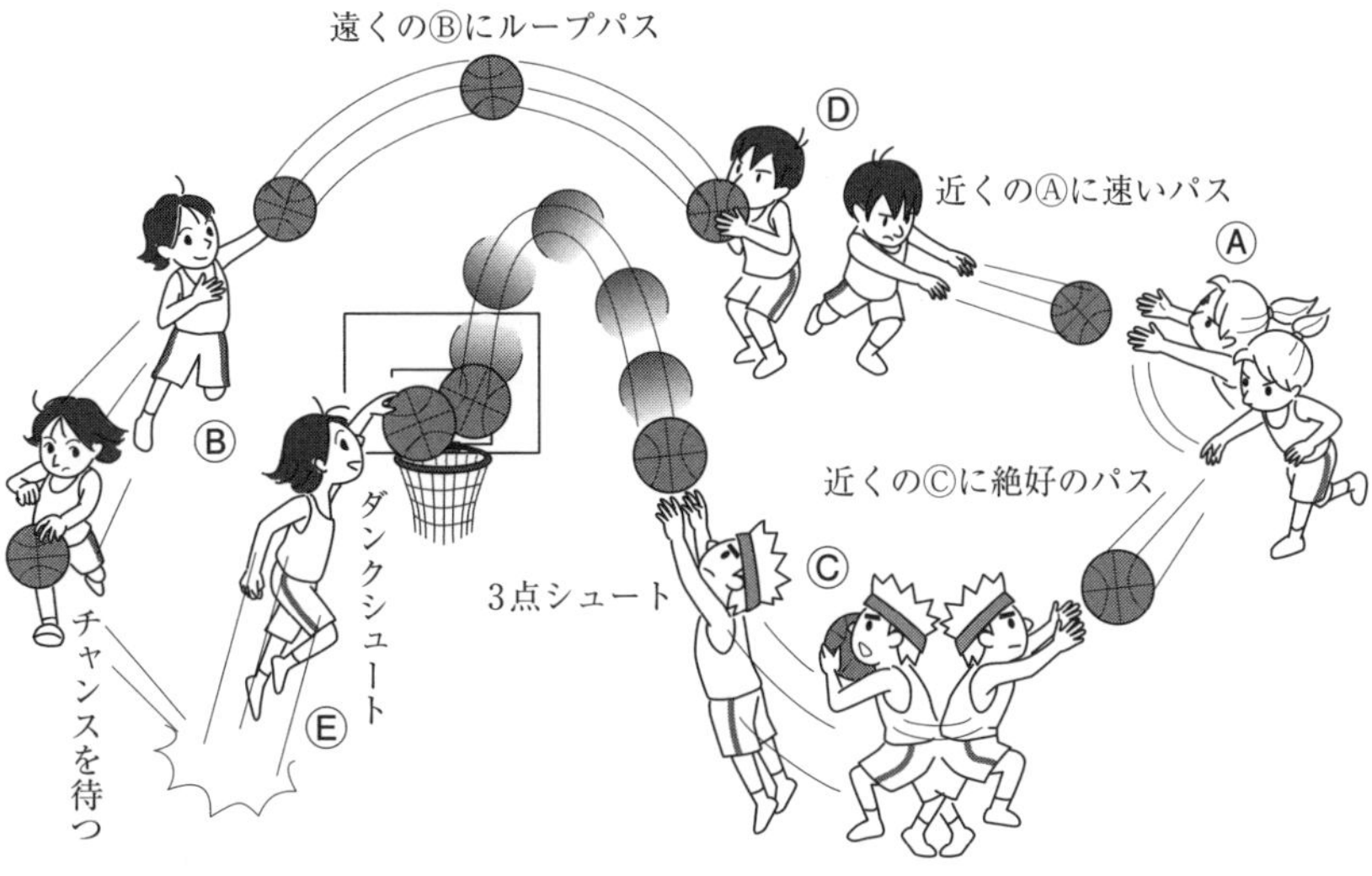

ひたぶるな努力は美しい。　（垂水春雄九州大学教授バスケットボール部長）

6 リモート故に日々のクレームを幅広く感じ取り有難く思い、好転させよう

どんな業種でもお客様の要望は常に高くなるので、クレームは必ず発生する。「1件の重大な事故の背後には、300件の異常がある」という「ハインリッヒの法則」にあるように、大きな危機でも実は小さなクレームが発端となり必ず兆しあり！　それが危機の源泉なのです。それを〝嫌なもの〟と取るか〝有難い〟と取るかでは天と地の差あり！　クレームとは実は顧客からの有難い「**励まし**」であり「**願い**」！　顧客価値向上に役立つ品質改善点に関する〝**無料の情報提供**〟であることを看過してはなりません。〝クレームがない！〟とは、誰も気づかないか？　誰かが握りつぶしているか？　顧客から見放されているか？のどれか！…むしろ、ないことを恐れましょう。

顧客の指摘無しには到底判り得ない点も多く、社員より早く判る〝時間的価値〟も高く評価すべき！

そこで、クレームを**不満・不平・苦情**の三段階に分けましょう。

「**不満**」：顔に表わすが言葉には出さない。〝**ボヤキ直前・胸の内**〟の段階。これを心からの「願望」と捉える。ここで〝ご不満なのでは？〟と感じアクションが取れれば一流！

「**不平**」：表情と動作に表わしぶつぶつ言う明確な〝**ボヤキ**〟を「要望」と見る。ここで判れば二流！

「**苦情**」：面と向かって具体的に文句を言う。「こうしてくれ！」と「要求」されて手を打つのは三流！

実は超一流がいます！　「**満足の表情に不満の影を見抜ける人**」です。

五感で感じ早期発見・早期治療は望ましい結果を導く！　社員の末端まで〝「**不満**」**からクレーム**〟と捉えるようになれば、〝**ボヤキに気付く感性**〟**が磨かれ**、細やかな気配りが身に付くでしょう。電話応対初めお客様と接する社員の感性が日々試される！「**会社の品格は最前線の社員で決まる！**」。

顧客心の動きを察知しクレームの本質を知ろう

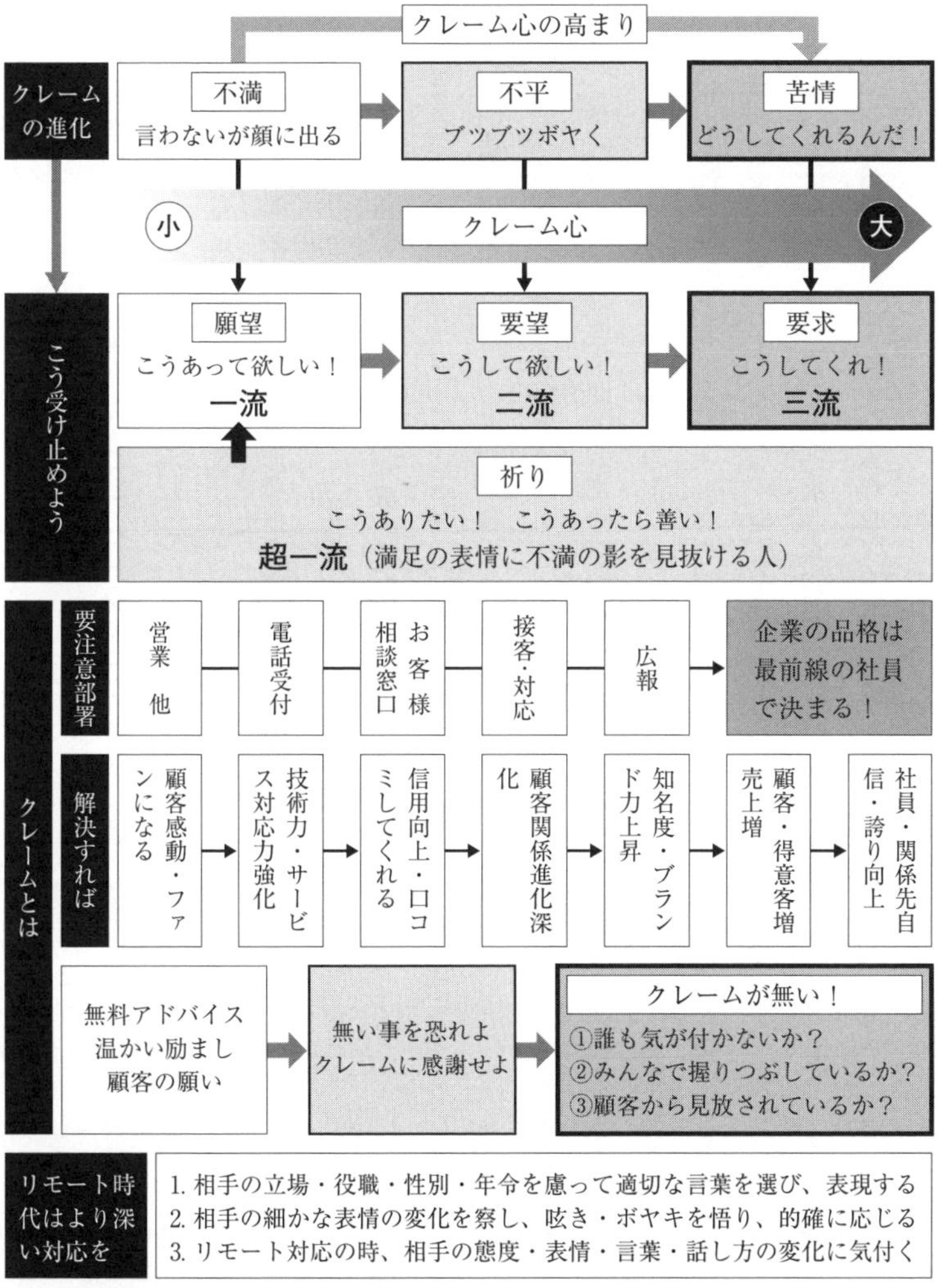
クレーム心の高まり
クレームの進化
不満
言わないが顔に出る
不平
ブツブツボヤく
苦情
どうしてくれるんだ！
小
クレーム心
大
こう受け止めよう
願望
こうあって欲しい！
一流
要望
こうして欲しい！
二流
要求
こうしてくれ！
三流
祈り
こうありたい！　こうあったら善い！
超一流（満足の表情に不満の影を見抜ける人）
クレームとは
要注意部署
営業　他
電話受付
お客様相談窓口
接客・対応
広報
企業の品格は最前線の社員で決まる！
解決すれば
顧客感動・ファンになる
技術力・サービス対応力強化
信用向上・口コミしてくれる
顧客関係進化深化
知名度・ブランド力上昇
顧客・得意客増売上増
社員・関係先自信・誇り向上
無料アドバイス
温かい励まし
顧客の願い
無い事を恐れよ
クレームに感謝せよ
クレームが無い！
①誰も気が付かないか？
②みんなで握りつぶしているか？
③顧客から見放されているか？
リモート時代はより深い対応を
1. 相手の立場・役職・性別・年令を慮って適切な言葉を選び、表現する
2. 相手の細かな表情の変化を察し、呟き・ボヤキを悟り、的確に応じる
3. リモート対応の時、相手の態度・表情・言葉・話し方の変化に気付く

我《わが》気にいらぬことが、我ために成物也《なるものなり》。　（鍋島直茂。佐賀鍋島藩祖）

7 「情報パンデミック時代」はここに留意して乗り切ろう

哲学者東《あずま》浩紀《ひろき》氏は「**人と人がコミュニケーションを取り、移動し集まることが『善』だった時代が、大きな節目を迎えている**」（「日本経済新聞」２０２０年４月15日）と世界で猛威を奮う新型コロナは人々の意識を変えると喝破しています。〝コロナ〟は、**情報パンデミック**によって、勤労と生活の意味、人間の尊厳と企業のあり方などに多様な教訓を与え、**パラダイムシフト**のきっかけになるでしょう。

広報的視点で旬の言葉を挙げると、**「三密」**に始り、**リモートワーク**つまり**テレワーク**や**ホームワーク**そして**ソーシャルディスタンス（社会的距離）**と続きます。リモートワークの手段は、①文字作成、②連絡方法＝電話・スマホ・メール・ＳＮＳ・ＦＡＸ・郵送、③テレビ会議等がありますが、要は〝コンテンツ＝情報〟の交通手段〟なのです。

人が直接会う面談は**情報の直接授受**であり、**会議は複数同時の情報交換**と言えます。これからは、一つの面談、ひとつひとつの会議開催の意味を慎重に吟味し、限られた時間での成果を明確に評価されることになります。それは、事前準備の上、短時間で効率的に終える反面、自由な議論を行う雰囲気にならず、結局、上役、声の大きい人、主張タイプの人が仕切り、優れた意見でも発言が不得手な人や発想は斬新で独創的でも、考えがまとまらず発言を控える人等を封じ込める恐れ大との弊害があります。加えて、創造的な仕事人とそうでない指示待ち人間との格差が開くのは疑うべくもありません。各自「**自分は果して〝ESSENTIAL《なくてはならない》なWORKER《仕事師・士》〟なのか？**」と自問の要あり！

これから、世界は次世代へのパラダイムシフトへと向かうはずです。それは、

① リモートワークの一般化…複数人電話会談・ビデオ会議

リモート時代における広報８つの気遣い

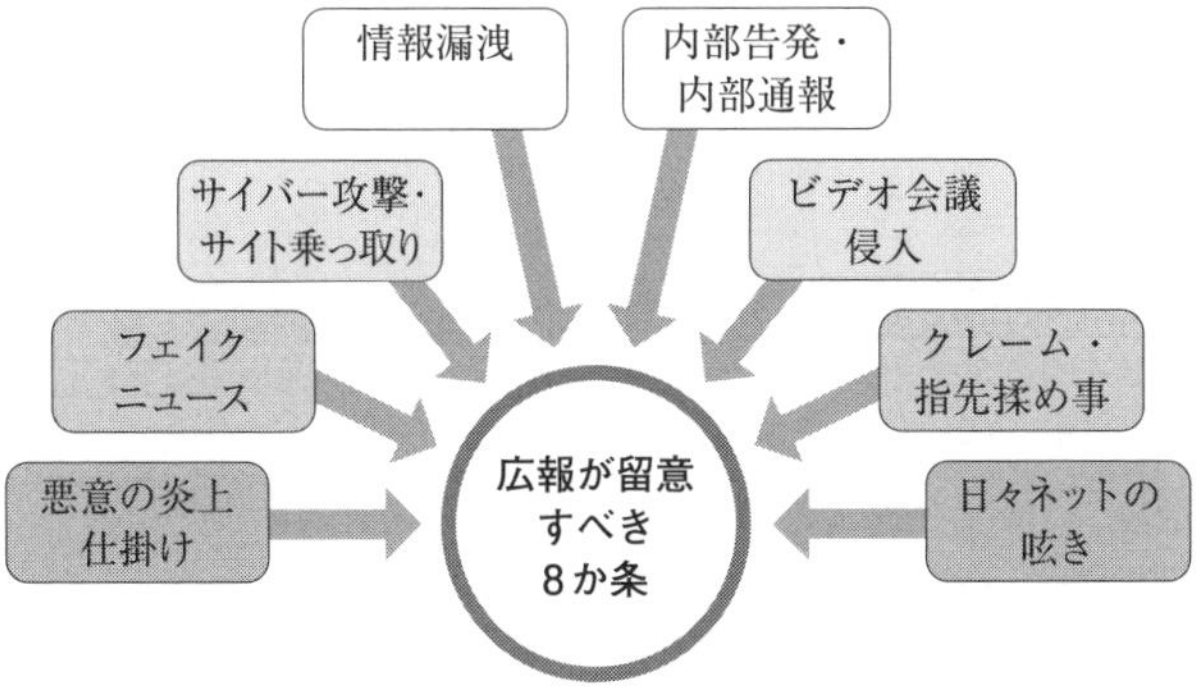
情報漏洩
内部告発・内部通報
サイバー攻撃・サイト乗っ取り
ビデオ会議侵入
フェイクニュース
クレーム・指先揉め事
悪意の炎上仕掛け
日々ネットの呟き
広報が留意すべき８か条

リモート時代に差を付ける広報力７つのパワー

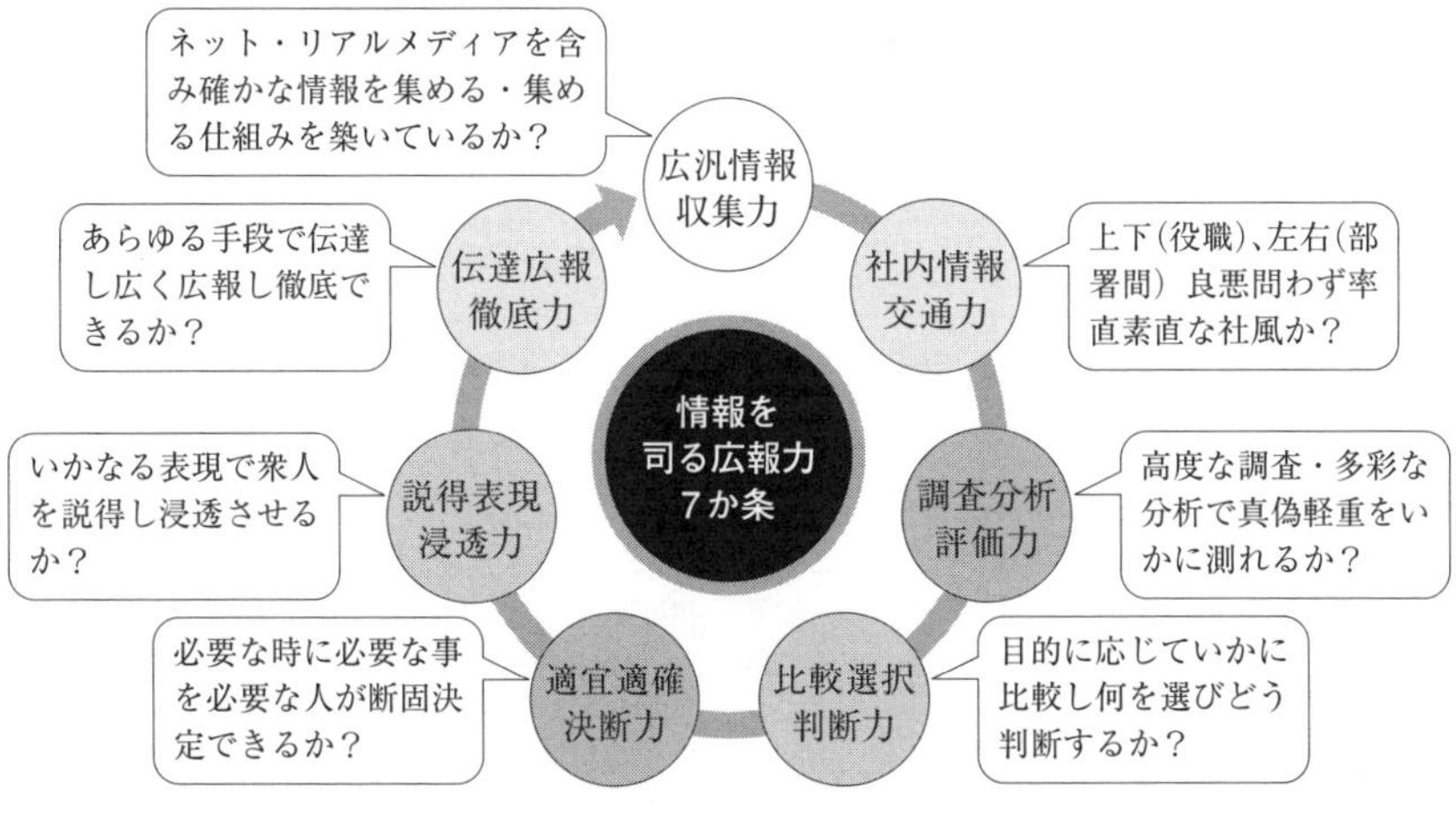
ネット・リアルメディアを含み確かな情報を集める・集める仕組みを築いているか？
広汎情報収集力
上下(役職)、左右(部署間) 良悪問わず率直素直な社風か？
社内情報交通力
あらゆる手段で伝達し広く広報し徹底できるか？
伝達広報徹底力
情報を司る広報力７か条
いかなる表現で衆人を説得し浸透させるか？
説得表現浸透力
高度な調査・多彩な分析で真偽軽重をいかに測れるか？
調査分析評価力
必要な時に必要な事を必要な人が断固決定できるか？
適宜適確決断力
目的に応じていかに比較し何を選びどう判断するか？
比較選択判断力

創造性は繊細な花のようなものだ。誉められれば、花を開かせる。
だが、意欲をくじかれれば、つぼみのままで立ち枯れてしまう。
（アレックス・オズボーン、ブレーンストーミングの考案者）

② **働き方の多様化と人事評価制度の変革……創造的・独創的仕事の促進とより成果充実へ**
③ **日本の伝統的習慣や規制・ハンコ制等制度変更による企業変革と生産拠点・供給網の見直し**
④ **企業戦略としての危機対応の有り方と（複合）大災害を含むＢＣＰ計画見直しの促進**

とは言え、オンラインでは、ルーチンワークはできても、異質な存在や異なる視点の排除に繋がり易いので、面前での異なった考え・意見やその言動・表情そして、参加者達が醸《か》醸《も》し出す〝場〟とその表現し得ない雰囲気に共鳴創発されて生れる**創造的仕事の効果は、同じ様にはいかない**、つまり「**ブレインストーミング**」が生まれ難い！

加えて、オンライン最大の弱点は**通信環境に左右され、サイバー攻撃による情報漏洩と、時に操作・支配される恐れ**です。

社内の商慣習や常識的思考過程に変革をもたらし、更なる生産性向上と人間生活向上を可能ならしめるのは、〝**情報を司る力**〟であり、その意味でも**トップに密着した情報基地**である**広報の役割はますます高まっていく**ことは疑うべくもありません。

いち早くそれに気付き、社内に大きな〝**ゆらぎ**〟を起こし、**自らパラダイムシフトしていく企業が優位に立つ**でしょう。その過程において、広報の留意すべき点と養成する点は、２２１頁の通りです。

要は、ある重要案件に関する情報の軽重・質量を考慮して、時機・必要性に応じて、正しく分析し、多角度から評価し、慎重に計測して、的確に選択、倫理観を持って最終的に決断を下し、必要な事を、必要な人に、必要な時に断固伝え、説得し、納得させ、徹底できるかです。その情報基地として、**広報は、企業の善・ビジョンに向かって錯綜する情報を司る崇高な役割**ですので、その真価が問われることになります。その時、弁護士初め専門家の意見を充分尊重し、しかし言いなりにならずに、経営として善処する姿勢が大切です。

「お土産」の心得・・・・広報センスの見せどころ

発表でも個別面談でも、お土産は、広報担当が常に気にかけておくべき重要な心得であり役割。

決まったら、すぐ“**場所と土産と車**”を考える習慣をつけよう。考慮すべきポイントは：
①会合の意義・趣旨　②会社と記者との関係　③記者の好み・嗜好　④役員の意向　⑤両者の立場
⑤面談者との親密度合　⑦季節・旬の行事　⑧天候（寒暖・風雨）　⑨記者の帰りの便　⑩予算

基本心得 おもてなし	1. 高価でなくとも効果的なもの・・・・記者の好みに沿う。話題性ある旬の品 2. 高価というより価値あるもの・・・・由緒ある品。美味なる品。家族（子供）用 3. 心に、大きく重くないもの　・・・・一見余り高価な品はむしろ負担を与える 4. 実も、大きく重くないもの　・・・・持ち帰りに困らない。目立ち過ぎない
これが本当に喜ばれるお土産	①狙いのテーマに関する記事にできる情報 ②次の記事への切り口のヒント ③ここだけの話・耳より情報 ④小さなコラムに使える 暇ネタ・小話 　例：ホールインワンなど話題性ある話
状況に応じて適切なお土産を選ぶ	**【第一候補】** 自社・関係会社商品サンプル→評価を訊ける **【第二候補】** 自社・関係会社ロゴ入りノベルティ→PRになる **【第三候補】** 1. 消える物：菓子類・おかず・酒・・旬の物、郷土名品 2. 身に付ける物：ネクタイ・ハンカチ 3. 日用品：筆記用具、湯呑、グラス （**店・品物の種類** □和菓子 □洋菓子 □佃煮・郷土品 □行った店の商品 □ブランド商品 □有名包装紙）
お土産 手配方法	1. 広報か面談者秘書が事前に購入し、当日同席者広報が持参 2. 広報か面談者秘書が事前に手配し、店に届けておく→要事前確認 3. 店に頼んで用意してもらっておく→要事前確認
渡し方 にも配慮	1. 誰が渡すか：面談者から？　広報担当から？　店（女将）から？ 2. いつ渡すか：面談終了後直ぐか？　出口で別れる前か？ 3. どう渡すか：人前か？　二人になってか？　車に入れておくか？
配車	終了見込み10分以上前到着で配車。混む場合あり“早め手配”心掛け

人間の功利性を巧みに利用して何かを得ようとする贈り物、ただ感謝と誠意を現そうとする心情の贈り物、施しのための贈り物、品物は同じでもその中に生きている精神はまったく別々である。贈り物をする場合、自分の心がどう働いているかよくよく反省すべきである。

（近藤信緒『人に好かれる法』山見博康監修）

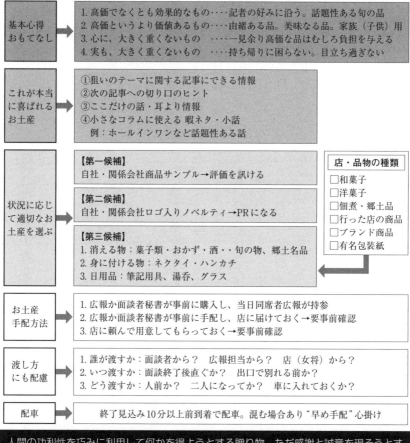

8 リモート時代！〝HT^2〟が優劣を決する⬇〝Human Touch〟で差を！

ハイテクHT＝High Technologyはどの企業でも資金があれば導入できることもあり、それ以上の技術が開発されれば、たちまち凌駕され、常に開発競争を強いられ差がつきません。これからは、もう一つの**HT＝Human Touchヒューマン・タッチ**が大切。デジタルとアナログの組み合わせの妙です。物作りも、手間をかけ、質を高め、ノウハウを深め、**独創的な商品作り**を目指すように、広報も、記者との面談を増やす、適切な説明者をつけるなどの「**ヒューマンタッチ**」を増やし**独自の関係**を築くのです。会合に出て友人を作り、個別に会って、親友を増やすプロセスと同じ。

そうすると他人（社）とは異なる付加価値を相互に生み出せます。「**ハイテクは手段、ヒューマンタッチは創造**」、**HTの二乗に秘訣**あり、**後のHTを増やせば増やす程優位性が高まる**のです。**ヒューマンタッチの中味は外から見えず、追いつくには時間・労力・資金もかかり他社の追随を許しません。**好例が「ディズニーランド」！ 大掛かりなアトラクションは最先端のハイテクを駆使していますが、リピーターを惹き付けるのは、**一人一人が均一に提供する心からのおもてなし＝ヒューマンタッチ**にあることに気付いて下さい。この徹底には、全社員のビジョン共有、教育システムとその実施、現場での徹底を世界中で継続的に徹底して実践する必要があります。

これからの広報は、**個別取材を増やし**、内容の濃い「**共創の作品**」として**特別な記事を産み出す！** NR配信だけでは遅れをとる。配信後に個別にヒューマンタッチにより良い人間関係を築くことです。リモートワークが増えれば記者と接する機会が減るので、**HT^2の重要性が高まる**のは当然！ それに対応して、①**本質把握力**、②**文章表現力**、③**意思疎通力**を高めなければなりません。

リモート時代だから「HTの2乗」で優位に立とう

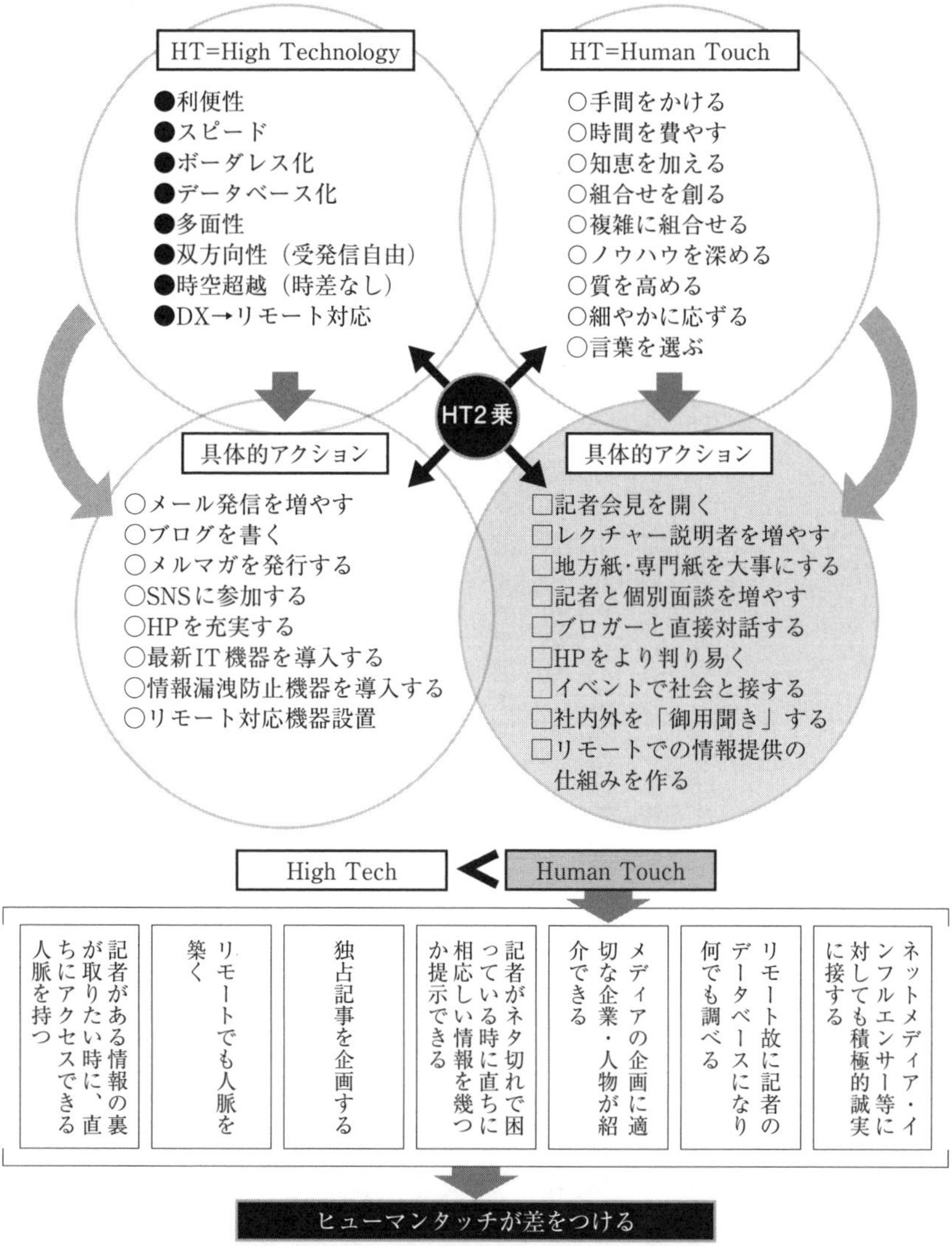
HT=High Technology
●利便性
●スピード
●ボーダレス化
●データベース化
●多面性
●双方向性（受発信自由）
●時空超越（時差なし）
●DX→リモート対応
HT=Human Touch
○手間をかける
○時間を費やす
○知恵を加える
○組合せを創る
○複雑に組合せる
○ノウハウを深める
○質を高める
○細やかに応ずる
○言葉を選ぶ
HT2乗
具体的アクション
○メール発信を増やす
○ブログを書く
○メルマガを発行する
○SNSに参加する
○HPを充実する
○最新IT機器を導入する
○情報漏洩防止機器を導入する
○リモート対応機器設置
具体的アクション
□記者会見を開く
□レクチャー説明者を増やす
□地方紙･専門紙を大事にする
□記者と個別面談を増やす
□ブロガーと直接対話する
□HPをより判り易く
□イベントで社会と接する
□社内外を「御用聞き」する
□リモートでの情報提供の仕組みを作る
High Tech
Human Touch
ネットメディア・インフルエンサー等に対しても積極的誠実に接する
リモート故に記者のデータベースになり何でも調べる
メディアの企画に適切な企業・人物が紹介できる
記者がネタ切れで困っている時に直ちに相応しい情報を幾つか提示できる
独占記事を企画する
リモートでも人脈を築く
記者がある情報の裏が取りたい時に、直ちにアクセスできる人脈を持つ
ヒューマンタッチが差をつける

おのれに存《そん》する偉大《いだい》なるものの小《しょう》を感ずることができない人《ひと》は、
他人《たにん》に存《そん》する小《しょう》なるものの偉大《いだい》を見逃《みのが》しがちである。　（岡倉覚三『茶の本』）

9 リモート時代こそ数値で示せる成果を把握し、示せない成果を秘かに誇ろう

❖具体的数値で示せ

一流を目指す人は自分の仕事に対して常に目標を設定し、その成果を数値で表すようにしましょう。一定期間で幾つのNRを発信したか？　何人の記者と面談したか？　いくつ記事が出たか？　など数値で考え推移を見ると自ら業績評価が可能です。そして、勿論、全社の広報活動の目標管理についても、数字で示すことによって目標設定―実施の成果を数字で把握することによって、次の戦略をより明確に効果的に策定できるのです。

広報の仕事は、「情報基地」として他の部署よりも早く重要情報を知り得る立場にあり、中には機密情報も含まれています。従い、その動きも内密で事前根回し的なものも多くなりますので、なかなか数値では表せない場合もあるのです。それでも、数値化しやすいネットとの比較で、予算管理が厳しくなり、費用対効果を数字で表す第三者評価が求められ、意識や態度の変化や論調迄も何らかの数値化が盛んになっています。特に、SNSを広報に活用したり、インフルエンサー・マーケティングやアンバサダー・マーケティングを効果的に取り入れる企業も増えていますので、次頁を参考に、自社の広報活動数値化を図りましょう。

❖見えない成果を大切に

一流は、量も、質も高めるのに貪欲です。責任ある仕事は数値で示せません。トップに直結して限られた人だけで極秘に善処する。時には、事態好転を狙って密かに行動する。たとえ成果があっても、自

数値化できる広報（記事・報道）評価方法（一定期間比較・前年比・推移）

評価項目	内容
メディアリスト数 親派記者数	いかに多くの多様なメディアに発信できるか？ 異なったメディアの異なった担当の親しい記者数は？
リリース発信数	部門別で社内の躍動感が判る。他社比較あればベスト
取材対応数	企業から「取材要請」か記者から「取材申込み」か？
個別面談 アレンジ数	自らの発想でテーマを決め、役員―記者との面談をアレンジした数＝高難易度広報業務で価値が高い
記事数（含Web）	一定期間におけるメディア別記事数比較
広告換算	記事のスペースや時間に単位当り広告を掛けて換算 Webは媒体価値×情報価値等で換算
到達人数	記事が何人に到達したか？を発行部数や視聴率から数値化 内容より数重視
問合せ件数	記事報道後の問合せ件数を数値化
ネット拡散数（率）	掲載サイト数。アクセス数。読者数。フォローワー数。いいね！数
売上高アップ	大イベントやM&Aなどの報道後の動きに注目
株価変動	報道前後の変動を計る。重要な経営案件に有効
キーワード測定	キーワード製品等が一定期間に何回露出したかを数値化 時間労力コスト大
論調・意識変化	論調、シェア・オブ・ボイス（露出比）、意識・態度変容 論調分析等定性的指標等を組合せ
ランキング・ イメージ調査、表彰等	リアル・ネットによる諸調査。アンケート・車座調査・路上調査・各種ヒアリング。自由な発想で多種多様な調査を。各種表彰
HPアクセス数 滞在時間	HP来訪者数の推移・滞在時間の長さの増減。計測期間の： ●セッション数：延べ訪問者。 ●ユーザー数：計測期間中重複のない訪問者数 ●ページビュー（PV）数：訪問者が見たページ数
SNSに関する 諸指標	●フォローワー数（ブログ・fb等SNSへの訪問者数） ●インプレッション（ネット広告が表示された回数） ●エンゲージメント率（「いいね!」やシェアなどSNS上のコンテンツの共感度・人気度）

真砂《まさご》なす数なき星の其《そ》の中《なか》に、吾に向ひて光る星あり　（『子規歌集』）

分の胸だけに留める。それらの評価は表には出ない。だから価値があるのです。広報の本質に照せば、**数値にならない・出来ない活動にこそ、真の価値がある**ことを胸に秘めていましょう。

「**数**」も大切ですが、「**質**」にこだわるようになるとワンランク成長した証。経営における広報の使命が判るにつれて、一つ一つの受発信情報の微妙なニュアンスの表現にも日頃から気を配るようになります。

記事は、企業の公表内容や事実に対して、記者の客観的視点やその時々の相対的な情勢を鑑みた記者の判断に基づく原稿とそれを見るデスク及び社としての方向性によって、内容が変わるので、企業の意図通りに運ばないのが常！　時に、悪意あるメディア（記者）による意図的曲解表現もありましょう。

ネットでは、SNSへの投稿が風潮に左右される傾向にあり、マスメディア以上に、悪い情報が増幅されるリスクが高くなります。実際、企業も、提供する情報自体、本質的に都合の良い点を少しはいやぎりぎり迄化粧・美化し、都合の悪い点は巧みにオブラートに包み、できれば触れたくないものです。

160頁で述べたように、重要事項、特に(3)のマル秘事項に関しては、どのように善処して対応し、いかに表現するのか？に経営の意図・意志が露呈します。従って、問題の案件が重要であればあるほど、限られた人だけで極秘に対応、処理される。**極秘案件が経営戦略上出てはならない時や逆に不利でも出すべき時を見極めて、適切に善処できるかどうかは、経営者こぞっての願いであり、期待なのです。**その具体的数値測定は困難ですが、187頁の図にあるように、不適切対応によるイメージ・信用失遂のダメージを考えると〝善処〟による事態好転の好影響は長期的にも計り知れません。**〝時には直言も辞さぬ〟**（232頁）**責任ある仕事は数値で示せない！**

志の高いあなたは、天の目を信じること！　**経営意志に沿う真に役立つ仕事に全霊を尽そうとしていれば、誠の理解者がどこかで見守ってくれています。ひたすら己の職分を善に向かって果す**のです。

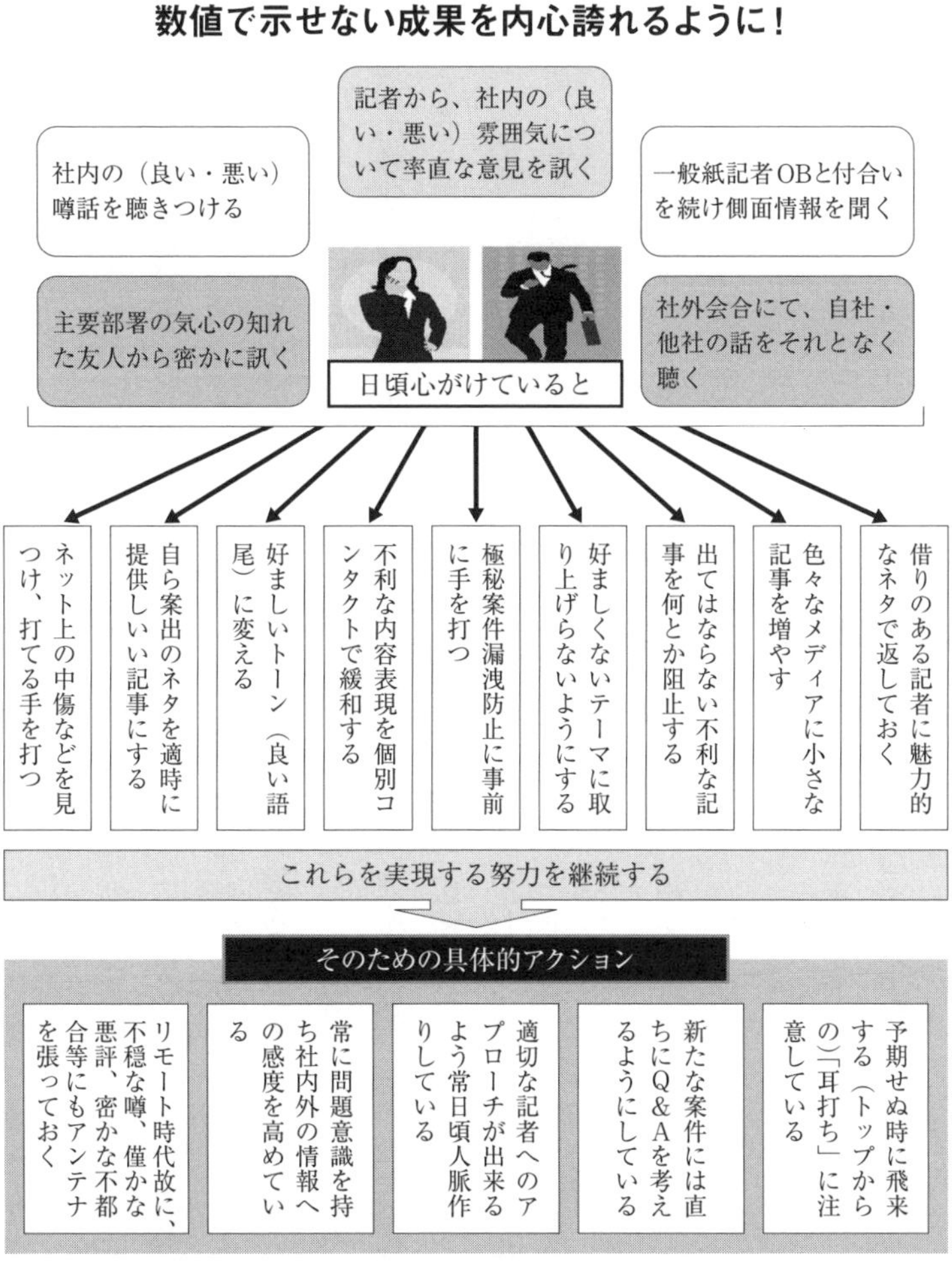
数値で示せない成果を内心誇れるように！
社内の（良い・悪い）噂話を聴きつける
記者から、社内の（良い・悪い）雰囲気について率直な意見を訊く
一般紙記者OBと付合いを続け側面情報を聞く
主要部署の気心の知れた友人から密かに訊く
日頃心がけていると
社外会合にて、自社・他社の話をそれとなく聴く
借りのある記者に魅力的なネタで返しておく
色々なメディアに小さな記事を増やす
出てはならない不利な記事を何とか阻止する
好ましくないテーマに取り上げらないようにする
極秘案件漏洩防止に事前に手を打つ
不利な内容表現を個別コンタクトで緩和する
好ましいトーン（良い語尾）に変える
自ら案出のネタを適時に提供しいい記事にする
ネット上の中傷などを見つけ、打てる手を打つ
これらを実現する努力を継続する
そのための具体的アクション
予期せぬ時に飛来する（トップからの）「耳打ち」に注意している
新たな案件には直ちにQ＆Aを考えるようにしている
適切な記者へのアプローチが出来るよう常日頃人脈作りしている
常に問題意識を持ち社内外の情報への感度を高めている
リモート時代故に、不穏な噂、僅かな悪評、密かな不都合等にもアンテナを張っておく

他人に恩を施《ほどこ》し、他人のために周旋《しゅうせん》尽力してやったことの報酬は、人のために役立ってやったという我《わが》内心の満足感以外には何もないのだと覚悟してかかるべし。

そうすれば失望幻滅の悲哀を味わわずにすむであろう。　（森鷗外『智恵袋』）

10 リモート時代に躍動するマルチ役者だ・・・・自分磨き修養11面相

情報パンデミック時代、広報の重要性は増大、業務範囲は益々拡大しています。社長は、国で言えば首相、広報は**官房長官**。社長がビジョンの「唱道者」なら、広報は社内外への「**伝道師**」の役割を担う。社内ではトップへ助言する「**参謀**」であり、ビジョン・戦略などを社員へ浸透させる役割もあり、記事を通じて社員に誇りを持たせモチベーションを高める**応援団長**でもある。社長の「**代弁者**」として「**役者**」にもなり出番を作る「**演出家**」にも！　危機に率先して「**防波堤**」にもなるのです。

「**情報の関所**」の役割も重要です。関所は江戸時代交通の要所や国境に置かれた施設。「通関検査官」は通り過ぎる諸情報をチェックしてそのままでは通さない。**広報は見えないものを見る感性の仕事！**誰よりも感性高くアンテナで傍受し、何かを感じたら、先手を打って直ちに善処する役割なのです。

巷間、広報には、流暢《りゅうちょう》に話せる人や立て板に水のように喋《しゃべ》りが上手い人、所謂《いわゆる》能弁な人が適していると思われがちですが、誤解です。単に、口が滑らかな人は、二つの過ちを犯す恐れあり。1つは、自分の立場を強調し過ぎる。もう1つは、記者に反論されたら、相手を言いくるめようとし、つい、口がすべりがちになる・・・質問のプロ（188頁参照）の思う壺！　巧みに誘導質問に肝心な機密のニュアンスを露呈する恐れあり、むしろ**一見口下手《くちべた》な訥弁《とつべん》の人**の方が向いていると言ってもいい！　言うべきことをすべて言い、かつ言うべきことしか言わない「**真の雄弁家**」が適任です。

このように広報には、日々の業務を変幻自在、何役もこなす**マルチ役者・演出家**としての**多面的な役割を果す義務・使命**があることを誇りにしましょう。

自分の存在を主張しようと一生懸命になったとたん、私たちはもっと大きな生命力につかみあげられてしまう。私たちは自分の人生の主人公を演じるかたわら、もっと雄大なドラマの端役をもつとめているのである。　（カール・ユング）

11 いかなる時も、「直言も〝時には〟辞さぬ！」を心奥に秘め覚悟せよ

直言できる上下関係、直言を奨励する社風は、創造的な会社に特有な美徳です。広報人としての心得も同じ。〝茶坊主〟や〝いいなり〟とは異なり、社長の分身には強い正義感と自負尊厳が必要。直言には誇りが要る。勇気も要る。時に首筋に冷たい刃《やいば》を感じる時もありましょう。広報たる者は、自らを律し「**直言も〝時には〟辞さぬ誇りと勇気　言うべき事を、言うべき人に、言うべき時に断固言うべし**」を常に泰然として心奥に秘め、時来れば敢然と断行する「**直言の士**」であるべし！

「**すべて私の責任です！**」は、私が広報係長に着任直後に出た〝不都合な出所不明記事〟に関し、**畑《はた》徹《とおる》課長（元神鋼コベルコ建機販売㈱社長）**が発した**トップへの言い訳なき第一声！　その自負心が企業を救う！　この潔き戒めを私は忘れない！**　報道に関する全責任は広報にある。その自負心をどこでも発揮する人物は企業を発展させ、そして救うのです。ビジョンをトップと共有し、同じベクトル上の感覚をもち「**人間の信頼**」と「**仕事の信頼**」という「**二つの信頼**」を基盤に、「**二つの共有**」つまり「**心情の共有**」と「**情報の共有**」が交流して相互に深い信頼感が醸成され、「**阿吽《あうん》の呼吸**」が生まれます。

重要機密案件！　刻々事態は変化し報連相談は急を要する。口頭ですべてが進む。「ちょっと！」と耳打ちされ内々に呼ばれる。そんな中でも特に、誰にでも〝**直言も辞さぬ**〟確固たる態度が不可欠！直言は相手の本質に迫る。こうして「**一言で解る**」世界を築き「**一目で判る**」世界へ導くのです。

記者にも「**直言の気構え**」での応対が肝要。記者は仕事で記事を書く。仲良くなっても気を許し過ぎ、甘え過ぎてはいけません。**適度の緊張感を抱き一定の距離を保ちつつ、確たる信頼関係**の上に高度なビジネス感を共有している状態が理想です。

殿！ 暫しお待ちを！

言うべき事は
言うべき時に
言うべき人に
断固言うべし
直言も〝時には〟
辞さぬ誇りと勇気

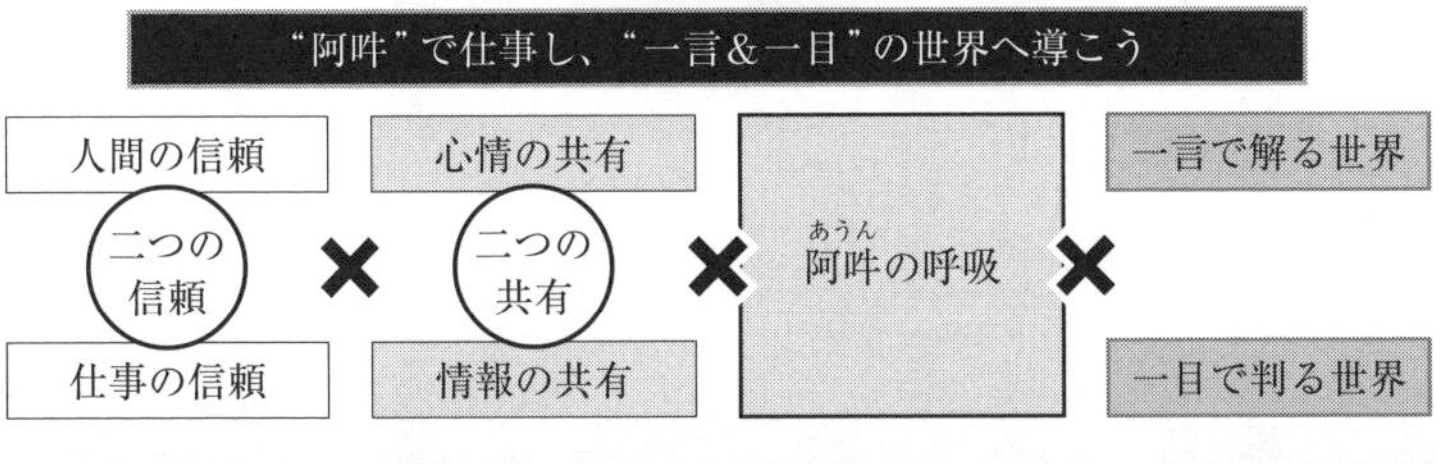
“阿吽”で仕事し、“一言&一目”の世界へ導こう
人間の信頼
二つの信頼
仕事の信頼
×
心情の共有
二つの共有
情報の共有
×
阿吽《あうん》の呼吸
×
一言で解る世界
一目で判る世界

きみがもし、それをしなければならぬという確固たる信念をもってある事をなすとき、たとえ多数者（大衆）はそれについて違って考えようとも、公然とそれをするのに憚《はばか》ることはない。きみがもし正しく行動しないのなら、その行動をこそ憚るべきで、もし正しく行動するのなら、きみを不当に非難する人々に対して何の憚るところがあろうか。

（カール・ヒルティ『幸福論』）

12 My Own Brandを創る・・・「人生のプロフェッショナルPhB《ピーエイチビー》」を目指そう

自分は1つの会社（**工場**）です。頭で企画し、情報（部品）を入手し、手足で加工（文章作りやモノづくり等）し、何らかの生産物（書類や商品等）を造りだす。職種・役職・立場を問わず、この流れで創造的な仕事をしていますので、**自分が商品**でもあります。

ブランド化のキーワード（84頁参照）である①**ビジョン**、②**知名度**、③**自分との関連性**、④**愛着・親しみ**、⑤**夢・憧れ**、⑥**三独の差別点**を自分に置き換えて、一人一人、一歩一歩築き上げて行きましょう。先ずは、③自分との関連性が強い身近な人の中では自分ブランドになりやすい。思えば、学生時代からの親友は、お互いにパワーブランド！　何故親友なのか?は自分ブランド創りのヒントになります。

「**自分ブランドとは、他人のマインドの中に保存された認識や感情**」（デビット・マクナリー・カール・D・スピーク『人生に成功する「自分ブランド」』）ですから、自分独自の価値観が際立ち、適切で一貫性ある言動を続けて信用信頼を得て、相手のマインドの中に自分という人物を永久に植え付けられれば、強い自分ブランドを達成したことになる。自分が相手の脳や心に深く刻まれ、「相手の頭の中に自分の預金口座が開かれている」そして「**夢に一貫性があることとその夢に向かって前進し続けること**は見事に両立する。パワー・ブランドが革新的であることは「①**技術の先進性**、②**組織の先取性**、③**経営者の先見性**」という三通りの意味がある」（片平秀貴『パワーブランドの本質』）のですから！

「**自分で自分の味付け**」をし、自分なりの表現やスタイルを身につけ、独自のブランドを作るのです。

「**高邁なる品性、公明なる資質、堅確の意志、卓越した識見、非凡の洞察力、無限の包容力**」（**指揮官**

日々の積み重ねがMy Own Brandを築いていく！

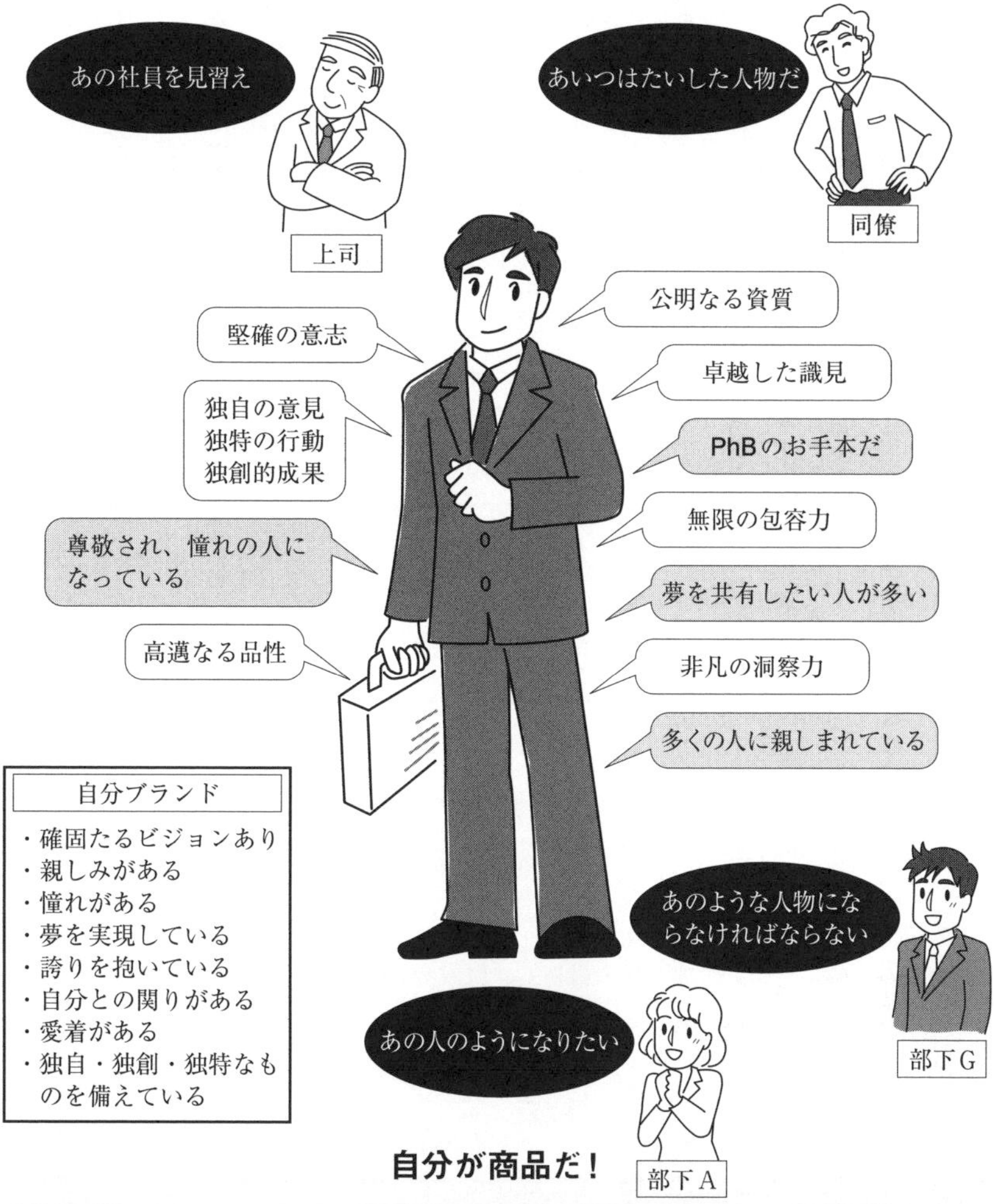
あの社員を見習え
上司
あいつはたいした人物だ
同僚
公明なる資質
堅確の意志
卓越した識見
独自の意見
独特の行動
独創的成果
PhBのお手本だ
無限の包容力
尊敬され、憧れの人になっている
夢を共有したい人が多い
高邁なる品性
非凡の洞察力
多くの人に親しまれている
自分ブランド
・確固たるビジョンあり
・親しみがある
・憧れがある
・夢を実現している
・誇りを抱いている
・自分との関りがある
・愛着がある
・独自・独創・独特なものを備えている
あのような人物にならなければならない
部下G
あの人のようになりたい
部下A
自分が商品だ！

寒さにふるえた者ほど太陽をあたたかく感じ、
人生の悩みをくぐった者ほど生命《いのち》の尊さを知る。　（ホイットマン）

の威徳『統帥綱領』）を備える有能なるビジネス人として、どの部署でも期待に違《たが》わぬいやそれを上回る成果を出す。**上司から模範社員として推奨され、同僚からは敬服され、部下からは目標にされ、そして慕われる。**そこに一流の人物への確かな道が見えるでしょう。

時に自問自答してみましょう。

① 多くの人に親しまれているか？ ビジョンや夢を共有したいという人が多いか？

② 尊敬されて、憧れの的になっているか？

③ 独自の考えで話し、独特な行動し、独創的な成果を出しているか？

自分自身の物語を書くことは人生における喜び！ **自分の目的のために自分が自分を使う**のです。この考えは、独自独得独創（三独）の人生を歩こうとする積極的な人たちにとって役に立ちます。

役職によって定義されず、仕事の種類によって制限もされない、自分自身に対するロイヤルティを誇りにし、自負心を抱く人・自己の尊厳を崩さない人・・・・自分の最も重要な任務は、**「自分」というブランドのプロデューサーになる**ことです。そのような良友は良友を呼び、善友は善友と結びつくのです。

（一社）グローバル・リーダーシップ・コーチング協会藤井義彦代表理事は、もっと人が輝く未来の実現を目標に、若手の国際人養成講座において**「人生のプロフェッショナルPhB《ピーエイチビー》＝Professional Human Being」**になるよう指導しています。**「PhBとは、あなたが雇いたい、昇進させたい、自分のチームの一員にしたい、一緒に仕事をしたい、知り合いになりたいと思う、そのような人のことである。」**（『人生のプロフェッショナル思考』ジム・バグノーラ著、藤井義彦監修）**「PhBを目指すのは、正に独自ブランドに向かう道です。自分の仕事を愛し、仕事の達人、プロになろう。PhBになる方法と如何に人生を輝かせるのかの方法を伝授する。自らがPhBになった後は、周りの人々をPhBにするよう手助けしよう」**と呼びかける藤井さんの志は高雅です。さあ、あなたは準備が出来ていますか？

メディアKOLに人脈ネットワークを

メディアオフィス時代刺激人《じだいしげきびと》代表
生涯現役経済ジャーナリスト
毎日新聞・ロイター通信OB

牧野 義司

KOLってご存知ですか？　メディアの中核にいるKEY OPINION LEADERのことで、社説やオピニオンページを担当する論説委員、コラムなどを書くベテランの専門記者の編集委員など世論をリードする人たちを指します。

社名や肩書にこだわらずフットワークがよく、問題意識が旺盛でロジックもしっかりしていて、説得力あるオピニオンを展開するKOLに積極的にコンタクトし、皆さんの人脈ネットワークに連ねることを勧めたいのです。

広報に携わる皆さんには、現場記者への対応という役割に加えて、より高度の次元から企業の有るべき姿や世論の観方など客観的な意見・情報入手する重要なミッションもありましょう。

しかし、現場記者は日々超多忙でその余裕がない場合も多いので、KOLとの太いパイプを作り意見交換しておく必要があります。

その場合、多くのKOL候補の中から、その人のコラム記事などを読み、その論調や考え方に共感し、傾聴に値する、面白い発想をする、知見に厚みがあるといった優れた5、6人に絞って自分のKOLとします。何かの時に企業課題へ客観的アドバイスを仰いだり、意見交換を通じてメディアの考え方をつかむようにするのです。

優れたKOLは現場大好きで、皆さんが情報の要路にいるとの見方なので、むしろKOLから「ぜひお会いしよう」となります。まずは門をたたくことです。

私も6、7人のKOLと政府系機関や企業の方々と交流する場をつくり、文字どおり談論風発、双方にとってWIN-WINなのです。

広報が音頭をとって、トップとKOLとの意見交換会を持つことも一案。KOLが独自に持つコンフィデンシャルなバックグラウンド情報などにも接し、相手の考え方も聞けて大いに視野が拡がるでしょう。

広報には、「守りの広報」ではなく外部に開かれた組織として、メディアやステークホールダーの見方や課題視している点などを探り、集約してトップリーダーにレポートする特別なミッションもあるはずで、KOLは重要な情報ソース、問題意識を醸成するソースになる存在だと思います。ぜひ、アタックされることをお勧めします。

牧野義司氏（makino7@7max.sakura.ne.jp）
経済関係記者35年の後「メディアオフィス時代刺激人」としてコンサルティングの仕事に関わるフリーランスを15年続ける“生涯現役”経済ジャーナリスト。旺盛な問題意識と好奇心、誰とでもどこでも会うフットワークの良さ、ネアカコミュニケーションの3点セットで現場取材し、ネットコラム「時代刺激人《じだいしげきびと》」「賢者の選択（http://kenja.jp/column/zidaishigekibiyo/）で情報発信中。1968年早稲田大学大学院卒。

13 思想家になり、王道を凛々と歩き、文化を築け

創業者の志は脈々と受け継がれ、時代に対応し、時代を先取りしつつ変革し、ビジョン実現に向かって拡大発展していきます。その際、**「3つの守る」**の実践を図ることが大切です。**①倫理を守る：倫理観道徳観のない企業は存続し得ない　②法令を守る：法令遵守とは、「最低の決まり」に過ぎないと肝に銘ずべし　③広報を守る：情報公開の姿勢を貫く**

それを土台に社員が情報価値を大切にする**「気風」**を培い、風通しの良い**「風土」**に高める。そして透明性の高い**「社風」**を築き、それが年月を経て**「企業文化」**を創るのです。

これには、**企業の意思、経営者の理念・志そして社員の情熱**が不可欠です。

CSR活動の基盤となるのは**「個人の社会的責任PSR＝Personal Social Responsibility」**！　CSRは、その和であり積です。SDGs17項目を経営の根幹に掲げて推進していくのです。

広報は、「広報は経営」を胸に、企業ビジョンを実現に導く伝道師であり、企業存立の精神・志を未来へ伝える〝**思想家**〟の役割であるという自負心、自律心を抱いて下さい。

広報の王道とは、創業の夢・志を起点に、堅牢な「矢」で貫くように、ビジョン・理念に向かう、**日々一貫した地道な経営活動**です。その矢は、目的に近づく程太く強くなる。あたかもトップと社員の想いが増幅するように….。危機対応もIR活動も**このベクトル＝「矢」に沿ったもの**であるべし！

広報は、花形と思いきや、実は日々**地道に**行う業務。〝**誇り**〟**はいいが**〝誇らしげ〟は傲慢に結びつく。目立ちたがりより**目立たせたがりがいい！**　〝**一貫し、小事も地道に日々継続**〟。こつこつと片付け、誰のためにも労を惜しまない心がけを持つ。**「お客様のために動く広報人」**が理想なのです。

王道を凛々と歩け！ 目指すはビジョンに志なり！

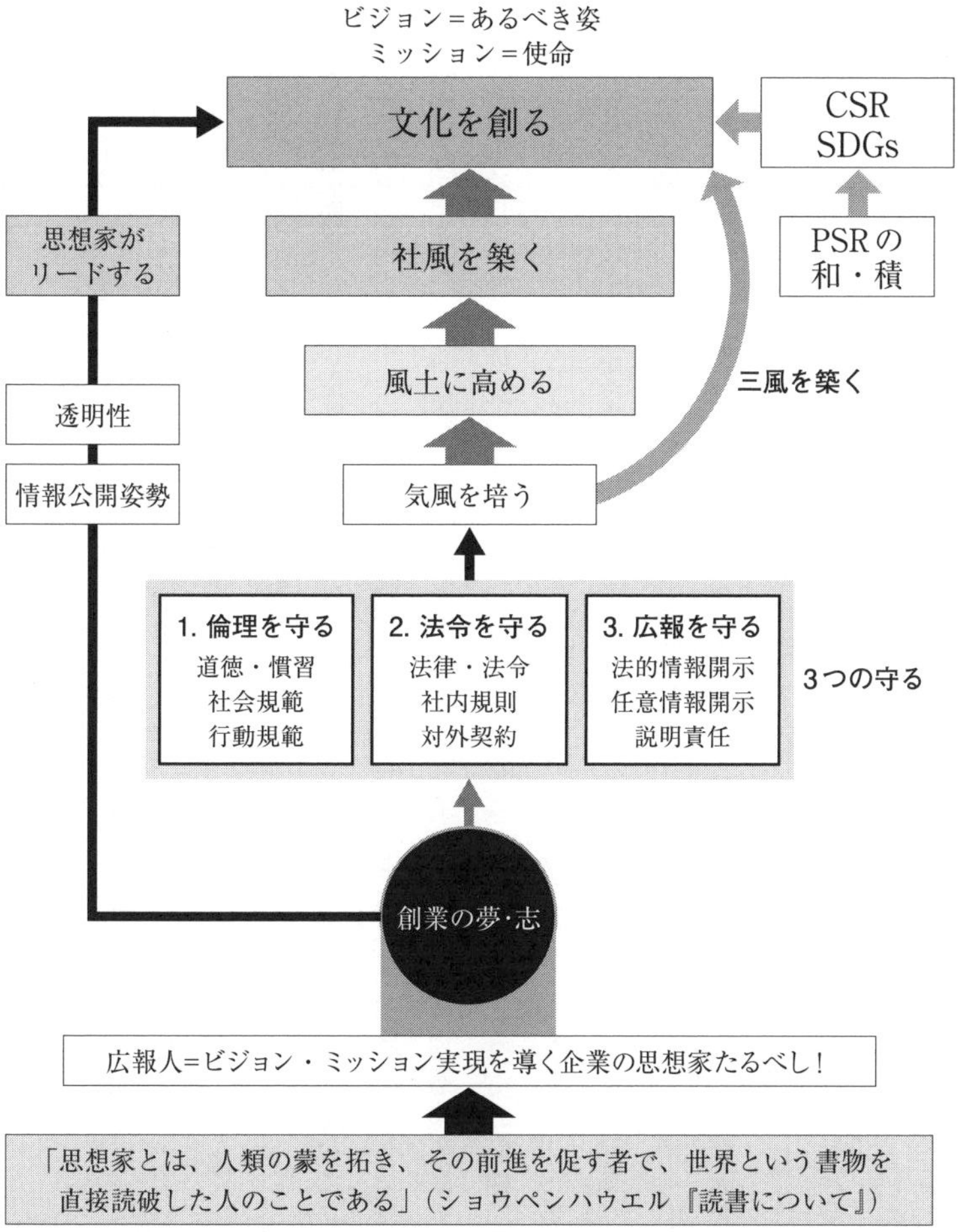

The bravest are the tenderest.　最も剛毅なる者は最も温柔なる者、
The loving are the daring.　最も愛情深き者は最も勇敢である。（新渡戸稲造『武士道』）

14 会社の品格は「私」が創る

長野県篠ノ井の「円福寺」で「おっしゃん」と敬愛された**藤本幸邦《こうほう》住職**が、ある日のご講話で「会社は次の三つの質問に正解すれば発展する」と訓《おし》えられたのです。その三つとは、

1．会社は誰のものか？　2．会社の財産は何か？　3．会社の代表者は誰か？　というものです。

1の正解は、（株主や社員でもなく）お客様、2は、（資産や技術でもなく）信用なのです。では、三つ目の「**会社の代表者は？**」と問われたら「**社員一人ひとり**」が正解。社長がどんなに立派なことを宣《のたま》っても、たとえ急成長を誇ってはいても、**電話一本の応対や最初の顧客対応**がぞんざいであれば台無し、〝**お客様は黙って去っていく**〟のです。あるコンビニで失礼を受けたら、あなたも〝**黙って**〟別のコンビニに行くでしょう。〝社長の顔が見てみたい！〟を呟きながら・・・。「**企業の品格は最前線の社員で決まる**」ことを忘れてはなりません。つまり、序章－5（22頁）で述べたように、有名になれば成る程リスクが数倍にも数十倍にも高くなるので、**社員の品性＋商品の品質＋会社の品格という「三つの品《ひん》**」の三位一体の進化・高度化が知名度を先導する姿が望ましいのです。そこで個々の社員が、自らの品性を磨こうと日々努力を重ねて、「信用」という財産を築き、一人一人が会社を代表しているとの自負心と誇りを抱いて、眼前の業務を独自独特独創（三つの独）で遂行し、「社員の品性」が向上するにつれて、次第に「会社の品格」の高揚が図られることでしょう。「**品格は一人ひとりが築くもの、会社の品格は私が創る**」という強い使命感を抱く社風を築きましょう。

あなたにはその牽引役として率先垂範する重要な任務があることを胆力の源にしかと納めて下さい。

無礼な社員・躾の悪い会社

ツーーーン
「失礼な！
何と無礼な会社か！
社長はよくメディアに出るが
口ばっかりだ！」

品格は、ひとりひとりが築くもの、「会社の品格」私が創る！

品格は、最前線の社員で決まる！


人間だけが、善人に報い、悪人を罰し　癒《いや》し救うことができる。

またすべての惑いさまよえる者を、結び付け役立たせる。

気高い人間よ、情けぶかくやさしくあれ！　うまずたゆまず、益もあるもの正しきものをつくれ。そしてかのほのかに感ぜられた　より高きもののひな型となれ！

（『ゲーテ詩集』）

15 至誠を貫き、「真人間《まにんげん》」たれ！

広報人の素養の第一は**至誠**！　どんな状況でも至誠を貫き、相手の立場を理解して善処するのです。広報の仕事には、機密が多く、緊急事態あり、状況によっては厳しい立場に置かれることもある。危機に際し事態は常に切迫。記者の質問に、今は明らかに出来ない状況も多々あり、対立せざるを得ないケースも起こり、ぎりぎりの攻防に凌ぎを削る。ずっと明らかにできない防衛上の機密も出てきます。刻々と変化する事態に誠実に対処する。日々の業務遂行が危機対応であることを忘れてはなりません。「**防波堤**」**と**「**情報開示の窓口**」の狭間にあって、倫理観をもって誠実な姿勢での対応を行うべし。困難な事態を善処して切り抜けられる実力を備える人物には、幅広い戦略業務が任されます。

会社の顔として手本となって社員を感化する「**動く広報人**」を目指しましょう。ビジネス人としての格調高い素養を広報で学べば（40頁参照）、あなたには会社でも人生でも洋々たるものがあるのです。

私自身も〝**誠実であれ Have《ハブ》 integrity《インテグリティ》!**〟が全ての原点であり、〝国際共通語〟であることを、3か国で駐在10年、50か国近く訪問し異国・異民族・異宗教の人との交流により体感し確信を深めました。

「**私の言動が――です**」に、**自社名を**〝**心より**〟**記せる社員**＝自分が会社を代表している誇り・自尊心と自律心を抱く社員を一人でも多く育てること。それが、時空を越えて、いかなる状況においても自己の尊厳を崩さず、剛なるも柔の組織へと導き持続させ、永続的に敬愛される企業の条件でありましょう。

個々人が、〝**自らの足跡を残さん**〟**との強い気概**を抱き、**自分しかできない Essential《本質的》な仕事**、**自分がいるからこそ出来る超常識の仕業《しわざ》の実行とその結果に誇りと喜びを感じて下さい。**何事にも、**三独**＝**独自独特独創**に照らして試みましょう。その継続が意義ある**真人間**としての人生の日々なのです。

何事も誠実に善処しましょう！

真人間十二か条

一　善を求める
二　大志を目指す
三　大義を為す
四　言行が一致一貫する
五　情熱と向上の心を抱く
六　確固たる業績を遺す
七　倫理を守り、徳を高める
八　真の教養を磨く
九　自己の尊厳を崩さず、相手を理解し善処する
十　社会へ貢献する
十一　周りの人々に喜びと誇り、自信と自律心を与える
十二　尊敬が集まり、末永く敬愛される

（山見博康作）

至誠《しせい》にして動《うご》かざる者《もの》は未《いま》だ之《こ》れ有《あ》らざるなり
身《み》はたとひ武蔵《むさし》の野辺《のべ》に朽《くち》ぬとも　留置《とどめお》かまし大和魂《やまとだましい》　（吉田松陰『留魂録《りゅうこんろく》』）

「彼は数学者だ」とか、「説教者だ」とか、「雄弁家だ」とか〔言われ〕ないで、
ただ、「かれは真人間《まにんげん》だ」と言われるようでなければならない。　（パスカル『冥想録』）

「真人間《まにんげん》」＝「真《まこと》の会社」＝「最も倫理的な企業」への道

「広報は、真人間＝真の会社になる・する為に、全経営陣と社員一丸となって日々進める永続的な経営活動」が我が広報思想です。「『数学者』や『雄弁家』でなく、ただ『真人間』と呼ばれるようでなければならない」（『瞑想録』）とパスカルにも望まれる「真人間」は、終章13～15の通り、倫理・徳・至誠等人間としての在り方を最も重んじています。

その〝真人間度＝敬愛される人物度〟は、〝長年の功績・貢献〟に基づく表彰やランキングでも示され、２００７年から毎年６月発表の東洋経済「ＣＳＲランキング」もその一つですが、世界的には、同年から毎年２月発表の米国シンクタンク、エシスフィア・インスティテュートEthisphere Instituteによる「世界で最も倫理的な企業World's Most Ethical Companies®」があります。それは、透明性、誠実さ、倫理、コンプライアンスに関し優れた成果を挙げる企業を表彰する賞で、(1)企業倫理と法令遵守に関する取り組み (2)企業市民としての責任ある活動 (3)倫理的企業風土 (4)コーポレートガバナンス (5)リーダーシップ・イノベーション・社会からの評価、の５項目評価で選ばれます。

２０２０年は、21ヵ国、50産業分野で１３１社が受賞。マイクロソフト、３Ｍ等米国が１１２社と86％を占め、日系では14年連続の**花王**、３年連続の**キヤノン**（**ＵＳＡ**）、２年連続の**ＳＯＮＹ**の３社！ 特に花王は創設時から14年連続受賞する唯一の日本企業、**キヤノン**はイメージングテクノロジー分野で世界唯一の企業とは特筆に値します。世界では10年連続ロレアルのように「最高倫理責任者ＣＥＯ＝Chief Ethics Officer」設置の動きもありますが、**花王**は〝全役員がＣＥＯ〟と一歩進んだ考えで、**キヤノン**・**ソニー**とも担当役員がより広くカバーする仕組みです。

花王の〝14年連続〟は私には自然に思えます。第１回受賞の翌２００８年、拙著『広報・ＰＲ実務ハンドブック』で「花王ウェイ」を標榜し『正道を歩む』を基盤に法と倫理に則って事業を進める優れたＣＳＲ企業として紹介したのです。同社は２０１９年４月、２０３０年迄のＥＳＧ戦略「Kirei Lifestyle Plan」にて、ＥＳＧ経営に大きく舵を切ることを宣言し、『正道を歩む』を基本として、高い倫理意識の堅持と実践を通じて、グローバルに社会のサステナビリティへの貢献に取り組んでいます。又、**ソニー**も、２０１３年上梓『企業不祥事・危機対応広報完全マニュアル』（近く新装改訂）にてＣＳＲ重視企業として紹介！ グループ行動規範において「公正である」「誠実である」「正直である」「尊重する」「責任を持つ」といった倫理的行動の核となる指針を定め、これを忠実に守ってイノベーションを生み出す方針です。**キヤノン**は、「キヤノングループ行動規範」において、「企業倫理と法の遵守」などグループの全役員・従業員が業務の遂行にあたり守るべき規準を示し、事業展開地域の状況に応じて企業倫理やコンプライアンスに関わる従業員教育も展開しています。実は、２００５年上梓『広報の達人になる法』に、**キヤノン**矢野文之広報部長から「広報の達人になるアドバイス」を、前述の『ハンドブック』には、**花王**坂倉隆仁広報部長及び、**ソニー**原直史業務執行役員ＳＶＰから頂き感謝しています。

日本企業には、近い将来十数社（１割以上）を目標に、王道を凛々と歩く「真《まこと》の会社」を目指して頂きたい！

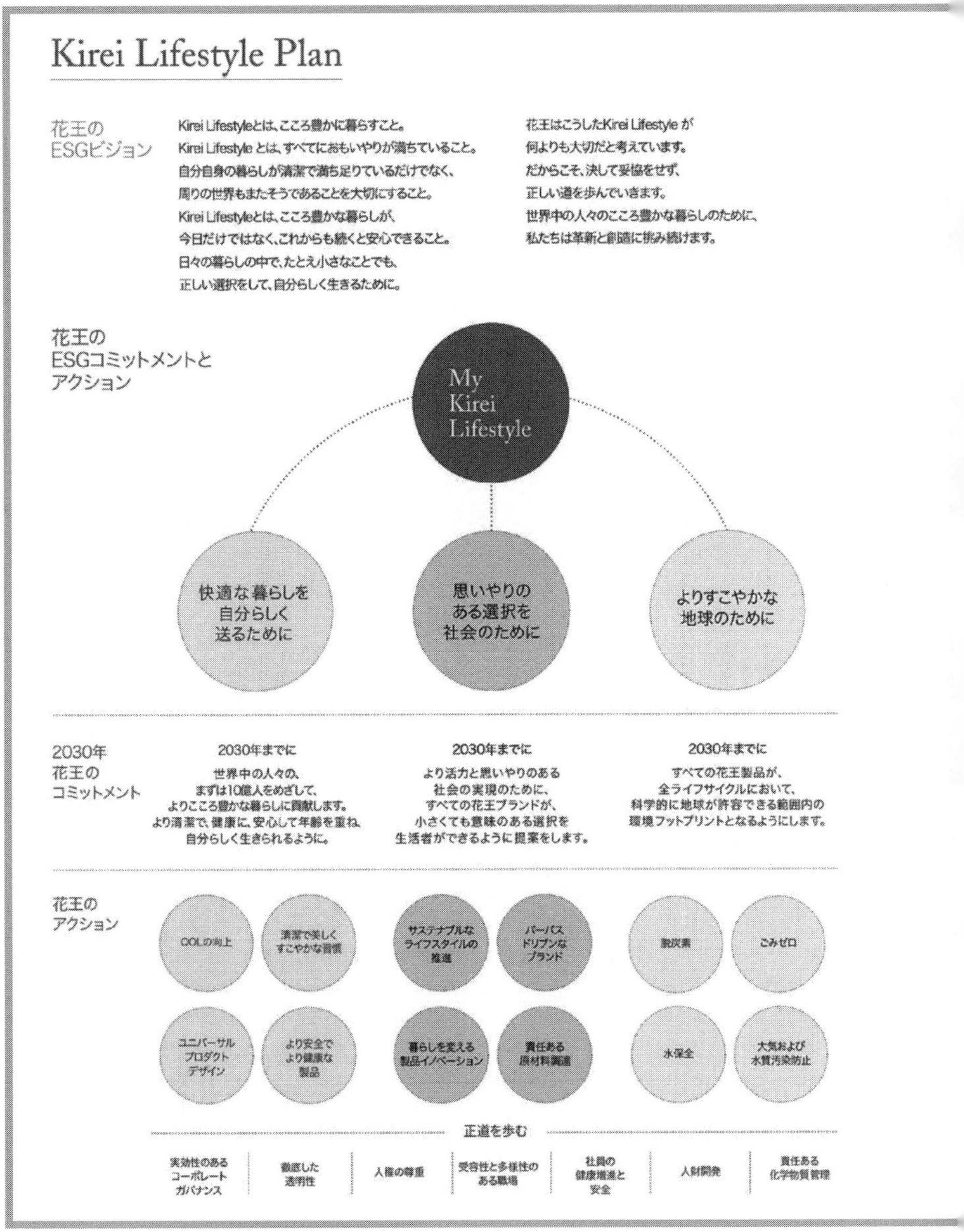
Kirei Lifestyle Plan
花王の
ESGビジョン
Kirei Lifestyleとは、こころ豊かに暮らすこと。
Kirei Lifestyle とは、すべてにおもいやりが満ちていること。
自分自身の暮らしが清潔で満ち足りているだけでなく、
周りの世界もまたそうであることを大切にすること。
Kirei Lifestyleとは、こころ豊かな暮らしが、
今日だけではなく、これからも続くと安心できること。
日々の暮らしの中で、たとえ小さなことでも、
正しい選択をして、自分らしく生きるために。
花王はこうしたKirei Lifestyle が
何よりも大切だと考えています。
だからこそ、決して妥協をせず、
正しい道を歩んでいきます。
世界中の人々のこころ豊かな暮らしのために、
私たちは革新と創造に挑み続けます。
花王の
ESGコミットメントと
アクション
My
Kirei
Lifestyle
快適な暮らしを
自分らしく
送るために
思いやりの
ある選択を
社会のために
よりすこやかな
地球のために
2030年
花王の
コミットメント
2030年までに
世界中の人々の、
まずは10億人をめざして、
よりこころ豊かな暮らしに貢献します。
より清潔で、健康に、安心して年齢を重ね、
自分らしく生きられるように。
2030年までに
より活力と思いやりのある
社会の実現のために、
すべての花王ブランドが、
小さくても意味のある選択を
生活者ができるように提案をします。
2030年までに
すべての花王製品が、
全ライフサイクルにおいて、
科学的に地球が許容できる範囲内の
環境フットプリントとなるようにします。
花王の
アクション
QOLの向上
清潔で美しく
すこやかな習慣
ユニバーサル
プロダクト
デザイン
より安全で
より健康な
製品
サステナブルな
ライフスタイルの
推進
パーパス
ドリブンな
ブランド
暮らしを変える
製品イノベーション
責任ある
原材料調達
脱炭素
ごみゼロ
水保全
大気および
水質汚染防止
正道を歩む
実効性のある
コーポレート
ガバナンス
徹底した
透明性
人権の尊重
受容性と多様性の
ある職場
社員の
健康増進と
安全
人財開発
責任ある
化学物質管理

「広報達人度自己診断」質問一覧表（解答→282頁）

No.	質問（解答の理由も考えましょう）	○×	正解
1	業界紙は一般紙に比し影響力はなく喜ぶ人も少ないので力をいれなくてもいい		
2	幹部の個別取材は何を書かれるか恐いので出来るだけアレンジしない方が問題ない		
3	経営方針や社長の考えの社員への浸透は組織の長の仕事。広報は対外発表に注力！		
4	記事の内容は正しいので競合他社の記事はそのまま上司や関係幹部に上げるがいい		
5	記者の興味を惹くためNRの表現はかなり誇張してもいいと思う。後で調整できる		
6	新任記者に業界のことを教え過ぎないよう心掛けている。交替が早く無駄になりがち		
7	自分の発言は社長発言のつもりで対応する人がいるが広報として自意識過剰だと思う		
8	少し有名になればどんなネタでも記事にしてくれ労せずに増えるはずだ		
9	ある商品の記事が出てもそれに関係ない社員への影響は特にないと思う		
10	有名になればなる程リスクは減るので何か起きても軽微で済み安心できそう		
11	個別に取材を頼んでも記事は小さくなるので、発表して大きくする方がお得でいい		
12	売上拡大が第一故常に短期的に考えるが賢明。記事で誇りを抱く社員もいないと思う		
13	常に発表=NR発信主体で無難に行い個別に取材要請しない方が戦略的広報として適切		
14	日頃コミュニケーション力の高い組織なら危機でも情報が必ず適切に上がる		
15	記者と仲良くする方が何かといいので危機の時も断固対決せず曖昧対応が無難でいい		
16	ネタは記事を希望する部署から来るべきなので広報から出向かない方がいい		
17	電話や面談で一度位社員の印象が悪くても広報にそれ程影響があるとは思えない		
18	地方の企業は地方メディアに出るより首都圏の大メディアに注力したがいい		
19	メディアの読者・視聴者と企業の顧客とは異なるのでいつも話が食い違い困る		
20	ネタに対して何を訊かれるかと余計な心配をする必要はない。無駄に終る・・・・		
21	広報はNR数や記事数など全て数値で評価できる仕事で評価されるべきである		
22	広報には弁が立つ人が重要な資質。立て板に水で流暢の方が記者に話し負けない		
23	記者が時折調べものの電話があるがすぐ記事に結び付かず適当に対応してもいい		
24	公式見解をまとめるのはメディア発表用なので他にはなかなか使えないと思う		
25	危機に備えてマニュアルをしっかり作り、数年毎にでも見直しておけば安心だ		
26	ベタ記事も味があると思うが小さな記事を多く出しても効果があるとは思えない		
27	広報は記者にいかに記事を書かせるかの専門職なので他部署で役立つことは少ない		
28	NRには最小限記載し、出来るだけQ&Aでの対応が王道。突っ込まれると困る！		
29	折角いいネタを提供したと思っても記事にならなければ意味がなく無駄になる		
30	記者はNRを好み情報提供を待っている。NRを基にいかに記事にするかが勝負！		
31	危機の時記者は何を書くか信用できない。まともに対応しない方が戦略的に正しい		
32	広報は知名度向上が使命であり真の社員や組織を育てる長期的意識までは不要だ		
33	アンケートやコメントは断る方が危機管理上得策だ。どう曲解されるか分からない		
34	広報はトップの参謀・社内情報基地として社内6社外4位での言動が正当でいい		
35	会社の品格は会社として社長が作るものだ。社員はそこまで考えなくてもいい		
達人度	正解：①33以上＝達人　②28～32＝黒帯　③27～22＝茶帯　④21以下＝白帯	得点	

おわりに

皆さん、読了に感謝致します。広報の本質から実務まで一通りお分かりになったでしょうか？　16頁の通り、〝藤井聡太最年少2冠・八段〟の報による現象からも、広報には「**人に喜び・誇り・自信・自律心を与える**」**気高い役割がある**ことを確信されたことでしょう。その協力者がメディアですが、実は、私達もメディア（媒体）！　課長も社長も次の人への媒体であり、国民は次の国民、人類も次の人類への、今日は昨日と明日を繋ぐ媒体なのです。そこで、「**ほかの人よりも優れている人は、本当に優れているとはいえない。以前の自分よりも優れている人を、本当に優れている人と呼べる**」（ユダヤ聖典『タルムード』）のですから、私達一人一人が〝今の自分より〟、〝今のポストより〟、〝今の会社より〟少しでも高めて、次にバトンタッチする義務・使命あり〟と深く認識し、日々実行したいものです。

あなた自身も、〝次の広報へのメディア〟と強く自覚し、少しでもレベルアップして後任に譲りましょう。本書はそんなあなたの座友の手引書！　絵・図も、初心者に判りやすく、広く深い所まで〝絵解き〟できたかなと密かに安堵しています。しかし「**鴎外は人に文章の秘伝を聞かれて、一に明晰、二に明晰、三に明晰と答えた**」（三島由紀夫『文章読本』）ことから「明晰な文章」を心がけ、「**文章を綴る場合に、まず実際に声を出して暗誦し、それがすら〱と言えるかどうかを試し、言えないなら悪文！**」（谷崎潤一郎『文章読本』）との訓えから、何度も〝素読〟し自分なりに確かめた。が未だ道遥かの感あり！　「**広報の真《まこと》の仕事＝真人間の育成**」を主眼に各項を論じつつ、ふと古典を尋ねると、運よく本質を表す〝**明晰極まる名言箴言**〟との一会あり！　お気づきでしょうが、それを各頁に記しています。

一日読了後、再度振り返り**古人のお言葉をじっくり味わうひと時をどうぞ！**　……**きっと本文を悠に**

超えてより深遠な哲学的想いにも駆られることでしょう。自らの考えが漂流する時、〝正道〟に立ち戻る一つの拠り所となるものです。

この度、**LINE㈱林史子PR室長**には「新任広報担当者へのアドバイス」を頂いた上に、「帯」へご推薦のお言葉を頂き誠に光栄に存じます。本書の真意を率直にご紹介頂き心より御礼申し上げます。

このご縁は、**㈱エフシージー総合研究所山本ヒロ子エグゼクティブ・プロデューサー**のお陰です。新任へのアドバイスを含めてここに深く感謝の念を表します。

「コロナ」終息の見通しが立たない今、皆様はリモート時代の広報活動の有り方や進め方を暗中探る日々のことお察し致します。そんな中で、巻末に、**多くの主要メディア及び主要企業・団体・行政・大学・PR会社幹部の皆様から頂いた至高のお言葉の数々**は、広報の新任から経験者のみならず一般ビジネス人から学生諸君への**熱い激励**となり、**思考の糧**となり、**力強い行動への弾み車**となって広報力向上を促進し、事業発展へ導いてくれるものと深謝致します。

編集の労を賜った**㈱同友館出版部佐藤文彦次長**には的確にご指導いただき、心より謝意を表したく存じます。私はその導きに従って思いの丈《たけ》をひたすら筆に落としていったのです。

御紹介頂いた**㈱VALCREATION《ヴァルクリエイション》遠藤あずさブランディングプランナー**にも厚く御礼申し上げます。遠藤さんには２０１９年４月より我が広報思想を広める『山見塾』事務局長として当初から御世話頂き感謝しています。リモート時代に対応し、現在「オンライン山見塾」の開講準備中です。

ここで改めて感謝の意をお伝えしたい御方は、２３２頁でご紹介した**畑徹広報課長**です。１９７９年７月カタールから暑さボケで帰国した私に、イロハから手解《てほど》き頂きました。私の原点は畑課長から学んだ精神のエキス！　重ねて御礼申し上げると共にいつまでも見守って頂きたく存じます。今尚、広報に携わる機会を頂けるのも、神戸製鋼初め新旧多くのメディアの皆様や企業広報の皆様のお陰と心より感謝と敬意を表します。長年、受け継いできた〝**知的広報資産**〟を広く伝え、次世代へと引き継ぐことが、一介の〝広報のメディア・伝道師〟として果すべき義務・使命と心しています。

広報は経営における第一級の機会！　ドラッカーが訓《おし》えるように、広報には**卓越した才能をもつ第一級の人材が登用**されます。情報パンデミック時代には、**情報を司り、制する者は企業を制し、国をも制する！**　組織広報力の向上は個々人の和に加えて実力の積とすべし。ライバルとの情報戦において優るのです。さもなくば、日々の闘いに劣勢となりいずれ敗走の憂き目に遭《あ》うのは自明の理でありましょう。

第一級の人材たる読者には一流を目指されんことを望みます。ビジョンを率先して実現するリーダーの1人として「**動く広報人**」になること。「**広報の達人とは企業の思想家**」たるべき人物を目指して一層の精進に期待致します。貴方《あなた》の向上の意気は遥《はる》かなる天を衝《つ》き、心身を研磨し、会社の繁栄を促し、富を有用配分し、国際社会に貢献し、人々を幸せに導くことでしょう。

読者諸賢が本書によって、少しでも広報の真理への理解を深め、より善い広報の有り方、より優れた実践の仕方を学ぶことによって、**明日のお仕事の指針**となり、**実務向上**に役立ち、**軋轢《あつれき》に苦しむ時の安らぎ**となり、**コミュニケーションに悩む場面での細《ささ》やかな灯火《ともしび》**となれば、無上の功徳！　これ程嬉しいことはありません。初心者のみならず、経験者諸氏も何らかの示唆を見出してくれる・・・と我が田に水を引く想いもあります。

ニューノーマル＝新常態時代の一苦一楽《いっくいちらく》・悲喜哀歓《ひきあいかん》の人生において、「**好かれる能力**」は尊《たっと》く、「**好きになる能力**」は、**床《ゆか》しい！　いずれも具《そな》われば、広報人・ビジネス人、そしてひとりの人間としても、望ましくありがたい**・・・。**日々弛《たゆ》まぬ修養によって真人間に向かい一歩ずつ高めたいものです。**

第50条　好かれる極致《きょくち》

人に好かれようとせずに好かれ、
嫌われていいものに嫌われる。
自分の好むところに自分をおいて
好むものに取りまかれ、
何の技巧も努力もなく
気ままに振る舞って嫌われない。
自分より高いものに好かれて硬《かた》くならず、
自分より低い者に好かれて汚《けが》されず、
人の嫌悪《けんお》を超越して悠々自分の仕事をし、
生活を楽しむ。
天もよく、地もよく、人もよく、
すべてが自分のためにあると満足して愛して行く、
こう言う好き方好かれ方がその極致だ。

（近藤信緒『人に好かれる法』（山見博康監修）

2020年9月1日

山見　博康

巻末資料

然《しか》れども富貴安楽《ふうきあんらく》は順境《じゅんきょう》なり。貧賤艱難《ひんせんかんなん》は逆境《ぎゃっきょう》なり。
境《きょう》の順《じゅん》なる者《もの》は怠《おこた》り易《やす》く、境《きょう》の逆《ぎゃく》なる者《もの》は励《はげ》み易《やす》し。
怠《おこた》れば則《すなわ》ち失《うしな》ひ、励《はげ》めば則《すなわ》ち得《う》るは、是人《これひと》の常《つね》なり。
功《こう》なくして食《は》み、恩《おん》を受《う》けて忘《わす》れたらん者《しゃ》は、天地間《てんちかん》に容《い》るべからず。
蓋《けだ》し学《まなび》の道たる、己《おのれ》が才能《さいのう》を衒《ひけらか》して人《ひと》を屈《くつ》する所以《ゆえん》に非《あら》ず。
人《ひと》を教育《きょういく》して同《おな》じく善《ぜん》に帰《き》せんと欲《ほっ》する所以《ゆえん》なり。
君子《くんし》の交《まじわり》は、淡《あわ》くして水《みず》の如《ごと》く、小人《しょうじん》の交《まじわり》は、濃《こ》くして醴《あまざけ》の如《ごと》し。
その味《あじ》も知《し》るべし。
君子道義《くんしどうぎ》の交《まじわり》は、淡《あわ》き故《ゆえ》に久《ひさ》しうして変《へん》ぜず、
小人利欲《しょうにんりよく》の交《まじわり》は、濃《こ》き故《ゆえ》に久《ひさ》しからずして変《へん》ず。

（吉田松陰『講孟箚記《こうもうさっき》』）

リモート時代の危機への備えと危機発生時の望ましい対応とは	平時にこそ備えを行うべきです。自社に起こり得る事象を想定し、危機管理部門と連携しながらメディア対応のトレーニングを行うと良いでしょう。実際の危機発生時には、危機管理部門と密に連携しながら、正確な情報を収集しましょう。その情報を基に対応方針を立案するのですが、「社会からの視点」を持つ広報部門として、自社ファーストにならぬよう、議論をリードすることが大変要な役割になります。

社名・役職・氏名	㈱ESSPRIDE（エスプライド）取締役 広報・フリーアナウンサー 西川《にしかわ》 真理子《まりこ》 氏
リモート時代に生きる新任広報担当者に望むこと	ネットの媒体特性を理解し、慎重さを失わずにスピード感をもって発信することが求められます。コミュニケーション力、思考力、責任感、向上心など経営に近い距離で発信・対応する立場として様々な能力が求められるため、非常に成長できる仕事です。主観的にも客観的にも捉えられるよう多角的な視点を身につけてほしい。
リモート時代にも通じる望ましいNR作成の留意点とは	“おやつエンタテイメント”という新しい概念を独自に発信していますが、どんなテーマを発信するにせよ、それがどういうことなのか理解していただけるよう丁寧に説明すると同時に、ユニークだな、ワクワクする会社だなというイメージを持っていただけるような構成を心がけることが大切です。

社名・役職・氏名	オーシャンスパイラル㈱ 代表取締役社長 冒険家 米澤《よねざわ》 徹哉《てつや》 氏
リモート時代における広報の役割とは	特に、ベンチャーの場合は、社会的大義を掲げて記者に大いにロマンを語り、広報していく姿勢が大切。官公庁や著名企業や権威ある人の支援を得ると、信用力を高めることになる。ネットの発達で発信方法が多様化しているのはベンチャーにとって有用なので、常に、奇抜な独創的テーマを案出して、積極的にメディアに直接語り、協力を得て自らのロマン実現を目指す姿勢が大切。
リモート時代にも通じる望ましいNR作成の留意点とは	多忙な記者が一目瞭然で判るように、“ビジュアル”を心がけることが大切。カラーにして、イラストや図表等をできるだけ多く使うと、強いインパクトで印象付ける効果あり。映像にもなるように示すとテレビにも興味もってもらえる。特に、ベンチャーの場合はビジョンや大義に共感し支援してくれる要人のコメントやコアの技術やサービスの権威あるバックデータを図表で記載すると信用が得られる。

社名・役職・氏名	㈱オーダースーツSADA 代表取締役社長 佐田《さだ》 展隆《のぶたか》 氏
リモート時代における広報の役割とは	企業は社会から愛されないと、買ってもらえない時代なので、社会からどのように見えるかが広報の役割。社会に愛されるために企業あり方や姿勢をしっかり伝えることを広報に期待している。ネット時代には、旧メディア以上に発信情報が独り歩きして良くも悪くも拡散する可能性が高い。従い、プラスイメージでの拡散力ある情報発信の組み立てを図り、多彩な方法で積極的な発信を心がけるべきである。
リモート時代に生きる新任広報担当者に望むこと	メディアに取り上げられることは、社内の雰囲気を変える力、社風さえ変えさせる力あり。メディアにでると社員満足度に繋がる。メディアに魅力的なニュースリリースを作成し、小さくとも一つでも多くいい記事を出して欲しい。出るだけでも社員満足度向上により、モチベーションアップに繋がる。好感度の高い会社の社員として社風をより良くしモチベーションアップにも貢献しているとの自覚をもってやってほしい。

社名・役職・氏名	鹿島建設㈱ 広報室長 功刀《くぬぎ》 欣弥《きんや》 氏
リモート時代における広報の役割とは	時代が変われども「企業と社会の接点である」という本質は変わらない。社会の変化とITCテクノロジーの進化によって、コミュニケーションの方法も常に変化しており、広報活動においても時流の変化に合致した手法の探求が常に求められている。メディアの変化の中で、WEBやSNSなど広報手段は多様になり、時流に合致する活動に注力するとともにスピーディな対応が必要である。しかし、新任の方に望むことは不変であり、誠実であること。誠意を持って仕事に取り組むこと。責任感を強く持つこと。世間の視点で考えること。本質を見抜く力をつけること。良い文章を多く読むこと。広く世事に興味を持つこと。芸術に触れ、五感を磨くこと。
リモート時代の危機への備えと危機発生時の望ましい対応とは	危機への備えとして、企業イメージの毀損を最小限に止められるよう、常時意識して情報収集を怠らず、必要な準備を整えておく。また、普段から社内の経営層及び関係部署と信頼関係を構築するように心掛ける。危機発生時の基本姿勢は「逃げない・隠さない・嘘つかない」。まずは冷静、正確かつ迅速に「5W1H」に基づき事実を把握し、緊急連絡網を通じて関係者・部署へ連絡するとともに、必要に応じ記者会見を開く。

◯主要企業・団体・自治体・大学・PR会社幹部83人からの「リモート時代の新任広報担当者へのアドバイス」集

（所属・役職：2020年8月現在）

【企業】

社名・役職・氏名	Apple Japan, Inc.(アップルジャパン) 広報部長 竹林《たけはやし》 賢《たかし》 氏
リモート時代における広報の役割とは	iPhone発売以降、人々がニュースや情報を入手するスタイルには大きな変化が生まれました。中でも「単なる噂」や「フェイクニュース」と、企業から正式に配信された「速報」との見分けがつきにくくなり、適切なタイミングで正しいニュースを伝えることが不可欠となっています。企業のブランドイメージを毀損させない、社員のモティベーションや株価にも悪影響を及ぼさないためにも、情報を発信する広報の役割は今後ますます重要度を増していくと思います。 リモートで働く機会が増えていますが、物理的な距離というハンディをプラスに転じるのがコミュニケーターとしての広報の、腕の見せどころと思っています。メールやメッセージ、FaceTimeなどを使い、これまでと変わらず情報を集め、精査して発信する。単に“人が好き”というだけでなく、会社を代表して正しくコミュニケーションできる能力が、今こそ求められています。
リモート時代に生きる新任広報担当者に望むこと	特に無名に近い会社へのアドバイス：私が広報部長に就任した20年近く前はAppleのニュースを取り上げる媒体はほとんどなく、会ってくれる編集者もごく限られ、ただただお願いにまわる日々でした。そんな中でも「かならずブレイクする」「いまに問合せが殺到する」とのビジョンを描き続け、記者との関係構築に努め、製品の良さや経営者の哲学などを伝え続け、将来への準備を続けていました。一番大事なのは、自社製品に対する愛情と自信です。お客様が少なくても、記者・編集者の方に少しずつ応援してくださる方を増やしていったことが、のちの大ブレイクにつながったと確信しています。

社名・役職・氏名	アマゾンジャパン(同) パブリック・リレーションズ本部長 金子《かねこ》 みどり 氏
リモート時代に生きる新任広報担当者に望むこと	パブリック・リレーションズは、お客様、社員、地域を含む“マルチステークホルダーと自社のブランドとの関係を、コミュニケーションを通して発展的に構築すること”にあります。そのためのチャネルも従来型のメディア・リレーションズから、ソーシャルやオウンドメディアそしてインフルエンサーへと多様化しています。マルチチャネルでの情報発信とともに、PRパーソン自身の経験や直感による判断力はテクノロジーでは埋められないスキルとして非常に大切。Amazonには社員全員がリーダーとの考え方があります。新任でも経験者でも自分がリーダーでありオーナーシップをもって仕事に向き合うこと、失敗を恐れずチャレンジしていくこと、常に好奇心を持ち学び続けることが自身の成長につながり結果を生み出します。会社全体を俯瞰し、様々な角度で、自社ブランドの醸成およびレピュテーション管理を日々自分事にし行動することが最も重要です。
リモート時代の危機への備えと危機発生時の望ましい対応とは	Amazonでは毎日が“Day One”、始まりの日であるという考え方を大事にし、創業当初の起業家精神を忘れず、事業優先ではなくお客様を中心に考え、官僚的にならずに対応することを基本としています。有事の際の部署を超えた情報共有と国内外との連携プロセスの整備を常に行い、適切なメッセージを適切なタイミングで発信できるよう平時における部門間の関係構築に努めています。

社名・役職・氏名	SGホールディングス㈱ 経営企画部 広報ユニット シニアマネジャー 数土《すうど》 伸也《しんや》 氏
リモート時代に生きる新任広報担当者に望むこと	ネット全盛のこの時代、広報はHPやSNSなど自社メディアも積極的に活用して、社内外にスピーディに情報発信する重要な役割を担っています。何のために、誰に何を伝えるのか、主旨や目的を明確にして取り組みましょう。広報は「社会からの視点」を持つべき部署です。社会の代弁者たるメディアへの対応には、顧客や取引先とは異なる「社会からの視点」を意識すると良いでしょう。また、広報業務は社内の協力なしには成立しないことも忘れずに。協力を得て良い報道に結びつけることで、社内からの信頼を築いていくことができるでしょう。これは昔も今も変わらない原則だと思います。

社名・役職・氏名	㈱JTB 広報室長 神谷《かみや》 樹《たつる》 氏
リモート時代における広報の役割とは	リモート環境が整っていくことで、離れた場所にいる人ともテレビ機能で容易に繋がれることになり、また移動の問題もなくなることから、取材やメディア発表会等、その幅は広がる。一方で、そこに行けば、あるいは会社に電話すればつかまったはずの関係も変化するので、ベースの関係づくりが大切と考える。旅行会社の危機管理広報に目を転じると、世界中いつ、どこで起こるかわからない事故・災害について、初動の情報集約も各担当がリモートで一斉に集約シートに入力し、その情報をリアルタイムに把握した対策本部メンバーは集合することなくリモートで繋がって対応を開始できる。また、情報が溢れる中で、信頼できる情報がどこにあるかを求める消費者の動きも加速していくと思われる。それぞれのメディア特性や情報の流れと仕組みを理解し、どの情報を、どこに、どのように発信し社会に伝えていくかの工夫が今まで以上に大切になる。
リモート時代に生きる新任広報担当者に望むこと	誠実・スピード・専門性を極めること。営業マインドを持ち、好奇心を旺盛にさまざまなことに興味をもって見聞きし、考えることで自分磨きをしてほしい。トレンドには敏感に。社内情報は自ら取りに行く。メディアからの問合せに、窓口として「調べて折り返します」ではなく、極力その場で話しができ、お互いにストーリーをイメージできるレベルになることによって信頼感も増し、声をかけていただく機会も増えていく。

社名・役職・氏名	スターツケアサービス㈱ 経営企画部 取締役 下城《しもじょう》 守二《もりじ》 氏
リモート時代に生きる新任広報担当者に望むこと	撮影モデルに現場の職員やご利用者を採用し、日々のケアの様子や、笑顔でのふれあいが広報として企業のプラス効果になることを伝え、さらにモチベーションにつなげてもらえるようにしている。また、日常から情報が集まるようface to faceで人間関係を築くため、たとえば似顔絵や物語の創作が得意な職員による採用ツールとなる絵本の制作など、現場を巻き込んだ企画を立て、社外にも広報していく。
リモート時代にも通じる望ましいNR作成の留意点とは	介護業界は制度や法令の改定が頻回で変化が目まぐるしい。情報量が多い中でも、何が新しく、何が特徴的な情報なのかを精査し、タイムリーに配信することに留意している。またそういった特筆すべき内容が現場における日常の出来事の中にあり、弊社においては幼老複合施設内での園児と高齢者の関わりや、地域の小学校で公開授業を実施するなど、参加している利用者や職員の声を拾い、現場の臨場感を伝えていくことが重要。

社名・役職・氏名	住友化学㈱ コーポレートコミュニケーション部 担当部長 中島《なかじま》 順一《じゅんいち》 氏
リモート時代に生きる新任広報担当者に望むこと	社内外をつなぐ窓口として広報の役割は不変。いかなる時も、誠実に、正しく、適切なタイミングで情報発信を心がける。その業務をなぜするのか常に理由を考える。実行するすべてに根拠を持つ。それら一つ一つの積み重ねが非常時対応の指針になる。接する人や業務に興味を持ってほしい。そうすることで相手との距離は縮まり、知識の浸透もより深くなる。
リモート時代の危機への備えと危機発生時の望ましい対応とは	想定してないことはすぐに正確にはできない。起こり得る事態に考えを巡らせて、常に準備を怠らないことが重要。会社とは社会に認められて、その存在が許されている。不測の事態に限らず、とにかく真摯に対応するに尽きる。

社名・役職・氏名	セコム㈱ コーポレート広報部長 井踏《いぶみ》 博明《ひろあき》 氏
リモート時代に生きる新任広報担当者に望むこと	メディアが多様化している現在においては、マスメディアを通じての情報発信以外の手法についても活用していくことが求められる。そのため、発信するニュースごとに届けたい相手をイメージし、アプローチしたい相手に最適な手法を戦略的に考えていくことが求められる。また、社内外のさまざまな人と関わり合う仕事であるため、リモート化などコミュニケーションのあり方は変われども、常に“謙虚さ"を忘れず、誠実であることが大切。
リモート時代の危機への備えと危機発生時の望ましい対応とは	どういった状況であれ、まずは迅速な初動対応を心がけ、情報収集や意思決定の流れなどを平時から関係部門で共有しておく。対応においては自社に都合の良い解釈は退け、社外の視点に立ち、企業として十分な説明責任を果たせているか、誠意ある対応が取れているかを冷静に判断していく。

社名・役職・氏名	キリンホールディングス㈱ コーポレートコミュニケーション部 部長 佐々木《ささき》 直美《なおみ》 氏
リモート時代における広報の役割とは	どのような時代でも、広報は企業が社会の一員として存在する意義を商品やサービスを通して伝え続けることに変わりはありません。当社はCSV（Creating Shared Value：社会課題に取り組み「社会的価値」と「経済的価値」を両立し企業価値向上を実現すること）を経営の軸においています。４つの重点課題「アルコール関連問題」「健康」「地域社会・コミュニティ」「環境」に対し、事業会社がそれぞれアクションプランに落とし込み、事業活動を展開しています。広報は軸足を社外におき、世の中の動きや社会課題に目を凝らし、お客様が求める情報を発掘し、社外に発信していくことが求められます。課題を解決してお客様に信頼いただくことが企業価値向上に繋がり、不確実性が増すこれからの時代においても企業が持続的に成長していく鍵になると思います。
リモート時代に生きる新任広報担当者に望むこと	・軸足を社外に置き、お客様目線で社会問題への感度が高いことが求められる。また、BtoC企業として最新の消費動向にアンテナを張り、常に自社の広報戦略に組み込む意識をもつ。 ・読者が知りたい情報を判断出来る。 ・人的ネットワークを広げる。 ・「聞く」「話す」「読む」「書く」4つの力を訓練する。 ・会社の歴史と未来を、説得力をもって語れる。

社名・役職・氏名	㈱神戸製鋼所 コーポレート・コミュニケーション部 担当部長 西村《にしむら》 善嗣《よしつぐ》 氏
リモート時代における広報の役割とは	新型コロナウイルス禍において、人類社会の持続可能性が世の中の最重要課題であると認識される中、企業は、社会的存在意義や果たすべき使命を示し、社会への貢献を行い、企業が持続的成長を追求していく姿を、ステークホルダーの皆様に認めてもらわなければならない。それと同時に、企業内では在宅勤務・テレビ会議などのリモートワークが進むため、経営層と従業員の間で企業が目指していくビジョンを共有する必要性が、今迄以上に高くなってきている。これらのことを念頭に置いて、企業からの情報発信を適切なメディアに対して的確に行い、メディアを通じて様々なステークホルダーにきちんと伝えていくことが、広報にとってますます重要な任務となってきている。また、それを受けたステークホルダーが何を感じたかを広聴することも同様に大切であり、双方向の持続的なコミュニケーションを行うことで、企業の持続的成長へ貢献していくことが求められていく。
リモート時代に生きる新任広報担当者に望むこと	言っていいこと、言ってはいけないこと、言うべきことの判断を間違えないこと。その判断基準は自分で作らず、広報内関係者および社内関係各部署との間でコンセンサスを取ったものとすること。そのためのコミュニケーションは徹底的に行い、広報担当者としてメディアに伝えたいのであればきちんと主張をし、関係者に理解をしてもらい、どこまでであれば話してよいかの基準を明確にすることが大切である。

社名・役職・氏名	全日本空輸㈱ 広報部担当部長 黒木《くろき》 隆志《たかし》 氏
リモート時代に生きる新任広報担当者に望むこと	ネット（SNS）ユーザーの感覚を持ち、スピードを意識した広報対応と、発信し続ける粘り強さが必要。広い視野と好奇心を持ち、情報に対し貪欲であること。記者の視点を理解するため、自分に関係の薄い業界にも常に興味を持ち、自分の会社に置き換える、あるいは自分の会社への影響を常に想像する癖をつけておくことが効果的です。また「雑談」から得られることは多いので、時間のムダと思わず、社内外で積極的に「雑談」することも大切です。
リモート時代の危機への備えと危機発生時の望ましい対応とは	お客様の不安を早く払拭するために、正確な情報を迅速に提供する。そのために、ケーススタディやテンプレートづくり、組織全体の訓練を定期的に行っておく。普段からメディアと誠実に向き合い、会社のことを正確に理解してもらうためのコミュニケーションを重ねておくことも不可欠です。

リモート時代の危機への備えと危機発生時の望ましい対応とは	新型コロナウイルス感染症下の状況においては、不祥事や大規模災害が発生した際に、オンライン会議システムや電話会議システムを用いて会見を行うことができるように備えておく必要がある。自社で利用できるITツール、インターネット接続やセキュリティ環境をIT部門とも連携して確認し、滞りなく対応できるようにしておく。対面での会見、対面とオンライン会議システムなどを併用する会見の場合は、衛生用品を予め準備しておくなど感染防止対策も必要。このような対策を講じておき、危機発生時には、正しい情報の入手、情報収集・情報発信の窓口の一本化、最悪の事態を予測しての行動、迅速な初期対応などが重要となる。危機発生時の行動原則としては、道義的、社会的に正しいことを行う、真実を語る、会社として統一されたメッセージを発信する、すべてのマスコミに対する対応は、担当役員の責任のもと、担当部の管理・同席の下で行うこと。

社名・役職・氏名	大和証券グループ本社 広報部長 鈴木《すずき》 誠也《せいや》 氏
リモート時代における広報の役割とは	さまざまな情報が氾濫する中で、信頼できるメディアの必要性がより大きくなるとともに、企業自身による正確・誠実な情報発信の重要性が高まります。自社のホームページやSNS等を効果的に活用し直接お客様とつながることで、リアルな接点である営業員とのコミュニケーションと連携・融合し、お客様からの信頼を得ることができます。自社のツールによるお客様向け発信力を如何に高めていけるかが広報の役割の1つになるでしょう。
リモート時代の危機への備えと危機発生時の望ましい対応とは	経営・社内関連部署との情報連携、スピードがとても重要です。平常時からの経営・社内関連部署とのコミュニケーションに加え、メディア各社との信頼関係づくりが大切。外部の専門家とのケーススタディなどを通じて、定期的に自社の対応スタンスや対応フローなどのセルフチェックを行っています。

社名・役職・氏名	㈱髙島屋 広報・IR室広報・IR担当次長 中川《なかがわ》 真理《まり》 氏
リモート時代における広報の役割とは	時代を問わず、「社内と社外の結節点」としての機能を果たすこと。ネット時代で情報量が膨大かつ拡散スピードが日々速くなる今、結節点としての「感度」を日々磨くことで、「対応力」を身につけ、スピード感のあるPRを行い、複雑化するリスクへ対応していくべき。情報氾濫時代だからこそ、「ブレない姿勢」をもち、社内に疑問を投げかけることが大切なときも。社外視点とフェアネス（公平さ）をもって会社を守る。
リモート時代に生きる新任広報担当者に望むこと	自身がどう動くか、どう売り込むかで、新聞の紙面やラテ欄などが変わる。シンプルにそのことを楽しんでください。自社だけでなく、業界や街など広く情報収集し、「あの会社のあの人に聞くと面白い情報をもっている」と思ってもらうことも大切。その積み重ねで、「あの人がいうネタなら面白いのかな」と一目置いてもらえる。そうしたメディアとの信頼関係の積み重ねで、ブームや社会現象の発生など動きのある広報活動も実現可能。PR活動に正解や型はない。あなたの方法で組織や社会を動かしてください!

社名・役職・氏名	タリーズコーヒージャパン㈱ 広報室 チームリーダー 山口《やまぐち》 さほり 氏
リモート時代における広報の役割とは	膨大な量の情報に流される事なく、鳥の目で鋭く、俯瞰して自分の会社を見てほしい。広報は社内の人間以外に外部の人と接点があるので、経営陣に世間に（自社が）どう見られているかを伝えるべきです。広報の仕事は、仕事の成果が形になって表れるので、勘違いしてしまう危険性がありますが、おごることなく、常に謙虚であってほしい。他と比べて、成果を人に見てもらえる、ありがたい職種です。仕事に慣れても、その事は忘れないで下さい。
リモート時代のリモート時代に生きる新任広報担当者に望むこと	メディアと直接会う機会の減った、今の時代だからこそのやり方を自分なりに考える必要が出てきたと思います。しかしながら以前と変わらず言えることは、連絡はマメなほうが良い。ということです。連絡だけは密にとって関係を構築することが成果につながると思います。

社名・役職・氏名	㈱ディー・エヌ・エー コーポレートコミュニケーション部長 金子《かねこ》 哲宏《てつひろ》 氏
リモート時代に生きる新任広報担当者に望むこと	企業について（歴史、文化、制度、経営陣、社員など）をよく理解し、目指しているゴールに向かうために自分自身ができること、すべきこと、得意なことが何かよく考え、広報としてできることをすべて実施し、さらには広報活動以外のことでも会社に貢献できるのであれば、やってしまうマインド、行動力が大切。また、対面のよさに加えて、オンラインにしかない多くの有効性を最大限に活用して、より広く深いメディアリレーションを構築してほしい。

社名・役職・氏名	㈱セブン&アイ・ホールディングス コーポレートコミュニケーション本部 広報センター 執行役員 シニアオフィサー 松本《まつもと》 稔《みのる》 氏
リモート時代における広報の役割とは	情報量が多くなる中、本当に必要とされる情報を、必要とする方に、必要な時に伝えることが求められています。収集した情報を分解し、整理し、形を整え、様々な方法を駆使し、WEB等の新興メディアへもアウトプットする。情報を取捨選択しながら、活きた情報をスピード感を伴って世に回していくことが、これからの広報の役割です。広報パーソン以前に人間性が問われます。社内外問わずコミュニケーションの質と量を上げていくことから始まる。相手の話を聞いて良く知り、次に自分を良く知ってもらうことが肝要。コミュニケーションを通じて得られる知識や経験が財産になると思います。
リモート時代の危機への備えと危機発生時の望ましい対応とは	まずは、危機の予兆を会社として把握していくことが何よりのリスク管理です。いかなる災害や事件、事故への対応も、世の常識や法令に照らしてどうか、第三者的視点で確認することが必要。常に状況を目の前に並べられる体制をつくり、発信すべき内容を整理し、速やかに開示しながら、核となる情報の収集を継続することが求められる広報のスタンスです。

社名・役職・氏名	㈱タイトー 経営管理本部副本部長 児玉《こだま》 晃一《こういち》 氏
リモート時代に生きる新任広報担当者に望むこと	自分自身がフィルターバブルに包まれ、エコーチェンバー効果によって、考え方が偏ってないか、自分とは違うコミュニティの人にも情報を届ける仕事なので、留意してほしい。一見関係の無い、興味がない情報でも、自分/会社にどのような影響があるのか、と常に考える癖をつけ、社内外の色々な情報を収集してほしい。特に、リモート業務を行うと、コミュニケーションがより偏りがちになるので、意識して留意してほしい。
リモート時代における広報の役割とは	ネット上に多くの情報があり、それがアルゴリズムあるいはAIによって各個人の趣向に合わせた情報が集まってくる「フィルターバブル」という状況の中で、(1) 既存ファンに更にファンになっていただく施策と、(2) 興味ない方にどうやって情報を届けるのか、という観点で、一昔前のマス媒体のみを意識すればよかった広報から、関係者ともよくコミュニケーションをとって、誰に、何を、どうやって、なぜ伝達するのかの戦略と意思統一が大事。

社名・役職・氏名	大日本印刷㈱ コーポレートコミュニケーション本部長 田村《たむら》 高顕《たかあき》 氏
リモート時代に生きる新任広報担当者に望むこと	経済・社会・環境の大きな変化のなかで、広報担当者は経営に近いところで、自社の「ぶれない軸」と「柔軟に変えていく施策」を明確に示すことが大切です。また、見聞を広めて「自分自身のぶれない軸」を持つことで、“社内の常識”にとらわれないパブリック・リレーションが可能になります。リモートによってコミュニケーションの手段を多様化させ、質の向上につなげていってください。
リモート時代の危機への備えと危機発生時の望ましい対応とは	リスクを変動要素と捉え、その変化をプラスに活かして、価値につなげていくことが大切です。不適切な対応をするとリスクがクライシス(危機)に転じますが、その場合も、逃げないことを心がけたいです。危機の時こそコミュニケーションが不可欠ですし、関係性を深めるチャンスになります。リモートを選択肢の一つとして、他の手段と積極的に掛け合わせることで対応力アップにつながります。

社名・役職・氏名	大日本住友製薬㈱ コーポレートコミュニケーション部 広報・IRグループマネージャー 清瀬《きよせ》 克也《かつや》 氏
リモート時代に生きる新任広報担当者に望むこと	在宅勤務が日常化しオンライン会議の機会も増えている環境においても広報担当者に求められる基本的なことは同じである。会社を代表して情報発信しているということを常に意識することが重要。会社の重要晴報を含むあらゆる情報を取り扱うことから、今開示できるもの、だめなものなど、情報の重要度や緊急度などを適切に把握し管理する。自社の事業、世の中のトレンドなど幅広く知識や情報を吸収し、どのような話題でも対応できるようになることが望ましい。情報を提供してもらえるよう、多くの従業員とコミュニケーションを取り、信頼関係を築き、その関係強化も大事。 加えて、オンライン会議システムなどのデジタルツールを使いこなすスキルや、オンライン会議では表情や身ぶりを使えない場合もあるため、的確に相手に伝わる言語力を身につけることが必要。また、新型コロナウイルス感染症の拡大に代表されるように、刻一刻と変化する世の中の動きや変化の兆しを的確に捉え、スピード感をもって広報活動に当たってほしい。

リモート時代に生きる新任広報担当者に望むこと	リモート時代でコミュニケーション手段が変容しているとは言え、人の本質が変わるわけではなく、メールの投げっぱなしではない、できるだけ心が伝わるようなFace to Faceに近い対応を心掛けてもらいたい。またグローバル化で重要なことは、違う国の文化や考え方を理解・尊重した上で、お互いの共感を得られるようなコミュニケーションである。そこには近道はなく、やはり付き合いの頻度と長さに比例するものだと心得てほしい。グローバル企業においては、今や国内外同時発信は当たり前のことなので、日本語と同時に少なくとも英文は準備する。英文リリースは日本語の英訳ではなく、英語文化圏の受け手に伝わるような書き方にリライトする。必要に応じて英語以外の言語にも対応できるように、海外拠点との連携も一層強化しなければならない。

社名・役職・氏名	㈱トプコン 執行役員 広報・IR室長 平山《ひらやま》 貴昭《たかあき》 氏
リモート時代における広報の役割とは	対面でのコミュニケーション機会が減る分、伝えたいことを的確にテキストやビジュアルで発信するスキルや提案型のPR活動が求められ、自社の発信チャネルの整備や拡張が益々重要になると考える。 オンラインの特性である「1対多数」のコミュニケーション機会を最大限に活用し、メディアやステークホルダーとの新たな枠組みを構築する事が今後広報の役割として必要となる。
リモート時代に生きる新任広報担当者に望むこと	社内外の情報収集や取材対応、またメディアアプローチが必要な状況においてオンラインコミュニケーションツールを最大限に活用した広報活動を自ら提案し推進される事を期待します。またストーリー性を持った企業情報の発信の為、自分事として企業活動を語れるスキルを身につけて戴きたいと思います。

社名・役職・氏名	トリゼンフーズ㈱（福岡）企画広報室長 竹尾《たけお》 樹理《じゅり》 氏
リモート時代における広報の役割とは	福岡に本社を持つ企業としては、全国展開を目指す際、ネットの活用は不可欠となってきます。いかに取り上げていただけるネタを拡散していくかは、SNSの活用も含め、ユーザーに興味を持ってもらえる商品開発も重要。ネット社会の中で情報が埋もれてしまうデメリットもありますので、会社や商品が話題になるような切り口を常に模索することが不可欠。
リモート時代に生きる新任広報担当者に望むこと	社内コミュニケーションが第一で社内の情報をキャッチし、連携させるかが重要と考えます。あくまでも黒子に徹し、開発者や営業担当者にスポットを当てていけるか、社員のモチベーションアップにも繋がる対応が必要です。あくまでも客観的な目線で自社を見る目を養うため、メディアの方々とのコミュニケーションをとる中で感覚を養うことが大切です。

社名・役職・氏名	トリンプ・インターナショナル・ジャパン㈱ コーポレート＆ブランドPRマネージャー 坂田《さかた》 修子《しゅうこ》 氏
リモート時代における広報の役割とは	ネット、AIなど技術革新が進めど、広報の基本はコミュニケーション。常に人の話しや物事を聞く耳を持ち、そして、それを伝えるスキルが問われる。メールなどではなくて、face to faceのコミュニケーションが重要。新しい働き方が進む今の時代においてはオンラインツールをいかに活用するかも必要だと考えます。オンライン/オフラインいかなる場合にもきちんと双方向のコミュニケーションをとることを意識し、その言葉に込められる意味や役割、温度をきちんと伝えることを意識するべきと考えます。
リモート時代に生きる新任広報担当者に望むこと	企業の顔となって外に出て行く広報は華やかと思われがちですが、実際は社内調整や下準備など、細かい作業の積み重ねなしには成り立たない職務。その過程で社内外の関係者とのコミュニケーションが非常に重要。メールは最低のコミュニケーションツールで、必ず直接会話や、今後はzoomやskypeのようなオンラインツールを駆使してフォローすることを心がけましょう。社内で培われた対人スキルは必ず対外的なスキルにつながる。挨拶をするという些細な基本的コミュニケーションまでもしっかりとこなしましょう。

社名・役職・氏名	日本生命保険（相）広報部 東京広報室長 北野《きたの》 秀一郎《しゅういちろう》 氏
リモート時代に生きる新任広報担当者に望むこと	最も大切なことは「信頼」です。情報という目に見えないモノを取り扱い、社内だけでなく社外との関わりも強い職務であるため、責任感や誠実さといった人間性が重要な要素となります。メディアとの関係も、社内でのコミュニケーションも、リモート時代であろうとも、最終的には人対人に帰結すると考えます。公平な取材対応や、熱心な情報収集などを通じて、広報担当としての信頼を磨いてくことが大事であると考えます。

リモート時代にも通じる望ましいNR作成の留意点とは	リモートであっても注力すべき点は何も変わらない。伝えたい情報がある場合、読者が知りたいと思っていること、関心が高いことについて正確に、端的にわかりやすく、必要十分な内容で作成する。具体的には、一番伝えたいことをタイトルにする。最初の段落に結論を書く。1枚目に確実に伝えたい内容を盛り込む。本文を読まなくても一目で伝わるビジュアル（画像、イラスト、図など）を使う。専門用語を極力使わない（使った場合は必ず注釈を入れる）など。

社名・役職・氏名	㈱帝国ホテル 営業部販売企画課長（前ホテル事業統括部広報課長） 池本《いけもと》 知恵紀《ちえき》 氏
リモート時代における広報の役割とは	情報環境は変化し続けていますが、広報の役割の「基本」は変わらない。企業（組織）の姿を曇りなく伝えること、社会（世間）の声を聴き取ること、内外をつなぐ窓となる役割は変わらないと思いますが、同時に環境変化に適応し続ける事、そして情報の洪水の中で、いかに「人」に届けるのか、という点を意識して役割に向き合うことが大切です。情報自体に価値があるのではなく、人に何かを与えてはじめて情報は意味を持つからです。
リモート時代に生きる新任広報担当者に望むこと	「発信力」に気を取られがちですが、新任の方は「聴く力」も意識すると良いと思います。好奇心とリスペクトを持って良き聴き手になることが「気づき」をもたらし、ひいてはより良い発信に繋がる好循環が生まれます。また、自社（自組織）のモノサシは必ずしも社外で通用するものではないことを肝に銘じ、時にニュートラルな視点をもつバランス感覚を大切にしてください。

社名・役割・氏名	㈱東芝 コーポレートコミュニケーション部 広報室 メディア広報担当 グループ長 原《はら》 みどり 氏
リモート時代にも通じる望ましいNR作成の留意点とは	『なになぜ100回』。「何のために」「なぜ今なのか」「なぜ必要なのか」「込めたい会社の意思は何か」といった「なに・なぜ」をひたすら繰り返す。ビッグピクチャーとその中での位置づけが浮かび上がり、本質が見えてくる。見えたものを言語化したら、「この一文/表現は何のために書くのか/なぜ必要なのか」を自問自答し、不要な文章/表現は削除。リリースだけで本質がきちんと伝わる文章が、リモート時代には一層求められる。
リモート時代の危機への備えと危機発生時の望ましい対応とは	出発は常に『事実』から。何も足さない。何も引かない。迷ったときは事実に立ち戻る。スタッフ部門の中で外との接点が大きいのが広報。社内の論理を排除し、事実をベースに、常識と世論を踏まえ、公表タイミング、公表内容を検討する。

社名・役職・氏名	東邦ガス㈱（愛知）広報部 報道グループ マネジャー 横井《よこい》 清和《きよかず》 氏
リモート時代における広報の役割とは	膨大な情報を収集、整理、分析し、社会の変化を捉えた発信を通じて、ステークホルダーからいかに共感を得られるかがより一層求められる。新型ウイルス感染拡大防止に備えた新しい生活様式の影響もあり、ネットやソーシャルメディアは、さらに大きな影響力を発揮することも想定される。その特徴を適切に認識して、様々な事態に備えたリスク管理も重要。 また、ステークホルダーとの双方向コミュニケーションを推進する広報の存在意義や重要性の理解も必要。常にスピーディかつ誠実な対応を心がけ、あるべき姿に向かって少しずつでも改善を継続できれば、周りから信頼を勝ち得ることができる。
リモート時代の危機への備えと危機発生時の望ましい対応とは	危機を未然に防ぐために対応する「リスクマネジメント」と、発生した危機を対処する「クライシスマネジメント」の役割が求められる。企業・組織を取り巻くリスクは多様化、巨大化、複雑化する中、平常時からリスクを洗い出し、まずは顕在化させないこと。万一、クライシスが発生した場合は、損害拡大の防止および世間からの信頼回復の観点からスピーディかつ誠実な対応を実現すべきである。

社名・役職・氏名	東レ㈱ 広報室長 松村《まつむら》 俊紀《としき》 氏
リモート時代における広報の役割とは	遠隔地にいても同じ情報を瞬時に共有できる、いわゆるグローバル化と、それを実現するデジタル化の急速な流れに遅れることなく、社外の情報を遅滞なく社内に展開する広聴機能と、社内外に向けて企業価値を高めるような情報を適時適切に発信する広報機能の両面を高いレベルで発揮し、経営判断や事業戦略をサポートすることがこれまで以上に求められるようになる。

リモート時代の危機への備えと危機発生時の望ましい対応とは	常に「最悪」を想定、「大したことはない」と思うのは厳禁! 特に危機発生の際、情報が入ってこないと何もできないことから、社内で起きたことがすぐに広報に伝わるような仕組みづくりを日頃から行なっておくことが重要。個人でも情報が発信できる時代になり、良い情報も、悪い情報もすぐに拡散します。今起きていることをリアルタイムで発信されることから、いつでも、どこでも、記者やカメラマンがいると想定し、先手先手で対応することが不可欠です。

社名・役職・氏名	㈱VIDA《ヴィダ》 Corporation《コーポレーション》 代表取締役社長 杉本《すぎもと》 大《だい》 氏
リモート時代における広報の役割とは	顧客に提供する優れた作品としてメディア露出を図ることで顧客に喜んでいただき、再び顧客になっていただく。 メディア露出による知名度アップは、第三者評価故に信用信頼が向上する。それに伴い顧客に安心・安全を与えることができる。会社のビジョンを個客や社会に浸透させる大きな役割がある。
リモート時代に生きる新任広報担当者に望むこと	1.自社に精通するのは当然、顧客が属する多様な業態や多彩な業種に精通するよう心がける。2.常に社外の立ち位置で社内を俯瞰するよう心がけ、社内が社外の非常識に陥らないようにどしどし直言する。3.IT時代ゆえ、マスメディアを通して伝える広報に加え、納入作品を顧客がインスタグラム（写真）やYouTube（映像）を通じて発信、多くの人たちに拡散するネットならではの間接的手法も学んで欲しい。

社名・役職・氏名	㈱ファーストリテイリング コーポレート広報部長 徐《そ》 暎喜《よんひ》 氏
リモート時代における広報の役割とは	直接顔を合わせてのやりとりは減ると思うが、コミュニケーションの基本は変わらないと考える。スピードを重視しつつも、事実に基づいた正しい情報を発信することが大切。オンライン会議やチャット、メール、電話などを最大限活用して、社内の情報を積極的に入手し、メディアに発信することが必要と考える。インターネットを通じて、会社の情報が世の中に一気に広がると考えると、1つひとつの行動に慎重になってしまう可能性があるが、委縮せずに先輩や上司にアドバイスをもらいながら、チャレンジしていただきたい。広報の仕事は大変なことも多いが、ぜひその大変さを通じて、ご自身の成長を実感いただきたい。
リモート時代の危機への備えと危機発生時の望ましい対応とは	危機が起きた情報を受身で待つのではなく、常に社内にアンテナを張り、情報を自らキャッチすることが重要。危機発生時には、迅速に対応しつつも、一歩立ち止まって「本当にこの対応が最善策か?」と考えることも大切。

社名・役職・氏名	富士フイルムホールディングス㈱ コーポレートコミュニケーション部 マネージャー 伊藤《いとう》 瑞姫《みずき》 氏
リモート時代における広報の役割とは	企業における広報の役割は、企業の考えや目指す姿を社内外のすべてのステークホルダーに正しく、そしてわかりやすく伝え、企業価値を高めること。リモートでのコミュニケーションでは、より一層の丁寧かつ双方向なコミュニケーションが求められる。
リモート時代に生きる新任広報担当者に望むこと	●コミュニケーション能力（相手がわかる言葉で説明する、短時間で欲しい情報を得る等）を磨く。最も伝えたいことを簡潔にかつ効果的に「キーメッセージ」にまとめる練習をする。●情報を部分的に捉えず、全社視点で考え、本質を捉える。学びと実践のサイクルを回していくことが成長につながる。●記者など社外の方に接する際は、常に会社を代表しているとの意識を持つ。

社名・役職・氏名	㈱ブリヂストン 広報部 広報第1課長 谷口《たにぐち》 雅司《まさし》 氏
リモート時代における広報の役割とは	ネット上に玉石混合の大量の情報が流れ、企業情報はターゲットに届きづらくなる中、ターゲットを絞った努力・工夫・準備で、届けたい人に届けるという広報の役割はますます重要。時に企業の存続をも左右する広報は、経営の非常に重要な位置づけにあり、誇りをもち会社の「顔」としてのプロ意識をもって活躍してほしい。自社に対する熱い想いを持ちながらも、自社を客観的にみる視点も忘れない。
リモート時代にも通じる望ましいNR作成の留意点とは	企業として伝えたい言葉を、伝わる言葉に変換することが大切。自分が記者や編集者だったらどう理解するかを想像しながら、第三者的な視点に立って、「伝えたいことが伝わる内容かどうか」「取材したい、記事にしたいと思ってもらえる内容かどうか」を検証する。

リモート時代の危機への備えと危機発生時の望ましい対応とは	危機管理広報の基本は、社会の受け止めや社会からの映り方に対して、真摯に対応するということです。企業は、法的な責任だけでなく、社会的な責任にも意識した行動をとるべきであり、我々広報もその精神に基づいた対応を行うことが重要です。また、それを実現するための迅速・正確な情報収集、社内調整、誠実な情報開示といった広報としてのスキルを磨くことも危機に備える上で大事な要素であると考えます。

社名・役職・氏名	日本ハム㈱ 広報IR部プロモーター 長嶋《ながしま》 佐和子《さわこ》 氏
リモート時代に生きる新任広報担当者に望むこと	今まで以上にスピードと情報収集力が求められ、膨大な情報の中から正確なものを選びとる選択眼がより重要になります。常に好奇心をもち、客観的に物事を見ること、誠実であることが必要です。それは先輩後輩関係なく、関わる全ての方から学び取ることで養われます。 リモート時代の今、これまで以上に話の中身だけでなく、そこに込められた相手の気持ちを理解するよう努め、同時に自分の考えが誤解なく相手に伝わるための努力も続けましょう。どんなときも、どんなことにも興味関心を示し、相手の話をしっかり聞くことが自分の成長につながります。
リモート時代の危機への備えと危機発生時の望ましい対応とは	より客観的な目線で「片足は会社に、片足は社会に」の姿勢で取り組む。いざというときに備えて日頃から、一つの事象を色々な視点で捉えることが大事。身近な新聞で訓練するのがおススメです。

社名・役職・氏名	㈱日本ヴューテック 代表取締役 松波《まつなみ》 登《のぼる》 氏 ㈱日本エレクトライク 取締役社長 松波《まつなみ》 太郎《たろう》 氏
リモート時代に生きる新任広報担当者に望むこと	リモート時代においては益々発信方法を多様化して、長期的観点に立ち、環境やエネルギー問題対応等社会的大義を掲げて広報活動を地道に行うことが大切。ネット時代故有名になればなる程、色んなリスクも増大していることを肝に銘じておきましょう。
リモート時代にも通じる望ましいNR作成の留意点とは	リモート時代には特に何を伝えたいのかをまず明確にして、その特徴のみならず差別点を箇条書にすること。その際数字を使って具体的に記述することが大切。タイトルは、一目で判るように、内容を端的に表す言葉や数字を使うのがポイント。

社名・役職・氏名	㈱VALCREATION《ヴァルクリエイション》 代表取締役 藤村《ふじむら》 雄志《ゆうじ》 氏 ブランディングプランナー 遠藤《えんどう》 あずさ 氏
リモート時代における広報の役割とは	いつでもどこでも気になることをすぐに調べることができる時代ゆえ、自社のホームページを常に最新の状態に保つこと。特に最新ニュースの更新は抜かりなく。またSNSの普及に伴い、視覚的情報への重要性が高まっているため、イメージが湧きやすい写真なども積極的に掲載すると良い。
リモート時代に生きる新任広報担当者に望むこと	会社を代表している誇りを持つこと。誰よりも会社のことを知り、会社を好きになり、より良くするためにどうすれば良いかを常に考える姿勢が重要。併せて社会の動向に常に目を配る必要があるため、好奇心を失わずに自ら探求していく人間力が求められる。その中で「なぜ広報を行うのか」という”本質”を腹落ちさせてブレずに広報を行っていくことを期待します。

社名・役職・氏名	東日本旅客鉄道㈱ 広報部 課長 橋本《はしもと》 英樹《ひでき》 氏
リモート時代に生きる新任広報担当者に望むこと	広報の役割は「企業価値を高める」ことと「会社を守る」ことであり、最大の使命はマスコミや世の中の人に自分の会社のことを理解してもらい、ファンになってもらうことです。自社及び業界全体に関するベーシックな知識、メディアについての知識が必要となります。物事を見たり、考えたりするときは、必ず社外と社内の両方に軸足を置き（中心よりやや外寄りに置くべき）、判断基準は「社会常識」と照らし合わせて考えることが大切です。

リモート時代の危機への備えと危機発生時の望ましい対応とは	生じている事実と推測と対策を明確に区別し、あらゆる関連情報が滞留なく対策本部に共有。現場や最前線は余計な混乱を避けるために「ここまでは伝えなくて良いだろう」と考える性質があるが、後になると伝えておくべき情報だったということが多いので、フィルターをかけずに出してもらう。

社名・役職・氏名	三菱商事㈱ 広報部長 吉田《よしだ》 達矢《たつや》 氏
リモート時代に生きる新任広報担当者に望むこと	労働人口減少に伴う働き方改革、デジタル社会への移行、SNSの普及をはじめとする情報環境の変化等、広報活動を取り巻く環境は大きく変化してきており、新型コロナ感染拡大はさらにそれを加速させる。広報パーソンとしてステークホルダーに響く広報活動を実現する為には、ニュースに毎日触れるのは勿論、書籍を読み、社内外の幅広い分野に人脈を形成し、経済や社会の変化を敏感にアップデートし続けることが重要。
リモート時代にも通じる望ましいNR作成の留意点とは	社内用語やカタカナ英語は省き、日本語を第二外国語とする方々にも理解できるのが理想的。「文章中心＋写真掲載」の伝統的手法に加え、ミレニアム世代・デジタル世代の興味も惹くよう、疑似体験できる動画配信や「写真中心＋文字掲載」といったインスタグラムのような形態を採用するなど、伝え方や見せ方を工夫する。

社名・役職・氏名	メルセデス・ベンツ日本㈱ 社長室 企業広報課 奥《おく》 香純《かすみ》 氏
リモート時代における広報の役割とは	リモート時代を迎え、改めて“迅速・丁寧・誠実”の報道対応基本姿勢の大切さを実感しています。いつでも・どこでも・誰でもたくさんの情報が手に入る時代だからこそ、報道関係者の皆様の目にとまるニュースづくり、情報配信の工夫はもちろん、「もっとこの会社に取材したい」「あの会社なら有益な情報をすぐに提供してくれるかも」と思っていただけるような日々のコミュニケーションができるように心がけています。
リモート時代に生きる新任広報担当者に望むこと	「自社が世の中からどう見られているのか」を常に意識することです。自社の常識＝世の中の常識でないことを肝に銘じ、会社から一歩離れた視点で考えることが、広報パーソンにとってなにより大切だと考えます。また、リモート時代では、SNS等を通じて社員ひとりひとりがより一層“会社の顔”化するので、自社におけるSNSガイドラインの策定などをおすすめいたします。

社名・役職・氏名	森ビル㈱ 広報室長 野村《のむら》 秀樹《ひでき》 氏
リモート時代における広報の役割とは	コミュニケーションの手段が変化しても、“社会との対話”という広報の本質は決して変わらない。あらゆる手段で社会と丁寧に対話をしながら、企業の存在意義やその取組みの社会的意義への正しい理解、共感を獲得、ひいては企業と社会の持続的な成長・発展に資すること。コミュニケーションを武器に「新しい未来」を切り拓いていくことに広報の大切な役割がある。コミュニケーションのプロとして日々「人間力」の向上を図りたい。
リモート時代の危機への備えと危機発生時の望ましい対応とは	本質は変わらない。逃げない、隠さない、嘘をつかない。企業の倫理ではなく社会の倫理で、誠実に社会と向き合う。

社名・所属・氏名	㈱安川電機 広報・IR部長 林田《はやしだ》 歩《あゆみ》 氏
リモート時代における広報の役割とは	リモートワークが加速され、働き方の幅が広がったとしても広報の役割の本質は変わりません。社外との橋渡しとなり、社内にある様々な情報（ネタ）をデジタル・アナログを駆使して伝えていく。そのツールの幅が広がるだけです。社会から認知され信頼され社会に貢献する会社になるために広報があり、その役割はどの企業でも当てはまると思います。そして、良いときも悪いときも隠さずに透明性の高い情報を出し続けるのが広報の大事な役割であり本質です。
リモート時代に生きる新任広報担当者に望むこと	取材、リリース、社内報、ウェブサイト‥‥いずれにおいても、広報が発信する内容は会社の言葉（情報）となります。その情報に触れた人がどう捉えるかを考えながら、どうやったら「わかりやすく、正確に伝えられるか」を意識して業務にあたってください。そして、三現主義を大切にしてください。 記者は上下もなく対等にお付き合いできる会社の応援団です。しかし、メディアや記者はそれぞれ興味や視点が違います。それを捉えるためには、一方的でなく双方向に密にコミュニケーションをとるのが大事です。

社名・役職・氏名	㈱ポーラ・オルビスホールディングス コーポレートコミュニケーション室長 橋《はし》 直孝《なおたか》 氏
リモート時代に生きる新任広報担当者に望むこと	『即時性』と『社会多様性』が求められ、迅速かつ正確に発信と、自社情報だけでなく社会課題や背景に配慮し、多様な人々が受取ることを想定した客観的視点が必要。その遂行には「人間ならではの深い思慮と、想像力」が重要。コミュニケーション能力に長けている事は大前提。自社の置かれた状況認識や社内外の基本情報をすべて知り尽くすべく勉強し、広い砂上において砂金を見つけられるようになるには、誰より知的好奇心を持ち実行に移す力が必要です。
リモート時代の危機への備えと危機発生時の望ましい対応とは	(備　え)：メディア記者との良好な関係の構築。リモート環境下でも経営陣との日ごろの関係性および距離感。危機の予兆を探り摘み取る。リスクシミュレーションと模擬実践トレーニング。危機発生時を想定したアクションプラン（行程管理）の明示。 (発生時)：誠実な対応、迅速な初動、的確なマスコミ対応、事実に基づいた情報発信。

社名・役職・氏名	北陸電力㈱（富山）地域広報部長 谷内《たにうち》 望《のぞむ》 氏
リモート時代に生きる新任広報担当者に望むこと	あらゆるジャンルの知識を幅広く吸収して、雑談力を磨くこと。自分の知識の引き出しを多く持つことで、どのような相手とも円滑なコミュニケーションがとれる。全知全能を目指すのは不可能です。「知っていること」と「知らないこと」を明確に切り分けて、「知らないこと」は誰に聞けばわかるかさえ把握しておけば大丈夫。相手よりも知識量で優位に立つことで、落ち着いて対応できる。
リモート時代にも通じる望ましいNR作成の留意点とは	自社にとっては大事でも、記者からすれば、数多く送られてくるリリースの一つ。一読しただけで全体像をつかんでいただけるよう、訴求したい内容をシンプルかつ明確に記載すべき。冒頭にポイントを記載するのも一手。アウトプットをイメージして、必要と思われる情報をリリースに織り込み無駄な問い合わせを減らすこと。

社名・役職・氏名	本田技研工業㈱ 広報部 商品・技術広報課長 相澤《あいざわ》 洋《ひろし》 氏
リモート時代に生きる新任広報担当者に望むこと	会社の顔として対外的にコミュニケーションを行なう、もしくはその企画・実行を行なう者として、常に自らの業務に興味を持ち、社内で最も精通しているという自負を持って業務に臨むこと。企業のブランド価値を高めるために課題認識と発信戦略を常に考え、周囲を巻き込みながら実行する積極性が求められる。
リモート時代の危機への備えと危機発生時の望ましい対応とは	各部門からスピーディに広報に情報が上がってくる体制を作り、その情報をもとに対外的にどのように処して行くべきか方針を決め、上位者から関係部門まで共有すること。社内に危機管理体制を構築し、対応マニュアルを構え、有事の際にも即時に対応できるように、事実に基づく判断、報道を誠実に行うことです。

所属・役職・氏名	㈱みずほフィナンシャルグループ コーポレート・コミュニケーション部広報室長 佐々木《ささき》 康寛《やすひろ》 氏
リモート時代に生きる新任広報担当者に望むこと	小説『64』（横山秀夫著）では、広報を“外に向かって開かれた唯一の窓”と表現。マスコミと恒常的に接点を有する唯一のセクションであり、社外の情報を貪欲に吸収するだけではなく、世の中から組織がどのように見られているかに耳を傾けて社内に還元する。内向きになりがちな組織の中で外部の意見は極めて重要。多様な意見を正確にフィードバックすることは組織の成長に資するという信念をもって取り組んでいきましょう。
リモート時代の危機への備えと危機発生時の望ましい対応とは	「迅速性」「正確性」「誠実性」「公平性」の4つが危機発生時における広報の基本方針となる。そのうえで、広報内の発信情報の統一を行うことが肝要。マスコミ対応においても、「おそらく」「私見だが」「～だろう」といったあいまいな情報の伝達は厳禁。わからない・知らないことについてはしっかりとその旨を伝えるとともに、事実確認できた内容について適切なタイミングで正確に伝えることがポイント。

社名・役職・氏名	三菱地所レジデンス㈱ 経営企画部長（前三菱地所㈱広報部 担当部長） 渡辺《わたなべ》 昌之《まさゆき》 氏
リモート時代に生きる新任広報担当者に望むこと	鮮度第一主義の価値観を持つ。各メディアが求める時間内に対応する。その場でいい加減に即答せず、発言は会社を代表した説明となることを肝に銘じて慎重に対応する。日頃社内外の人間関係の構築、情報の整理を行う。刻々変化する世情やメディアの関心事を把握する。断片的情報や事実をストーリーとして組み立てて相手に伝える。信用・信頼を得、頼りにされる。

社名・役職・氏名	㈱ローソン 執行役員 コミュニケーション本部長兼広報部長 楯《たて》 美和子《みわこ》 氏
リモート時代に生きる新任広報担当者に望むこと	例えリモートでの取材や会見が主流になろうとも、広報にとって大切な事は記者との信頼関係を築くことです。その為には自社や業界のことだけではなく社会の動きを知り、さらには世論（人の心）に気付く為に自分の「引き出し」を広げ、記者から信頼される広報パーソンに目指すことが大切です。日々アンテナを張り、仕事だけに留まらない知識や教養を身につけることを意識してください。
リモート時代における広報の役割とは	情報環境の変化への向き合いは、企業広報にとって避けられない課題。ネットで形成される世論は必ずしも理性や正義、法的な正しさが支持されるとは限らず、常識やルールではない「感情」で形成されていくという特徴があります。人間が本来もっている善さや悪さがより顕著に表れ、その中でいかに共感を得られる対応ができるかが求められます。

【団体】

団体名・役職・氏名	（一社）企業価値協会 代表理事 武井《たけい》 則夫《のりお》 氏
リモート時代に生きる新任広報担当者に望むこと	特に中小企業では日々発生している物事を「広く報せるべきニュース」としてキャッチするアンテナの感度が第一。会社や社員のSNSを常にチェック。発信を積み重ねる。素振りをたくさんした者が勝つ。日々身辺で起こることを「ニュースにする」としたら、どのように書き、どのメディアから伝えるかをシミュレーションすることを勧める。書き出し、キャッチコピーを毎日頭の中で書き続ければ、伝達上手になれます。
リモート時代にも通じる望ましいNR作成の留意点とは	伝えたいことを絞り込んで最初に伝えること。「読めばわかる」ではなく「見た瞬間に判断できる」よう端的な表現を心掛ける。0.1秒で「読んでみたい」と感じていただける書き出しに注力。さらには、メディアの方があまり手を加えなくても記事にしやすくなるよう、読み手を意識した構成にする。

団体名・役職・氏名	（一社）グローバル・リーダーシップ・コーチング協会 代表理事 藤井《ふじい》 義彦《よしひこ》 氏
リモート時代における広報の役割とは	リモート時代企業がどうあるべきかが特に問われています。企業は社会の公器です。国、企業、個人が、各々今一度、自身のあり方（BEING）を見つめ直すことが重要です。広報の役割は、会社の経営理念、ミッション、ビジョン・パーパス、バリューに沿って、会社の全てのステークホールダーへの責任と社会への貢献を訴えることです。
リモート時代に生きる新任広報担当者に望むこと	リモート時代は個々人にリーダーシップが特に要請されます。 多様性を理解する懐の深さと、ビジョンを描き、相手を鼓舞して巻き込んでいく本当の意味でのコミュニケーション能力、そして、高い倫理観がその基礎基盤として不可欠です。 1人ひとりが、リーダーという意識を持ち、自分自身に対するリーダーシップを発揮し、個人がもっと輝く、いきいきとした企業の実現に貢献していくことです。

団体名・役職・氏名	（一財）経済広報センター 常務理事・国内広報部長 佐桑《さくわ》 徹《とおる》 氏
リモート時代に生きる新任広報担当者に望むこと	言語明快。明るい人柄。低姿勢。論理的だけど情に厚い。自社の考えを簡潔に説得力をもって分かりやすく話す。社会の関心を踏まえ、業界全体、日本経済における位置づけも語ることができる。そんな社内外の信頼が厚い広報パーソンになることが理想。それに一歩ずつでも近づこうとする努力が重要。そのためには多くのジャーナリスト、他社の広報パーソンに会うこと。そうしながら、広報とは何かを考える。 コロナ感染拡大で広報業務にもテレワークが求められるようになった。しかし広報にはマスコミや社内外との信頼関係が重要だ。それなしにはテレワークでの広報もできない。日頃の信頼関係構築がいっそう重要になってきたといえる。
リモート時代の危機への備えと危機発生時の望ましい対応とは	「広報部長の評価は緊急時の対応で決まる」とも言われている。緊急時記者会見は、論理的に正しいことを説明するだけで不十分。意識すべきは“社会の感情”である。社会が会見者の姿勢、態度から会社の反省度合いを読みとろうとしている。信頼してもらえる対応をとる必要がある。騒ぎが大きくなる二次被害を生むような対応は最悪だ。 コロナ後も大地震や津波、火山噴火等の自然災害発生の予測を懸念されている。こうした危機対応の再点検、再確認が急務ではないか。

社名・役職・氏名	ヤフー㈱ 広報室シニアスタッフ 宮下《みやした》 健太郎《けんたろう》 氏
リモート時代に生きる新任広報担当者に望むこと	①あらゆる媒体を研究すること（まずは、新聞を毎日読むことから始める） ②記者との接点を増やすこと。 ③自身の強みを持つこと。インフルエンサーに詳しい、テレビプロモートが得意、記者や業界関係者の知り合いが多い、イベントの現場でテキパキ動けるなど、広報業務の中で、他者よりも自分が秀でているなと思える「強み」を持つことが重要。
リモート時代にも通じる望ましいNR作成の留意点とは	「ニュースバリューを見つけること」。日頃の情報から、今世の中で話題になっていることや時流を読み、発信する内容のニュースバリューを見極める。次に発信する内容の「わかりやすさ」。メディアの先にいる読者を想像して、「何の」情報を届けたいのか。それを「わかりやすく」伝える。ユーザーが享受する便益を、実際のシチュエーションとセットにしたり、規模感を数字で表したりするなど具体的に表現する。

社名・役職・氏名	(同) ユー・エス・ジェイ 広報室長 高橋《たかはし》 丈太《じょうた》 氏
リモート時代に生きる新任広報担当者に望むこと	ますますネットの比重が高まる中で、Shared MediaでのPRの有効性を発揮し続けていかなければ、広報は単なる経営を代弁するだけの立場に成り下がってしまう。メディアの流行り廃りに関して若い人の感覚に頼る部分が大きいので、チーム内でしっかり意見が言えるようにトレンドを追ってほしい。どのメディアが流行ろうが、大事なのはコンテンツ、例えばキメのポーズの絵作りとか刺さるストーリーについて日頃から研究しておけば役に立つ。カメラマンの視点も重要。
リモート時代の危機への備えと危機発生時の望ましい対応とは	報道機関が一般人のツイートに着目していて、特に安全情報ではその真偽を確かめに来ることが頻発している。まさに、降りかかる火の粉は払わねばならない。クライシスの発生からメディアの動き出しまでが早くなり、広報には常に迅速な対応が求められている。

社名・役職・氏名	LINE㈱ PR室長 林《はやし》 史子《ふみこ》氏
リモート時代における広報の役割とは	メディアでの取り上げられ方のみではなく、オウンドメディアやソーシャルメディアなどの様々なチャネルを使い分け、ステークホルダーとのコミュニケーションを総合的にプロデュースできる「コミュニケーションデザイン力」が求められる。一つの情報でも各方面向けに魅力を最大限に伝える切り口を考える。会社の顔は社長ではなくあなた!自社について一番知る人になってほしい。様々なメディアと情報交換し、多くの記事を読みニュースを切る「メディアの視点」を身につけよう。一つの発信がレピュテーションリスクにもなる。広報は最後の砦。社会との懸け橋としてバランス感覚を忘れず、一つの情報発信にも責任をもつ。重責だがやりがいある仕事。
リモート時代の危機への備えと危機発生時の望ましい対応とは	事態と状況の把握、情報の整理を的確に行い、第一報をいかに迅速に正確に出すかが重要。日頃から各関連部署のキーマンを握っておく、リスク管理体制や準備（メーリングリストの整備等）を整えておく。広報の対応は、誠実、真摯に事実を正確に伝えることが求められる。あいまいにごまかしたりせず、どんな質問が来てもきちんと対応できるよう、質疑応答集(FAQ) はトップも含めた各関連部署とコンセンサスをとり、しっかりと準備しておくことが重要。

社名・役職・氏名	㈱リクルートホールディングス PR部 社外広報グループマネージャー 高野《たかの》 梓《あずさ》 氏
リモート時代に生きる新任広報担当者に望むこと	広報に対する誇りと、好奇心を持ち続けてほしい。社会と企業の間に立ち、メディアを通じた情報流通を生業とする広報の仕事は、時に意義ややりがいの迷子になるかもしれません。自分が会社の代表であり、事業活動の積み上げで築かれたレピュテーションを守る最後の砦なのだという自覚をぜひ持ってほしい。コミュニケーションはとても自由なもの。過去のやり方にとらわれず、強い好奇心を持ってさまざまなことにチャレンジしてほしい。
リモート時代にも通じる望ましいNR作成の留意点とは	ストーリーを乗せること。扱う案件やサービスの、自社・社会それぞれにおける本質的な意味合いや位置づけを理解したうえで、より多くの方に共感していただけるような観点を盛り込んだストーリーを構築できるかどうかがポイント。

【自治体】

団体名・役職・氏名	静岡県庁 知事戦略局 広聴広報課 企画報道班長 前田《まえだ》 和人《かずと》 氏
リモート時代に生きる新任広報担当者に望むこと	SNSから個人で気軽に何でも発信できる時代。自由な発想で、より効果的な発信にチャレンジできます。一方で、ネット環境はあくまでひとつのツール。どんなメッセージを伝えたいかという”想い”が大切。広報と広聴は一体。ターゲットに対し、心を開き、相手の話を聴き、コミュニケーションを図ったうえで広報する。それが信頼・共感の獲得につながります。それぞれの分野で取り組む多くの人と話をすることで多くの知識を得て、広い視野で取り組んでください。きっと、楽しく充実した仕事にめぐり合えるでしょう。
リモート時代の危機への備えと危機発生時の望ましい対応とは	地震、豪雨などの危機発生時に備え、過去の事例を学んでおく。「避難に関する情報発信」、「トップからのメッセージ」など、住民の被害をできるだけ少なくするために広報の力が果たす役割は大きい。

官公庁・役職・氏名	島根県庁 政策企画局 広聴広報課長 小畑《おばた》 芳夫《よしお》 氏
リモート時代における広報の役割とは	ネットや通信端末の普及により、誰でもすぐに情報に接することができるようになった。行政のホームページにはアクセシビリティへの配慮が求められる。広範な行政情報の中には、ネット利用者の自発的なアクセスを期待しにくいものもある。そういった情報をどのように発信するか、考えねばならない。
リモート時代に生きる新任広報担当者に望むこと	SNSの登場など、広報の現場は常に移り変わっていく。新しいツールを用いた広報は、むしろ若手のほうが発想しやすいこともあろうし、行政の考え方に染まっていないうちの「感覚」は貴重。職場では臆せず発言を。

官公庁・役職・氏名	福岡県庁 総務部 県民情報広報課長 大群《おおむれ》 拓也《たくや》 氏
リモート時代に生きる新任広報担当者に望むこと	自治体広報部門の役割は、県政情報や県の魅力を、文字や写真などを活用し県民にわかりやすく発信すること。広報業務は訴求性、正確性、適時性が問われ、期限に追われ、気苦労も多いですが、日頃からアンテナを高く張り、良質な情報が集まりやすくなるよう、組織内外の人とのコミュニケーションを良好にしておきましょう。
危機への備えと危機発生時の望ましい対応とは	災害等の危機発生時には迅速な情報提供が必要です。安全に関する情報や県の対策等を多様な手段を用いて広報します。特に、県ホームページでは、重要な災害関連情報や各種支援情報等をポータルページに集約して発信することで、県民が必要とする情報にアクセスしやすくなるよう努めています。

自治体名・役職・氏名	岩手県 花巻市役所 建設部公園緑地課主査（前総合政策部秘書政策課主査） 高橋《たかはし》 高寛《たかひろ》 氏
リモート時代に生きる新任広報担当者に望むこと	情報発信の手段が増えていますが、「ネットは見ることができない」「紙媒体は読まない」という人もいます。広く情報を知らせるために、それぞれの特徴や利用者を把握することが大切です。プレスリリースはもとより、写真撮影、文章作成、ホームページの管理、SNSの活用など多岐にわたっています。カメラやDTPの操作など専門的なスキルを身に着けるとともに、市内にアンテナを張り「おもしろそうなこと」「画になること」を拾えるようになってほしいです。
リモート時代にも通じる望ましいNR作成の留意点とは	多様な情報を扱っていますので、リリースの目的がお知らせなのか、取材に来てほしいのか、明確にしています。取材してほしい案件は写真を添付したり、趣旨や特異点を明記したりと、メディアが画作りしやすくなるように工夫しています。

官公庁・役職・氏名	大阪府 堺市役所 市長公室 広報戦略部 広報課長 松本《まつもと》 ゆり 氏
リモート時代における広報の役割とは	SNSの利用が普及し、SNSは、送り手にとって情報を伝えたい相手を膨大な情報を有するホームページにつなげるために不可欠なツールとなっています。さらにSNSでの動画配信は訴求力もあり、広告を併用すると拡散力も高まります。リモートワークでも容易に発信できるSNS。各媒体の特性を活かし、誰に、何を、どの媒体で発信すれば効果的に「伝わるか」を受け手のニーズや気持ちを考えて発信すること。スキルよりもハート。常に「どうすれば伝わるのか」を考え、発信した情報が「伝わっているか」を意識して取り組むことが大切です。

団体名・役職・氏名	**全国中小企業団体中央会 事務局長** **及川《おいかわ》 勝《まさる》 氏**
リモート時代に生きる新任広報担当者に望むこと	今般の新型コロナウイルスの感染拡大防止のため、テレワークを初めて経験され、在宅勤務の期間中が従来の事業のやり方や働き方を反省する時間となった方も多かったのではないか。今後は、地域に移住し、仕事部屋を兼ねる自宅で過ごす人達が増えてこよう。共同起業ネットワークづくりやローカルマネジメント企業に着目して、地域内外で協力し合える人々から事業経営のノウハウを蓄積し、広報に当たってもらいたい。それによって、持続可能な企業価値づくりの輪が全国に広がっていくことを期待したい。
リモート時代の危機への備えと危機発生時の望ましい対応とは	危機時に平時の社内のコミュニケーション度が問われる。平時からの準備が大切である。 新型コロナウイルス感染の終息後には、既に社会や暮らし方は相当違った風景になっている。その備えは、本書を熟読することから始めて頂きたい。

団体名・役職・氏名	**（一社）全国農業協同組合中央会（JA全中）広報部 広報課長** **金原《きんばら》 由孟《よしたけ》 氏**
リモート時代における広報の役割とは	在宅が多くなり、イベントのウェブ開催をはじめとして、これまで以上にネット利用が増加することが見込まれる。ネットでの情報発信をさらに強化していくことが重要だが、同じネットでも媒体別の特性を理解し、それを踏まえたスタイルの発信を行わなければならない。また、ネットは双方向コミュニケーションがしやすい。消費者の反応を迅速に分析し、広報や事業の改善を図り、継続性を確保することも大きな役割。
リモート時代に生きる新任広報担当者に望むこと	事業概要と広報の基礎理論を習得したうえで意識して記者とのコミュニケーションを図ることを心がけてほしい。それを通じて、記者の先にいる消費者からの評価・イメージを常に意識するなど、「外からの眼」の視点を持つ。まめに現場へ顔を出し、雑談ベースでも気軽に話せる関係を作ることが、良い情報を得るために大切。情報はもらうばかりでなく、記事掲載されたら担当者にフィードバックするなど、職場全体の広報意識を高めることが情報が集まりやすい体制を作るためにも必要。

団体名・役職・氏名	**（一財）日本次世代企業普及機構（通称：ホワイト財団）事務局長** **岩元《いわもと》 翔《しょう》 氏**
リモート時代に生きる新任広報担当者に望むこと	リモート時代のメディア各社がどのような情報を欲しているか、過去報道でどこに重きを置いたか、などを分析して、各社に合わせた情報提供が必要になってくる。ただ目の前の情報を発信するのではなく、読み手にとってどの情報が必要かを精査し、昨今のトレンドキーワードなどを織り込んだ情報発信をタイムリーに実施することが重要です。
リモート時代の危機への備えと危機発生時の望ましい対応とは	発生時には的確、迅速、誠実に対応していく。そのために、日ごろから発生時の社内体制を整備することが大切だと思います。

団体名・役職・氏名	**ニューマーケティング協会 代表（㈱MCC代表取締役会長）** **古藤田《ことうだ》 邦彰《くにあき》 氏**
リモート時代における広報の役割とは	インターネットやSNSの普及により、広報のあり方が大きく変化している。広報の役割は、メディアリレーションだけでなく、ソーシャルメディアを活用するなど多様化が求められている。マスメディアで取り上げられないような情報を自社メディアで発信いていくことが、これからの広報としてますます重要な役割となる。
リモート時代に生きる新任広報担当者に望むこと	広報担当者は、ステークホルダーと常に良好な関係を築いていくことが大切。 メディアを通じてプレスリリースを出すだけでなく、直接ステークホルダーにアプローチし、ステークホルダー一人ひとりとの心の繋がりを持つ努力をして欲しい。そして、長期的にはファン〜ミューズ化に成功することが大事。

【PR会社】

社名・役職・氏名	㈱アネティ シニアマネージャー 真壁《まかべ》 在《あり》 氏
リモート時代に生きる新任広報担当者に望むこと	ネット環境や情報端末の進歩で、企業からの情報発信の方法も多様化しています。例えば、以前は対面が主流だったメディアの取材対応、記者説明会なども、場合によってはZoomなどのウェブ会議ツールも利用し、柔軟に対応するといいでしょう。これまでの形式にとらわれず、新しい手法も積極的に活用し、それぞれのメディアに合った方法を試行錯誤しながら見つけ出し、メディアとの良好な関係を築けるよう挑戦してみてください。
リモート時代にも通じる望ましいNR作成の留意点とは	タイトルは何度も読み返し、瞬時に理解できる言葉を選ぶように心がけています。インパクトのある画像や客観的なデータ、商品誕生までの隠されたドラマなど、記者や編集者が記事にしやすい情報をリリース内に散りばめておくこともポイント。リリースに正解はありませんが、正解に近づけるために、メディアの反応などを見ながら少しでも魅力的なリリースになるよう改善し続けることが大切です。

社名・役職・氏名	㈱イニシャル（ベクトルグループ）第五営業局長 藤原《ふじわら》 由唯《ゆい》 氏
リモート時代に生きる新任広報担当者に望むこと	デジタルの発達により伝えたい人に情報を届けることができるインフラが整い、更にリモートの加速によりデジタルに接する時間が増え、個人が受け取る情報量が格段に増加した。そのため、記憶に残るキーワー ドや興味を持ってもらえるコンテンツ作りがより重要になっている。 また、情報の媒介手段がメディアだけでなくなってきているため、情報ごとに、どのメディアに取り上げられることが最適か、必ずしもメディアを介せずともオウンドメディアやインフルエンサーなどを通じて消費者に届ける方が最適なのか、アウトプットを意識した情報の加工と発信方法の取捨選択 が重要に。そのため、媒体研究はもちろん、ソーシャルメディアのチェック等、幅広い情報収集が広報担当者には求められます。
リモート時代にも通じる望ましいNR作成の留意点とは	タイトルは、リリースの主旨が伝わる簡潔さ、読み手を引き付ける魅力的なワーディングを意識する。本文はメインカットやグラフなどの画像や客観的にクライアントの商品・サービスの魅力が伝わるような数字を効果的に活用する。他社との差別化ポイントや、ストーリー性を盛り込む。

社名・役職・氏名	㈱エイレックス 代表取締役 江良《えら》 俊郎《としろう》 氏
リモート時代に生きる新任広報担当者に望むこと	ネット情報の影響でレピュテーションが大きく低下するケースも増加していますが、共感や信頼を築く広報の本質は不変。自社がどう見られているか、世論動向の変化などを正しく認識し、多様な考えや視点をフィードバックする広聴機能もより大きい。増大する広報活動を経営機能の一環として、いかに戦略的に展開していくかが極めて重要。すばらしい広報活動を期待します!
リモート時代の危機への備えと危機発生時の望ましい対応とは	危機管理のポイントは①危機意識を高く持ち、危機の兆候を事前に察知し未然に防ぐ、②起こり得る危機に備えて適切に準備しておく、③危機にうまく対応して被害を最小限にする。危機発生時には①迅速な対応、②積極的な情報開示姿勢、③企業側ではなく生活者視点に立ったメッセージの3点が重要。平時から危機管理体制を整え、危機に強い組織づくりに努めることです。なお、謝罪会見については原則リアルで行うべきであると考えます。

社名・役職・氏名	㈱コミュニケーションデザイン 代表取締役社長 玉木《たまき》 剛《つよし》 氏
リモート時代に生きる新任広報担当者に望むこと	「広報」は担当者の意識次第で、経営戦略に欠かせない重要なポジションになります。上層部や他部署から言われるままにリリースを書いているだけでは、その重要性は認識してもらえません。他部署と積極的にコミュニケーションを図り、情報を自ら取りに行くとともに、広報が何を考えてどのような成果を出しているかを知ってもらいましょう。初めは他社のケーススタディからPR戦略/戦術を学ぶことを勧めます。
リモート時代における広報の役割とは	マスメディアでリーチできない層に対してアプローチできるウェブコンテンツやSNSを、これまでの戦略に加えて考える。特にSNSは自身でも使い、リテラシーを高めると共に、SNSでウケるコンテンツを考案できるようになる。これらは拡散力もあるため、広報がリードして危機管理体制の構築も重要です。

リモート時代にも通じる望ましいNR作成の留意点とは	タイミングと、新しさや独自性などニュース価値のある情報を、いかに「記者に伝わるか、記事にしてもらえるか」という視点で作成することが基本です。そこに市側の思いをいかに伝え、心を動かせるを意識することを心がけています。日頃から市政担当記者とのコミュニケーションを密にし、信頼関係を築き、取材してもらいやすい環境づくりも大切です。映像で伝える方が効果的なイベント等は、積極的にTVメディアに働きかけています。

自治体名・役職・氏名	鹿児島県 垂水市役所 企画政策課 秘書広報係長 羽生《はぶ》 文彦《ふみひこ》 氏
リモート時代における広報の役割とは	スマートフォンなどの普及により、情報の受け手側は、いつでもどこでも情報を自分から得ることができます。自治体の広報活動においても、ニーズを捉え、紙面やネットなどの広報媒体を連携させ、情報発信を行っていく必要があると考えます。
リモート時代に生きる新任広報担当者に望むこと	自治体広報担当者の仕事は、庁内やまちで起きている事柄を、どのように分かりやすく発信するかが大切です。また、幅広い分野に携わり、専門的な知識も必要となる場合があるので、庁内外での連携・協力が必要です。コミュニケーションを大切にし、さまざまなことにチャレンジしましょう。災害発生時には、迅速で的確な情報発信が必要となります。そのうえで、きめ細やかな対応ができるよう、組織内の連携体制を整えることが大切です。

【大学】

学校名・役職・氏名	大妻女子大学 広報・入試センター 広報・募集グループ課長 今村《いまむら》 勉《つとむ》 氏
リモート時代に生きる新任広報担当者に望むこと	SNSの普及により情報拡散のスピードが速まり、事実確認と正確な情報発信を瞬時にできることが必要に。メールだけに頼らず、会って（Zoomなどを含む）話しを聞くことが大切。広報担当者として学内の情報を得ることも重要。日頃から教員や関係部署と積極的なコミュニケーションをとってほしい。
リモート時代にも通じる望ましいNR作成の留意点とは	教育・研究活動、学生の取り組み、地域貢献、教育機関・地方公共団体・企業との連携などをわかりやすく伝えることを心がけている。集めた情報の事実確認を必ず行なうことと、配信する前に客観的な内容であるかを確認している。また、専門用語は解説を入れるなど、誰にでも理解してもらえるよう工夫している。

学校名・役職・氏名	近畿大学（大阪）広報室長 加藤《かとう》 公代《きみよ》 氏
リモート時代に生きる新任広報担当者に望むこと	時代は変わっても芯の部分では広報の役割は同じですが、ネットを利用した新しい情報共有など仕事の便利なやり方を身に付けることが重要。「slack」や「dropbox」など新しいビジネスツールを使いこなすことで、情報共有のスピード感を上げています。先輩・後輩問わず協力者を増やし、情報をもらえるようになることが一番。新人らしく、新しい仕事のスタイルや既存のスタッフが持ち合わせていなかったジャンルの情報に明るい人は存在感を出しやすいでしょう。 withコロナの時代においては、ネットを使った新しい動きを常に注視し、自社の社会貢献を意識することが広報的にも効果が得られるでしょう。
リモート時代の危機への備えと危機発生時の望ましい対応とは	役員のメディアトレーニングを実施し、危機に備えています。基本方針は学内の連携を密に、適切な情報をしっかりと開示する大学の姿勢を見せることです。

リモート時代の危機への備えと危機発生時の望ましい対応とは	常に会社は公、社会のものであることの社内への周知徹底。発生時は、スピード、正直、誠実さを重視し、そのための勇気と覚悟を持つこと。

社名・役職・氏名	㈱ネタもと 取締役 事業本部長 PR責任者 若杉《わかすぎ》 千穂《ちほ》 氏
リモート時代における広報の役割とは	時代は変わっても本質的目的は、あらゆるステークホルダーとのコミュニケーヨンによる「ファンづくり」です。商品やサービスに対するファンづくりで売上アップに、企業に対するファンづくりは採用力や社会的信頼の向上に、社員に対しては社員満足度の向上に、投資家に対しては株価上昇につながるなど、企業が中長期的な成長を実現するのに「ファンづくり」はとても重要なのです。リモートであってもツールを駆使し、コミュニケーションを大切にしていきましょう。
リモート時代に生きる新任広報担当者に望むこと	PRする商品、サービス、人などをしっかり理解して、好きになることからスタートしてください。好きでなければ外に向けて発信する情報も説得力に欠けます。常に好奇心を持ちアンテナを高くして、いろいろなことに敏感になってください。社内コミュニケーションは、待ちの体制ではなく、自らの足で動いて御用聞きになり、いろいろなものに首を突っ込むことで理解も早まります。

社名・役職・氏名	㈱ネットワークコミュニケーションズ 代表取締役 岡田《おかだ》 直子《なおこ》 氏
リモート時代に生きる新任広報担当者に望むこと	新型コロナをきっかけにリモートワークが普通の世の中になり、企業のBCP、BCMの重要性も問われるようになりました。広報は経営者と同じ目線で社内外とコミュニケーションを取ることが求められます。これからの広報職は、広報の知識だけではなく、コーポレートガバナンス、リスクマネジメント、ファイナンス、HRなど、経営に纏わる幅広い知識を持ち合わせ、様々なリスクに対応できるコミュニケーション力が必要です。自らが人として誠実な行動を取り、情報統制の陣頭指揮を取れるくらいの高い意識を持ちましょう。
リモート時代にも通じる望ましいNR作成の留意点とは	「つかみ」と「ファクト」と「ストーリー」を意識。最近では「ナラティブ」がキーワードになっています。日本語でも英語でも正しく書かれていることが重要。情報の最終着点にいる皆様に価値が伝わるように、「読みたくなるかなあ 」と考えることや、その情報をお届けする記者やインフルエンサーが「書きたいと思うかなあ 」と何度も推敲することが大事です。価値を伝えるために独りよがりの表現ではないか?を確認するためにも、秘密保持の範囲で仲間同士で読み合わせすることもお勧めします。

社名・役職・氏名	ビルコム㈱ 取締役 早川《はやかわ》 くらら 氏
リモート時代に生きる新任広報担当者に望むこと	時流を捉え読み解く力を身につけましょう。出会った人やメディアを通じての情報収集も必要ですが、捉えた動きが継続的なものなのか、一時的なものかデータを収集分析し社内外に説明できる力も重要です。また、刻一刻と変化するご時世ですので、アジャイルプランニングが求められます。PR戦略や計画は短期スパンでブラッシュアップし、機動的な活動ができるよう心掛けるとよいかもしれません。
リモート時代にも通じる望ましいNR作成の留意点とは	オンラインの広報発表が増えたいま、メディアのもとに届くプレスリリースは膨大な量になっています。その中からピックアップされるには、ニュースとなる要素をタイトルや概要にちりばめることが重要。「国内初」のような新規要素に加え、実績、時流、季節性、生活者にとっての実利や技術的な優位性などをフレームワーク化し、社内やクライアントと骨子を作る際の基礎とします。

社名・役職・氏名	㈱フォワードコミュニケーションズ 代表取締役 野呂《のろ》 ゆうき 氏
リモート時代における広報の役割とは	ネットに溢れる膨大な情報の中で、企業が発信する情報をいかに埋もれさせず、際立たせるかが重要。タレントを活用したり膨大な費用をかけたイベントを実施したりしなくても、企業の中を見渡すと地味に思える企業でも、ネタとして使える「宝」が眠っています。その宝を見極められる「目利き力」と、原石としての情報をメディアやソーシャルメディアで話題になる形に磨きあげ、発信する「コンテンツ開発力」が求められています。
リモート時代に生きる新任広報担当者に望むこと	不透明な要素が多い昨今では、常にバックアップの「プランB」を用意して臨む姿勢が求められます。対面だけでなく、オンラインでの取材や会見に対応できるスキルが求められます。

社名・役職・氏名	㈱スパイスコミニケーションズ 代表取締役 大石《おおいし》 哲也《てつや》 氏
リモート時代における広報の役割とは	ICT社会として、難易度の高いメディア環境の中でも、企業・組織の広報活動は、まさしく<経営戦略と一体>の従来のミッションは、なんら変わりはありませんが、情報の洪水を渡る<情報のデザイン化>が重要視される。広報部とは、会社における社外への発信と、社内への社会からの着信機能。新任の方々は、社会の今性、時代の空気を胸いっぱい吸ってほしい。
リモート時代の危機への備えと危機発生時の望ましい対応とは	平時においてのイシューリスクマネージメントと、クライシスマネージメントマニュアルの策定。そしてレピュテーション向上にむけた信頼回復。BADファーストの情報開示が基本。

社名・役職・氏名	㈱電通パブリックリレーションズ 経営推進局 広報グループ長 米澤《よねざわ》 博明《ひろあき》 氏
リモート時代における広報の役割とは	ネット時代においては、スピード対応に広報の真価が問われ、ニュートラルなスタンスとPESO=Paid Media、Earned Media、Shared Media、Owned Mediaなどにトータルで対応することが求められる。問合せにも相手の立場を理解し情報発信の必要性や結果を考える。日頃から各部署の活動を把握し、インターナルコミュニケーションを良好にしておく。
リモート時代の危機への備えと危機発生時の望ましい対応とは	リアルな課題を設定し、実際に発生したことが「初めての経験」にならないよう準備する。不用意な発言で炎上を引き起こさないことが肝要。できる限り迅速に、正確な情報を公開する。会見やステートメントでは差別問題に発展しないよう人権に配慮した表現を心がける。危機発生時は、事象をメディアや生活者、被害者家族など第三者目線で捉えて判断し、特に人命に関わる事象についてはスピードを重視する。

社名・役職・氏名	㈱トークス 業務推進第1部 部長 坂本《さかもと》 正浩《まさひろ》 氏
リモート時代に生きる新任広報担当者に望むこと	対面での取材や会場での記者会見という生身のコミュニケーションが難しくなると、情報の最終的なアウトプット（記事など）が画一的になりがち。手法は電話やメールに限られたとしても、記者との個別のコミュニケーションを保ち、個別のニーズを救い上げることがますます重要になる。そのためにも普段から好奇心とフットワークで記者やインフルエンサーとの人間対人間のリレーションを築いていただきたい。
リモート時代にも通じる望ましいNR作成の留意点とは	関心を引くヘッドライン。グラフィックスの使用。記事作成に必要な情報を盛り込む（既存製品の発表も概要を入れるなど）。海外リリースの翻訳は日本独自の視点・情報を加える。

社名・役職・氏名	㈱トークナビ 代表取締役「女子アナ広報室」統括アナウンサー 樋田《といだ》 かおり 氏
リモート時代に生きる新任広報担当者に望むこと	常に社長の代弁者の意識を持ち、立ち居振る舞い・言葉選びを大事にすること。いつでも思い出していただけるよう配信を継続し、わかりやすい＋スピーディな情報提供を心がけましょう。どんな情報があるのか社内ジャーナリストになったつもりで、毎日情報を得る意識を持って下さい。社内協力を仰ぐため、自身が企業の大ファンであり、広報であるとの社内PRも大切です。
リモート時代にも通じる望ましいNR作成の留意点とは	ひきつけるキャッチコピーに力をいれること。記者の方からの質問を予め想定し、情報の裏付けとなるグラフや調査アンケートを差し込むようにしましょう。テレビに取材してもらいたい場合にはイメージが湧くような写真を入れるといいでしょう。

社名・役職・氏名	㈱ニンニンドットコム 代表取締役 鈴木《すずき》 忍《しのぶ》 氏
リモート時代に生きる新任広報担当者に望むこと	メディアやコミュニティは、自社で創れる時代。これからの経営に欠かせないファンづくり、メディアづくり、コミュニティづくりの推進役。SNSは、発信のしやすさと同時に、世間に情報がさらされやすいという側面を自覚しつつ、大義名分と利他の精神を忘れずに、きれいな心でより多くの方々やコミュニティと接点を持ってほしい

○主要メディア幹部29人からの
「リモート時代の新任広報担当者へのアドバイス」集

（所属・役職：2020年8月現在）

【新聞社（全国紙）】

社名・役職・氏名	朝日新聞東京本社 経済部長 寺光《てらみつ》 太郎《たろう》 氏
リモート時代に生きる新任広報担当者に望むこと	いろいろな表現の仕方がありますが、記者とは「よりよき社会」の実現のために奉仕する仕事だと考えています。では、企業の広報担当者の役割とは何でしょうか。一義的にはもちろん、「よりよき会社」の実現に努めることだと思います。ではなぜ、よりよき会社の実現のために汗をかくのかといえば、それが、よりよき社会の実現につながるから。気持ちを込めて、そう断言できる広報担当者を、記者会見でどんなに厳しいやりとりをしようとも、記者は信頼し、尊敬します。記者も広報担当者も、目指すざすべきものは、本来同じはずです。オールドメディアが長期低落する一方で、ネットメディアが台頭しています。ライブ中継がテレビの特権だった時代は終わり、記者が小型の機材を持ち込んで、記者会見をインターネット上でライブ中継するケースも増えています。SNSの普及でニュースは猛烈な勢いで拡散していきます。いわゆる「炎上」も燎原の火のごとくです。こうした混沌とした時代の企業広報のあり方は舵取りがとても難しいと思います。一方で、私たち報道機関も、日々悩みながら、どう対応するべきかを模索しています。お互いに、よりよき社会の実現のために、という「原点」を忘れることなく切磋琢磨できれば、きっとよい信頼関係を築くことができると確信しています。

社名・役職・氏名	毎日新聞社 経済部長 平地《ひらち》 修《おさむ》 氏
リモート時代に生きる新任広報担当者に望むこと	いつの時代も広報の役割は、すばやく的確な情報提供であることに変わりはありません。ただ、デジタル時代においてわれわれの経済報道も変化しつつあります。これからの広報には時代の変化を先取りする姿勢が必要だと思います。記者と本音で語り合えるような関係を築いてください。急速なデジタル化の進展で、メディアも今、大きな変化を求められています。広報の皆さんと、新時代の経済記事をつくっていくことができれば幸いです。
リモート時代にも通じる望ましいNR作成の留意点とは	新聞記事と同様、「見出し」を意識したニュースリリースをお願いします。そのためには何が「売り」なのかを明確にする必要があります。山のようなリリースの中から、キラリと光るものがあれば、きっと記者が関心を持つはずです。
リモート時代の危機への備えと危機発生時の望ましい対応とは	特に不祥事対応では、情報を出し惜しみしないことが最も重要であることは言うまでもありません。情報を小出しにした結果、何度も記者会見を開いたり、新たな事実が報道された後に対応を余儀なくされたりして、傷口を広げていくケースがこれまでいくつもありました。不都合な事実であるほど、迅速な情報開示が必要です。

社名・役職・氏名	産経新聞東京本社 経済本部 編集委員 松岡《まつおか》 健夫《たけお》 氏
リモート時代に生きる新任広報担当者に望むこと	記者との関係を築くことだ。日ごろからコミュニケーションをとることが肝要で、メールだけのやり取りばかりで、互いに顔が浮かんでこないようではだめだ。また若くして広報に配属されたことを生かしてほしい。記者の代わりに社内を堂々と取材できるし、ましてや経営陣に会ってビジョンや経営戦略をじかに聞けるチャンスはそうそうないはずだ。交流会、勉強会などにも積極的に参加して考え方の幅を広げ、人脈も作ってほしい。
リモート時代にも通じる望ましいNR作成の留意点とは	わかりやすく簡潔であることが何よりも求められる。このため業界用語・専門用語はできるだけ使わず(使う場合は注釈をつける)、英語での表現も避けることが望ましい。また「5W1H」が欠けていてはリリースの意味をなさないことも忘れてはならない。そのためには読む立場になってリリースのポイントをしっかりと把握し、何度も推敲してほしい。写真や図表も必要だ。内容を理解しやすいし、記事掲載にもつながりやすいからだ。
リモート時代の危機への備えと危機発生時の望ましい対応とは	不祥事などの危機が発生したら広報主導で速やかに記者会見などを開くべく動く必要がある。そのとき事実関係を把握し、明らかにすべきことはすべて明らかにし、嘘はつかない。分からないことは分からないとはっきり言うこと。記者会見から「逃げる」社長（皆さんの社長は率先して出席するでしょうが）を説得することも広報の役割だ。そのためにも日ごろから経営トップとの密なコミュニケーションが求められる。

社名・役職・氏名	㈱プラップジャパン 取締役 戦略企画本部長 メディアトレーニング シニアトレーナー 吉宮《よしみや》 拓《たく》 氏
リモート時代に生きる新任広報担当者に望むこと	必要なスキルの中で「健全なる批判精神」と「愛嬌」を挙げたい。自社を愛する一方で批判的な視点を持つことは、客観的思考を育み、説得力のあるコミュニケーションの礎になる。愛嬌をもってどんな相手とも分け隔てなく付き合い、情報交換できるスキルも大切だ。社内外問わず情報が集まり、企業の情報参謀として大きな武器になる。コミュニケーションの主戦場がオンラインに移行しつつあるリモート時代では、さらに「主張する姿勢」も加えたい。デジタル環境では発言しないことは存在しないことと同義になる。自社が社会にもたらす価値を言語化し、伝え続ける力は企業にとっても広報担当者自身にとっても今後ますます重要になるだろう。
リモート時代にも通じる望ましいNR作成の留意点とは	①「一点突破」: 情報過多は伝えるべきメッセージを霞ませる。必要なのは情報の量ではなく、一つに絞る勇気。②「ファクトベース」: 記事は事実の積み上げげで成立。形容詞や修飾語は極力外し、数字を含む具体性ある情報で構成すべき。③「なぜ今このネタか」: 数多あるネタから選択する基準は今、読者に伝える意義があるか? 記者が自問するこの言葉を反芻し、その答えをリリースに盛り込む。

社名・役職・氏名	㈲プリズム（香川）代表取締役 妹尾《せのお》 浩二《こうじ》 氏
リモート時代に生きる新任広報担当者に望むこと	ネット時代となり、メールやFAXでプレスリリースを流して終わりのドライな広報が増えている。だからこそ逆にface to faceの関係性が貴重となる。メディアに足を運び、直接会話する中で記者が望む情報を提供できる人は厚い信頼を得る。一流になるには、デジタルでの情報発信技術を磨くとともに、アナログにおいても魅力ある人として尊敬され頼られるように努力してほしい。プレスリリースの書き方や広報ＰＲに関するノウハウは、本を読んだりネットで検索したりすれば手に入るが、それでひと通りの知識を身に付けても、メディア対応では常に想定外な事態が起こるものだ。イレギュラーな状況に柔軟に対応できるセンスは日々リアルな実践を重ねなければ身に付かない。広報部門もオンライン化が進んでいるが、メディアからの信頼を得るにはアナログ的なアプローチが重要な意味を持ってくるだろう。
リモート時代にも通じる望ましいNR作成の留意点とは	良いリリースの第一条件は、わかりやすいこと。どこがニュースのポイントなのかが明確にわかるタイトルのつけ方と、文章の理解しやすさに留意する。業界用語や難解な技術用語の羅列は、業界紙以外の記者には理解されず取り上げられない。一般の方の身になりわかりやすい表現に翻訳し、広く社会に役立つ製品との理解を促す努力が大事。語句や数字、人名の間違いがネット上で流れると訂正が効かないので、発信時に二重・三重のチェックが必要だ。

社名・役職・氏名	㈱ミギナナメウエ 代表取締役社長 古鍜《こか》 治賢《じけん》 氏
リモート時代における広報の役割とは	情報量が格段に多くなり、フェイクニュースが多くなる中で、信頼される組織で、最もお客様目線で自社を語れる存在になる必要がある。コネクションをつくるために直接人との面談を増やすことはもちろん必要ですが、それ以上に１人ひとりを大切にして長期にわたりメディアとの良い関係を作ることが大切です。
リモート時代にも通じる望ましいNR作成の留意点とは	業界用語や専門用語を一切使わずに、一般的な消費者にわかるように。特に、作成した後に、業界を知らない人に見てもらい、率直な意見を聞くことも有用です。

社名・役職・氏名	西日本新聞社 政経部経済担当部長 曽山《そやま》 茂志《しげし》 氏
リモート時代における広報の役割とは	ネット時代になったとはいえ、新聞記者を軽んじるべからず。ネット上で流布される良質なニュースの多くは新聞記者発。企業イメージを高めるためには、まず担当記者を味方につけよう。商品・サービスの広報だけでなく、自社の強み、経営方針にもしっかり通じておく。記者にとって、広報担当は取材窓口であるだけでなく、会社そのものであることを忘れないでほしい。「企業取材にもリモートの波が押し寄せています。企業、記者双方がマスクをつけたり、「3密」を避けるといったマナーは不可欠になりそうですが、それが互いの距離まで遠ざけてしまっては意味がありません。気軽に立ち寄ったり、飲食を共にしたりしにくくなる中、今まで以上に双方のコミュニケーションの努力が求められます。オンラインを駆使して積極的に互いの接触を増やすように心掛けたいです。新任の企業広報の担当者のみなさまには、メディア側の発信も多角化していることをしっかりと理解していただき、どんな情報をいつ、どんな角度で発信すれば、最も効果があるのかを、考えていただきたいです」
リモート時代にも通じる望ましいNR作成の留意点とは	30秒で理解できるように工夫する。具体的には、見出し、総論で全体をわかりやすく説明する。必要に応じてイラストや図表も。必要に応じてファクスや電話、メールで念押しする。
リモート時代の危機への備えと危機発生時の望ましい対応とは	緊急時はまず、経営トップの記者会見をセットする。そのために、日頃から緊急時対応シミュレーションを取り入れるなど心構えを。会見は、効率的で明解な運営を心がける。不明な点は第三者委員会などを設けて、しっかり調べる姿勢を示す。とにかく、逃げるような姿勢が最悪。

【新聞社（地方紙）】

社名・役職・氏名	河北新報社 論説委員長（前編集局次長兼報道部長兼デジタル推進室次長） 木村《きむら》 正祥《まさよし》 氏
リモート時代に生きる新任広報担当者に望むこと	株式市場を意識して午後3時解禁のリリースが多いが、同時刻のリリースが多いと埋もれてしまうことがある。発表時刻を工夫すべきだ。記者は事前に関連情報と知識を仕込んで記者会見に臨むことが多いが、そうでないこともある。記者の背景には読者がいることを忘れてはならない。読者が常に物知りで、事情通であるはずがない。真っさらな人でも理解できるよう目線を下げることが必要だ。上から目線の対応は企業イメージを低下させることを肝に銘じてほしい。
リモート時代にも通じる望ましいNR作成の留意点とは	新商品、新技術の特性や利点を強調するだけにとどまらず、開発に至った端緒や経緯、背景、苦労話なども明らかにしてほしい。こうした情報があれば、記事に厚みができ、必然的に扱いが大きくなる。場合によっては、開発に携わった社員の人モノ、インサイドストーリーが出来上がることもある。広報担当者は記事の仕上がりをイメージすることが大切だ。
リモート時代の危機への備えと危機発生時の望ましい対応とは	迅速さに尽きる。第1報を可能な限り早く出し、情報が更新され次第、第2報以下を即座に出すことが基本だ。広報要員は普段より多く配置し、情報の共有を徹底することも言わずもがなだが、重要だ。ワンストップで対応してほしいが、分からないことをあいまいなまま回答することはミスリードにつながる。権限を持つ上位者と検討したうえで回答するなど責任ある対応を求めたい。

社名・役職・氏名	新潟日報社 報道部 経済担当デスク 武田《たけだ》 雅裕《まさひろ》 氏
リモート時代に生きる新任広報担当者に望むこと	これはニュースになりうる新製品や情報だと思ったら、まずは遠慮せず新聞社に連絡をしてみてほしい。必ずしも記事になるとは限らないところもあるが、接点を作ることが重要だ。社会的価値のある情報や、世間の耳目を集めそうな出来事であれば、メディア側から取材をお願いすることになる。そして、常に新しいニュースのチェックを。今何が話題になっているかを意識した発信は、情報のアピール度が高くなる。
リモート時代にも通じる望ましいNR作成の留意点とは	情報を詰め込みすぎないこと。アピールしたい点を簡潔に列挙しているリリースは、受け取る側も読み込みやすい。また、リリースしたら終わりではなく、メディア側からの問い合わせに対応できるような体制も整えていただければ。

【新聞社（ブロック紙）】

社名・役職・氏名	北海道新聞社 経営管理局次長（前経済部長） 鵺野《ぬえの》 隆治《たかはる》 氏
リモート時代に生きる新任広報担当者に望むこと	相手の顔と名前を覚えることが最初の一歩。取材する側もされる側も、相手におもねる必要はありませんが、敬意を払うことは忘れないようにしたいものです。
リモート時代にも通じる望ましいNR作成の留意点とは	何が新しいのか、何がニュースなのかがわかりやすいこと。簡潔かつ具体的であること。主語と述語が明解な、わかりやすい日本語であること。「始める」「発売する」等の表現で済むところを「ローンチする」と発表されても、地方紙の読者には通じない。
リモート時代の危機への備えと危機発生時の望ましい対応とは	事実の速やかな把握が第一。公表すべき事案か否かを判断し、公表するなら、その時点でわかっていること、それに対する会社の具体的な対応を公表することが基本だと思います。事案の重さによって、経営トップが前面に出ることも必要です。いずれの場合も危機対応が後手に回っているとの印象を与えると傷口を広げてしまいます。経営層が広報部門の重要性を認識し、広報部門の責任者が経営層と情報共有できていることが重要

社名・役職・氏名	中日新聞東海本社 編集局次長（前東京本社（東京新聞）経済部長） 池田《いけだ》 実《みのる》 氏
リモート時代に生きる新任広報担当者に望むこと	記者にも言っているが、時代は大きく変化しているので、広い視野を持つよう心がけてほしい。そのうえで発信しようとしているニュースがどういう位置づけにあるかを考えてほしい。メディアも大きく変化しているので、そのメディアが何を目指そうとしているのか、何を重点的に取り組んでいるのかを理解して対応していただければ!
リモート時代にも通じる望ましいNR作成の留意点とは	表題はわかりやすく簡潔に。最初の2、3行で、最大の特徴を。記者がリリース全文を読むとは限らないと思って作成してもらいたい。専門用語については、注釈などを。
リモート時代の危機への備えと危機発生時の望ましい対応とは	危機に際しては、トップの考えをいかに伝えていくかが大事。広報担当者としては、トップに自らが一番の広報マンだという意識をもってもらえるかが勝負となる。また把握できたことをきちんと伝えること。隠していたと思われるような事態を招くことだけは避けたい。そうなると悪循環に陥る

社名・役職・氏名	中日新聞名古屋本社 経済部長 福田《ふくだ》 要《かなめ》 氏
リモート時代における広報の役割とは	多くの人が全世界との通信機能を備えた小型コンピューターを持ち歩く、このデジタル・ネット社会。発信した情報が、どのような経路で流通・伝播していくのか。広報担当者には想像力と洞察力が求められます。自分の会社・組織の理念や歩み、これまでの経緯をしっかり理解することはもちろん、今どんな情報が新聞やテレビ、ラジオ、ネット空間に存在し、どんな意見が注目・支持されているのか。そのことに強い好奇心を持ってほしいです。
リモート時代にも通じる望ましいNR作成の留意点とは	毎日たくさんの広報資料が発信される中、取材者の側にはニュース価値の高い「節目」は見逃したくないとの思いがあります。しかし、どこがポイントか分かりにくい資料が目につきます。要点はできるだけ文の前の方に出し、必要なら太字や下線で強調。文の後半は補足説明のつもりで書けば簡潔明瞭に整理できます。文には書き手の理解度や思いが表れます。その製品や事柄の意味を広報担当者がよく理解し、「伝えたい内容とメッセージ」を見定めてから書き始めるとよいでしょう。
リモート時代に生きる新任広報担当者に望むこと	記者や編集者と交流し、どんな思いで記事を書いたり、編集したりしているかが分かれば、「受け手に届く広報」に役立つはず。取材者は広報内容だけでなく、広報担当者の顔も思い浮かべながら執筆・編集します。その前に誠実な人柄や熱意が伝わっていればプラスです。取材者との交流が深まれば、世間の動きに対する感度が高まり、それが不祥事やトラブルが発生した時、自分の会社・組織に求められる適切な対処の判断にも結び付きます。

社名・役職・氏名	愛媛新聞社 報道部長 山本《やまもと》 良《りょう》 氏
リモート時代に生きる新任広報担当者に望むこと	伝えたい情報だけでなく、メディアが何に関心を持っているかを常に考えながら広報対応していただければと思います。時に都合の悪いことを書かれたとしても、メディアをいたずらに敵視せず、社会の関心がどこにあるのか、を知る一助と考えてもらえればと思います。メディアと取材対象者の関係は「密着すれども癒着せず」が基本ですので、その点もご理解ください。
リモート時代にも通じる望ましいNR作成の留意点とは	日々、さまざまな企業が大量のニュースリリースを発信する中、製品情報を記したニュースリリースを一方的にメディアに送付するだけでは、見落とされる可能性もあります。新型コロナの影響で従来のような対面での取材対応が難しくなる中、各種オンラインツールを駆使して製品・サービスの特長などをいかに分かりやすく伝えられるかどうかが記事化に関わってくると思われます。また、専門用語の多用は避けた方が迅速に記事かできると考えます。
リモート時代の危機への備えと危機発生時の望ましい対応とは	企業にとって都合の悪い情報であればあるほど公表をためらいがちですが、包み隠さず迅速に公表することが、短期的にはダメージをもたらすとしても、痛みをそれほど長引かせず、長期的に見れば企業に対する社会の信頼感、ひいては企業価値を高めることにつながります。普段からその意識を社内に醸成しておくことが求められます。

【産業経済紙】

社名・役職・氏名	日刊工業新聞社 中小企業部長 川瀬《かわせ》 治《おさむ》 氏
リモート時代に生きる新任広報担当者に望むこと	取材の現場でもウェブ会議やメールなどによるリモート（遠隔）取材の導入が今後、進むとみられます。対面取材によるインタビューでは、報道機関の写真部記者が写真を撮影することが多いですが、ウェブ会議などのインタビューでは、提供写真の準備が必要となります。また、テレワーク（在宅勤務）の進展で、メール取材が増えています。メールによる取材は、対面や電話による取材以上に資料などを豊富に用意することをこころがけてください。新聞記事を執筆するために必要な「5W1H」などの情報は資料にすべて記載してください。リモート時代の広報活動では、豊富な情報提供こそ、広報担当者と記者の信頼関係づくりに重要となります。
リモート時代にも通じる望ましいNR作成の留意点とは	5W1Hを盛り込んだ簡潔でポイントをとらえた文章。製品名などの固有名詞や具体的な数字などを記載。写真もメールなどで提供できるようにします。必ず、広報担当者の連絡先を入れるようにしてください。
リモート時代の危機への備えと危機発生時の望ましい対応とは	危機対応として、万が一事故が発生した場合、トップや役員など責任ある立場の方が会見に出るのが重要です。メディア対応を担当者任せにはしないでください。トップと広報責任者・担当者が直接、連絡できる体制を敷きます。情報は隠さず、一遍に出すことが重要。マイナス情報が五月雨式に流れるとメディアの印象はよくありません。

【通信社】

社名・役職・氏名	共同通信社 経済部長 高橋《たかはし》 直人《なおと》 氏
リモート時代に生きる新任広報担当者に望むこと	時代の変化はますます激しくなっていきます。その時代のトレンドの最先端にいるのが皆さんです。ぜひ、最新の情報を発信してください。トレンドの方向性を見極めるためには、業界のみならず国内情勢、世界情勢を貪欲に勉強し、歴史的な観点からも現代という時代の鳥瞰図を持っておくことが必要になります。コミュニケーションの手段は多様になっていますが、やはり仕事を面白くするには記者と直に会い話をすることがいちばんの近道ではないかと思います。がんばってください。
リモート時代にも通じる望ましいNR作成の留意点とは	生産者、販売者の視点ではなく、消費者の視点に立ってニュースリリースを書くことが大事です。そう考えれば、自ずと業界用語や専門用語を使わないわかりやすいリリースを心がけるようになるはずです。いくら力んでみても、業界の専門家にしか分からないリリースは、当然ですが記者にも敬遠されます。

リモート時代の危機への備えと危機発生時の望ましい対応とは	速やかな発信が第一。危機発生時は、情報収集を優先させるあまり発信が遅くなりがち。その時点でわかっていることをまず開示し、新たに判明したことがあれば追加して公開していく。大概、情報公開が遅いほど、「対応が後手に回った」などと後の批判につながってしまう。情報の修正があった場合は、訂正発表も忘れずに。

社名・所属・氏名	**京都新聞社 報道部 記者 柿木《かきのき》 拓洋《たくひろ》 氏**
リモート時代に生きる新任広報担当者に望むこと	ネット時代だからこそ、必要な情報やPRなどは検索すれば見つかる。提供したい情報の意義づけや相対化を心がければ、ニュースとして拡がりが出やすく、記者も扱いやすい。会社視点を少し離れ、社会や消費者がどんなことに関心があるか、どうすれば取り上げてもらいやすいかを考え、記者に提案してみるのも一案。「提案型広報」として自社のPRにとどまらず、社会的意義や潮流を捉える力が今後求められると思う。
リモート時代にも通じる望ましいNR作成の留意点とは	発表内容を相対化し、特徴づける習慣をつけること。長い文章は読まれない。タイトルで簡潔に表現し、明快に説明する。
リモート時代の危機への備えと危機発生時の望ましい対応とは	危機には大きく災害や事故の場合と社内不祥事があるが、いずれも速やかに開示できる限りの情報を明らかにするスタンスが肝要。隠すとその後の傷が大きくなる。

社名・役職・氏名	**神戸新聞社 経済部長 宮田《みやた》 一裕《かずひろ》 氏**
リモート時代に生きる新任広報担当者に望むこと	新型コロナウイルス感染防止のため、テレビ会議アプリを利用したリモート記者会見は一気に普及した。企業幹部や記者で記者クラブが混み合う3月期決算発表の時期が、緊急事態宣言の発出中と重なったのも要因だ。リモートはあくまで緊急避難的措置として位置付け、リアルが基本と考えるべきだ。 企業の対外的な窓口として、社の特徴を分かりやすく伝えることとともに危機管理が重要。情報発信した内容が社会にどのように受け止められるか、の視点が大事だろう。
リモート時代にも通じる望ましいNR作成の留意点とは	A4サイズ1枚に収められるようにポイントを絞り込む。社会にどのようなインパクトを与えるものなのかを社内用語ではなく、分かりやすく記す。
リモート時代の危機への備えと危機発生時の望ましい対応とは	社内外での不断の情報収集。危機発生時にはトップが説明責任を果たすべき。

社名・役職・氏名	**山陽新聞社 経済部長 金居《かない》 幹雄《もとお》 氏**
リモート時代に生きる新任広報担当者に望むこと	社内外でのネットワーク、情報収集能力の強化。顔の見える広報であってほしい。広報とマスコミの担当者がお互いに顔と名前がわかり、意思疎通できる関係を築いておくといい。記者は出稿後も掲載するタイミングで上司から内容などを再確認されることが多い。職場や勤務時間外でも連絡を取れる体制を作っておくことも考えてもらいたい。発表のタイミングは企業側の都合ではあるが、マスコミ側も同じで取材後の掲載や放送の日時は新聞、テレビ、ラジオなど媒体ごとに違うことを知っておいてほしい。
リモート時代にも通じる望ましいNR作成の留意点とは	常に分かりやすく。自己陶酔型に陥らず、広報する案件が社会的にどのような意義があるのか、第三者の視点を持って伝えてほしい。盛り込む情報は根拠のあるデータを使うことが望ましい。各社で利用できる写真、動画なども準備しておくと、取り上げる機会が増える。その際、コマーシャル色は排除してもらいたい。
リモート時代の危機への備えと危機発生時の望ましい対応とは	正確な情報の把握とスピードが欠かせないのは言うまでもない。事業継続計画（BCP）が策定されていればいいが、ない場合は広報部門だけでもどうすべきか、部署内、経営陣と意思疎通を図っておかなければならない。緊急時に正確な情報を得ることは困難だが、定期的に現在わかっていることを伝える姿勢が大事。公表した情報に間違いや齟齬があれば早急に訂正することも必要だ。

【テレビ（地方局）】

社名・役職・氏名	テレビ北海道 報道部長 広岡《ひろおか》 雅晴《まさはる》 氏
リモート時代に生きる新任広報担当者に望むこと	誰もがつながるリモート、オンラインの時代。情報を発信する側の敷居は下がったのではないかと思う。リリースを作成しポチッと押せば気軽に発信できる。それだけに埋没しないように端的に一目で訴えたいことが分かり、ファクトは何かをシンプルに伝えてほしい。情報量が多いと届かない。媒体もターゲットに応じた発信を意識すべき。
リモート時代にも通じる望ましいNR作成の留意点とは	1日にメール、FAXなどで企業からのリリースなどで数十通の情報が寄せられます。それをニュースとしてまとめるデスクや番組プロデューサーが個別に判断していくのですが、多くの人は数秒で要、不要を判断しています。難しい言葉は「刺さらない」です。タイトル、見出しが面白そうか判断し、面白そうと思ったら、そのあとの中身を読んでいく。横文字が多いのもわかりづらいです。「…の悩みをソリューションする…システムを〇日にローンチします」と言われても、事実はわかるけど刺さってきません。テレビ記者としては、映像が想像できる＝「画になるか？」がわかるリリースは取り上げやすいですね。
リモート時代の危機への備えと危機発生時の望ましい対応とは	多くの記者が過去の取材経験で感じていると思いますが、不祥事を起こした企業は、問題の全体像の把握が遅いのと、会見などでの発表も情報が小出しになって傷口を広げているケースが多いと思います。その結果、社会的な反響も大きくなって、刑事事件になってしまったりすることもありますよね。トップが早急に全体像を把握し、一度の会見、リリースで完結することが大事なのではないでしょうか。

社名・役職・氏名	中京テレビ放送 報道局長（前報道局次長兼報道部長） 高木《たかぎ》 一郎《いちろう》 氏
リモート時代における広報の役割とは	インターネット中心の社会になっても広報の重要な役割は変わりません。広報は宣伝ではありませんので、自社の新商品・新サービスを語るだけでなく、今の社会情勢や業界動向（ライバル社含めて）を説明した上で、いかに役立つのか、何が特徴なのか、をシンプルに伝えて頂きたいと思います。
リモート時代に生きる新任広報担当者に望むこと	専門的な言葉は消費者目線でわかりやすい言葉に置き換える…テレビは、“こんな映像が撮れる”と“電話でお母さんに説明するように”思い遣りをもって！「発表する日時」の1週間ほど前ですと、リサーチや事前取材の時間ができるので企画ニュースにしやすい。当日は早いほど、夕方ニュースで長く放送できる可能性が出てきます。
リモート時代にも通じる望ましいNR作成の留意点とは	その商品をなぜ開発したのか？　きっかけは何か？　どう展開して、どんな消費者に何をもたらそうとしているのか？　業界全体の現状（ライバル社の動向も含め）、時代背景、世相など、客観的データに基づいた情報と共に記載されていると、ニュースにしやすい。「世界初」「業界初」とのうたい文句には、放送責任上、それが本当なのか？　一から裏取りしなければなりません。業界団体からの適正な「お墨付き」が記載されていると効率良く作業が進みます。興味を惹く映像素材は「わかりやすいニュース」につながります。

社名・役職・氏名	RNC西日本放送 報道制作部長 吉田《よしだ》 剛《つよし》 氏
リモート時代に生きる新任広報担当者に望むこと	記者クラブなどでの「記者会見形式」に代わって、ズームなどを使った「オンライン形式」がマスコミ向け説明会などで増えています。 「オンライン形式」は効率面では非常にいいと思いますが、事前に資料を配布してもらうことなどで準備時間が確保できれば、より中身のあるやりとりが可能になると思います。
リモート時代にも通じる望ましいNR作成の留意点とは	これまでと原則かわらないと思いますが、コンパクトにわかりやすく（図、写真、データなどを利用）が重要。 5W1Hはもちろん、どれくらい珍しいかなどリードにも反映できるトピックスや専門用語の注釈などがありがたいです。
リモート時代の危機への備えと危機発生時の望ましい対応とは	リモート作業・（コロナ禍）などが要因で、連絡が行き届かなかったり、制限がかかるなどのケースが当初みられました。事案によっては、記者クラブを通して、すみやかに記者会見をセットし、可能な範囲で情報公開するなど、誤解や摩擦が起きないよう今後も工夫が必要です。

リモート時代の危機への備えと危機発生時の望ましい対応とは	できるだけ迅速にトップ自らが記者会見をし、丁寧な説明を行うことが最も望ましい対応です。対応が遅れれば遅れるほど、失地回復が困難になります。誠心誠意、意を尽くして説明することが大事です。吉本興業の宮迫博之さん、田村亮さんの記者会見の姿勢がお手本です。岡本昭彦社長の会見はやってはいけない記者会見の見本です。

社名・役職・氏名	時事通信社 経済部長 樋口《ひぐち》 卓也《たくや》 氏
リモート時代に生きる新任広報担当者に望むこと	新聞記事をよく読むことでしょうか。ニュースリリースのどの部分が記事になるのか、記者の関心はどこにあるのかがよくわかると思います。あとは、記者に対する誠実な対応をお願いします。われわれも正確かつ公正で迅速な報道に努めます。
リモート時代にも通じる望ましいNR作成の留意点とは	わかりやすいことに尽きます。枚数が多くなるのは仕方ありませんが、1枚目に記事に盛り込むべき重要なファクトが記載されていると、正確な理解につながります。
リモート時代の危機への備えと危機発生時の望ましい対応とは	不祥事あるいは問題を把握したら、できるだけ早く開示すべきだと思います。社内調査は身内に甘くなりがちです。第三者による原因究明と再発防止策の提言が信頼回復のためには必要です。

【テレビ（キー局）】

社名・役職・氏名	日本テレビ放送網 経済部長 藤井《ふじい》 潤《じゅん》 氏
リモート時代に生きる新任広報担当者に望むこと	広報担当の方からは「なかなかメディアに取り上げてもらえない」という愚痴をよく聞くが、逆に記者は「これでは取り上げにくい」という愚痴をこぼしている。報道機関が求めているのは「ニュース」であり、伝えたくなる「ストーリー」がそこに見いだせるかどうかである。そして、しっかり取材されたニュースやストーリーは、CMを遙かにしのぐ熱量と情報量をもって報じられるため、CMの何倍も訴求していく。そのために、まずはぜひ、記者と信頼できる関係を築いていただきたい。
リモート時代にも通じる望ましいNR作成の留意点とは	あくまで我々は報道機関ゆえ、商品PR、企業PRをそのまま受け入れられないのは自明の理である。どんなに立派な社会貢献、CSR活動であっても、容易にPRであると見透かされるものはなかなか取り上げられない。いかに、そこにニュース性、伝えたくなるストーリー性を見いだせるかがポイントだと思う。
リモート時代の危機への備えと危機発生時の望ましい対応とは	企業や政治家の不祥事対応を長年見てきたが、信頼を取り戻すべく、いかに「誠意」を示せるかに尽きる。トップが出てきてお詫びすることが「誠意」ではない。「誠意」とは速やかに対応することであり、あらゆる疑念に的確に答えられること、そしてわかっていること、わからないことを包み隠さず明確にすることである。

社名・役職・氏名	TBSテレビ 経済部長 竹内《たけうち》 紀一郎《きいちろう》 氏
リモート時代に生きる新任広報担当者に望むこと	特別なことはないと思う。取材には迅速に丁寧に率直に対応する。記者との人間関係を構築すること。また「自社のアピール」にとどまらず、同じ業界全体の中での立ち位置、強みと弱み、業界内の噂話など何でも共有できると、記者にとっても勉強になりありがたい。記者が新任広報を育て、広報が新米記者を育てる、ウィンウィンの関係が望ましいと思う。
リモート時代にも通じる望ましいNR作成の留意点とは	ポイントを絞って「何が新しいのか」「何が面白いのか」「どこにどんなニュース性があるのか」を簡潔に分かりやすく書く。専門用語を廃し、テレビなので「どのような映像が撮れるのか」も書き込んでいただけると助かる。
リモート時代の危機への備えと危機発生時の望ましい対応とは	事態を早急に正確に把握し、直ちにメディアに発表すること。まず広報担当者が迅速に発表し、可能な限り早くトップによるカメラ付きの記者会見を開く。虚偽の情報提供や隠蔽は後に傷を深くするだけ。初動対応が命と考える。

リモート時代にも通じる望ましいNR作成の留意点とは	各メディアの特性に合わせたニュースリリースが望ましい。雑誌であれば、たとえばビジネス誌とモノマガジン、女性誌では、各誌、ニュースの取り上げ方が違うので、読者にどんな価値をもたらすのか、ポイントを簡潔にまとめます。文章を簡潔にわかりやすくまとめるには、キーワードをどのように盛り込むかが重要。キーワードはニュースリリースで伝えたいことの本質をひと言で語るものであり、言葉選びは簡単ではない。ちょっとしたニュアンスの違いで伝わり方が変わる。伝わるリリースの第一は、読む相手の気持ちに立って書かかれています。
リモート時代の危機への備えと危機発生時の望ましい対応とは	自社にとって都合の悪い事案が起こったときも、積極的に情報開示し、コミュニケーションを断ってはなりません。またそのようなときに対応が感情的にならないように注意するべきです。情報開示や記者会見では往々にして、自己弁護、自己主張に終始しがちですが、相手がどのような感情を抱くかという見る側の視点を忘れずに対応すべきです。

【オンラインメディア】

社名・役職・氏名	ダイヤモンド社 ダイヤモンド編集部 副編集長（デジタル統括） 鈴木《すずき》 崇久《たかひさ》 氏
リモート時代に生きる新任広報担当者に望むこと	広報とは社内と世の中の結節点となる仕事だと思うので、半分は社内の人間でありながら、もう半分は社外の人間としての視点を持つことができるといいのではないか。世の中のニーズや流れを汲み取って、社内では気付いていない自社の価値を掘り出したり、社内が出したがらない情報でも社会的な意義などを考えて出すべきものは出したり、といった広報担当者の立ち回りが、中長期的な企業価値を高めていくことにつながるのではないかと思います。
リモート時代にも通じる望ましいNR作成の留意点とは	公開情報となった時点でニュースバリューはなくなるため、リリースのネタだけで記事を書くことは基本的にありません。こちらが追いかけているテーマと合致した場合は、特集や記事の構成要素に加えさせていただきたいと思うことがあるので、取材をしたら面白い話が聞けそうだと思える客観的なデータ・独自性・競争優位性などが盛り込まれているとありがたいです。
リモート時代の危機への備えと危機発生時の望ましい対応とは	ウソをつかずに正直に正確な情報を発信するということが基本ではないかと思います。加えて、企業の社会的責任として、どのような人・企業に影響が及ぶ可能性があるのか、それに対してどのような対応が考えられるのか、などという情報発信も迅速に行うべきではないかと考えます。

社名・役職・氏名	プレジデント社 プレジデントオンライン編集部 編集長 星野《ほしの》 貴彦《ただひこ》 氏
リモート時代に生きる新任広報担当者に望むこと	1つの対応で企業の評価があっという間に変わってしまう時代です。ますます役割が重くなっています。会社が外からどう見えるか。すべては広報担当者の手腕にかかっています。トップがなにを考えているのか。どんな社風なのか。お客にどんな価値を提供できているのか。あらかじめ整理しておいてください。価値のない企業はそのうち淘汰されます。価値のある企業は必ずメディアに取り上げられて伸びていきます。広報の巧拙は、ご自身が自社をどこまで理解できているかにかかってくるので、ぜひ社内のネットワークを広げてください。
リモート時代にも通じる望ましいNR作成の留意点とは	事実が詰まっていて、「5W1H」が押さえられたリリースだと助かります。その企業の「身の丈」にあった広報が一番です。リリースで大言壮語をうたい、運よくメディアで大きく取り上げられたとしても、あとで苦しむのはその企業です。リリースで「点を稼ごう」とするのではなく、適切なタイミングでステークホルダーに知らせていく、という姿勢が基本です。
リモート時代の危機への備えと危機発生時の望ましい対応とは	NGは情報を隠すこと。情報を小出しにすること。不確実な情報を出すこと。メディアによって対応を変えること。これからはオープンでフェアであることがなにより重要です。

社名・役職・氏名	BuzzFeed Japan㈱ オリジナル部門 オリジナル編集長 伊藤《いとう》 大地《だいち》 氏
リモート時代に生きる新任広報担当者に望むこと	個人でさえもネットを通じて直接、生活者に情報提供できる時代、すべてに直接つながり、発信する存在として、そのメッセージや伝え方を研ぎ澄ましていくことが求められます。メディアは読者のために発信し働いています。メディアに接触し、取り上げるように働きかける際は「うちの会社が…」「御社の媒体にとっても…」などと企業やメディアを主語に語るのではなく、「読者さんにとって有益な情報ですよ」と、主語を読者に変えてみてください。

社名・役職・氏名	福岡放送 報道部長 手嶋《てじま》 一雄《かずお》 氏
リモート時代における広報の役割とは	リモート配信ツールの発達で、遠隔で会話がしやすくなっていますのでリリース＋個別対応を、時間を設定してリモートで対応すれば、広報の方にとっても各社の一次的な問い合わせをまとめて受けることができ、我々にとっても便利な面が多いように感じています。（各社個別の対応が別途発生して二度手間になる可能性もありますが）企業や団体からのメッセージの発信を主に担い、対外的な窓口となる広報に求められる役割やスキルは大きくなってきています。取材する記者にとっても多くの場合、広報の対応がその企業のイメージに直結します。取材記者は常に締切に追われていることが多く、粗雑な対応でご迷惑かけることもあるかと思いますが、可能な限り丁寧な対応を心がけていただきたい。
リモート時代にも通じる望ましいNR作成の留意点とは	リリースには日時とともに、どのような内容が、どういう狙いで行われるのかを明示していただければと思います。何が新しくて、どのような点で、そのイベント（リリース内容）を取材する必要性があるのか？　などがあると、目に留まりやすい。当日取材後にあらためて問い合わせしたいときの連絡先が明記されているとありがたい。地方局にとって関係者のインタビューなどは「リモート対応（配信ツールによるインタビューなど）」が可能かどうかを聞く機会が増えるのでないかと思っています。通常ならば、写真＋電話までだったことが、今回の新型コロナウイルスに関連する一連のニュース制作で私たちにとっても、視聴者にとっても「リモート映像配信ツール」を使ったやりとりに、違和感がなくなっているためです。対応が可能かどうか検討していただいて、リリースに可否を付記していただくと、我々にとって選択肢が広がります。
リモート時代の危機への備えと危機発生時の望ましい対応とは	「危機」が発生している時は、双方が忙しい場合に違いないと思うので電話対応だけではなく速やかに会見などを設定していただきたい。とはいえ初期段階では（取材する場所にもよりますが）、メディアも電話対応などが主になると思うので、お忙しい中ではありますが、丁寧に対応していだだくと非常にありがたいです。また「危機」の際は「リモート」の活用も非常に有効になると思いますが、まずは、会場での会見を設定していただきたいです。その上でリモート対応もしてもらえると、多くの人が一度に会見を視聴できるので有り難いと思っています。

【ビジネス誌】

社名・役職・氏名	毎日新聞出版「エコノミスト」編集長 藤枝《ふじえだ》 克治《かつじ》 氏
リモート時代に生きる新任広報担当者に望むこと	ネット媒体やフリージャーナリストを含めてメディア間で差別せず、常に公平な対応を心がけてほしい。広報と宣伝の違いを認識して、社会に対する窓口として客観的な視点を忘れないでほしい。
リモート時代にも通じる望ましいNR作成の留意点とは	業界関係者以外の素人にもわかりやすい言葉で書くこと。
リモート時代の危機への備えと危機発生時の望ましい対応とは	広報がトップに意見を言える体制になっているかが重要。

社名・役職・氏名	プレジデント社 取締役（前プレジデント編集長） 鈴木《すずき》 勝彦《かつひこ》 氏
リモート時代に生きる新任広報担当者に望むこと	広報担当者は常に経営情報に目を配り、社内外のさまざまな声に耳を傾けている必要があります。そのためには、常日頃から経営陣、社内のキーマン、メディア関係者と交流を深め、パイプを太くしておかなければなりません。そして、どこに、どのようなメッセージを、どのようなタイミングで発信すれば、最も効果的に世の中に伝わるか判断でき、それを実施できなければなりません。

リモート時代の危機への備えと危機発生時の望ましい対応とは	「リモート」がビジネスシーンでもより身近になったことが「新たな常識」となってきました。リモート時代とは、ツールやデバイスの進化ではなく、「コンテンツの進化」の時代を意味すると考え、リモートを使った広報とはどのようなものかをハード面から考えるのではなく、コンテンツの内容や種類、メッセージを送る相手への理解が重要となると思います。特に、危機発生時に於ける対応では、これまでのマニュアルどおりでは通用しないことを斟酌し、平常時の備え（意識と情報吟味の訓練等）を自身の努力と度胸で身につける必要があると考えます。
リモート時代に生きる新任広報担当者に望むこと	広報の仕事・業務は、今後、ますます幅広い情報力と知識、人脈と感受性、その総体としての「見識」が重要となっていきます。仕事を「志事」にしていくことで自社と社会に貢献する。そのためには、自らの成長が大切な要件となっていきます。そういう意味でも、まずは自分自身が興味をもったことをとことん追求する姿勢と忍耐力を養うことでその目的を達成する、と考えてみてはいかがでしょうか。

「広報達人度自己診断」解答＆理由一覧表（診断表→246頁）

No.	答	理由	No.	答	理由
1	×	小さくとも周りは皆喜び誇りを抱く！	19	×	記者と企業は顧客が共通！共創の作品に！
2	×	個別面談で詳細説明、意図した内容に近く！	20	×	常に質問を予測し、回答準備の姿勢で！
3	×	社内浸透も情報基地として重要な役割だ	21	×	達人は見えない活動を重視。誰かが見てる
4	×	記事を鵜呑みにしない。相手にも戦略あり	22	×	言うべきを時宜に確実的確に言える人！
5	×	薄化粧がいい。誇張し過ぎは信用を失う	23	×	記者のデータベースに！業界でも何でも！
6	×	理解を深めるべき。交替は外部に親派増！	24	×	公式統一見解故各部も内外へ一本化活用！
7	×	全社員が会社を代表している意識で！	25	×	何かの都度見直し実地想定訓練も怠るな！
8	×	ネタは経営の躍動から産出。記事は正直！	26	×	小さくとも多く出す力が会社を躍動させる
9	×	善い記事は誰もに喜び誇り自信を与える	27	×	多彩に学び身に付く→どの部署でも即応可
10	×	むしろ起きた時のリスクは倍増！要注意	28	×	真逆！記者の独断に語尾を任せるのか？
11	×	発表の方が小さくなる。記者は特ダネ主義	29	×	記者は評価者！理由探求姿勢が身を助く
12	×	常に長期的ビジョンで。社員に誇りを！	30	×	失礼だ！特ダネ主義。横並びNR大嫌い！
13	×	表向きは発表主体で戦略的に個別面談増を	31	×	如何に厳しくも誠実に！記者の役割故！
14	×	危機時は保身が芽生え滞るのが常。要注意	32	×	広報は心身共に健康体を造る長期的役割
15	×	日頃の信頼あれば断固対決すべき時はする	33	×	名誉なこと！進んで大局的高雅な回答を
16	×	御用聞きで先取り広報。現業の手間も省く	34	×	逆！社外7思考6で言動。社内勢力に対抗
17	×	癌細胞は恐怖！悪は蔓延飛翔し重症化早し	35	×	品格は一人が築く！眼前の人に好印象を
18	×	地方で著名が首都圏・全国への近道で正道			

リモート時代にも通じる望ましいNR作成の留意点とは	「誰に」「何を伝え」「どういう行動を起こして欲しいのか」。この3つがあいまいになったまま、発信されているものが多い。直接、生活者にSNSで拡散されたいのか、メディアに記事を書いてほしいのか。社内の各部署の調整の結果ではなく、誰向きに情報を発信するのか。それを意識するだけでも、「誰の関心もひかない」リリースは、少なくなるのではないでしょうか。
リモート時代の危機への備えと危機発生時の望ましい対応とは	ソーシャルメディアにより一瞬で拡散し、多くのコピーが作成される今、一度出てしまったミスをなかったことにすることはできません。危機発生時に大切なのは、「誰のせいか」という犯人探しや、「いかになかったことにするか」という隠蔽工作ではなく、「現状を認め」「謝罪すべきことは謝罪し」「わからないことについてはわかり次第伝える」という透明性ではないでしょうか。

【メディア・シンクタンク】

社名・役職・氏名	フジサンケイグループ ㈱エフシージー総合研究所 エグゼクティブ・プロデューサー 山本《やまもと》 ヒロ子《ひろこ》 氏
リモート時代における広報の役割とは	「NRの配信件数が倍近くになった」と語った広報マンは、日頃“社内記者”として情報収集に飛び回っている成果です。こうした地道な活動を通じて、広報の社内での位置付けも高まるでしょう。紙主体の配信から思い切って、トップの会見やCSR活動、新製品と開発担当者の声などを、動画配信をメインにしてはどうでしょうか。メディアにとって、そのまま使える動画は便利で、掲載率も高まり、視聴者の反響も期待できます。危機に際しても、全社の問題として捉えることが大切。メディアは読者の視点で記事にします。社会部記者を恐れず、むしろ味方につけるくらいの視点で、正確な情報を積極的に発信することをお勧めします。 社内（グループ）報で、国内外で活躍する社員の職場や社員の仕事ぶりなどを紹介する場合、これまでは現地へ取材に行ったり、メールのやり取りで情報収集していました。しかし、これからはリモートで、リアルで現地社員に登場してもらい、国内外の社員がパソコンでそれを瞬時に見られるようにすると、タイムリーな情報のやり取りができ、親近感も湧き、社内（グループ）広報として効果は大きいと思います。
リモート時代にも通じる望ましいNR作成の留意点とは	メディアの後ろにいる、“市民”が求めている情報を伝えることです。ポイントは、「初」＝初めてのこと（世界初、日本初）、「新」＝新しいこと（新発見、新記録）、「最」＝もっとも（最大、最長）、「一」＝一番（日本一、業界一）です。とかく自社製品、自社のCSRなどに対する取り組みを積極的に広報しがちですが、1社だけになると、「広告を出してください」「CMを―」ということになります。他社の動きも含めた業界の傾向も提供すると、「ブーム」「新たな波」としてメディアは飛びつき、ひいては自社製品、取り組みの広報、さらには会社の認知度アップに結び付きます。
リモート時代に生きる新任広報担当者に望むこと	取材した2000人以上の広報責任者の共通点は「人が好き」。「人」に興味を持ち、学びたい方が多い。その「人」に新聞記者や広報仲間がいます。記者は「広報に対してどう思い、何を期待しているのか?」と率直な問いにも、戸惑いつつも「的を得た答」を返してくれます。広報仲間は、仕事につまづいた時などに相談すると元気が出ます。新しい発見もある。「そういう見方もあったのだ」と。「人」を大切に、「新しいコト、モノ」に何でも関心を示す、そんな姿勢が「あの人は広報マンとして一流」と言われるようになるでしょう。

社名・役職・氏名	㈱マクスト・コーポレーション 代表取締役 宮崎《みやざき》 幸男《ゆきお》 氏
リモート時代における広報の役割とは	With CORONAの時代は、様々な常識が変化せざるを得ない「次代」に入っていきます。「広報という業務」も、これまでの常識と新たな常識を作っていくという狭間の環境で「クリエイティビティ」が、これまで以上に必須となっていくと想定されます。社内の各部署とのコミュニケーションや連携に留まらず、マーケットやステークホルダーなどへの配慮はもちろんのこと、自社の理念やミッションについての深い洞察と、それらを伝える言葉・画像・映像・様々なデータなどの吟味と編集が重要な業務になると思います。広報に携わる方々が、「コミュニケーター」として個々人の感性と理性を磨く勇気が肝要となる時代となっていくと考えています。

種別	記者クラブ名	関連事業	住所	加盟数/資料数	TEL/FAX
業界・専門紙【民間】	鉄鋼研究会	鉄鋼・鉄鋼関連製品・非鉄関連	〒103-0025 中央区日本橋茅場町3-2-10鉄鋼会館4F	4社 8部	03-3669-4828 03-3669-4827
	機械振興会館記者クラブ	機械・文房具・農機具・建機等	〒105-0011 港区芝公園3-5-8機械振興会館内	23社 23部	03-3432-9403 03-3432-7960
	東京繊維記者会	繊維・アパレル関連	〒103-0023 中央区日本橋本町1-7-8東新ビル3F	10社 12部	03-6262-2740 03-6262-2741
	化学工業記者会	化学全般	化学工業日報社にメールで配信 cd_desk@chemicaldaily.co.jp	3社 —	03-3663-7934 —
	本町記者会	医薬関係全般	〒101-0032 千代田区岩本町2-3-8神田Nビル内	10社 12部	03-6231-0609 03-5687-1705
	科学記者会	科学技術・エネルギー・航空・原子力など	〒100-8959 千代田区霞が関3-2-2文部科学省12F	20社 20部	03-3593-0045 03-3593-7168
	非鉄金属記者会	非鉄全般	〒104-0061中央区銀座4-2-15塚本素山ビル7F 日本アルミ協会広報に問合せ（記者室有）	3社 3部	03-3538-0603 —
	軽金属記者クラブ	アルミ関係	〒104-0061中央区銀座4-2-15塚本素山ビル7F 日本アルミ協会広報に問合せ（記者室有）	4社 4部	03-3538-0603 —
業界・専門紙【官公庁】	厚生日比谷クラブ	製薬・病院・保険・公衆衛生・福祉	〒100-8916 千代田区霞が関1-2-2中央合同庁舎第5号館9F	31社 35部	03-3595-2571 03-3592-0805
	労政記者クラブ	人事労働関連全般	〒100-8916 千代田区霞が関1-2-2中央合同庁舎第5号館9F	16社 20部	03-3507-8485 03-3502-0344
	環境記者会	環境関連全般	〒100-8975 千代田区霞が関1-2-2中央合同庁舎第5号館29F	20社 20部	03-3502-6859 03-3506-8063
	国土交通省交通運輸記者会	交通・運輸全般 陸・海・空	〒100-8918 千代田区霞が関2-1-3国土交通省5F	30社 15部	03-3504-2510 03-3504-1838
	国土交通省建設専門紙記者会	建設全般	〒100-8918 千代田区霞が関2-1-3国土交通省6F	36社 25部	03-3581-7567 03-3581-7826
	農林記者会	食品・飲料他農林関係全般	〒100-8950 千代田区霞が関1-2-1農林水産省3F	25社 30部	03-3501-3865 03-3501-9646
一般紙（大阪）	大阪鉄鋼記者連絡会	鉄鋼・非鉄・金属・鉄鋼関連エンジ	直接各社にメール	— —	— —
	五月会（大阪エネルギー記者会）	電力・ガス・石油関連	〒530-8270 大阪市北区中之島3-6-12 関電内	23社 25部	050-7104-1865 —
	大阪機械記者クラブ	機械全般・通信・輸送用機器・精密機械など	〒530-0047大阪市北区西天満6-9-7DKビル 〒530-0047大阪市北区西天満6-8-7電子会 okkr@luck.ocn.ne.jp	24社 26部	06-6364-3641 06-6364-3643
	大阪証券記者クラブ	上場企業全般	〒541-0041 大阪市中央区北浜1-8-16大阪証券取引所内	21社 22部	06-4706-0988 —
	大阪繊維記者クラブ	繊維・アパレル全般	〒541-0051 大阪市中央区備後町3-4-9綿業会館5F	12社 12部	06-6231-8444 同上
	大阪商工記者会	食品・スーパーなど流通・旅行・サービス	〒540-0029 大阪市中央区本町橋2-5マイドームおおさか5F	30社 40部	06-6944-1804 06-6243-3610
	大阪建設記者クラブ	住宅・建設・土木全般	〒542-0081大阪市中央区南船場4-4-3心斎橋東急ビル4F大阪住宅センター内	12社 13部	06-6253-0071 06-6253-0145
	大阪経済記者クラブ	経済関係団体のみ	〒540-0029 大阪市中央区本町橋2-8大阪商工会議所4F	41社 30部	06-6944-6530 06-6944-6536
	関西レジャー記者クラブ	旅行・レジャー関連	〒530-0001大阪市北区梅田1-3-1大阪駅前第一ビル8F 休暇村大阪センター内oosaka@qkamura.or.jp	10社 —	06-6343-0466 —
業界・専門紙（大阪）	鉄友クラブ	鉄鋼・鉄鋼関連製品・非鉄関連 他	鉄鋼・産業新聞など各社に直接コンタクト	4社 4部	鉄鋼・産業新聞など4紙各社
	道修町薬業記者クラブ	医薬全般	各社に直接コンタクト	4社 4部	— —
	紡績化繊記者クラブ	繊維・アパレル全般	〒541-0051 大阪市中央区備後町3-4-9綿業会館5F	5社 5部	06-6231-8444 同上

◯東京・大阪の官庁・民間記者クラブ一覧

1. 東京・大阪での発表場所は、官庁と民間で分野別に分れた記者クラブで発表可能。
2. 発表方法は、①資料（NR）配布だけ、②説明者（レクチャー）付資料配布、③記者会見（+資料配布）を決め、原則として発表48時間前迄に当月の幹事社に申込み、了承を得る。
3. ①資料配布の方法は、通常「持参」が原則。資料配布だけだと、稀に「郵送」や「FAX」や「メール」でも受けるクラブもあり、クラブによって異なるので事前確認要。
特に、リモート時代となり、当面、郵送やメールを優先するクラブもある。
4. 関係あるテーマなら、複数の記者クラブでも発表可能。全クラブ名をNR1枚目左上に明記。

種別	記者クラブ名	関連事業	住所	加盟数／資料数	TEL/FAX
一般紙（東京）【民間】	重工業研究会	鉄鋼・非鉄・化学・繊維・医薬・鉄鋼エンジ	〒103-0025 中央区日本橋茅場町3-2-10鉄鋼会館内	24社 34部	03-3669-4829 03-3664-2547
	東商クラブ	百貨店・スーパー・玩具・飲料・カード会社・消費者金融 等	〒100-0005 千代田区丸の内3-2-3丸の内二重橋ビル3F	23社 27部	03-3283-7517 03-3214-5750
	エネルギー記者会	電気・ガス・石油関連	〒100-0004 千代田区大手町1-3-2経団連会館18F	23社 30部	03-5220-5650 03-3286-0862
	自動車産業記者会	自動車関係すべて（部品を含む）	〒105-0012 港区芝大門1-1-30日本自動車会館	29社 33部	03-5405-6141 03-5405-6142
	貿易記者会	商社	〒107-6006 港区赤坂1-12-32アーク森ビルジェトロ	23社 30部	03-3584-6546 03-3584-6547
	兜倶楽部	東商上場企業（含むマザーズ）・店頭企業	〒103-8224 中央区日本橋兜町2-1日本証券取引所	31社 42部	03-3666-1900 —
	レジャー記者クラブ 日本旅行記者クラブ	レジャー旅行関連	〒110-8601 台東区東上野5-1-5日新上野ビル休暇村協会 kishaclub@qkamura.or.jpにメール。幹事了承後に送られる名簿記載の各社に直接fax	12社12部 30社30部	03-3845-8651 03-3845-8658
	情報通信記者会	情報通信関連全般		常勤20社 50部	03- 03-
	経済団体連合会記者会	経団連関係及び企業	〒100-0004 千代田区大手町1-3-2経団連会館	40社 40部	03-6741-0211 03-6741-0212
	JSPO（日本スポーツ協会）記者クラブ JOC記者会	スポーツ全般 レジャー・芸能	〒160-0013 新宿区霞ヶ丘4-2 Japan Sport Olympic Square pressclub@japan-sports.or.jpから自動配信	35社 —	03-6910-5805 —
	㈳日本外国特派員協会	外国メディア特派員 フリージャーナリスト	〒100-0005 千代田区丸の内3-2-3丸の内二重橋ビル5F	100人以上 10部	03-3211-3161 03-3211-3168
一般紙（東京）【官公庁】	文部科学記者会	技術開発関連	〒100-8959 千代田区霞が関3-2-2文部科学省12F	19社 30部	03-5222-1022 —
	国土交通記者会	建設・運輸・国土関連 陸・海・空	〒100-8918 千代田区霞が関2-1-3国土交通省5F	45社 60/80部	03-5253-8111㈹ 03-3580-0064
	環境省記者クラブ （環境問題研究会）	環境関連	〒100-8975 千代田区霞が関1-2-2中央合同庁舎第5号館25F	25社 30部	03-3580-3174 —
	農政クラブ	食品・飲料他農林関係全般	〒100-8950 千代田区霞が関1-2-1農林水産省3F	24社 30/40部	03-3591-6754 03-3591-6756
	厚生労働記者会	福祉・医療など	〒100-8916 千代田区霞が関1-2-2中央合同庁舎第5号館9F	20社 25部	03-3595-2570 03-3503-4710
	経済産業記者会	経済・産業関係全般	〒100-8901 千代田区霞が関1-3-1経済産業省10F	25社 32部	03-3501-1621 —
	防衛記者会	防衛関連	〒162-8801 新宿区市谷本村町5-1防衛省	21社 25部	03-5269-3271 03-5269-3270
	総務省記者クラブ	情報通信等、総務省関係	〒100-8926 千代田区霞が関2-1-2総務省	30社 40部	03-5253-5111㈹ —
	東京都庁記者クラブ	東京都民に関係あるテーマ	〒163-8001 新宿区西新宿2-8-1都庁第1庁舎6F	20社 23部	03-5321-1111
	都道府県記者クラブ	都道府県に関係あるテーマ	〒102-0093 千代田区平河町2-6-3都道府県会館	10社 10部	03-5212-9137 03-5210-2020

記者クラブ名	記者クラブ住所 （資料送付先）	都道府県	加盟数 /資料数	TEL/FAX	備考
千葉経済記者会 （会員のみ発表可）	〒260-0026 千葉市中央区千葉港4-2	千葉	13/15	043-242-2124 043-242-2136	—
山梨県政記者クラブ	〒400-0031 甲府市丸の内1-6-1	山梨	14/20	055-223-1349 —	kazama-bkrci@pref.yamanashi.lg.jp
静岡県庁記者会	〒420-8601 静岡市葵区追手町9-6	静岡	15/22	054-221-2774 —	—
浜松経済記者クラブ	〒432-8036 浜松市中区東伊場2-7-1	静岡	15/15	053-452-1111 —	—
長野県庁会見場	〒381-0000 長野市大字南長野字幅下692-2	長野	—/30	026-232-0111 026-235-7026	—
愛知県政記者室	〒460-8501 名古屋市中区三の丸3-1-2	愛知	18/25	052-961-2111 —	—
名古屋経済記者クラブ	〒460-8422 名古屋市中区栄2-10-19-6 F	愛知	17/18	052-223-5650 052-221-8650	流通・IT等・製造業・工業製品以外
中部経済産業記者会 （経産クラブ）	〒460-8510名古屋市中区三の丸2-5-2中部経済産業局内	愛知	21/21	052-951-2563 052-951-0592	製造業・工業製品等
名古屋証券記者クラブ	〒460-0008 名古屋市中区栄3-8-20	愛知	20/20	052-251-1844 052-261-4690	—
豊橋経済記者クラブ	〒440-8508 豊橋市花田町石塚42-1	愛知	16/1	0532-53-7211 0532-53-7210	fukada@toyohashi-cci.or.jp
岐阜県政記者クラブ	〒500-8384 岐阜市薮田南42-1-1	岐阜	17/25	058-272-1117 —	—
岐阜経済記者クラブ	〒500-8727 岐阜市神田町2-2	岐阜	17/20	058-264-2131 —	info@gcci.or.jp
新潟県政記者クラブ	〒950-8570 新潟市中央区新光町4-1	新潟	38/40	025-383-8451 025-383-8464	—
新潟経済記者クラブ	〒950-8711新潟市中央区 上大川前通7-1243	新潟	14/14	025-222-7608 —	—
富山経済記者クラブ	〒930-0083 富山市総曲輪2-1-3-2F	富山	16/16	076-422-2695 076-493-1670	幹事社：北日本新聞
石川県政記者クラブ	〒920-8585 金沢市鞍月1-1	石川	14/15	076-225-1040 076-225-1041	—
金沢経済記者クラブ	〒920-0918 金沢市尾山町9-13	石川	17/18	076-232-3003 076-261-6500	—
福井県政記者室	〒910-0005 福井市大手17-1	福井	15/18	0776-20-0223 0776-22-1004	—
福井経済記者クラブ	〒910-0006 福井市中央1丁目9-29	福井	16/16	0776-23-3664 —	—
三重県政記者クラブ	〒514-0006 津市広明町13	三重	19/27	059-224-3106 059-246-8139	—
滋賀県政記者室	〒520-0044 大津市京町4-1-1	滋賀	13/25	077-528-3042 077-528-4803	—
京都府政記者室	〒602-8570京都市上京区下立売通新町西入ル藪の内町	京都	17/35	075-414-4080 075-414-4127	—
京都経済記者クラブ	〒604-0000京都市中京区烏丸通夷川上ル少将井町240	京都	17/19	075-341-9751 075-341-9793	—
堺市政記者クラブ	〒590-0078 堺市堺区南瓦町3-1	大阪	14/15	072-228-7402 072-238-4300	—
兵庫県政記者室	〒650-8567 神戸市中央区下山手通5-10-1	兵庫	18/25	078-362-3828 078-362-3903	—
神戸経済記者クラブ	〒650-0046 神戸市中央区港島中町6-1	兵庫	19/21	078-303-5813 078-303-2314	—
姫路経済記者クラブ	〒670-0932 姫路市下寺町43	兵庫	12/16	079-223-6550 —	—
奈良県政記者クラブ	〒630-8213 奈良市登大路町30	奈良	15/18	0742-27-8325 —	—

◯各道府県の記者クラブ一覧

1. 企業の発表場所は3か所。①「商工会議所」にある「○○経済記者クラブ」、②県庁にある「県政記者クラブ（室）」、③市役所にある「市政記者クラブ」。
「経済記者クラブ」がない県は、「県政・市政記者クラブ」で発表可能。
2. 発表方法①資料（NR）配布だけ、②説明者（レクチャー）付資料配布、③記者会見（＋資料配布）を決め、原則として発表48時間前迄に当月の幹事社に申込み、了承を得る。
3. ①資料配布方法は、通常「持参」か「郵送」だが、クラブによっては、申込不要で直接必要部数を持参するか、「FAX」や「メール」でも受ける等、クラブによって異なるので事前確認要。特に、リモート時代となり、当面、郵送やメールを優先するクラブもあるので、事前に電話で確認すると良い。
4. 関係あるテーマなら、複数の記者クラブでも発表可。全クラブ名をNR1枚目左上に明記。

記者クラブ名	記者クラブ住所（資料送付先）	都道府県	加盟数/資料数	TEL/FAX	備考
北海道経済記者クラブ	〒060-0001 札幌市中央区北1条西2丁目	北海道	22/24	011-251-1024 011-231-5591	申込不要
函館市政記者室	〒040-0036 函館市東雲町4-13	北海道	14/19	0138-21-3635 ―	―
釧路経済記者クラブ	〒085-0847 釧路市大町1-1-1	北海道	14/14	0154-41-4144 0154-41-4000	―
帯広経済記者クラブ	〒080-0013 帯広市西3条南9-1-1	北海道	13/メール	0155-25-7121 ―	info@occi.or.jp
青森県政記者室	〒030-0861 青森市長島1-1-1	青森	17/19	017-734-9173 017-776-1787	―
岩手県政記者クラブ	〒020-0023 盛岡市内丸10-1	岩手	18/23	019-624-3695 019-624-2881	―
岩手経済記者クラブ	〒020-0022 盛岡市大通1-2-1-7F	岩手	17/17	019-626-8171 019-625-3937	幹事社：岩手日報
宮城県政記者会	〒980-8570 仙台市青葉区本町3-8-1	宮城	13/14	022-211-3920 ―	―
東北電力記者室	〒980-8570 仙台市青葉区本町1-7-1	宮城	23/23	022-261-1685 022-215-7966	申込不要 企業関係
秋田県政記者会	〒010-0951 秋田市山王4-1-1	秋田	22/24	018-860-3600 ―	―
山形県政記者室	〒990-0023 山形市松波2-8-1	山形	16/17	023-630-2960 023-634-2115	―
福島県政記者室	〒960-8065 福島市杉妻町2-16	福島	16/17	024-521-7012 ―	申込不要
茨城県政記者クラブ	〒310-0852 水戸市笠原町978-6	茨城	18/33	029-301-6220 029-301-6329	―
栃木県政記者クラブ	〒320-0027 宇都宮市塙田1-1-20	栃木	18/19	028-623-2166 ―	―
刀水クラブ（県庁）	〒371-0026 前橋市大手町1-1-1	群馬	16/18	027-226-4750 ―	―
埼玉県政記者クラブ	〒330-0063 さいたま市浦和区高砂3-15-1	埼玉	17/18	048-830-7702 048-830-7701	―
神奈川県政記者クラブ	〒231-0021 横浜市中区日本大通1	神奈川	13/15	045-210-8560 ―	―
横浜経済記者クラブ	〒231-0023 横浜市中区山下町2-8 F	神奈川	13/15	045-671-7465 045-671-9020	―
川崎経済記者クラブ	〒210-0007 川崎市川崎区駅前本町11-2	神奈川	13/メール	044-211-4111 044-211-4118	kikaku@ kawasaki-cci.or.jp
千葉県政記者室 千葉県民放記者クラブ	〒260-8667 千葉市中央区市場町1-1	千葉	13/15 5/5	043-223-4661 043-223-4618	

◯全国紙・通信社本社・支局一覧

【一般紙】

新聞名		住所	電話番号	FAX	メールアドレス
読売新聞（777万部）	本社	〒100-8055 千代田区大手町1-7-1	03-3242-1111	―	―
	東京	〒100-8055 千代田区大手町1-7-1	03-3217-8060	03-3217-1820	tomin@yomiuri.com
	大阪	〒530-8551 大阪市北区野崎町5-9	06-6366-1640	06-6361-0733	osaka2@yomiuri.com
	名古屋	〒460-8470 名古屋市中区栄1-2-1	052-211-1327	052-211-1369	―
	福岡	〒810-8581 福岡市中央区赤坂1-16-5	092-715-5641	092-715-5509	s-syaka1@yomiuri.com
	北海道	〒060-8656 札幌市中央区北4条西4-1	011-242-3111	011-222-0490	hokkaido@yomiuri.com
	青森	〒030-0801 青森市新町2-2-4 青森新町二丁目ビル6F	017-773-2121	017-773-2125	aomori@yomiuri.com
	岩手	〒020-0015 盛岡市本町通2-3-2	019-653-1441	019-624-5410	morioka@yomiuri.com
	宮城	〒980-0021 仙台市青葉区中央2-3-6 読売仙台ビル内	022-222-4121	022-222-8386	tohoku@yomiuri.com
	秋田	〒010-0951 秋田市山王6-2-1	018-824-2211	018-824-2210	akita@yomiuri.com
	山形	〒990-9543 山形市松山3-14-69 エフエム山形2F	023-624-2121	023-624-0730	yamagata@yomiuri.com
	福島	〒960-8063 福島市柳町4-29	024-523-1204	024-523-1207	fukushim@yomiuri.com
	茨城	〒310-0061 水戸市北見町5-7	029-231-3311	029-231-3390	mito@yomiuri.com
	栃木	〒320-0822 宇都宮市河原町1-4 読売ビル2F	028-638-4311	028-638-8300	utsunomiya@yomiuri.com
	群馬	〒371-0026 前橋市大手町3-7-1	027-232-4311	027-232-2262	maebashi@yomiuri.com
	埼玉	〒330-8551 さいたま市浦和区常盤5-8-41 読売浦和ビル4F	048-822-0181	048-822-5238	saitama@yomiuri.com
	千葉	〒260-0013 千葉市中央区中央4-15-1	043-225-2001	043-225-2190	chiba@yomiuri.com
	神奈川	〒231-0023 横浜市中区山下町51-1 読売横浜ビル3F	045-201-7992	045-201-8341	yokohama@yomiuri.com
	新潟	〒951-8551 新潟市中央区白山浦1-336	025-233-5111	025-233-5211	niigata@yomiuri.com
	富山	〒930-0094 富山市安住町7-18-1F	076-441-2888	076-441-2880	toyama@yomiuri.com
	石川	〒920-0024 金沢市西念1-1-3-1F	076-261-9131	076-231-5254	kanazawa@yomiuri.com
	福井	〒910-0005 福井市大手3-14-9 商工中金ビル5F	0776-22-5220	0776-22-5222	fukui@yomiuri.com
	山梨	〒400-0034 甲府市宝1-9-1	055-235-2222	055-228-6369	kofu@yomiuri.com
	長野	〒380-0821 長野市上千歳町1159	026-234-4311	026-234-4341	nagano@yomiuri.com
	岐阜	〒500-8463 岐阜市加納新本町3-1	058-275-4166	058-276-9969	gifu@yomiuri.com
	静岡	〒420-0853 静岡市葵区追手町9-22 読売ビル3F	054-252-0171	054-252-0310	shizuoka@yomiuri.com
	三重	〒514-0009 津市羽所町388 津三交ビルディング3階	059-225-4321	059-223-0238	tsu@yomiuri.com
	滋賀	〒520-0806 大津市打出浜13-1	077-522-6691	077-522-6693	otsu@yomiuri.com
	京都	〒604-8162 京都市中京区烏丸通六角下る七観音町630	075-231-1111	075-241-4680	kyoto@yomiuri.com
	兵庫	〒650-0023 神戸市中央区栄町通1-2-10	078-333-5115	078-333-5120	kobe@yomiuri.com
	奈良	〒630-8001 奈良市法華寺町141-1	0742-34-1101	0742-34-1103	nara@yomiuri.com
	和歌山	〒640-8241 和歌山市雑賀屋町東ノ丁16	073-422-1144	073-422-1146	wakayama@yomiuri.com
	鳥取	〒680-0846 鳥取市扇町7-3F	0857-22-2196	0857-27-8275	tottori@yomiuri.com
	島根	〒690-0886 松江市母衣町95-1	0852-23-1411	0852-23-1413	matsue@yomiuri.com
	岡山	〒700-0822 岡山市北区表町1-6-20-2F	086-224-3377	086-224-3370	okayama@yomiuri.com
	広島	〒730-0042 広島市中区国泰寺町1-3-20	082-243-0101	082-243-0103	hiroshima@yomiuri.com
	山口	〒753-0074 山口市中央4-4-4	083-922-1042	083-933-1103	yamaguchi@yomiuri.com
	徳島	〒770-0831 徳島市寺島本町西1-7-1-2F	088-622-3155	088-626-3544	tokushim@yomiuri.com
	香川	〒760-0017 高松市番町1-10-21	087-861-4350	087-862-8496	takamatsu@yomiuri.com
	愛媛	〒790-0001 松山市一番町4-1-6	089-933-4300	089-933-4302	matsuyama@yomiuri.com
	高知	〒780-0870 高知市本町1-1-3 朝日生命高知本町ビル6F	088-825-2220	088-825-2248	kochi@yomiuri.com
	佐賀	〒840-0801 佐賀市駅前中央1-9-38	0952-24-7141	0952-24-7144	saga@yomiuri.com
	長崎	〒850-0862 長崎市出島町11-1	095-823-0121	095-821-6733	nagasaki@yomiuri.com
	熊本	〒862-0976 熊本市中央区九品寺2-1-24 九品寺ビル	096-363-1177	096-373-0252	kumamoto@yomiuri.com
	大分	〒870-0046 大分市荷揚町3-1	097-534-1621	097-538-8451	oita@yomiuri.com
	宮崎	〒880-0806 宮崎市広島1-18-7 大同生命宮崎ビル3F	0985-25-4254	0985-20-3467	miyazaki@yomiuri.com
	鹿児島	〒892-0844 鹿児島市山之口町1-10 鹿児島中央ビルディング	099-222-7370	099-805-3333	kagoshim@yomiuri.com
	沖縄	〒900-0015 那覇市久茂地1-3-1 久茂地セントラルビル5F	098-867-2393	098-860-2724	naha@yomiuri.com

記者クラブ名	記者クラブ住所 （資料送付先）	都道府県	加盟数 /資料数	TEL/FAX	備考
和歌山県政記者室	〒640-8585 和歌山市小松原通1-1	和歌山	12/13	073-441-3930 073-422-4657	―
岡山県政記者クラブ	〒700-0824 岡山市北区内山下2-4-6	岡山	16/25	086-223-1000 086-224-3246	―
岡山経済記者クラブ	〒700-0985 岡山市厚生町3-1-15	岡山	16/18	086-232-1919 086-221-1054	―
広島県政記者クラブ	〒730-0011 広島市中区基町10-52	広島	19/22	082-513-4460 ―	―
広島経済記者クラブ	〒730-0011 広島市中区基町5-44	広島	18/18	082-222-6695 082-222-2580	―
鳥取県政記者会	〒680-0011 鳥取市東町1-220	鳥取	15/16	0857-26-7700 0857-21-0434	―
島根県政記者室	〒690-0887 松江市殿町1	島根	16/18	0852-22-5465 0852-22-5466	―
山口県政記者クラブ 滝町クラブ	〒753-0071 山口市滝町1-1	山口	13/13 13/13	083-933-4765 083-933-2589	―
山口経済記者クラブ	〒753-0074 山口市中央4-5-16	山口	20/35	083-925-6720 083-924-9019	―
徳島県政記者室	〒770-8570 徳島市万代町1-1	徳島	13/25	088-621-2960 088-621-2823	―
香川県政記者室	〒760-8570 高松市番町4-1-10	香川	20/26	087-832-3820 087-837-0421	―
高松経済記者クラブ	〒760-0019 高松市サンポート3-33-1F	香川	19/21	090-5913-6844 ―	幹事社用電話
愛媛番長記者クラブ	790-8570 松山市一番町4-4-2県庁内	愛媛	15/17	089-921-9556 089-921-1203	―
愛媛経済記者クラブ	〒790-8570 松山市一番町4-4-2	愛媛	15/17	089-921-9556 089-921-1203	―
高知県政記者クラブ 高知経済記者クラブ	〒780-8570 高知市丸ノ内1-2-20	高知	13/14	088-823-9046 088-872-5494	―
福岡県政記者クラブ	〒812-8577 福岡市博多区東公園7-7	福岡	17/20	092-643-3985 092-632-5331	―
福岡経済記者クラブ	〒812-8505 福岡市博多区博多駅前2-9-28	福岡	23/23	092-441-1112 092-474-3200	福岡商工会議所広報に幹事社を訊く
福岡金融・経済記者クラブ	〒810-0001 福岡市中央区天神2-14-2 福岡証券ビル	福岡	23/23		
佐賀県政記者室	〒840-8570 佐賀市城内1-1-59	佐賀	13/18	0952-25-7250 0952-25-7289	―
長崎県政記者室	〒850-0058 長崎市尾上町3-1	長崎	13/15	095-894-3721 095-828-7665	―
長崎経済記者クラブ	〒850-0031 長崎市桜町4-1	長崎	13/13	095-822-0111 095-822-0988	― FAX：長崎新聞
熊本県政記者クラブ	〒862-8570 熊本市中央区水前寺6-18-1	熊本	14/26	096-333-2028 096-386-2040	―
熊本経済記者クラブ	〒860-8585 熊本市西区春日2-10-1	熊本	14/15	096-353-6351 ―	合同調査監事官に幹事社を訊く
大分県政記者室	〒870-8504 大分市荷揚町2-31	大分	13/14	097-506-2172 ―	―
宮崎県政記者室	〒880-0805 宮崎市橘通東2-10-1	宮崎	13/27	0985-26-7298 0985-32-3475	―
鹿児島県政記者クラブ 「青潮会」14⊕非加盟8	〒890-0064 鹿児島市鴨池新町10-1	鹿児島	22/24	099-286-2120 099-286-2119	―
沖縄県政記者クラブ	〒900-0021 那覇市泉崎1-2-2	沖縄	25/30	098-866-2670 098-866-2467	―

新聞名		住所	電話番号	FAX	メールアドレス
	北海道	〒060-0004 札幌市中央区北4条西6-1	0570-064-988	011-222-1049	h.houdou@mainichi.co.jp
	青森	〒030-0802 青森市本町1丁目3-9	017-722-2420	017-722-2455	tky.aomori@mainichi.co.jp
	岩手	〒020-0871 盛岡市中ノ橋通1丁目4-22	019-652-3211	019-652-3219	tky.morioka@mainichi.co.jp
	宮城	〒980-0012 仙台市青葉区錦町1-5-1	022-222-5972	022-222-6048	sendai@mainichi.co.jp
	秋田	〒010-0951 秋田県秋田市山王2丁目1-53	018-823-2181	018-823-2183	akita@mainichi.co.jp
	山形	〒990-0042 山形市七日町5-9-17	023-622-4201	023-628-2011	yamagata@mainichi.co.jp
	福島	〒960-8034 福島市置賜町8-22	024-521-1233	024-525-2155	fukushima@mainichi.co.jp
	茨城	〒310-0011 水戸市三の丸1丁目5-18	029-221-3161	029-232-0438	mito@mainichi.co.jp
	栃木	〒320-0026 宇都宮市馬場通り1-1-11-4F	028-622-4231	028-622-4233	utsunomiya@mainichi.co.jp
	群馬	〒371-0026 前橋市大手町3丁目6-4	027-231-5666	027-231-5667	maebashi@mainichi.co.jp
	埼玉	〒330-0062 さいたま市浦和区仲町3丁目12-6	048-829-2961	048-829-2964	saitama@mainichi.co.jp
	千葉	〒260-0026 千葉市中央区千葉港7-3	043-247-0505	043-247-0508	chiba@mainichi.co.jp
	神奈川	〒231-0005 横浜市中区本町1丁目3	045-211-2471	045-211-2475	yokohama@mainichi.co.jp
	新潟	〒951-8106 新潟市中央区東大畑通1番町643	025-222-1515	025-222-1517	niigata@mainichi.co.jp
	富山	〒930-0003 富山市桜町2丁目2-24	076-432-3311	076-442-1643	toyama@mainichi.co.jp
	石川	〒920-0031 金沢市広岡1丁目2-20	076-263-8811	076-231-7124	hokuriku@mainichi.co.jp
	福井	〒910-0006 福井市中央3丁目3-21-4F	0776-24-0074	0776-21-3160	fukui@mainichi.co.jp
	山梨	〒400-0858 甲府市相生1-2-31-5F	055-235-3322	055-235-3324	kofu@mainichi.co.jp
	長野	〒380-0872 長野市大字南長野妻科545-2	026-234-2175	026-234-6450	nagano@mainichi.co.jp
	岐阜	〒500-8812 岐阜市美江寺町1丁目12	058-265-5533	058-262-5082	gifu@mainichi.co.jp
	静岡	〒420-0035 静岡市葵区七間町8-20	054-254-2671	054-254-2675	shizuoka@mainichi.co.jp
	三重	〒514-0006 津市広明町349-2	059-226-2211	059-225-7081	mie@mainichi.co.jp
	滋賀	〒520-0806 大津市打出浜3-16	077-524-6655	077-526-1504	ootu@mainichi.co.jp
	京都	〒602-0876 京都市上京区河原町通丸太町上る西入錦砂町285	075-211-3151	075-241-2152	kyoto@mainichi.co.jp
	兵庫	〒650-0023 神戸市中央区栄町通4-3-5	078-371-3221	078-371-7615	kobe@mainichi.co.jp
	奈良	〒630-8114 奈良市芝辻町4丁目5-7	0742-34-1521	0742-34-5020	o.nara@mainichi.co.jp
	和歌山	〒640-8154 和歌山市六番丁5	073-431-1411	073-433-0650	wakayama@mainichi.co.jp
	鳥取	〒680-0822 鳥取市今町2丁目251	0857-23-5511	0857-23-0415	tottori@mainichi.co.jp
	島根	〒690-0887 松江市殿町111-6F	0852-23-3121	0852-27-1548	matsue@mbx.mainichi.co.jp
	岡山	〒700-0904 岡山市北区柳町1-1-17	086-231-2111	086-231-2129	okayama@mainichi.co.jp
	広島	〒730-0014 広島市中区上幟町3-26	082-221-2181	082-223-5745	hiroshima@mainichi.co.jp
	山口	〒753-0078 山口市緑町5-2	083-922-5123	083-922-5126	yamaguchi@mainichi.co.jp
	徳島	〒770-0841 徳島市八百屋町2丁目11-6F	088-625-3131	088-625-3197	tokushima@mainichi.co.jp
	香川	〒760-0018 高松市天神前10-1	087-833-3131	087-833-3135	takamatsu@mainichi.co.jp
	愛媛	〒790-0001 松山市一番町3丁目3-6	089-941-2711	089-932-4568	matsuyama@mainichi.co.jp
	高知	〒780-0870 高知市本町4丁目2-44	088-822-2211	088-875-0265	kochi@mainichi.co.jp
	佐賀	〒840-0811 佐賀市大財1丁目7-11	0952-23-8108	0952-26-1284	saga@mainichi.co.jp
	長崎	〒850-0874 長崎市魚の町3-11	095-824-0700	095-824-0644	nagasaki@mainichi.co.jp
	熊本	〒860-0018 熊本市中央区船場町下1-48-4	096-325-4166	096-354-8603	kumamoto@mainichi.co.jp
	大分	〒870-0034 大分市都町1-1-23-13F	097-532-4131	097-532-4134	oita@mainichi.co.jp
	宮崎	〒880-0805 宮崎市橘通東3丁目1-47	0985-28-4131	0985-29-3978	miyazaki@mainichi.co.jp
	鹿児島	〒892-0847 鹿児島市西千石町1-32	099-223-7331	099-223-7332	kagoshima-shikyoku@mainichi.co.jp
	沖縄	〒900-0021 那覇市泉崎1-10-3-6F	098-867-2395	098-866-1213	—
日本経済新聞新聞(221万部)	本社	〒100-8066 千代田区大手町1-3-7	03-3270-0251	—	—
	東京	〒100-8066 千代田区大手町1-3-7	03-6256-2100	03-6256-2746	—
	大阪	〒541-8515 大阪市中央区高麗橋1-4-2	06-7639-7111	—	—
	名古屋	〒460-8366 名古屋市中区栄4-16-33	052-243-3321	—	—
	福岡	〒812-8666 福岡市博多区博多駅東2-16-1	092-473-3341	—	—
	北海道	〒060-8621 札幌市中央区北一条西6-1-2	011-281-3212	011-281-0656	—
	青森	〒030-0822 青森市中央1-1-17	017-722-2343	017-777-3284	—
	岩手	〒020-0021 盛岡市中央通3-17-6	019-622-3012	019-653-1804	—
	宮城	〒980-0014 仙台市青葉区本町2-19-24	022-222-5613	022-212-1175	—

新聞名		住所	電話番号	FAX	メールアドレス
朝日新聞(522万部)	本社	〒104-8011 中央区築地5-3-2	03-3545-0131	—	—
	東京	〒104-8011 中央区築地5-3-2	03-5541-8425	03-5541-8428	tokyo@asahi.com
	大阪	〒530-8211 大阪市北区中之島2-3-18	06-6201-8214	06-6228-6811	o-syakai3@asahi.com
	名古屋	〒460-8488 名古屋市中区栄1-3-3	052-231-8131	052-231-0391	—
	福岡	〒803-8586 北九州市小倉北区室町1-1-1	093-563-1131	093-563-1173	s-shakai@asahi.com
	北海道	〒060-8602 札幌市中央区北2条西1-1-1	011-281-2131	011-221-4989	hokkaido@asahi.com
	青森	〒030-0862 青森市古川2-19-14	017-775-2811	017-722-8461	aomori@asahi.com
	岩手	〒020-0021 盛岡市中央通1-6-20	019-624-2211	019-624-2229	iwate@asahi.com
	宮城	〒980-0014 仙台市青葉区本町2-2-6	022-223-3116	022-223-3119	sendai@asahi.com
	秋田	〒010-0951 秋田市山王2-1-46	018-823-5121	018-862-3327	akita@asahi.com
	山形	〒990-0054 山形市六日町7-10	023-622-4868	023-622-4871	yamagata@asahi.com
	福島	〒960-8103 福島市舟場町1-28	024-523-3571	024-521-0305	fukushima@asahi.com
	茨城	〒310-0062 水戸市大町1-2-38	029-226-0131	029-226-5055	mito@asahi.com
	栃木	〒320-0033 宇都宮市本町10-10	028-622-1761	028-622-1764	utsunomiya@asahi.com
	群馬	〒371-0026 前橋市大手町2-4-9	027-221-1101	027-223-1334	maebashi@asahi.com
	埼玉	〒330-8557 さいたま市浦和区常盤4-12-13	048-832-7311	048-824-7952	saitama@asahi.com
	千葉	〒260-0013 千葉市中央区中央3-10-4	043-223-1911	043-223-1931	chiba@asahi.com
	神奈川	〒231-8504 横浜市中区日本大通15	045-681-6101	045-641-9696	kanagawa@asahi.com
	新潟	〒951-8133 新潟市中央区川岸町1-47-2	025-266-2151	025-266-2155	niigata@asahi.com
	富山	〒930-0005 富山市新桜町6-18	076-441-1671	076-441-1671	toyama@asahi.com
	石川	〒920-0981 金沢市片町1-1-30	076-261-7575	076-261-7579	kanazawa@asahi.com
	福井	〒910-0005 福井市大手3-11-6	0776-22-0910	0776-23-1523	fukui@asahi.com
	山梨	〒400-0032 甲府市中央1-12-38	055-235-7000	055-237-4469	koufu@asahi.com
	長野	〒380-0921 長野市栗田989-1	026-223-7000	026-223-7331	nagano@asahi.com
	岐阜	〒500-8076 岐阜市司町31	058-263-4125	058-262-6661	gifu-mytown@asahi.com
	静岡	〒420-0853 静岡市葵区追手町7-2	054-253-2101	054-253-2106	shizuoka@asahi.com
	三重	〒514-0032 津市中央9-2	059-228-4141	059-224-4817	mie.opi@asahi.com
	滋賀	〒520-0044 大津市京町3-5-12	077-524-6601	077-523-1156	ootsu@asahi.com
	京都	〒604-8101 京都市中京区御池通柳馬場角	075-211-3351	075-211-8339	kyoto@asahi.com
	兵庫	〒650-0035 神戸市中央区浪花町60	078-331-4144	078-331-4149	kobe@asahi.com
	奈良	〒630-8536 奈良市三条大路1-9-17	0742-36-6331	0742-36-2332	nara@asahi.com
	和歌山	〒640-8156 和歌山市七番丁17	073-422-2131	073-422-2133	wakayama@asahi.com
	鳥取	〒680-0022 鳥取市西町1-210	0857-23-3611	0857-26-6334	tottori@asahi.com
	島根	〒690-0884 松江市南田町32	0852-23-3330	0852-27-2308	matsue@asahi.com
	岡山	〒700-0815 岡山市北区野田屋町1-12-11	086-225-4301	086-225-4306	okayama@asahi.com
	広島	〒730-0017 広島市中区鉄砲町10-12	082-221-2311	082-223-7606	hiroshima@asahi.com
	山口	〒753-0078 山口市緑町2-20	083-922-0135	083-922-0210	s-yamaguchi@asahi.com
	徳島	〒770-0841 徳島市八百屋町1-18	088-622-6155	088-622-6157	tokushima@asahi.com
	香川	〒760-0018 高松市天神前2-1	087-833-4141	087-831-5737	takamatsu@asahi.com
	愛媛	〒790-0003 松山市三番町4-9-6 NBF松山日銀前ビル	089-941-0155	089-941-0125	matsuyama@asahi.com
	高知	〒780-0870 高知市本町5-1-13	088-823-5115	088-824-2541	kochi@asahi.com
	佐賀	〒840-0815 佐賀市天神3-2-25	0952-23-8146	0952-23-5902	—
	長崎	〒850-0033 長崎市万才町8-22	095-822-1231	095-822-1137	s-nagasaki@asahi.com
	熊本	〒860-0806 熊本市中央区花畑町4-10	096-352-4181	096-326-4170	kumamoto@asahi.com
	大分	〒870-0045 大分市城崎町2-1-11	097-532-3191	097-534-4395	s-oita@asahi.com
	宮崎	〒880-0805 宮崎市橘通東1-2-18	0985-25-4191	0985-25-4193	s-miyazaki@asahi.com
	鹿児島	〒892-0842 鹿児島市東千石町3-43	099-222-3151	099-227-0424	s-kagoshima@asahi.com
	沖縄	〒900-0015 那覇市久茂地2-2-2-10階	098-867-1972	098-863-8545	—
毎日新聞(233万部)	本社	〒100-8051 千代田区一ツ橋1-1-1	03-3212-0321	—	—
	東京	〒100-8051 千代田区一ツ橋1-1-1	03-3212-0633	03-3212-4970	release@mainichi.co.jp
	大阪	〒530-8251 大阪市北区梅田3-4-5	06-6345-1551	06-6345-0618	o.keizai@mainichi.co.jp
	名古屋	〒450-8651 名古屋市中村区名駅4-7-1	052-527-8000	052-564-1313	news-c@mainichi.co.jp
	福岡	〒802-0081 北九州市小倉北区紺屋町13-1	093-541-3131	093-522-1721	release@mainichi.co.jp

新聞名		住所	電話番号	FAX	メールアドレス
	栃木	〒320-0027 宇都宮市塙田1-3-9	028-621-3611	028-650-1559	utsunomiya@sankei.co.jp
	群馬	〒371-0023 前橋市本町1-14-6	027-221-4455	027-220-1582	maebashi@sankei.co.jp
	埼玉	〒330-0063 さいたま市浦和区高砂1-2-1-609	048-829-2311	048-830-1091	saitama@sankei.co.jp
	千葉	〒260-0013 千葉市中央区中央4-17-3-2F	043-225-2171	043-226-1782	chiba@sankei.co.jp
	神奈川	〒231-0015 横浜市中区尾上町6-87-3-2F	045-681-0921	045-224-6856	yokohama@yomiuri.com
	新潟	〒950-0965 新潟市中央区新光町5-1	025-285-2121	025-282-2152	niigata@sankei.co.jp
	福井	〒910-0004 福井市宝永3丁目9-10	0776-23-1221	0776-28-7374	fukui@sankei.co.jp
	山梨	〒400-0858 甲府市相生1-2-14	055-222-8808	055-220-6376	kofu@sankei.co.jp
	長野	〒380-0826 長野市大字南長野北石堂町1182	026-223-1212	026-291-5318	nagano@sankei.co.jp
	静岡	〒420-0858 静岡市葵区伝馬町9-1-7F	054-255-5026	054-205-0038	shizuoka@sankei.co.jp
	三重	〒514-0036 津市丸之内養正町4-1-4F	059-228-0381	059-221-1589	tsu@sankei.co.jp
	滋賀	〒520-0043 大津市中央1-3-2	077-522-6628	077-528-2311	otsu@sankei.co.jp
	京都	〒600-8412 京都市下京区烏丸通仏光寺上ル 産経ビル7F	075-351-9145	075-341-6610	kyoto@sankei.co.jp
	兵庫	〒650-0015 神戸市中央区多聞通4-1-5	078-351-1771	078-361-3001	kobe@sankei.co.jp
	奈良	〒630-8283 奈良市油留木町44-2	0742-26-6381	0742-27-2059	nara@sankei.co.jp
	和歌山	〒640-8154 和歌山市六番丁43-7F	073-422-1783	073-435-3018	wakayama@sankei.co.jp
	鳥取	〒680-0033 鳥取市二階町1丁目104	0857-22-4105	0857-37-1512	tottori@sankei.co.jp
	島根	〒690-0852 松江市千鳥町15	0852-21-3169	0852-32-5318	matsue@sankei.co.jp
	岡山	〒700-0815 岡山市北区野田屋町2丁目11-13	086-222-6861	086-235-9351	okayama@sankei.co.jp
	広島	〒734-0001 広島市南区出汐2丁目3-18	082-236-1557	082-250-0019	hiroshima@sankei.co.jp
	山口	〒750-0006 下関市南部町19-7 明治安田生命下関ビル6階	083-234-7770	083-228-4855	yamaguchi@sankei.co.jp
	徳島	〒770-0833 徳島市一番町2-8	088-622-3181	088-656-8171	tokushima@sankei.co.jp
	香川	〒760-0028 高松市鍛冶屋町7-10	087-851-3511	087-826-0703	takamatsu@sankei.co.jp
	愛媛	〒790-0001 松山市一番町4-1-7	089-941-6680	089-921-0986	matsuyama@sankei.co.jp
	高知	〒780-0901 高知市上町1-4-9	088-822-9131	088-820-1593	kochi@sankei.co.jp
	沖縄	〒900-0015 那覇市久茂地1-2-20 OTV国和プラザ705	098-861-6778	098-860-3070	—

【通信社】

新聞名		住所	電話番号	FAX	メールアドレス
共同通信社	本社	〒105-7201 港区東新橋1-7-1 汐留メディアタワー	03-6252-8000	—	—
	東京	〒105-7201 港区東新橋1-7-1 汐留メディアタワー	03-6252-8116	03-6252-8752	—
	大阪	〒541-0043 大阪市中央区高麗橋一丁目4-2	06-6204-1458	06-6201-9110	—
	名古屋	〒460-0001 名古屋市中区三の丸1-6-1	052-211-2812	052-201-3991	—
	福岡	〒810-0001 福岡市中央区天神1-4-1	092-781-4241	092-713-8232	—
	北海道	〒060-0042 札幌市中央区大通西3-6	011-231-0825	011-221-8898	—
	青森	〒030-0180 青森市第二問屋町3丁目1-89	017-739-0111	017-739-0114	—
	岩手	〒020-8622 盛岡市内丸3-7	019-624-3531	019-651-1881	—
	宮城	〒980-0022 仙台市青葉区五橋1-2-28	022-266-4259	022-267-0088	—
	秋田	〒010-0956 秋田市山王臨海町1-1	018-862-4813	018-864-5792	—
	山形	〒990-0047 山形市旅篭町2丁目5-12	023-622-5344	023-631-3592	—
	福島	〒960-8041 福島市大町7-3	024-523-3366	024-522-6190	—
	茨城	〒310-0852 水戸市笠原町978-25	029-301-1805	029-301-0335	—
	栃木	〒320-0032 宇都宮市昭和1丁目8-11	028-622-3420	028-621-1213	—
	群馬	〒371-0844 前橋市古市町1丁目50-21	027-251-5533	027-252-6659	—
	埼玉	〒330-0064 さいたま市浦和区岸町7丁目12-1	048-862-3116	048-861-6383	—
	千葉	〒260-0013 千葉市中央区中央4丁目14-9	043-227-4466	043-222-1044	—
	神奈川	〒231-0011 横浜市中区太田町2丁目23	045-222-7844	045-222-7846	—
	新潟	〒950-0088 新潟市中央区万代3-1-1	025-255-1105	025-255-1165	—
	富山	〒930-0094 富山市安住町2-14	076-432-6901	076-433-8581	—
	石川	〒920-0919 金沢市南町2-1	076-231-4450	076-224-1713	—
	福井	〒910-0802 福井市大和田2丁目801	0776-57-1040	—	—

新聞名		住所	電話番号	FAX	メールアドレス
	秋田	〒010-0951 秋田市山王1-7-2	018-823-5233	—	—
	山形	〒990-0031 山形市十日町2丁目4-19	023-622-2072	023-642-8854	—
	福島	〒963-8005 郡山市清水台2丁目13-23-11F	024-938-7770	024-991-5781	—
	茨城	〒310-0063 水戸市五軒町1丁目1-22	029-221-3283	029-221-8730	—
	栃木	〒320-0032 宇都宮市昭和1-2-19	028-622-1745	028-625-0071	—
	群馬	〒371-0026 前橋市大手町2丁目5-14	027-223-3111	027-223-3113	—
	埼玉	〒330-0063 さいたま市浦和区高砂2丁目4-5	048-822-2580	048-822-6761	—
	千葉	〒260-0013 千葉市中央区中央4丁目14-9	043-227-4346	043-225-5662	—
	神奈川	〒231-0005 県横浜市中区本町1丁目2	045-201-2551	045-201-4857	—
	新潟	〒951-8061 新潟市中央区西堀通6-885-7	025-222-7547	025-224-1163	—
	富山	〒930-0029 富山市本町9-10	076-432-4463	076-433-8466	—
	石川	〒920-0937 金沢市丸の内6-5	076-232-3311	076-260-3610	—
	福井	〒910-0004 福井市宝永4丁目3-5	0776-22-3490	0776-21-2377	—
	山梨	〒400-0034 甲府市宝1丁目5-9	055-222-4668	055-226-6001	—
	長野	〒380-0838 長野市大字南長野県町532-6	026-232-2111	026-232-2041	
	岐阜	〒500-8073 岐阜市泉町28	058-262-4847	058-266-6147	—
	静岡	〒420-0866 静岡市葵区西草深町5-18	054-253-7191	054-252-4943	—
	三重	〒514-0033 津市丸之内34-22	059-228-3365	059-226-2753	—
	滋賀	〒520-0043 大津市中央3丁目1-8	077-522-4455	077-525-7843	—
	京都	〒604-0874 京都市中京区烏丸通丸通竹屋町角	075-231-2617	075-253-2019	—
	兵庫	〒650-0011 神戸市中央区下山手通7-1-24	078-371-3581	078-371-6869	—
	奈良	〒630-8241 奈良市高天町38-3	0742-23-8440	0742-23-8531	—
	和歌山	〒640-8139 和歌山市片岡町1丁目1	073-423-1134	073-426-0714	—
	鳥取	〒680-0031 鳥取市本町3丁目201	0857-22-2465	—	—
	島根	〒690-0887 松江市殿町126	0852-21-2198	0852-26-5720	—
	岡山	〒700-0814 岡山市北区天神町10-20	086-225-2071	086-232-6231	—
	広島	〒730-0041 広島市中区小町3-25	082-244-1155	082-246-1294	—
	山口	〒753-0078 山口市緑町2-21	083-922-1167	083-924-9290	—
	徳島	〒770-0841 徳島市八百屋町3丁目26	088-652-2480	—	—
	香川	〒760-0018 高松市天神前4-34	087-831-3344	087-831-3383	—
	愛媛	〒790-0003 松山市三番町4丁目11-5	089-941-0349	089-932-2161	—
	高知	〒780-0870 高知市本町4丁目2-44	088-872-2334	088-823-1448	—
	佐賀	〒840-0047 佐賀市与賀町1-19	0952-23-4597	0952-29-6538	—
	長崎	〒850-0033 長崎市万才町3-5	095-822-1707	095-827-3670	—
	熊本	〒862-0976 熊本市中央区九品寺1丁目1-5	096-353-0800	—	—
	大分	〒870-0021 大分市府内町3丁目7-20	097-532-4932	097-538-0073	—
	宮崎	〒880-0805 宮崎市橘通東2丁目9-23	0985-22-2754	0985-29-8398	—
	鹿児島	〒892-0841 鹿児島市照国町14-17	099-222-2322	099-225-1540	—
	沖縄	〒900-0015 那覇市久茂地1-3-1 久茂地セントラルビル内	098-862-0148	098-862-5995	—
産経新聞（135万部）	本社	〒100-8077 東京都千代田区大手町1丁目7-2	03-3231-7111	—	—
	東京	〒100-8077 千代田区大手町1-7-2	03-3275-8738	03-3242-1763	shuto@sankei.co.jp
	大阪	〒556-8660 大阪市浪速区湊町2-1-57	06-6633-1221	06-6633-9738	osaka-soukyoku@sankei.co.jp
	名古屋	〒450-0003 名古屋市中村区名駅南2丁目14-19	052-582-6551	052-564-5616	—
	福岡	〒810-0004 福岡市中央区渡辺通5-23-83F	092-741-7088	092-726-2572	kyushu@sankei.co.jp
	北海道	〒060-0001 札幌市中央区北1条西5-2-9	011-241-3341	011-241-3343	sapporo@sankei.co.jp
	青森	〒030-0861 青森市長島2丁目1-5	017-722-4371	017-732-3015	aomori@sankei.co.jp
	岩手	〒020-0021 盛岡市中央通2丁目2-5	019-651-6333	019-629-1512	morioka@sankei.co.jp
	宮城	〒980-0803 仙台市青葉区国分町2-14-18-3F	022-221-3321	022-216-1747	tohoku@sankei.co.jp
	秋田	〒010-0951 秋田市山王2丁目1-60	018-823-5454	018-888-1469	akita@sankei.co.jp
	山形	〒990-0034 山形市東原町3丁目12-8	023-623-0241	023-628-3018	yamagata@sankei.co.jp
	福島	〒960-8031 福島市栄町6-6	024-523-2387	02-525-2424	fukushima@sankei.co.jp
	茨城	〒310-0021 水戸市南町3-4-57-2F	029-221-7158	029-222-2407	mito@sankei.co.jp

新聞名		住所	電話番号	FAX	メールアドレス
	三重	〒514-0004 津市栄町1-840-7F4号	059-228-2853	059-228-0443	—
	滋賀	〒520-0806 大津市打出浜2-1-4F	077-522-3915	077-525-5867	—
	京都	〒604-8101 京都市中京区柳馬場通御池下る柳八幡町65-5F	075-221-8445	075-222-0989	—
	兵庫	〒650-0023 神戸市中央区栄町通4-3-5-6F	078-362-5606	078-362-5692	—
	奈良	〒630-8217 奈良市橋本町5 好生ビル4F	0742-22-4511	0742-23-1511	—
	和歌山	〒640-8567 和歌山市西汀丁36-2F	073-422-5529	073-423-7759	—
	鳥取	〒680-0034 鳥取市元魚町2-20-16F4号	0857-22-2800	0857-22-2885	—
	島根	〒690-0846 松江市末次町23	0852-21-3594	0852-21-3110	—
	岡山	〒700-0904 岡山市北区柳町2-1-1-15F	086-222-7601	—	—
	広島	〒730-0011 広島市中区基町5-44-5F	082-221-9381	082-211-1286	—
	山口	〒753-0072 山口市大手町7-4-6F	083-922-0787	083-922-0810	—
	徳島	〒770-0852 徳島市徳島町2-13	088-622-3166	088-622-3145	—
	香川	〒760-0033 高松市丸の内4-7	087-821-6111	087-821-6112	—
	愛媛	〒790-0067 松山市大手町1-11-4-6F	089-921-6101	089-921-6102	—
	高知	〒780-0901 高知市上町2-5-1-4F	088-872-1717	088-875-1021	—
	佐賀	〒840-0826 佐賀市白山2-1-12-6F	0952-26-3434	0952-26-3435	—
	長崎	〒850-0033 長崎市万才町6-35-3F	095-822-5680	095-822-5681	—
	熊本	〒860-0844 熊本市中央区水道町9-31-5F	096-325-5300	096-325-5306	—
	大分	〒870-0046 大分市荷揚町6-16-203	097-534-5500	097-534-5501	—
	宮崎	〒880-0803 宮崎市旭1-8-18	0985-29-9111	0985-29-9112	—
	鹿児島	〒892-0821 鹿児島市名山町1-3-4F	099-226-0565	099-226-0566	—
	沖縄	〒900-0021 那覇市泉崎1-14-8	098-867-1211	098-861-5112	—

【ブロック紙】

新聞名		住所	電話番号	FAX	メールアドレス
北海道新聞（93万部）	本社	〒060-8711 札幌市中央区大通西3-6	011-221-2111	—	—
	経済部	〒060-8711 札幌市中央区大通西3-6	011-210-5595	011-210-5596	—
	東京	〒105-8435 港区虎ノ門2-2-5-1F	03-6229-0470	—	—
	大阪	〒530-0001 大阪市北区梅田1-11-4-1000	06-6343-1834	—	—
中日新聞（230万部）	本社	〒460-8511 名古屋市中区三の丸1-6-1	052-201-8811	—	—
	経済部	〒460-8511 名古屋市中区三の丸1-6-1	052-231-1650	052-221-0913	keizai@chunichi.co.jp
東京新聞（43万部）	経済部	〒100-8505 千代田区内幸町2-1-4	03-6910-2231	03-3503-7784	economy@tokyo-np.co.jp
	大阪	〒530-0003 大阪市北区堂島2-1-43	06-6346-1111	—	—
	東海	〒435-0018 浜松市東区薬新町4-5	053-421-8217	—	—
西日本新聞（52万部）	本社	〒810-8721 福岡市中央区天神1-4-1	092-711-5555	—	—
	経済部	〒810-8721 福岡市中央区天神1-4-1	092-711-5211	092-711-6249	—
	東京	〒100-0006 千代田区有楽町2-10-1-4F	03-3581-1202	03-3581-1208	—
	大阪	〒541-0041 大阪市中央区北浜3-1-21	06-6202-6351	—	—
	福岡	〒802-0005 北九州市小倉北区堺町1-2-16	093-482-2601	093-513-5413	—

【全国産業経済紙】

新聞名		住所	電話番号	FAX	メールアドレス
日経産業新聞 日経MJ 日経ヴェリタス	東京	日本経済新聞社　企業報道部 〒100-8066 千代田区大手町1-3-7	03-6256-2100	03-6256-2746	—
フジサンケイビジネスアイ	東京	産経新聞社　経済本部 〒100-8077 千代田区大手町1-7-2	03-3243-9517	03-3243-3154	—

新聞名		住所	電話番号	FAX	メールアドレス
	山梨	〒400-0024 甲府市北口2丁目6-10	055-252-2511	055-253-7181	—
	長野	〒380-0836 長野市南県町657	026-232-2219	026-233-3112	—
	岐阜	〒500-8069 岐阜市今小町10	058-262-0316	058-266-8036	—
	静岡	〒422-8033 静岡市駿河区登呂3丁目1-1	054-286-1251	054-284-3959	—
	三重	〒514-0009 津市羽所町388	059-226-2278	—	—
	滋賀	〒520-0044 大津市京町2-5-10	077-522-3762	077-526-2377	—
	京都	〒604-0862 京都市中京区烏丸夷川上ル	075-231-5361	075-231-5364	—
	兵庫	〒650-0044 神戸市中央区東川崎町1丁目5-7	078-361-7922	078-361-7814	—
	奈良	〒630-8241 奈良市高天町48-5	0742-26-0077	0742-27-5782	—
	和歌山	〒640-8157 和歌山市八番丁11	073-428-2255	073-433-4310	—
	鳥取	〒680-0845 鳥取市富安2丁目137	0857-22-4186	0857-23-3028	—
	島根	〒690-0887 松江市殿町383	0852-22-0101	0852-27-8148	—
	岡山	〒700-8634 岡山市北区柳町2丁目1-1	086-803-8224	086-803-8227	—
	広島	〒730-0854 広島市中区土橋町7-1	082-293-0582	082-294-4322	—
	山口	〒753-0074 山口市中央5丁目7-3	083-922-2458	083-923-9656	—
	徳島	〒770-0853 徳島市中徳島町2-5-2	088-622-5155	088-654-9018	—
	香川	〒760-0008 高松市中野町15-1	087-835-2121	087-862-3665	—
	愛媛	〒790-0067 松山市大手町1丁目12-1	089-941-0128	—	—
	高知	〒780-8572 高知市本町3丁目2-15	088-822-5515	088-873-0290	—
	佐賀	〒840-0815 佐賀市天神3丁目2-23	0952-23-7138	0952-22-9279	—
	長崎	〒852-8104 長崎市茂里町3-1	095-844-6111	095-849-5407	—
	熊本	〒860-0845 熊本市中央区世安町172	096-361-3011	096-371-2630	—
	大分	〒870-0021 大分市府内町3丁目9-15	097-536-2656	097-533-1979	—
	宮崎	〒880-0812 宮崎市高千穂通1丁目1-33	0985-25-3522	0985-32-2966	—
	鹿児島	〒890-8603 鹿児島市与次郎1丁目9-33	099-256-1777	099-256-1766	—
	沖縄	〒900-0015 那覇市久茂地1-3-1 久茂地セントラルビル内	098-862-2070	098-863-5231	
時事通信社	本社	〒104-8178 中央区銀座5-15-8	03-6800-1111	—	—
	東京	〒104-0061 中央区銀座5-15-8	03-3524-6280	03-3543-2138	keizai-box@jiji.co.jp
	東京	〒190-0012 立川市曙町2-9-1-5F	042-525-5022	042-525-5023	—
	大阪	〒541-0051 大阪市中央区備後町4-1-3-6F	06-6231-6340	06-6231-4223	—
	名古屋	〒460-0003 名古屋市中区錦2-2-13-8F	052-231-4619	052-231-4769	—
	福岡	〒810-0001 福岡市中央区天神2-13-7-7F	092-733-1567	092-715-5199	—
	札幌	〒060-0042 札幌市中央区北4条西3-6	011-241-2801	011-241-2862	—
	青森	〒030-0861 青森市長島2-25-3-2F	017-776-3155	017-776-7551	—
	岩手	〒020-0022 盛岡市大通1-3-4-5F	019-622-2442	019-622-2441	—
	宮城	〒980-0822 仙台市青葉区立町27-21-7F	022-223-2900	022-221-4003	—
	秋田	〒010-0951 秋田市山王6-10-9-4F	018-823-6591	018-823-6592	—
	山形	〒990-0031 山形市十日町1-3-29-7F	023-631-2157	023-641-4958	—
	福島	〒960-8068 福島市太田町13-17-4F	024-531-8351	024-531-8353	—
	茨城	〒310-0011 水戸市三の丸1-1-25-4F	029-221-3907	029-221-3276	—
	栃木	〒320-0033 宇都宮市本町10-3 TSビル3F	028-622-1731	028-622-1732	—
	群馬	〒371-0022 前橋市千代田町1-3-1	027-231-1120	027-231-0013	—
	埼玉	〒330-0061 さいたま市浦和区常盤4-1-1-2F	048-822-1525	048-822-1526	—
	千葉	〒260-0013 千葉市中央区中央4-15-1-3F	043-224-2011	043-222-5729	—
	神奈川	〒231-0021 横浜市中区日本大通14-3F	045-681-3025	045-6414152	—
	新潟	〒950-0088 新潟市中央区万代3-1-1-14F	025-246-8311	025-246-8325	—
	富山	〒930-0094 富山市安住町2-14-803	076-432-6754	076-432-6794	—
	石川	〒920-0961 金沢市香林坊1-2-24 香林坊プラザ	076-221-3171	076-221-3172	—
	福井	〒910-0836 福井市大和田2-801-4F	0776-57-1640	0776-57-1642	—
	山梨	〒400-0031 甲府市丸の内2-16-1-6F	055-224-3121	055-224-3122	—
	長野	〒380-0836 長野市南県町657-7F	026-232-3230	026-233-3112	—
	岐阜	〒500-8875 岐阜市柳ケ瀬通1-12-8F	058-262-9749	058-262-8930	—
	静岡	〒420-0853 静岡市葵区追手町9-22-2F	054-252-1823	054-254-0371	—

○地方紙一覧

地域	新聞名	発行部数（万部）	本社住所	TEL/FAX/mail	東京	大阪	名古屋	近隣拠点TEL
北海道	釧路新聞	6	〒085-8650 釧路市黒金町7-3	0154-22-1111 0154-22-8021 info@news-kushiro.co.jp	03-6278-8348 — —	—	—	—
	室蘭民報	6	〒051-8550 室蘭市本町1丁目3-16	0143-22-5121 0143-24-1337 info@muromin.co.jp	03-5250-8920 03-5250-8923 —	06-6364-5121 — —	—	011-241-2753 （札幌）
	十勝毎日新聞（夕刊）	9	〒080-8688 帯広市東一条南8-2	0155-22-2121 0155-25-2700	03-3544-1365 03-3544-1366	—	—	011-261-2161 （札幌）
	苫小牧民報（夕刊）	5	〒053-8611 苫小牧市若草町3-1-8	0144-32-5311 0144-32-6386	03-5148-5475 同上	—	—	011-811-8166 （札幌）
青森	東奥日報	21	〒030-0180 青森市第二問屋町3-1-89	017-739-1500 017-739-1141 shakai@toonippo.co.jp	03-3573-0701 03-3573-0713 —	06-6343-2366 — —	—	022-222-7718 （仙台）
	デーリー東北	10	〒031-8601 八戸市城下1-3-12	0178-44-5111 0178-45-5888 kouhou@daily-tohoku.co.jp	03-3543-0248 03-3543-0263 —	06-6344-1141 — —	—	022-214-1515 （仙台）
	陸奥新報	5	〒036-8356 弘前市下白銀町2-1	0172-34-3111 0172-35-8865 box@mutusinpou.co.jp	03-3561-6733 03-3561-6734 —	—	—	017-775-3441 （青森 ）
岩手	岩手日報	19	〒020-8622 盛岡市内丸3-7	019-654-1208 019-653-8206 dokusha@iwate-np.co.jp	— 03-3541-4346 —	06-6231-4301 06-6231-4302 —	—	022-222-0672 （仙台）
	岩手日日新聞	6	〒021-8686 一関市南新町60	0191-26-5114 0191-26-5116 —	03-3524-8130 03-3524-8135 —	—	—	022-267-2253 （仙台）
宮城	河北新報	42	〒980-8660 仙台市青葉区五橋1-2-28	022-211-1127 022-224-7947 —	03-6435-9059 03-6435-9036 —	06-6227-1051 06-6227-1060 —	—	017-776-2654 （青森）
秋田	秋田魁新報	21	〒010-8601 秋田市山王臨海町1-1	018-888-1800 018-866-9285 —	03-5511-8261 03-5511-8264 —	06-6363-2328 06-6315-6157 —	—	022-266-0121 （仙台）
	北羽新報	4	〒016-0891 能代市西通町3-2	0185-54-3150 0185-55-2039 —	047-322-0500 — —	—	—	022-273-0955 （仙台）
山形	山形新聞	20	〒990-8550 山形市旅篭町2-5-12	023-622-5271 — info@yamagata-np.jp	03-3543-0821 03-5565-7675 —	06-6136-6532 06-6136-6582 —	—	022-263-3001 （仙台）
	米澤新聞	2	〒992-0039 米沢市門東町3-3-7	0238-22-4411 0238-24-5554 news@yoneshin.com	—	—	—	—
	荘内日報	2	〒997-0035 鶴岡市馬場町8-29	0235-22-1480 0235-22-1427 mail@shonai-nippo.co.jp	—	—	—	0234-22-4244 （坂田）
福島	福島民報	25	〒960-8068 福島市太田町13-17	024-531-4111 024-531-4022 —	03-6226-1001 03-5550-0100 —	06-6345-6317 06-6457-3580 —	—	022-225-5754 （仙台）
	福島民友	17	〒960-8063 福島市柳町4-29	024-523-1191 024-523-2605 hodo@minyu-net.com	03-3563-5390 03-3563-5388 —	06-6364-7785 06-6364-7786 osaka@minyu.jp	—	022-225-5511 （仙台）

新聞名		住所	電話番号	FAX	メールアドレス
日刊工業新聞（43万部）	本社	〒103-8548 中央区日本橋小網町14-1	03-5644-7000	03-5644-7100	—
		第一産業部（機械・自動車・情報通信・エレクトロニクス等）	03-5644-7170	03-5644-7163	—
		第二産業部（素材・建設・ヘルスケア等）	03-5644-7126	03-5644-7162	—
		中小企業部	03-5644-7028	03-5644-7088	—
	東京	〒103-8548 中央区日本橋小網町14-1	03-5644-7284	03-5644-7249	—
	埼玉	〒330-0064 さいたま市浦和区岸町7-12-4	048-872-2281	048-872-2285	—
	横浜	〒231-0006 横浜市中区南仲通4-39-2	045-201-7421	045-201-7424	—
	相模	〒252-0131 相模原市緑区西橋本5-4-21-313	042-703-3442	042-703-3443	—
	東北・北海道	〒980-0011 仙台市青葉区上杉1-5-15-4F	022-225-8734	022-225-8736	—
	北東京	〒103-8548 中央区日本橋小網町14-1	03-5644-7283	03-5644-7119	—
	東東京	〒103-8548 中央区日本橋小網町14-1	03-5644-7139	03-5644-7119	—
	南東京	〒144-0052 大田区蒲田5-46-1-4F	03-3732-5451	03-3732-5453	—
	西東京	〒190-0012 立川市曙町2-38-5-12F	042-524-5721	042-524-5722	—
	新潟	〒951-8131 新潟市中央区白山浦1-614-5F	025-265-2286	025-233-6127	—
	長野	〒380-0921 長野市大字栗田548-8-A309	026-219-3886	026-219-3897	—
	諏訪	〒392-0016 長野県諏訪市豊田165-2-A102	0266-53-0250	0266-53-4390	—
	千葉	〒260-0028 千葉市中央区新町19-13	043-245-2711	043-245-2712	—
	川越	〒350-1121 埼玉県川越市新富町2-22-4F	049-229-2225	049-226-7578	—
	栃木	〒320-0033 宇都宮市本町10-3	028-622-0307	028-622-0308	—
	群馬	〒371-0024 前橋市表町1-24-1	027-223-3187	027-223-3188	—
	茨城	〒310-0015 水戸市宮町2-3-2富士ビル	029-221-6400	029-221-6416	—
	福島	〒960-8068 福島市太田町8-8-203	024-573-6105	024-573-6106	—
	山形	〒990-0043 山形市本町2-1-2富国生命ビル	023-631-8932	023-631-8797	—
	札幌	〒001-0014 札幌市北区北14条西2-1-5-401	011-700-9540	011-700-9541	—
	大阪	〒540-0031 大阪市中央区北浜東2-16	06-6946-3321	06-6946-3329	—
	神戸	〒650-0024 神戸市中央区海岸通2-1-2-8F	078-321-1731	078-321-1734	—
	姫路	〒670-0844 姫路市坂田町17-3F-B	079-224-8208	079-224-8209	—
	京都	〒604-0844 京都市中京区御池通烏丸東入ル	075-241-3828	075-241-3835	—
	福井	〒910-0015 福井市二の宮1-7-13-201	0776-43-1385	0776-43-1386	—
	東大阪	〒577-0841 東大阪市足代2-2-23-7F	06-6730-3320	06-6730-3322	—
	南大阪	〒590-0028 堺市堺区三国ケ丘御幸通8	072-221-0050	072-221-0051	—
	広島	〒730-0016 広島市中区幟町13-11-8F	082-511-7111	082-511-7117	—
	岡山	〒700-0985 岡山市北区厚生町1-5-20-403	086-225-5705	086-225-5706	—
	高松	〒760-0026 高松市磨屋町6-6-501	087-821-3641	087-821-3615	—
	松山	〒790-0856 松山市南町1-5-21-1402	089-943-0212	089-943-0213	—
	福山	〒720-0811 広島県福山市紅葉町3-33-5F	084-923-3494	084-923-3482	—
	名古屋	〒461-0001 名古屋市東区泉2-21-28	052-931-6151	052-931-6200	—
	三重	〒514-0006 津市広明町112-5第3いけだビル	059-227-5261	059-227-5262	—
	富山	〒930-0068 富山市西四十物町5-7-201	076-424-4277	076-424-4278	—
	静岡	〒420-0853 静岡市葵区金座町47-1-5F	054-255-0431	054-255-0433	—
	金沢	〒920-0852 金沢市此花町9-23-801	076-263-3311	076-263-3312	—
	岐阜	〒500-8833 岐阜市神田町9-20-8F	058-201-2255	058-201-2256	—
	浜松	〒430-0929 静岡県浜松市中区中央1-18-4-204	053-454-7496	053-454-7497	—
	西部	〒812-0029 福岡市博多区古門戸町1-1	092-271-5711	092-271-5751	—
	北九州	〒803-0814北九州市小倉北区大手町4-10-202	093-562-7550	093-562-7560	—
	九州中央	〒841-0053 佐賀県鳥栖市布津原町14-1-205	0942-85-7230	0942-85-7231	—
	南九州	〒870-0823 大分市東大道1-8-28-803	097-578-9195	097-578-9196	—

地域	新聞名	発行部数(万部)	本社住所	TEL/FAX/mail	東京	大阪	名古屋	近隣拠点TEL
	北陸中日新聞	10	〒920-0961 金沢市香林坊2-7-15	076-261-3111 076-233-4645 —	03-6910-2211 03-3595-6920 —	06-6346-1111 06-6346-5660 —	052-201-8811 052-201-4331 —	—
福井	福井新聞	19	〒910-8552 福井市大和田町2-801	0776-57-5111 0776-57-5145 —	03-3571-2918 03-3574-8564 —	06-6345-8125 06-6345-8126- —	—	076-221-4714 (金沢)
	日刊県民福井	4	〒910-0005 福井市大手3-1-8	0776-28-8611 0776-28-8616 henshu2@kenmin-fukui.co.jp	—	—	—	0778-22-5555 (丹南)
三重	伊勢新聞	10	〒514-0831 津市本町34-6	059-224-0003 059-226-3554 —	03-5550-7911 03-3541-7947 —	06-6136-7136 06-6131-6199 —	052-252-0013 052-252-0014 —	059-374-2104 (鈴鹿)
滋賀	滋賀新聞 (毎週土曜)	—	〒520-0044 大津市京町4-3-33	077-523-3897 077-523-3897 shiga-np@kyoto-pol.co.jp	—	—	—	—
	報知写真新聞	4	〒527-0015 東近江市中野町1005	0748-22-0732 0748-22-8855 —	—	—	—	—
大阪	大阪日日新聞	1	〒531-0071 大阪市北区中津6-7-1	06-6454-1199 06-6454-1191 weekly@nnn.co.jp	—	—	—	—
京都	京都新聞	42	〒604-8577 京都市中京区烏丸通夷川上ル少将井町239番地	075-241-6119 075-252-5454 keizaibu@mb.kyoto-mp.co.jp	03-3572-5413 03-3575-9964 —	06-6105-3000 06-6105-3005 —	—	077-523-3131 (滋賀)
奈良	奈良新聞	12	〒630-8686 奈良市法華寺町2-4	0742-32-1000 0742-32-2772 edit@nara-np.co.jp	03-5565-0031 03-5565-0036 tokyo@nara-np.co.jp	06-6211-2797 06-6211-2827 osaka@nara-np.co.jp	—	0744-29-1144 (中浦和)
兵庫	神戸新聞	47	〒650-8571 神戸市中央区東川崎町1-5-7	078-362-7094 078-360-5571 keizai@kobe-np.co.jp	03-6457-9650 03-3591-0511 —	06-6447-1835 06-6447-5281 —	—	079-281-1125 (姫路)
和歌山	紀伊民報 (夕刊)	4	〒646-8660 田辺市秋津町100番地	0739-22-7171 0739-25-3094 —	03-6228-4117 — —	—	—	073-428-7171 (和歌山)
	紀南新聞 (夕刊)	2	〒647-0043 新宮市緑ヶ丘2-1-33	0735-22-2803 0735-23-1873 ksp@kinan-newspaper.co.jp	—	—	—	0735-52-8030 (勝浦)
岡山	山陽新聞	34	〒700-8634 岡山市柳町2-1-1	086-803-8039 086-803-8138 —	03-5521-6861 03-5521-6860 —	06-6344-5733 06-6344-5734 —	—	082-228-4125 (広島)
広島	中國新聞	58	〒730-8677 広島市中区土橋町7-1	082-236-2323 082-236-2321 houdou@chugoku-np.co.jp	03-3597-1611 03-3597-1615 —	06-6453-2871 06-4796-6208 —	—	086-222-1133 (岡山)
鳥取	日本海新聞	16	〒680-8688 鳥取市富安2-137	0857-21-2888 0857-21-2891 info@nnn.co.jp	03-5410-1871 03-5410-1874 —	06-6454-1101 06-6454-1400 —	—	0858-26-8311 (倉吉)
島根	山陰中央新報	19	〒690-8668 松江市殿町383	0852-32-3440 0852-32-3520 —	03-3248-1890 — —	06-6361-7187 06-6364-5328 —	—	082-246-9033 (広島)
	島根日日新聞 (夕刊)	4	〒693-0001 出雲市今市町743-22	0853-23-6760 0853-24-3530 henshu@shimanenichinichi.co.jp	03-3705-9393 — —	—	—	—

地域	新聞名	発行部数（万部）	本社住所	TEL/FAX/mail	東京	大阪	名古屋	近隣拠点TEL
茨城	茨城新聞	13	〒310-0061 水戸市笠原町978-25	029-239-3001 029-301-0362 soumu@ ibaraki-np.co.jp	03-3552-0505 03-3552-0080 —	06-6344-4605 06-6344-3901 —	—	0294-22-4466 （日立）
栃木	下野新聞	29	〒320-0032 宇都宮市昭和1-8-11	028-625-1111 028-625-1750 —	03-5501-0520 03-5512-0240 —	06-6346-8690 06-6346-8692 —	—	0266-80-1023 （真岡）
群馬	上毛新聞	29	〒371-8666 前橋市古市町1-50-21	027-254-9911 027-251-4334 houdou@jomo- news.co.jp	03-5777-6677 03-3436-4343 —	06-6441-1745 06-6441-1747 —	—	027-362-4341 （高崎）
埼玉	埼玉新聞	12	〒331-8686 さいたま市北区吉野町 2-282-3	048-795-9930 048-653-9020 desk@saitama- np.co.jp	03-3543-3371 03-3543-3373 —	—	—	048-521-0819 （熊谷）
千葉	千葉日報	14	〒260-0013 千葉市中央区中央 4-14-10	043-222-9215 043-224-7001 keizai@ chibanippo.co.jp	03-3545-1261 （広告） — —	—	—	047-430-8868 （市川）
神奈川	神奈川新聞	17	〒231-8445 横浜市中区太田町2-23	045-227-1160 045-227-0155 —	03-3544-2507 （広告） — —	06-6136-3034 06-0136-3074 —	—	046-822-2020 （横須賀）
山梨	山梨日日新聞	19	〒400-8515 甲府市北口2-6-10	055-231-3111 055-231-3161 —	03-3572-6031 03-3571-8239 —	06-6345-7980 06-6456-3107 —	—	054-221-0900 （静岡）
静岡	静岡新聞	61	〒422-8670 静岡市駿河区登呂3-1- 1	054-257-5403 054-284-8994 —	03-3571-7231 03-3571-5918 —	—	—	053-455-3550 （浜松）
長野	信濃毎日新聞	44	〒380-0836 長野市南県町657	026-236-3000 026-236-3196 —	03-5521-3000 03-5521-3002 —	06-6345-2301 06-6345-2303 —	052-262-2521 052-264-9281 —	0266-52-0021 （諏訪）
	長野日報	6	〒392-8611 諏訪市高島3-1323-1	0266-52-2000 0266-58-5385 —	03-3571-2145 03-3571-7929 —	—	—	0266-72-3016 （伊那）
愛知	中部経済新聞	10	〒450-8561 名古屋市中村区名駅 4-4-10	052-561-5212 052-561-5207 —	03-3572-3601 03-3572-3603 —	—	—	058-266-7576 （岐阜）
	東愛知新聞	5	〒441-8666 豊橋市新栄町鳥畷62	0532-32-3111 0532-32-3737 hensyu@ higashiaichi.co.jp	—	—	—	0536-32-1601 （新城）
岐阜	岐阜新聞	16	〒500-8577 岐阜市今小町10	058-264-1151 058-265-2769 —	03-6278-8130 03-3545-8155 —	06-6203-4336 06-6203-4337 —	052-251-4711 052-261-5116 —	0584-81-3330 （大垣）
新潟	新潟日報	41	〒950-8535 新潟市中央区万代3-3- 1	025-385-7248 025-385-7305 dokusyainfo@ niigata-nippo. co.jp	03-5510-5511 03-5510-5519 —	06-6341-0761 06-6341-7761 —	—	0258-34-9600 （長岡）
富山	富山新聞	5	〒930-8520 富山市大手町5-1	076-491-8101 076-491-2511 hodo@toyama. hokkoku.co.jp	03-3541-7221 03-5565-1160 —	06-4796-0336 06-4796-0337 —	—	0766-23-2131 （高岡）
	北日本新聞	23	〒930-0094 富山市安住町2-14	076-445-3300 — knps-hen@ kitanippon.jp	03-3569-3811 03-3569-3822 —	06-6341-2785 06-6341-5326 —	—	076-263-0404 （金沢）
石川	北國新聞	29	〒920-0961 金沢市香林坊2-5-1	076-260-3529 076-260-3420 koho@ hokkoku.co.jp	03-3541-7221 03-5565-1160 —	06-4796-0336 06-4796-0337 —	—	0776-23-3972 （福井）

○業界紙・専門紙一覧

業種	媒体名（発行部数）	発行部数（万部）	社名・本社住所	東京	大阪	名古屋	福岡
鉄鋼金属	鉄鋼新聞	9	㈱鉄鋼新聞社 〒101-0051 千代田区神田神保町1-101	03-5259-5203 03-5259-5209 info@japanmetaldaily.com	06-6445-6935 06-6445-6938 —	052-735-6556 052-735-6557 —	092-451-3321 092-451-3387 —
	日刊産業新聞	—	㈱産業新聞社 〒104-0033 中央区新川1-16-14-7F-7F	03-5566-8770 03-5566-8185 sangyo@sangyo.co.jp	06-7733-7001 — —	052-331-3371 052-331-3374 —	092-472-3887 092-472-3888 —
	日本金属通信	2	㈱日本金属通信社 〒550-0002 大阪市西区江戸堀1-19-23	03-6222-0331 03-6222-7226 —	06-6443-6891 06-6441-1990 —	— — —	— — —
	軽金属工業新聞	—	軽金属工業新聞社 〒104-0032 中央区八丁堀4-12-7	03-3552-6801 03-3552-6803 —	— — —	— — —	— — —
エネルギー	ぜんせき	4	全国石油商業組合連合会 全国石油業共済協同組合連合会 〒100-0014 千代田区永田町2-17-14	03-3593-5761 03-5511-8870 —	06-6362-2915 — —	052-322-1550 — —	092-282-0932 — —
	プロパン新聞	2	産業報道出版㈱ 〒104-0045 中央区築地3-7-4	03-3541-4181 03-3541-5838 info@lpg-sanpo.co.jp	06-6531-3621 06-6531-3630 —	052-735-0484 052-735-0577 —	— — —
	日刊油業報知新聞	3	㈱油業報知新聞社 〒104-0033 中央区新川2-6-8	03-3551-9201 03-3551-9210 yugyou@f2.dion.ne.jp	06-6443-0061 06-6443-0062 yug-osaka@y6.dion.me.jp	052-766-3280 052-621-5674 ndk04375@nifty.com	092-292-8234 092-651-8782 —
	プロパン・ブタンニュース	2	㈱石油化学新聞社 〒101-0032 千代田区岩本町2-4-10	03-5833-8840 03-5833-8841 lpg@sekiyukagaku.co.jp	06-6231-8036 06-6231-8039 lpg@sekiyukagaku.co.jp	052-566-2290 052-566-2291 lpg@sekiyukagaku.co.jp	092-271-2708 092-271-2878 lpg@sekiyukagaku.co.jp
	プロパン産業新聞	3	㈱石油産業新聞社 〒105-0001 港区虎ノ門2-6-13	03-3918-0606 03-3918-0601 —	06-6364-2497 06-6364-2498 —	052-452-1206 03-3918-0601 —	— — —
	原子力産業新聞（ウェブ）	—	社団法人日本原子力産業協会 〒102-0084 千代田区二番町11-19-5F	03-6256-9311 03-6912-7110 shinbun@jaif.or.jp	06-6441-3682 06-6441-3681 shinbun@jaif.or.jp	— — —	— — —
電気電波	電波新聞ハイテクノロジー	29	㈱電波新聞社 〒141-8790 品川区東五反田1-11-15	03-3445-6114 03-3443-5626 yokai-k@dempa.co.jp	06-6203-3361 06-6227-5153 —	052-753-3461 052-753-3462 —	092-431-7411 092-431-7417 —
	電波タイムス	8	㈱電波タイムス社 〒110-0016 港区新橋5-20-1	03-5473-5050 03-5473-5051 —	080-4248-1916 06-7632-4472 —	052-951-0899 052-951-0899 —	— — —
	電気新聞	8	社団法人日本電気協会新聞部 〒100-0006 千代田区有楽町1-7-1	03-3211-1551 03-3287-2445 —	06-6444-4301 06-6445-0923 —	052-202-0550 052-202-0570 —	092-741-8821 092-741-2024 —
	電経新聞	1	㈱電経新聞社 〒160-0023 新宿区西新宿7-18-12	03-5937-5480 03-5937-5476 info@denkeishimbun.co.jp	— — —	— — —	— — —

地域	新聞名	発行部数（万部）	本社住所	TEL/FAX/mail	東京	大阪	名古屋	近隣拠点TEL
山口	山口新聞	9	〒750-0066 下関市東大和町1-1-7	083-266-3211 083-266-5344 yedit@minato-yamaguchi.co.jp	03-6226-3720 03-6226-3724 ytokyo@minato-yamaguchi.co.jp	06-6469-7611 06-6469-7609 yosaka@minato-yamaguchi.co.jp	—	082-221-0076 （広島）
山口	宇部日報 （夕刊）	5	〒755-8543 宇部市寿町2-3-17	0836-31-4343 0836-31-1557 info@ubenippo.co.jp	03-5148-2727 03-5148-2728 —	—	—	—
徳島	徳島新聞	21	〒770-0853 徳島市中徳島町2-5-2	088-655-7373 088-654-0164 —	03-3573-2616 03-3573-2620 —	06-6345-0316 06-6341-6025 —	—	087-851-2644 （高松）
香川	四國新聞	18	〒760-8572 高松市中野町15-1	087-833-1118 087-833-8989 —	03-6738-1377 03-6738-1379 —	06-6345-0241 —	—	0877-22-2266 （丸亀）
愛媛	愛媛新聞	21	〒790-8511 松山市大手町1-12-1	089-921-9556 089-921-1203-	03-6435-7432 03-6435-7434 —	06-6341-3611 06-6341-3615 —	—	087-822-7775 （高松）
高知	高知新聞	17	〒780-0870 高知市本町3丁目2-15	088-825-4042 088-825-4046 —	03-3506-7281 03-3506-7283 —	06-6342-9511 — —	—	087-821-7040 （高松）
佐賀	佐賀新聞	13	〒840-8585 佐賀市天神3丁目2番23号	0952-28-2121 0952-29-5760 —	03-3545-1831 03-3546-1349 —	06-6347-4618 06-6347-4620 —	—	092-751-2648 （福岡） 092-751-2697 —
長崎	長崎新聞	17	〒852-8601 長崎市茂里町3-1	095-844-2111 — houdou@nagasaki-np.co.jp	03-3571-4727 03-3571-4524 —	06-6341-2021 06-6341-2022 —	—	092-713-1407 （福岡） 092-713-1408 —
熊本	熊本日日新聞	27	〒860-8506 熊本市世安町172	096-361-3161 — —	03-3212-2941 03-3214-8085 —	06-6203-7511 06-6203-7512 —	—	092-771-7374 （福岡） 092-761-1192 —
大分	大分合同新聞	19	〒870-8605 大分市府内町3丁目9-15	097-536-2121 097-538-9674 —	03-6205-7881 03-6205-7882 —	06-6363-2778 06-6363-2779 —	—	092-741-7584 （福岡） 092-741-9107 —
宮崎	宮崎日日新聞	20	〒880-8570 宮崎市高千穂通1-1-33	0985-26-9315 0985-20-7254 keizai-1@the-miyanichi.co.jp	03-3543-3825 03-3546-1370 —	06-6341-6900 06-6341-6996 —	—	092-751-2851 （福岡） 092-724-0172 —
鹿児島	南日本新聞	27	〒891-4311 熊毛郡屋久島町安房105	099-813-5124 099-256-1630 —	03-3572-2241 03-3574-8577 —	06-6343-0561 06-6343-0919 —	—	092-712-6856 （福岡） 092-761-1580 —
鹿児島	南海日日新聞	3	〒894-8601 奄美市名瀬長浜町10-3	0997-53-2121 0997-53-6636 nankainn@po.synapse.ne.jp	03-5565-3631 — nankai-nns-tokyo@alpha.ocn.ne.jp	—	—	099-285-1257 （鹿児島）
沖縄	琉球新報	16	〒900-8525 那覇市泉崎1-10-3	098-865-5111 098-861-0100 —	03-6264-0981 03-6264-0982 —	06-6346-5537 06-6346-5538 —	—	092-761-4818 （福岡） 092-761-7301 —
沖縄	沖縄タイムス	16	〒900-8678 那覇市久茂地2-2-2	098-860-3000 — henshu@okinawatimes.co.jp	03-6264-7878 03-6226-1200 —	06-6231-3151 06-6227-0769 —	—	092-737-6623 （福岡） 092-734-5531 —

業種	媒体名（発行部数）	発行部数（万部）	社名・本社住所	東京	大阪	名古屋	福岡
住宅・家具・インテリア	住宅新報	9	㈱住宅新報社 〒105-0001 港区虎ノ門3-11-15-3F	03-6403-7800 03-6403-7825 HPから送付	06-6202-8541 06-6202-8129 —	— — —	— — —
	日本住宅新聞（月4回）	8	㈱日本住宅新聞社 〒113-0022 文京区千駄木3-45-2-3F	03-3823-2511 03-3823-2566 HPから送付	— — —	— — —	— — —
	住宅産業新聞	3	㈱住宅産業新聞社 〒160-0022 新宿区新宿6-28-8	03-6233-9611 — housenews@ housenews.jp	— — —	— — —	— — —
	家具新聞（月2回）	1	㈱家具新聞社 〒104-0033 中央区新川1-2-12-3F	03-6262-8330 03-6262-8334 kagu-news@ seisaku- center.co.jp	— — —	— — —	— — —
	週刊インテリアタイムス	5	㈱富士山マガジンサービス 〒150-0036 渋谷区南平台町16-11-7F	03-5459-7076 — irinfo@ fujisan.co.jp	— — —	— — —	— — —
	新建ハウジング（月3回）	2	新建新聞社 〒380-0836 長野県長野市南県町626-8	03-3556-5525 03-3556-5526 snk@ shinkenpress. co.jp	026-234-1115 — snk@ shinkenpress. co.jp	— — —	— — —
	ホームリビング（月3回）	2	㈱アイク 〒111-0024 台東区今戸2-24-7	03-3872-8822 03-3872-8874 aik@ homeliving. co.jp	— — —	— — —	— — —
	リフォーム産業新聞	4	リフォーム産業新聞社 〒104-0061 中央区銀座8-11-1-5F	03-6252-3450 03-6252-3461 reform@ cronos.ocn. ne.jp	— — —	— — —	— — —
化学・ゴム	化学工業日報	—	㈱化学工業日報社 〒103-8485 中央区日本橋浜町3-16-8	03-3663-7934 03-3663-7934 cd_desk@ chemicaldaily. co.jp	06-6232-0222 06-6232-0777 cd_desk@ chemicaldaily. co.jp	052-238-3553 052-262-5665 cd_desk@ chemicaldaily. co.jp	— — —
	石油化学新聞	1	㈱石油化学新聞社 〒101-0032 千代田区岩本町2-4-10	03-5833-8840 03-5833-8841 pcp@ sekiyukagaku. co.jp	06-6231-8036 06-6231-8039 pcp@ sekiyukagaku. co.jp	052-566-2290 052-566-2291 pcp@ sekiyukagaku. co.jp	092-271-2708 092-271-2878 pcp@ sekiyukagaku. co.jp
	重化学工業新報	1	㈱重化学工業通信社 〒101-0041 千代田区神田須田町2-11	03-5207-3331 03-5207-3333 —	06-6346-9958 06-6346-9956 —	— — —	— — —
	石油化学新報	1	㈱重化学工業通信社 〒101-0041 千代田区神田須田町2-11	03-5207-3331 03-5207-3333 —	06-6346-9958 06-6346-9956 —	— — —	— — —
	ゴム化学新聞	—	㈱ゴム化学新聞社 〒102-0073 千代田区九段北1-4-5	03-3263-0784 03-3263-0788 info@ gomukagaku. co.jp	— — —	— — —	— — —

業種	媒体名 （発行部数）	発行部数 （万部）	社名・本社住所	東京	大阪	名古屋	福岡
機械機器・生産財	機械新聞	6	㈱商工経済新聞社 〒104-0032 中央区八丁堀3-28-15-2F	03-3553-9161 03-3552-8549 info@ shoukei.co.jp	06-6531-6161 06-6531-6090 info@ shoukei.co.jp	052-562-0477 052-586-4538 info@ shoukei.co.jp	— — —
	新製品情報 （月刊）	3	㈱日刊工業新聞社 〒103-8548 中央区日本橋小網町14-1	03-5644-7291 03-5644-7299 shinseihin@ media.co.jp	06-6946-3321 06-6946-3329 shinseihin@ media.co.jp	052-931-6151 052-931-6200 shinseihin@ media.co.jp	092-271-5711 092-271-5751 shinseihin@ media.co.jp
	メカトロニクス	4	㈱Gichoビジネスコミュニケーションズ 〒101-0035 千代田区神田紺屋町13	03-5209-1201 03-5209-1204 info@gicho. com	— — —	052-253-6500 052-253-6501 info@gicho. com	— — —
	Industrial Card	3	DMカードジャパン㈱ 〒112-0014 文京区関口1-10-2	03-5206-1391 03-5206-2931 info@dmcj. co.jp	— — —	— — —	— — —
	Product Navi	5	㈱ インコム 〒112-0014 文京区関口1-23-6	03-3260-7871 03-3260-7833 edit@incom. co.jp			
	EDN Japan （ウェブ）	—	アイティメディア㈱ 〒102-0094 千代田区紀尾井町3-12	03-6893-2180 — ednjapan@ ml.itmedia. co.jp	— — —	— — —	— — —
エレクトロニクス・コンピュータ	日本情報産業新聞	3	㈱情報産業新聞社 〒105-0011 港区芝公園4-2-8	03-3434-4911 03 3434-4912 info@josan. jp	— — —	— — —	— — —
	週刊BCN	2	㈱BCN 〒101-0047 千代田区内神田2-12-5	03-3254-7803 03-3254-7802 info@bcn. co.jp	— — —	— — —	— — —
建設・建築	日刊建設工業新聞	30	㈱日刊建設工業新聞社 〒105-0021 港区東新橋2-2-10	03-3433-7161 03-3433-1042 mail-ed@ decn.co.jp	06-6942-2601 06-6941-6091 mail-ed@ decn.co.jp	052-961-2631 052-961-2635 mail-ed@ decn.co.jp	092-741-4605 092-741-1732 mail-ed@ decn.co.jp
	日刊建設通信新聞	45	㈱日刊建設通信新聞社 〒101-0054 千代田区神田錦町3-13-7	03-3259-8721 03-3259-8729 henshu@ kensetsu news.com	06-6944-9191 06-6944-9197 henshu@ kensetsu news.com	052-962-6421 052-961-8822 henshu@ kensetsu news.com	092-471-6118 092-471-6119 henshu@ kensetsu news.com
	日刊建設産業新聞	22	㈱日刊建設産業新聞社 〒173-0004 板橋区板橋1-48-9	03-3961-1691 03-3961-2251 info@kensan- news.com	06-6231-8171 06-6222-2245 info@kensan- news.com	— — —	092-431-5361 092-431-7613 info@kensan- news.com
	建通新聞	3	㈱建通新聞社 〒105-0004 港区新橋4-9-1	03-5425-2070 03-5425-2075 media@ kentsu.co.jp	06-6201-3927 — media@ kentsu.co.jp	052-523-2611 — media@ kentsu.co.jp	— — —
	Archcard（A） 意匠設計版 Archcard（B） 施工版	3 3	DMカードジャパン㈱ 〒112-0014 文京区関口1-10-2	03-5206-1391 03-5206-2931 info@dmcj. co.jp	— — —	— — —	— — —

業種	媒体名 （発行部数）	発行 部数 （万部）	社名・本社住所	東京	大阪	名古屋	福岡
	CLIPS （月3回）	1	紙製品新聞社 〒540-0012 大阪市中央区谷町5-6-12	— — —	06-6765-1881 06-6765-1880 clips@ ah.wakwak. com	— — —	— — —
環境	環境緑化新聞	3	㈱インタラクション 〒162-0825 新宿区神楽坂5-37-3F	03-3260-6732 03-3267-4842 info@ interaction. co.jp	— — —	— — —	— — —
	環境新聞	8	㈱環境新聞社 〒160-0004 新宿区四谷3-1-3	03-3359-5371 03-3351-1939 ask@ kankyo- news.co.jp	06-6252-5895 06-6252-5896 ask@ kankyo- news.co.jp	— — —	— — —
科学全般	科学新聞	4	㈱科学新聞社 〒105-0013 港区浜松町1-2-13	03-3434-3741 03-3434-3745 edit@sci- news.co.jp	— — —	— — —	— — —
交通・車両	日刊自動車新聞	11	㈱日刊自動車新聞社 〒105-0012 港区芝大門1-10-11-3F	03-5777-2360 03-3432-2223 desk@njd.jp	06-6233-2900 06-6233-2904 kansai@njd. jp	052-973-3730 052-973-3735 tyubu@njd. jp	092-533-6030 092-533-6031 kyushu@ njd.jp
	東京交通新聞	5	㈱東京交通新聞社 〒160-0022 新宿区新宿2-13-10	03-3352-2182 03-3352-2186 hon@ toukou-np. co.jp	— — —	052-269-0341 052-269-0342 hon@ toukou-np. co.jp	092-482-8048 092-482-8049 hon@ toukou-np. co.jp
	交通毎日新聞	6	㈱交通毎日新聞社 〒113-0022 文京区千駄木3-45-2	03-5814-8050 03-5814-8052 soumu@ koumai.co.jp	— — —	— — —	— — —
	交通新聞	8	㈱交通新聞社 〒101-0062 千代田区神田駿河台2-3-11	03-6831-6570 06-6831-6571 —	— — —	— — —	— — —
	Car&レジャー	5	㈱カーアンドレジャーニュース 〒102-0083 千代田区麹町4-3	03-3263-7211 03-3263-9748 matsuguma@ car-l.co.jp	— — —	— — —	— — —
	二輪車新聞	2	㈱二輪車新聞 〒105-0004 港区新橋6-7-1川口ビル	03-3436-1311 03-3436-3359 —	06-6341-3997 — —	— — —	— — —
運輸・輸送	物流ニッポン	16	㈱物流ニッポン新聞社 〒102-0093 千代田区平河町1-7-20	03-3221-2345 03-3221-2348 tokyo@ logistics.jp	06-6779-5656 06-6773-5251 osaka@ logistics.jp	052-251-8301 052-251-8302 nagoya@ logistics.jp	092-474-5858 092-474-8422 fukuoka@ logistics.jp
	日本物流新聞	12	株式会社日本物流新聞社 〒550-8660 大阪市西区立売堀2-3-16	03-6712-1391 03-6712-1398 —	06-6541-8048 06-6541-8056 —	— — —	— — —
	輸送経済	3	㈱輸送経済新聞社 〒104-0033 中央区新川2-22-4	03-3206-0713 03-3206-0714 press@yuso. co.jp	06-6449-5021 06-6449-5025 press@yuso. co.jp	052-451-7101 052-451-7102 press@yuso. co.jp	— — —
	日本海事新聞	5	㈱日本海事新聞社 〒105-0004 港区新橋5-15-5	03-3436-3221 03-3436-6553 tokyo@jmd. co.jp	06-6448-3691 06-6448-7749 tokyo@jmd. co.jp	052-766-5976 052-308-3361 tokyo@jmd. co.jp	— — —

業種	媒体名 （発行部数）	発行部数 （万部）	社名・本社住所	東京	大阪	名古屋	福岡
	ゴム報知新聞	2	㈱ポスティコーポレーション 〒101-0031 千代田区東神田2-1-3	03-3851-5391 03-3861-3459 info@posty.co.jp	— — —	— — —	— — —
	タイヤ新報	2	株式会社アールケイ通信社 〒105-0004 港区新橋5-14-3-8F	03-6402-7707 03-6402-7709 rktusin@rkt.co.jp	— — —	— — —	— — —
繊維・皮革・ファッション	繊研新聞	20	㈱繊研新聞社 〒103-0015 中央区日本橋箱崎町31-4	03-3664-2341 03-3665-0950 news-release@senken.co.jp	06-7639-0570 06-6266-2237 news-release@senken.co.jp	052-231-2600 052-231-5886 news-release@senken.co.jp	092-761-6131 092-761-6133 news-release@senken.co.jp
	繊維ニュース	6	ダイセン㈱ 〒101-0036 千代田区神田北乗物町11	03-5289-7003 03-5289-7233 webmaster@sen-i-news.co.jp	06-6201-5012 06-6226-0106 webmaster@sen-i-news.co.jp	052-451-3850 052-451-3855 webmaster@sen-i-news.co.jp	— — —
	アパレル工業新聞 （月刊）	2	㈱アパレル工業新聞社 〒162-0822 新宿区下宮比町2-28-731	03-3513-7931 03-3513-7935 info@apako-news.com	— — —	— — —	— — —
	WWD JAPAN	6	㈱INFASパブリケーションズ 〒106-0032 港区六本木6-1-24-4F	03-5786-0621 03-5786-0629 press@infaspub.co.jp	— — —	— — —	— — —
	メンズデイリー	1	㈱繊維経済センター 〒541-0051 大阪市中央区備後町1-4-16	03-3263-7668 03-3263-7669 mens.d-tokyo@ruby.bforth.com	06-6263-2993 06-6263-2998 mens.d-osaka@ruby.bforth.com	— — —	— — —
	近代縫製新聞 （月刊）	2	㈱近代縫製新聞社 〒170-0004 豊島区北大塚1-3-10	03-3917-1579 03-3917-6929 kin-dai@gol.com	— — —	— — —	— — —
時計・貴金属・カメラ	時計美術宝飾新聞	2	㈱時計美術宝飾新聞社 〒110-0015 台東区東上野1-26-2-2F	03-3833-1886 03-3833-1717 fujii@pony.ocn.ne.jp	— — —	— — —	— — —
	時宝光学新聞 （月2回）	1	㈱時宝光学新聞社 〒110-0016 台東区台東4-27-5-503	03-3832-4336 03-3832-4337 info@jks-news.com	— — —	— — —	— — —
	時計工藝新聞	1	㈱時計工藝新聞社 〒110-0015 台東区東上野3-15-14-3F	03-3501-9727 03-3501-9087 info@tokei-kogei.com	— — —	— — —	— — —
紙・文具	紙業タイムス （月刊）	1	㈱紙業タイムス社 〒103-0013 中央区日本橋人形町1-9-2-8F	03-5651-7177 03-5651-7230 future@st-times.co.jp	06-6244-1101 06-6245-5200 —	— — —	— — —
	日刊紙業通信	1	㈱日刊紙業通信社 〒417-0052 静岡県富士市中央町1-1-1	03-6206-0991 03-6206-0992 henshu@pp-news.com	06-6261-7467 06-6261-7469 henshu@pp-news.com	052-452-1522 052-452-1523 henshu@pp-news.com	0545-52-2255 0545-53-1501 henshu@pp-news.com

業種	媒体名（発行部数）	発行部数（万部）	社名・本社住所	東京	大阪	名古屋	福岡
飲食品	日本食糧新聞	10	㈱日本食糧新聞社 〒104-0032 中央区八丁堀2-14-4	03-3537-1303 03-3537-1072 sokuho@ nissyoku.co.jp	06-6314-4181 06-6367-8650 —	052-571-7318 052-571-7319 fujita-j@ nissyoku. co.jp	092-291-1790 092-281-2170 —
	食品産業新聞	—	㈱食品産業新聞社 〒110-0008 台東区東上野12-1-11	03-6231-6091 03-5830-1570 info@ssnp. co.jp	06-6881-6851 06-6881-6859 info@ssnp. co.jp	— — —	— — —
	酒販ニュース	2	㈱醸造産業新聞社 〒101-0044 千代田区鍛冶町2-5-5-5F	03-3257-6841 03-3257-4939 shuhan- news@ jsnews.co.jp	06-6356-0325 06-6356-6909 shuhan- news@ jsnews.co.jp	— — —	— — —
	帝飲食糧新聞	—	㈱帝国飲食料新聞社 〒530-0043 大阪市北区天満4-4-10	03-6268-9606 03-3263-6360 teiin-too@ isis.ocn.ne.jp	06-6353-0841 06-6353-0842 —	— — —	— — —
	食料醸界新聞	—	㈱食料醸界新聞社 〒541-0054 大阪市中央区南本町2-2-2-7F	03-3551-3119 03-3553-0964 y-kanda@ syokuryo- jokai.jp	06-6252-3276 06-6252-3688 y-kanda@ syokuryo- jokai.jp	— — —	— — —
	日本外食新聞	2	㈱外食産業新聞社 〒101-0038 千代田区神田美倉町10-2F28	03-5297-1601 03-5297-0551 hensyubu@ gaishoku. co.jp	— — —	— — —	— — —
	食糧タイムス	—	㈱食糧タイムス社 〒101-0033 千代田区神田岩本町2	03-5296-7171 03-5295-2041 shokutai10@ yacht.ocn. ne.jp			
	週刊製菓時報	1	週刊製菓時報㈱ 〒543-0062 大阪市天王寺区逢坂1-3-2	— — —	06-6771-7093 06-6771-9435 —	— — —	— — —
医学薬学	Medical Tribune	8	㈱メディカルトリビューン 〒105-0001 港区虎ノ門3-8-21-7F	03-6841-4555 03-6841-4558 info@ medical- tribune.co.jp	06-6223-0267 06-6229-3129 info@ medical- tribune.co.jp	— — —	— — —
	日経ドラッグインフォメーション	9	㈱日経BP 〒105-8308 港区虎ノ門4-3-12	03-6811-8331 050-3153-7300 —	— — —	— — —	— — —
	Drug topics（週刊） Drug Mgazine（月刊）	7 7	㈱ドラッグマガジン 〒101-0021 千代田区外神田4-9-8	03-3525-8161 03-3525-8164 —	— — —	— — —	— — —
	薬事日報	6	㈱薬事日報社 〒101-0024 千代田区神田和泉町1-10-2	03-3862-2141 03-5821-8757 henshu@ yakuji.co.jp	06-6203-4191 06-6233-3681 henshu@ yakuji.co.jp	— — —	— — —

業種	媒体名 (発行部数)	発行部数 (万部)	社名・本社住所	東京	大阪	名古屋	福岡
	WING	3	㈱航空新聞社 〒107-0052 港区赤坂4-8-6-3F	03-3796-6644 03-3796-6643 mail@jwing. net	— — —	— — —	— — —
林業	日刊木材新聞	4	㈱日刊木材新聞社 〒135-0041 江東区冬木23-4	03-3820-3500 03-3820-3519 info@ n-mokuzai. com	06-6534-4300 06-6534-4331 info@ n-mokuzai. com	052-251-2025 052-241-1160 info@ n-mokuzai. com	096-352-1856 096-322-6005 info@ n-mokuzai. com
農業	日本農業新聞	35	㈱日本農業新聞社 〒102-8409 千代田区一番町23-3	03-6281-5837 03-6281-5854 dokusya-s@ agrinews. co.jp	06-6314-0025 06-6367-9562 dokusya-s@ agrinews. co.jp	052-971-2020 052-971-2024 dokusya-s@ agrinews. co.jp	092-761-6355 092-781-3818 dokusya-s@ agrinews. co.jp
	全国農業新聞	20	全国農業会議所 〒102-0084 千代田区二番町9-8	03-6910-1127 03-6910-5132 —	06-6941-2701 — —	052-962-284 — —	092-641-7590 — —
	農業共済新聞	15	全国農業共済協会 〒102-8411 千代田区1番町19	03-3263-6727 03-3221-7978 sinbun@ nosai.or.jp	06-6941-8736 06-6941-8737 sinbun@ nosai.or.jp	052-204-2411 — sinbun@ nosai.or.jp	092-721-5521 — sinbun@ nosai.or.jp
	農業協同組合新聞	24	(一社) 農協協会 〒103-0013 中央区日本橋人形町3-1-15	03-3639-1121 03-3639-1120 info@jacom. or.jp	— — —	— — —	— — —
	農機新聞	5	㈱新農林社 〒101-0054 千代田区神田錦町1-12-3	03-3291-3671 03-3291-5717 sinnorin@ blue.ocn. ne.jp	06-6648-9861 06-6648-9862 shinnoos@ gold.ocn. ne.jp	— — —	— — —
酪農・畜産・園芸	全酪新報	2	(一社) 全国酪農協会 〒151-0053 渋谷区代々木1-37-20-1F	03-3370-7213 03-3370-3892 editor@ rakunou.org	— — —	— — —	— — —
	花卉園芸新聞	1	㈱花卉園芸新聞社 〒464-0850 名古屋市千種区今池2-1-16-2F	03-5201-3787 03-5201-3712 kakiengei@ minos.ocn. ne.jp	— — —	052-744-0733 052-744-0739 kakiengei@ minos.ocn. ne.jp	— — —
	日刊酪農経済通信	1	㈱酪農経済通信社 〒170-0004 豊島区北大塚2-15-9	03-3915-0281 03-5394-7135 raakkei@ dailyman. co.jp	— — —	— — —	— — —
	食肉通信	4	㈱食肉通信社 〒550-0002 大阪市西区西本町3-1-48	03-3663-2011 03-3663-2015 mail@ shokuniku. co.jp	06-6538-5505 06-6538-5510 mail@ shokuniku. co.jp	— — —	092-271-7816 092-291-2995 mail@ shokuniku. co.jp
水産	日刊水産経済新聞	6	㈱水産経済新聞社 〒106-0032 港区六本木6-8-19	03-3404-6531 03-3404-0863 suikei@nifty. com	06-6452-9201 06-4798-7485 suikei@nifty. com	054-627-3141 054-672-3142 suikei@nifty. com	— — —
	週刊水産タイムス	1	㈱水産タイムス社 〒108-0014 港区芝5-9-6	03-3456-1411 03-3456-1416 suisan@ suisantimes. co.jp	— — —	— — —	— — —

【スポーツ紙】

新聞名		住所	電話番号	FAX	メールアドレス
日刊スポーツ（166万部）	本社	〒104-8055 中央区築地3-5-10	03-5550-8888	—	webmast@nikkansports.co.jp
	大阪	〒530-8334 大阪市北区中之島2-3-18-23F	06-6229-7005	—	—
	名古屋	〒460-0008 名古屋市中区栄1-3-3 朝日会館13階	052-231-1180	052-231-2779	—
	福岡	〒812-8559 福岡市博多区博多駅前2-1-1	092-436-8711	092-436-8751	—
スポーツニッポン（173万部）	本社	〒135-8517 江東区越中島2-1-30	03-3820-0700	—	—
	大阪	〒530-8278 大阪市北区梅田3-4-5	06-6346-8500	06-6346-8529	—
	名古屋	〒460-0002 名古屋市中区丸の内2-9-6 八木兵第2ビル	052-211-3305	052-211-3306	—
	福岡	〒810-0001 福岡市中央区天神1-16-1	092-781-0714	—	—
スポーツ報知（133万部）	本社	〒108-8485 港区港南4-6-49	03-5479-1111	—	—
	大阪	〒531-8558 大阪市北区野崎町5-9 読売大阪ビル内	06-7732-2311	—	—
サンケイスポーツ（128万部）	本社	〒100-8077 千代田区大手町1-7-2 産経新聞東京本社	03-3275-8747	03-5255-6634	shuto@sankei.co.jp
	大阪	〒556-8660 大阪市浪速区湊町2-1-57 産経新聞大阪本社	06-6633-1221	06-6633-9738	osaka-soukyoku@sankei.co.jp
	名古屋	〒450-0003 名古屋市中村区名駅南2-14-19	052-582-6551	052-564-5616	—
	福岡	〒810-0004 福岡市中央区渡辺通5-23-8-3F	092-741-7088	092-726-2572	kyushu@sankei.co.jp
東京中日スポーツ（153万部）	本社	〒100-8505 千代田区内幸町2-1-4	03-6910-2211	—	—
	大阪	〒530-0003 大阪市北区堂島2-1-43	06-6346-1111	—	—
	名古屋	〒460-8511 名古屋市中区三の丸1-6-1	052-201-8811	—	—
デイリースポーツ（64万部）	本社	〒650-0044 神戸市中央区東川崎町1-5-7	078-362-7293	078-366-3647	—
	東京	〒135-8566 江東区木場2-14-8	03-5646-5700	03-5641-5466	—

【夕刊紙】

新聞名		住所	電話番号	FAX	メールアドレス
夕刊フジ	本社	〒100-8077 千代田区大手町1-7-2 産経新聞東京本社	03-3275-8875	03-3231-2670	—
日刊ゲンダイ（146万部）	本社	〒104-8007 中央区新川1-3-17 新川三幸ビル	03-5244-9613	03-5244-9628	support@shimbun-online.com

【英字新聞】

新聞名	社名・住所	TEL/FAX	メールアドレス
The Japan News	読売新聞社 〒100-8055 千代田区大手町1-7-1	03-3242-1111	—
Asahi Weekly（英和、毎日曜） The NY Times International Weekly（毎日曜）	朝日新聞社 〒104-8041 中央区築地5-3-2	03-5540-7640	aw@asahi.com
MAINICHI WEEKLY（毎土曜）	毎日新聞社 〒100-8051 千代田区一ツ橋1-1-1	03-3212-0321	weekly@mainichi.co.jp
The Japan Times The Japan Times alfa（毎金曜）	ジャパン・タイムス社 〒102-0094 千代田区紀尾井町3-12	050-3646-0123 03-6261-4154	hodobu@japantimes.co.jp
The New York Times International	ニューヨークタイムス東京支局 〒104-8041 中央区築地5-3-2	03-3545-0940 03-3545-1301	inoue@nytimes.com
The Washington Post	ワシントンポスト東京支局 〒107-0062 港区南青山3-1-30	03-5411-6031	—
The Wall Street Journal 電子版（日本語）	—	0121-779-868	service@wsj-asia.com

業種	媒体名（発行部数）	発行部数（万部）	社名・本社住所	東京	大阪	名古屋	福岡
金融・証券・保険	金融経済新聞	3	㈱金融経済新聞社 〒104-0045 中央区築地7-12-14-3F	03-6264-0902 03-6264-0901 —	06-6252-0946 — —	052-218-5818 — —	— — —
	保険毎日新聞	2	㈱保険毎日新聞社 〒110-0016 台東区台東4-14-8	03-5816-2861 03-5816-2863 iwamoto@homai.co.jp	— — —	— — —	— — —
	株式新聞	3	モーニングスター㈱ 〒106-0032 港区六本木1-6-1	03-6229-0810 03-3589-7963 mstar@morningstar.co.jp	— — —	— — —	— — —
	日本証券新聞	1	㈱日本証券新聞社 〒103-0025 中央区日本橋茅場町2-16-1	03-6661-9411 03-3661-0363 support-dg@nsjournal.jp	— — —	— — —	— — —
観光・旅行	週刊トラベルジャーナル	1	㈱トラベルジャーナル 〒102-0082 千代田区一番町13-3-2F	03-6685-0039 03-6685-0031 tjdesk@tjnet.co.jp	06-6447-2305 06-6447-2306 tjdesk@tjnet.co.jp	052-581-3375 052-581-341 tjdesk@tjnet.co.jp	092-715-5510 092-726-1803 tjdesk@tjnet.co.jp
	週刊観光経済新聞	6	㈱観光経済新聞社 〒110-0008 台東区池之端2-7-17	03-3827-9800 — info@kankokeizai.com	06-6131-6914 — info@kankokeizai.com	— — —	— — —
	遊技通信	2	㈱遊技通信社 〒110-0015 台東区東上野2-13-12	03-5830-6021 03-5830-6023 sudou@yugitsushin.jp	— — —	— — —	— — —
	トラベルニュース	3	㈱トラベルニュース社 〒541-0051 大阪市中央区備後町1-6-6	03-6699-5494 03-6699-5544 —	06-4708-6668 06-4708-6938 okubo@travelnews.co.jp	— — —	— — —
	WING TRAVEL	1	㈱航空新聞社 〒107-0052 港区元赤坂4-8-6	03-3796-6646 — mail@jwing.net	— — —	— — —	— — —
商業・流通	日本流通産業新聞	9	㈱日本流通産業新聞社 〒103-0026 中央区日本橋兜町11-11	03-3669-3421 03-3661-5509 news@nb-club.com	— — —	— — —	— — —
	小売経済新聞（旬刊）	10	㈱小売経済新聞社 〒170-0004 豊島区北大塚2-9-7	03-5980-6151 03-3910-4330 henshu@kourikeizai.jp	— — —	— — —	— — —
	電材流通新聞（週刊）	14	㈱電材流通新聞社 〒530-0041 大阪市北区天神橋5-8-12	03-3434-8878 03-3434-0346 —	06-6352-5841 06-6357-7348 —	— — —	092-736-7661 092-736-7665 —

媒体名		出版社名	住所	TEL/FAX	代表電話	発売日
ZAITEN	5	財界展望新社	〒101-0054 千代田区神田錦町2-9	03-3294-5658 03-3294-5677	03-3294-5651	毎月1日
宣伝会議	6	宣伝会議	〒107-0062 港区南青山3-13-13	03-3475-3030 03-3475-3075	03-3475-3010	毎月1日
広報会議	5					
Forbes Japan	8	リンクタイズ社	〒104-0061 中央区銀座7-4-12	03-5568-0562 03-6435-9313 forbesjapan@ linkties.com	050-1745-9033	毎月25日
週刊朝日	12	朝日新聞出版	〒104-8011 中央区築地5-3-2	03-3545-0131 03-5541-8820	03-3545-0131	毎週火曜
AERA	8					毎週月曜
週刊現代	38	講談社	〒112-0013 文京区音羽2-12-21	03-5395-3438 03-3945-8403	03-3945-1111	毎週月曜
ViVi	12					毎月23日
週刊ポスト	35	小学館	〒101-8001 千代田区一ツ橋2-3-1	03-3230-5211 —	03-3230-5211	毎週月曜
DIME	7					毎月16日
文藝春秋	38	文藝春秋社	〒102-8008 千代田区紀尾井町3-23	03-3265-1211 03-3221-6623	03-3265-1211	毎月10日
週刊文春	58			03-3265-1211 03-3234-3964		毎週木曜
Number	13					隔週木曜
SPA!	11	扶桑社	〒105-8070 港区芝浦1-1-1-10F	03-6368-8875 —	03-6368-8875	毎週火曜
週刊PLAYBOY	17	集英社	〒101-8050 千代田区一ツ橋2-5-10	03-3230-6371 —	03-3230-6371	毎週月曜
MORE	20					毎月28日
nonno	16					毎月20日
婦人画報	10	ハースト婦人画報社	〒107-0062 港区南青山3-8-38	03-6384-5360 —	03-6384-5360	毎月1日
25ans	7					毎月28日
週刊新潮	39	新潮社	〒162-8711 新宿区矢来町71	03-3266-5311 03-3266-5622 shukan-d@ shinchosha. co.jp	03-3266-5220	毎週木曜
nicola	20					毎月1日
週刊大衆	16	双葉社	〒162-0813 新宿区東五軒町3-28	03-5261-4818 —	03-5261-4818	毎週月曜
女性自身	34	光文社	〒112-0013 文京区音羽1丁目16-6	03-5395-8240 03-3942-1110	03-5395-8240	毎週火曜
STORY	21					毎月1日
週刊女性	20	主婦と生活社	〒104-0031 中央区京橋3丁目5-7	03-3563-5130 03-5250-7080	03-3563-5130	毎週火曜
JUNON	5					毎月22日
女性セブン	34	小学館	〒101-8001 千代田区一ツ橋2-3-1	03-3230-5585	03-3230-5585	毎週木曜
サライ	12					毎月9日
DIME	7					毎月16日
Hanako	9	マガジンハウス	〒104-0061 中央区銀座3丁目13-10	03-3545-7070 03-3545-7281	03-3545-7070	毎週水曜
an・an	16					
Tarzan	14					第2・4水曜
ニューズウィーク日本版	6	CCCメディアハウス	〒141-8205 品川区大崎3-1-1-7F	03-5436-5745 03-5436-5761	03-5436-5701	毎週火曜
潮	13	潮出版社	〒102-8110 千代田区一番町6	03-3230-0771 03-3230-0658	03-3230-0768	毎月5日
pumpkin	14			03-3230-0641 03-3230-4844		毎月20日

○主要ビジネス誌・月刊誌・週刊誌一覧

媒体名		出版社名	住所	TEL/FAX	代表電話	発売日
週刊ダイヤモンド	11	ダイヤモンド社	〒150-0001 渋谷区神宮前6-12-17	03-5778-7214 03-5778-6614 press-do1@ diamond.co.jp	03-5778-7200	毎週月曜
ダイヤモンドZAi	18			03-5778-7248 03-5464-0784		毎月21日
Harvard Business Review	2			03-5778-7228 03-5464-0787		毎月10日
週刊エコノミスト	7	毎日新聞出版	〒102-0074 九段南1-6-17-5F	03-6265-6743 050-3730-6993 eco-mail@ mainichi.co.jp	03-6265-6731	毎週月曜
サンデー毎日	7			03-6265-6741 03-5541-8820		毎週火曜
PRESIDENT	27	プレジデント社	〒102-8641 千代田区平河町2-16-1	03-3237-3737 03-3237-3747 pre-pr@ president.co.jp	03-3237-3711	第2・4金曜
dancyu	12			03-3237-3720 03-3237-3350		毎月6日
プレジデントFamily	8			03-3237-3722 03-3237-3723		3･6･9･12月各5日
PRESIDENT WOMAN	11			03-3237-3738 03-3237-3747		3･6･9･12月各28日
週刊東洋経済	9	東洋経済新報社	〒103-8345 中央区日本橋本石町1-2-1	03-3246-5501 03-3270-0159	03-3246-5551	毎週月曜
日経ビジネス	18	日経BP社	〒105-8308 港区虎ノ門4-3-12	03-6811-8101〜3 050-3153-7301	03-6811-8000	毎週月曜
日経TRENDY	10			03-6811-8911 050-3153-7287		毎月4日
日経トップリーダー	5			03-6811-8127 050-3153-7304		毎月1日
日経WOMAN	10			03-6811-8912 050-3153-7290		毎月7日
経済界	5	経済界	〒105-0001 港区虎ノ門2-6-4	03-6411-3742 03-5561-8668 info@keizaikai. co.jp	03-6441-3741	毎月22日
財界	5	財界研究所	〒100-0014 千代田区永田町2-14-3	03-3581-6773 03-3581-6777 info@zaikai.jp	03-3581-6771	隔週水曜
月刊THE21	6	PHP研究所	〒135-8137 江東区豊洲5-6-52	03-3520-9624 03-3520-9654 the21@php. co.jp	075-681-8818	毎月10日
Voice	3			03-3520-9623 03-3520-9651		
月刊総務	2	月刊総務	〒101-0021 千代田区外神田6-11-14-305	03-5816-6031 03-5816-6032	03-5816-6031	毎月8日
NEW LEADER	—	はあと出版社	〒105-0013 港区浜松町2-2-6	03-3459-6557 03-3435-1780	03-3459-6557	毎月1日

業種	媒体名	運営会社名	TEL/FAX	メールアドレス	URL（https://…）
総合	JB press	日本ビジネスプレスグループ	03-5577-4364 —	HPより	jbpress.ismedia.jp/
総合	マイナビニュース	㈱マイナビ	03-6267-4489 03-6267-4029	news-pr@mynavi.jp	news.mynavi.jp/
総合	BAMP Webマガジン	㈱CAMPFIRE	03-5468-7001 —	HPより	bamp.is/
総合	NewsPicksソーシャル経済メディア	㈱ユーザベース	03-4533-1990 —	https://www.uzabase.com/contact/	newspicks.com/
総合	Bloomberg	ブルームバーグ・エル・ピー	03-3201-8900 03-3201-8951	tokyonews@bloomberg.com	www.bloomberg.co.jp/
総合	ロイター Reuters	トムソン・ロイター	03-4563-2700 —	marketingjp@thomsonreuters.com	jp.reuters.com/
総合	BLOGOS	LINE㈱	—	—	blogos.com/
総合	CNET JAPAN	朝日インタラクティブ㈱	03-3238-0700 —	tips-inq@aiasahi.jp	japan.cnet.com/
総合	engadget	ベライゾンメディア・ジャパン㈱	— —	egjp@teamaol.com	japanese.engadget.com/
総合	Impress Watch ○○Watch等	㈱インプレス	03-6837-4600 03-6837-4601	watch-info@impress.co.jp	www.watch.impress.co.jp/
総合	soar	NPO法人soar	080-4183-7608	hello@soar-world.com	soar-world.com/
ビジネス	ウォール・ストリート・ジャーナル	Dow Jones & Company	0120-779-868 —	service@wsj-asia.com	jp.wsj.com/
ビジネス	現代ビジネス	㈱講談社	03-5395-3438 —	HPより	gendai.ismedia.jp/
ビジネス	BUSINESS INSIDER JAPAN	BUSINESS INSIDER JAPAN	03-5784-6702 03-5784-6722	bi_sns@mediagene.co.jp	www.businessinsider.jp/
ビジネス	AMP	㈱ブラーブメディア	03-6264-5286 03-6274-6057	info@blurbmedia.jp	amp.review/
ビジネス	XD	㈱プレイド	03-4405-7597 —	press@exp-d.com	exp-d.com/
ビジネス	ログミーbiz	ログミー㈱	03-6277-5188 —	https://logmi.co.jp/service/biz/contact/	logmi.jp/
ビジネス	WorkMaster	㈱マッシュメディア	03-6455-5331 —	release@work-master.net	www.work-master.net/
ビジネス	経営プロ	ProFuture㈱	03-3588-6711 03-3588-6712	contact@hrpro.co.jp	keiei.proweb.jp/
ビジネス	BUSINESS LAWYERS	弁護士ドットコム㈱	03-5549-2261 —	bl-info@bengo4.com	business.bengo4.com/
ビジネス	COIN POST	㈱Coin Post	03-6260-8377 —	info@coinpost.jp	coinpost.jp/
ビジネス	IT mediaビジネスオンライン	アイティメディア㈱	03-6893-2245 —	release@ml.itmedia.co.jp	www.itmedia.co.jp/business/
スタートアップ	起業サプリジャーナル	行政書士法人jinjer	—	HPより	kigyosapri.com/kigyo/note/
スタートアップ	Venture Navi	㈱ドリームインキュベーター	03-5532-3200 —	—	venturenavi.dreamincubator.co.jp/
スタートアップ	Techable	㈱マッシュメディア	—	release@techable.jp	techable.jp/
スタートアップ	THE BRIDGE	㈱PR TIMES	—	info@thebridge.jp	thebridge.jp/
スタートアップ	STARTUP DB	フォースタートアップス㈱	—	startupdb-contact@forstartups.com	startup-db.com/
スタートアップ	FOUNDX	FoundX	—	—	review.foundx.jp/
スタートアップ	Startup Times	ディップ㈱	—	startup@dip-net.co.jp	startuptimes.jp/
スタートアップ	THE STARTUP	㈱The Startup	—	HPより	thestartup.jp/

○インターネットメディア・オンラインメディア一覧

業種	媒体名	運営会社名	TEL/FAX	メールアドレス	URL（https://…）
総合	読売新聞オンライン	読売新聞社	03-3242-1111	press@yomiuri.com	www.yomiuri.co.jp/
総合	朝日新聞デジタル	朝日新聞社	03-5541-8902 03-5540-7646	asahicompr@asahi.com	www.asahi.com/
総合	withnews	朝日新聞社	0570-05-7616 —	withnews-pr@asahi.com	withnews.jp/
総合	朝日新聞GLOBE+	朝日新聞社	—	右HPより問合せ	globe.asahi.com/
総合	日経電子版	日本経済新聞社 日経QUICKニュース社	—	newsrelease@nikkei.co.jp	www.nikkei.com/
総合	NIKKEI ASIAN REVIEW	日本経済新聞社	—	—	asia.nikkei.com/
総合	FINANCIAL TIMES	日本経済新聞社 FT Japan社	0120-341-468 0120-593-146	subseasia@ft.com	www.ft.com/
総合	デジタル毎日	毎日新聞社	050-5833-9040 03-3215-0723	—	mainichi.jp/info/
総合	Sankei Biz	㈱産経デジタル	03-3275-8632 03-3275-8862	digital.info@sankei.co.jp	www.sankeibiz.jp/
総合	zakzak				www.zakzak.co.jp/
総合	iza!				www.iza.ne.jp/
総合	iRONNA				ironna.jp/
総合	日刊工業新聞電子版	日刊工業新聞社	03-5644-7078 —	newsrelease@po.nikkan.co.jp	www.nikkan.co.jp
総合	J-CASTニュース	㈱ジェイ・キャスト	03-3264-2591 03-5215-7091	pr_release@j-cast.com	www.j-cast.com/
総合	BuzzFeed Japan	BuzzFeed Japan㈱	03-6898-2120 —	japan-info@buzzfeed.com	www.buzzfeed.com/jp
総合	ハフポスト	ハフポスト社	—	news@huffingtonpost.jp	www.huffingtonpost.jp/news/
総合	日経ビジネス電子版	㈱日経BP	03-6811-8101 050-3153-7301	個別記者のメールへ	business.nikkei.com/
総合	日経XTECH	㈱日経BP	03-6811-8141 050-3153-7308	techon-e@nikkeibp.co.jp	tech.nikkeibp.co.jp/
総合	日経XTREND	㈱日経BP	03-6811-8161 050-3153-7308	—	trend.nikkeibp.co.jp/
総合	日経デジタルヘルス	㈱日経BP	03-6811-8141 050-3153-7308	ndh@nikkeibp.co.jp	www.nikkeibp.co.jp/ad/atcl/netmedia/NDH/
総合	日経ARIA	㈱日経BP	03-6811-8156 050-3153-7293	aria-news@nikkeibp.co.jp	www.nikkeibp.co.jp/ad/atcl/netmedia/ARIA/
総合	日経DUAL	㈱日経BP	03-6811-8155 050-3153-7293	dualnews@nikkeibp.co.jp	www.nikkeibp.co.jp/ad/atcl/netmedia/DUAL/
総合	日経doors	㈱日経BP	03-6811-8094 050-3153-7293	doors-news@nikkeibp.co.jp	www.nikkeibp.co.jp/ad/atcl/netmedia/DRS/
総合	日経メディカル	㈱日経BP	03-6811-8388 050-3153-7297	—	www.nikkeibp.co.jp/ad/atcl/netmedia/NMO/
総合	東洋経済オンライン	東洋経済新聞社	03-3246-5657 03-3242-4072	support@toyokeizai.net	toyokeizai.net/
総合	プレジデントオンライン	プレジデント社	03-3237-3726 03-3237-6696	news-pol@president.co.jp	president.jp/
総合	ダイヤモンドオンライン	ダイヤモンド社	03-5778-7230 —	press-dol@diamond.co.jp	diamond.jp/
総合	経済界オンライン	経済界	03-6411-3742 03-5561-8668	info@keizaikai.co.jp	www.keizaikai.co.jp/
総合	財界web	財界研究所	03-3581-6771 03-3581-6777	info@zaikai.jp	www.zaikai.jp
総合	Forbes Japan	リンクタイズ㈱	050-1745-9033 —	forbesjap@linkties.com	forbesjapan.com/
総合	EL BORDE (エル・ボルデ)	野村證券㈱	—	—	www.nomura.co.jp/el_borde/list.html

業種	媒体名	運営会社名	TEL/FAX	メールアドレス	URL（https://…）
VR/AR/MR/Vtuber	Mogura VR News	㈱Mogura	—	HPより	www.moguravr.com/
マガジン	WIRED	（同）コンデナスト・ジャパン	03-5485-9120 —	—	wired.jp/
テクノ情報	ギズモード・ジャパン	㈱メディアジーン	03-5784-6702 03-5784-6722	HPより	www.gizmodo.jp/
プログラミング	Qiita	Qiita	—	info@qiita.com	qiita.com/
ロボット	RPA BANK	㈱セグメント	03-5157-6372 03-3592-1004	—	rpa-bank.com/
生活	ライフハッカー〔日本版〕	㈱メディアジーン	03-5784-6702 03-5784-6722	lifehacker@mediagene.co.jp	www.lifehacker.jp/
生活	アルムナビ	㈱ハッカズーク	—	contact@official-alumni.com	alumnavi.official-alumni.com/

○テレビキー局一覧

	本社住所	本社代表電話	経済部TEL	経済部FAX
日本放送協会（NHK）	〒150-8001 渋谷区神南2-2-1	03-3465-1111	03-5455-3500	03-5455-3508
日本テレビ（NTV）	〒105-7444 港区東新橋1-6-1	03-6215-1111	03-6215-3516	03-6215-0041
TBSテレビ（TBS）	〒107-0052 港区赤坂5-3-6	03-3746-1111	03-5571-3150	03-5571-2171
フジテレビ（CX）	〒137-8088 港区台場2-4-8	03-5500-8888	03-5500-8505	03-5531-8278
テレビ朝日（EX）	〒106-8001 港区六本木6-9-1	03-6406-1111	03-6406-1325	03-3405-3394
テレビ東京（TX）	〒105-8012 港区虎ノ門4-3-12	03-5470-7777	03-3587-3258	03-3587-4070

○主要広報関連団体一覧

（順不同）

団体名	住所	TEL
（一社）日本経済団体連合会	〒100-0004千代田区大手町1-3-2経団連会館	03-6741-0169
（公社）経済同友会	〒100-0005千代田区丸の内1-4-6日本工業倶楽部別館	03-3211-1271
日本商工会議所	〒100-0005千代田区丸の内3-2-2丸の内二重橋ビル	03-3283-7823
東京商工会議所	〒100-0005千代田区丸の内3-2-2丸の内二重橋ビル	03-3283-7500
（一財）経済広報センター	〒100-0004千代田区大手町1-3-2経団連会館	03-6741-0011
（公社）日本パブリックリレーションズ協会	〒106-0032港区六本木6-2-31六本木ヒルズノースタワー	03-5413-6760
日本広報学会	〒169-8518新宿区高田馬場1-25-30	03-5283-1104
（公社）日本広報協会	〒160-0022新宿区新宿1-15-9-10F	03-5367-1701
（一社）日本新聞協会	〒100-0011千代田区内幸町2-2-1プレスセンター	03-3591-4401
（一社）日本ABC協会	〒100-0012千代田区日比谷公園1-3-4F	03-3501-1491
（一社）日本雑誌協会	〒101-0051千代田区神田神保町1-31-5F	03-3291-0775
（一社）日本書籍出版協会	〒101-0051千代田区神田神保町1-31-5F	03-6273-7061
（公社）日本記者クラブ	〒100-0011千代田区内幸町2-2-1プレスセンター	03-3503-2721
（公財）フォーリン・プレスセンター（JPCJ）	〒100-0011千代田区内幸町2-2-1プレスセンター	03-3501-3401
（公社）日本外国特派員協会（FCCJ）	〒100-0005千代田区丸の内3-2-2丸の内二重橋ビル	03-3211-3161
（一社）日本IR協議会	〒101-0047千代田区内神田1-6-6 MIFビル	03-5259-2676
（一社）日本ペンクラブ	〒103-0026中央区日本橋兜町26-3	03-5614-5391
（公社）著作権情報センター（CRIC）	〒164-0012中野区本町1-32-2	03-5309-2421
（公財）日本スポーツ協会	〒160-0013新宿区霞ヶ丘4-2-12F	03-6910-5805

業種	媒体名	運営会社名	TEL/FAX	メールアドレス	URL（https://…）
スタートアップ	TURN YOUR IDEAS INTO REALITY	—	—	—	www.turnyourideasintoreality.com/
技術・スタートアップ	TechCrunch Japan	ベライゾンメディア・ジャパン	—	tips@techcrunch.jp	jp.techcrunch.com/
人事・総務	somu-lier	ソニービズネットワークス㈱	03-6892-0222 —	HPより	www.somu-lier.jp/
人事・労務	Smart HR mag	㈱SmartHR	—	HPより	mag.smarthr.jp/
人事・採用	PR Table	㈱PR Table	03-6432-9749	info@pr-table.com	product.pr-table.com/
地方	colocal	㈱マガジンハウス	—	contact@colocal.jp	colocal.jp/
リスク情報	NewsDigest	㈱JX通信社	03-6380-9820	—	newsdigest.jp/
金融	ZUU ONLINE	㈱ZUU	—	post@zuuonline.com	zuuonline.com/
投資	日興フロッギー	SMBC日興証㈱	0120-250-299 —	SMBC日興証券HPより	froggy.smbcnikko.co.jp/
マーケティング	mercan	㈱メルカリ	050-5835-0776 —	info@mercari.com	mercan.mercari.com/
マーケティング	DIGIDAY	㈱メディアジーン	03-5784-6702 03-5784-6722	digiday@mediagene.co.jp	digiday.jp/
広告	AdverTimes	㈱宣伝会議	03-3475-3010 —	pr@advertimes.com	www.advertimes.com
ファッション	WWD	㈱INFASパブリケーションズ	03-5786-0621 03-5786-0629	HPより	www.wwdjapan.com/
ファッション	FASHION PRESS	㈱カーリン	—	info@fashion-press.net	www.fashion-press.net/
ファッション	VOGUE	(同)コンデナスト・ジャパン	03-5085-9120 —	HPより	www.vogue.co.jp
美容	LIPS	㈱AppBrew	—	—	lipscosme.com/
美容	Beauty Tech.jp	㈱アイスタイル	—	i-beautytechjp-info@istyle.co.jp	beautytech.jp/
美容	@cosme	㈱アイスタイル	—	HPより	www.istyle.co.jp
芸能	natalie	㈱ナターシャ	03-6367-2600 03-6367-2609	HPよりジャンル別に	natalie.mu
食品	Qitec	Qetic㈱	03-5860-1898 —	press@qetic.jp	qetic.jp/
スポーツ	Sports Navi	スポーツナビ㈱	—	—	www.sportsnavi.co.jp
スポーツ	VICTORY	㈱VICTORY	—	press@victorysportsnews.com	victorysportsnews.com/
スポーツ	Sports Sponsorship Journal	㈱フラッグ	03-5774-6398 —	info@sports-sponsorship.jp	www.sports-sponsorship.jp/
AI	Ledge.ai	㈱レッジ	03-6431-8672	—	ledge.ai/
AI	AINOW	ディップ㈱	—	HPより	ainow.ai/
製品解説	ZDNet Japan	朝日インタラクティブ	03-3238-0703 03-3238-0712	tips-inq@aiasahi.jp	japan.zdnet.com/
IT全般	@IT	アイティメディア㈱	03-6893-2180 —	ait-release@ml.itmedia.co.jp	www.atmarkit.co.jp/
IT総合	週刊アスキー	㈱角川アスキー総合研究所	03-5216-8278 —	info@lab-kadokawa.com	weekly.ascii.jp/
IT	ROBOT MEDIA IoT MEDIA等 日本最大級のオウンドメディア	㈱未来メディア	0800-0803720	—	robot.mirai-media.net/
IT	ASCII	㈱角川アスキー総合研究所	03-5216-8278 —	info@lab-kadokawa.com	ascii.jp/
テクノロジー	TechWave	㈱テックウェーブ	03-6455-4516 —	info@techwave.jp	techwave.jp/

【著者紹介】

山見　博康（やまみ・ひろやす）

広報ＰＲ・危機対応コンサルタント・著述家　山見インテグレーター㈱代表取締役

１９４５年　福岡県飯塚市生まれ。１９６３年　福岡県立嘉穂高等学校卒業。
１９６８年　九州大学経済学部卒業。
　　　　　同年㈱神戸製鋼所に入社し、人事部、鉄鋼事業部、カタール製鉄プロジェクトに従事、ドーハ駐在を経て、
１９７９年　秘書室広報担当係長として広報に携り、一貫して広報畑を歩む。
１９８１年　広報課長の後、１９８５年　日豪政府協力褐炭液化事業に従事。メルボルンに駐在。豪州メディアに対応。
１９８９年　帰国し広報担当次長。
１９９１年　広報部長。
１９９４年　ドイツ・デュッセルドルフ事務所長として欧州メディアに対応。
１９９７年　スーパーカー商業化ベンチャー企業および経営コンサルティング会社に出向。中小企業経営を学んだ後、
２００２年　山見インテグレーター㈱設立、代表取締役就任。

●米国ダートマス大学タック経営大学院マネジメントプログラム修了。カタール・豪・独での10年に及ぶ海外駐在など多彩な経験を活かし、広報・危機対応の専門家としてコンサルティングをベースにセミナー・企業研修・メディアトレーニング・執筆等で活躍中。現場に詳しく、判り易い解説には定評がある。九州大学特別講師、『山見塾』塾長。

●公職等：公益財団法人日本手工芸作家連合会監事、一般社団法人企業価値協会理事、一般社団法人グローバル・リーダーシップ・コーチング協会特別パートナー、㈱日本エレクトライク取締役、オーシャンスパイラル㈱アドバイザー。一般社団法人日本ペンクラブ会員。元日本バスケットボール協会裁定委員長、元全日本柔道連盟広報アドバイザー。

●主な著書『企業不祥事・危機対応広報完全マニュアル』（自由国民社）、『新版広報・ＰＲの基本』（日本実業出版社）、『広報の達人になる法』（ダイヤモンド社）、『広報・ＰＲ実務ハンドブック』『ニュースリリース大全集』（日本能率協会マネジメントセンター）、『勝ち組企業の広報戦略』（ＰＨＰ研究所）、『山見式ＰＲ法』（翔泳社）他著書・論文多数。

（連絡先）TEL：03-4360-5424　e-mail：yamami@yico.co.jp　URL：http://www.yico.co.jp

2020年9月18日　第1刷発行

すぐ　よく　わかる
絵解き広報
—リモート時代の広報の基本と
ニュースリリース作成、メディア・危機対応まで—

©著　者　山見博康

発行者　脇坂康弘

発行所　株式会社 同友館

〒113-0033 東京都文京区本郷3-38-1
TEL.03(3813)3966
FAX.03(3818)2774
http://www.doyukan.co.jp/

落丁・乱丁本はお取り替えいたします。　三美印刷／松村製本所
ISBN 978-4-496-05496-9　Printed in Japan